HISTOIRE
PHILOSOPHIQUE
ET
POLITIQUE,

*Des établissemens & du commerce
des Européens dans les deux Indes.*

TOME SIXIEME.

A AMSTERDAM.

M. DCC. LXX.

HISTOIRE
PHILOSOPHIQUE
ET
POLITIQUE,

Des établissemens & du commerce des Européens dans les deux Indes

LIVRE QUINZIEME.

L'ESPAGNE étoit maîtresse des riches empires du Mexique & du Pérou, de l'or, du nouveau monde, & de presque toute l'Amérique méridionale. Les Portugais, après une longue suite de victoires, de défaites, d'entreprises, de fautes, de conquêtes & de pertes, avoient conservé les plus beaux établissemens dans l'Afrique, dans l'Inde & dans le Brésil. Le gouvernement de France n'avoit pas même pensé qu'on pût fonder des colonies, & qu'il fût de quelque utilité d'avoir des possessions dans ces régions éloignées.

Tome VI. A

Toute son ambition s'étoit tournée vers l'Italie. D'anciennes prétentions sur le Milanès & les deux Siciles avoient entraîné cette puissance dans des guerres ruineuses qui l'avoient long-tems occupée. Elle avoit été encore plus détournée des grands objets d'un commerce étendu & de conquêtes dans les deux Indes par ce qui se passoit dans son intérieur.

L'autorité des rois n'étoit pas formellement contestée ; mais on lui résistoit, on l'éludoit. Le gouvernement féodal avoit laissé des traces, & plusieurs de ses abus subsistoient encore. Le prince étoit sans cesse occupé à contenir une noblesse inquiète & puissante. La plupart des provinces qui composoient la monarchie se gouvernoient par des loix & des formes différentes. Tous les corps, tous les ordres avoient des priviléges, ou toujours attaqués, ou toujours poussés à l'excès. La machine du gouvernement étoit compliquée. Il falloit pour la conduire manier une multitude de ressorts délicats. La cour étoit forcée à l'intrigue, à la séduction ; la nation négocioit sans cesse avec le prince. La cour avoit une autorité illimitée, sans être avouée par les loix ; la nation souvent trop indépendante n'avoit aucune sûreté pour sa liberté. Delà on s'observoit, on se craignoit, on se combattoit sans cesse. Le gouvernement s'occupoit uniquement, non du bien de la nation, mais de la maniere de l'assujettir. La nation elle-même se soupçonnoit des besoins, & ignoroit ses forces & ses ressources. Le peuple ne voyoit que ses seigneurs, ses droits blessés, sa situation & la cour.

La France laissa donc les Espagnols & les Portugais découvrir des mondes & donner des loix à des nations inconnues. Un seul homme lui ouvrit enfin les yeux. Ce fut l'amiral de Coligny, un des génies les plus étendus, les plus fermes, les plus actifs qui ayent jamais illustré ce grand empire. Cet homme extraordinaire à qui la nature avoit donné de voir plus loin que sa patrie & son siécle envoya l'an 1562 Jean Ribaud dans la Floride. Cette immense contrée de l'Amérique septentrionale s'étendoit alors depuis le Mexique jusqu'au pays que les Anglois ont depuis cultivé sous le nom de Caroline. Les Espagnols l'avoient parcourue en 1512, mais sans s'y établir. On ne sait qu'admirer le plus, ou le motif de cette découverte, ou celui de son abandon.

Tous les Indiens des Antilles croyoient sur la foi d'une ancienne tradition, que la nature cachoit dans le continent une fontaine dont les eaux avoient la vertu de rajeunir tous les vieillards assez heureux pour en boire. La chimere de l'immortalité fut toujours la passion des hommes, & la consolation du dernier âge. Cette idée enchanta l'imagination romanesque des Espagnols. La perte de plusieurs d'entr'eux qui furent victimes de leur crédulité, n'ébranla pas la confiance des autres. Plutôt que de soupçonner qu'ils avoient péri dans un voyage où la mort étoit ce qu'il y avoit de plus sûr, on pensa que s'ils ne reparoissoient plus, c'étoit parce qu'ils avoient trouvé le secret d'une jeunesse éternelle, & ce séjour de délices d'où l'on ne vouloit plus sortir.

Ponce de Léon fut le plus célèbre entre les navigateurs qui s'infatuerent de cette rêverie. Persuadé qu'il existoit un troisieme monde dont la conquête étoit réservée à sa gloire, mais croyant que ce qui lui restoit de vie étoit trop court pour l'immense carriére qui s'ouvroit devant ses pas, il résolut d'aller renouveller ses jours & recouvrer la jeunesse dont il avoit besoin. Aussi-tôt il dirigea ses voiles vers les climats où la fable avoit placé la fontaine de Jouvence, & trouva la Floride, d'où il revint à Porto-Rico sensiblement plus vieux qu'il n'en étoit parti. C'est ainsi que le hazard immortalisa le nom d'un avanturier qui ne fit une véritable découverte qu'en courant après une chimere.

Presque tout ce que l'esprit humain inventa d'utile & d'important, est le fruit de la folie plutôt que de l'industrie. Le hazard, qui est le cours inapperçu de la nature, ne se repose jamais, & sert indistinctement tous les hommes. Le génie se fatigue, se rebute & n'appartient qu'à très-peu d'êtres, pour quelques momens. Ses efforts même ne le menent qu'à se trouver sur la route du hazard, pour le saisir. La différence entr'eux & le vulgaire, c'est qu'ils savent le pressentir & le chercher. Plus souvent encore le génie employe ce que le hazard a jetté sous sa main. C'est le lapidaire qui met le prix au diamant que le paysan a déterré sans le savoir.

Les Espagnols avoient méprisé la Floride, parce qu'ils n'y avoient point trouvé ni la fontaine qui devoit les rajeunir, ni l'or qui nous fait tous vieillir. Les François y découvrirent un trésor plus réel & plus précieux : c'étoit un ciel serein, une terre abondante, un climat tempéré, des sauvages amis de la paix & de l'hospitalité ; mais ils ne connurent pas eux-mêmes la valeur de ce trésor. Si l'on eût suivi les ordres de Coligny ; si l'on eût cultivé les terres qui ne demandoient que la main de l'homme pour l'enrichir ; si la subordination avoit été maintenue entre les Européens ; si les droits des naturels du pays n'avoient pas été violés, on pouvoir fonder une colonie où le tems eût fait éclore une prospérité durable. Mais la légereté Françoise ne permettoit pas tant de sagesse dans la conduite. On prodigua les vivres. Les champs ne furent point ensemencés. L'autorité des chefs fut méconnue par des subalternes indociles. La fureur de la chasse & de la guerre échauffa tous les esprits. On ne fit rien de ce qu'on devoit faire.

Pour comble de malheur, les troubles civils qui désoloient la France, détournerent les regards des sujets, d'une entreprise où l'état n'avoit jamais arrêté ses vues. Les querelles absurdes de la théologie aliénoient tous les esprits, divisoient tous les cœurs. Le gouvernement avoit violé la loi sacrée de la nature qui ordonne à tous les hommes de tolérer les opinions de leurs semblables, & il ne l'avoit pas même violée à propos. La religion réformée avoit fait en France, les plus grands progrès, lorsqu'elle y fut persécutée. Une partie considérable de la nation se trouva enveloppée dans la proscription ; & elle courut aux armes.

L'Espagne non moins intolérante avoit prévenu les querelles de religion, en laissant prendre au clergé cet empire dont l'influence s'est étendue & perpétuée jusqu'à nos jours. L'inquisition toujours armée contre la moindre apparence de nouveauté sçut empêcher le culte nouveau d'entrer dans l'état, & n'eût point à les détruire. Tout occupé de l'Amérique ; accoutumé à s'en attribuer la possession exclusive ; instruit des tentatives de quelques François pour s'y établir & de l'abandon où les laissoit le gouvernement, Philippe II. fit partir de Cadix une flotte pour les exterminer. Menendez qui la commandoit arrive à la Floride ; il y trouve les ennemis qu'il cherchoit établis au fort de la Caroline ; il attaque tous leurs retranchemens, les emporte l'épée à la main, & fait un massacre horrible. Tous ceux qui avoient échappé au carnage furent pendus à un arbre avec cette inscription : *non comme François, mais comme hérétiques.*

Loin de songer à venger cet outrage, le ministere de Charles IX. se réjouit en secret de l'anéantissement d'un projet qu'à la vérité il avoit approuvé, mais qu'il n'aimoit pas, parce qu'il avoit été imaginé par le chef des huguenots, & qu'il pouvoit donner du relief aux opinions nouvelles. L'indignation publique ne fit que l'affermir dans la résolution de ne témoigner aucun ressentiment. Il étoit réservé à un particulier d'exécuter ce que l'état auroit dû faire.

Dominique de Gourgues né au mont de Marsan en Gascogne, navigateur habile & hardi ; ennemi des Espagnols de qui il avoit reçu des outrages ; passionné pour sa patrie, pour les expéditions périlleuses & pour la gloire ; vend son bien, construit des vaisseaux, choisit des compagnons dignes de lui ; va attaquer les meurtriers dans la Floride, les pousse de poste en poste avec une valeur, une activité incroyable ; les bat partout ; & pour opposer dérision à dérision, les fait pendre à des arbres sur lesquels on écrit : *non comme Espagnols mais comme assassins.*

Si les Espagnols s'étoient contentés de massacrer les François, jamais on n'auroit usé contr'eux d'une représaille si cruelle. Ce fut l'antithèse de l'inscription qui fit tout le mal. On commit une atrocité effroyable, parce qu'on trouva un mot plaisant. Ce n'est pas le seul exemple où l'on supçonneroit que ce n'est pas la chose qui a fait le mot, mais le mot qui a fait la chose.

L'expédition du brave de Gourgues n'eut pas d'autres suites. Soit qu'il manquât de provisions pour rester dans la Floride; soit qu'il prévît qu'il ne lui viendroit aucun secours de France; soit qu'il crut que l'amitié des sauvages finiroit avec le pouvoir de l'acheter, ou qu'il pensât que les Espagnols viendroient l'accabler; il fit sauter les forts qu'il avoit conquis, & reprit la route de sa patrie. Il y fut reçu de tous les citoyens avec l'admiration qui lui étoit due & très-mal par la cour. Despote & superstitieuse; elle avoit trop à craindre la vertu.

Depuis 1567, qu'il eût évacué la Floride, les François perdirent de vue le nouveau monde. Egarés par un cahos de dogmes inconcevables, ils perdirent la raison, l'esprit, le cœur, les entrailles, le sentiment, l'humanité. Le peuple le plus doux & le plus sociable, devint le plus barbare, le plus sanguinaire des peuples. Ce n'étoit pas assez des bûchers & des échafauts. Criminels les uns aux yeux des autres, tous furent bourreaux, tous furent victimes. Après s'être condamnés mutuellement aux flammes de l'enfer, ils s'égorgèrent à la voix de leurs prêtres qui ne crioient que sang & que vengeance. Enfin, le généreux Henri toucha l'ame de ses sujets. Ses larmes les firent pleurer sur leurs maux. Il leur rendit tous les doux penchans de la vie sociale, leur ôta les armes des mains, & les fit consentir à vivre heureux sous ses loix paternelles.

Alors la nation tranquille & libre sous un roi en qui elle avoit confiance, conçut des projets utiles.

On s'occupa de la formation des colonies. Les premieres idées devoient se tourner naturellement vers la Floride. A l'exception du fort Saint Augustin autrefois construit par les Espagnols à dix ou douze lieues de la colonie françoise, les Européens n'avoient pas un seul établissement dans ce vaste & beau pays. On n'en craignoit pas les habitans. Tout annonçoit sa fertilité! Il passoit même pour riche en mines d'or & d'argent, parce qu'on y avoit trouvé de ces métaux, sans soupçonner qu'ils venoient de quelques vaisseaux jettés sur les côtes par le naufrage. Le souvenir des grandes actions que quelques François y avoient faites ne pouvoit pas encore être effacé. Il est vraisemblable qu'on craignit d'aigrir l'Espagne qui n'étoit pas disposée à souffrir le moindre établissement dans le Golphe du Mexique ou au voisinage. Le danger qu'il y avoit à provoquer un peuple si redoutable dans le nouveau monde, inspira la résolution de s'éloigner de lui le plus qu'il seroit possible. Les contrées plus septentrionales de l'Amérique obtinrent par cette raison la préférence. La route en étoit déja tracée.

François Ier. y avoit envoyé en 1523 le Florentin Verazzani qui ne fit qu'observer l'isle de Terre-neuve & quelques côtes du continent, mais sans s'y arrêter.

Onze ans après, Jacques Cartier, habile navigateur de Saint Malo, reprit les projets de Verazzani. Les deux nations qui étoient les premieres débarquées au nouveau monde, crierent à l'injustice, en voyant qu'on y couroit sur leurs traces. *Eh quoi! dit plaisamment François Ier. le roi d'Espagne & le roi de Portugal partagent tranquillement entr'eux toute l'Amérique, sans souffrir que j'y prenne part comme leur frere!*

Je voudrois bien voir l'article du testament d'Adam qui leur légue ce vaste héritage. Cartier alla plus loin que son prédécesseur. Il entra dans le fleuve Saint Laurent ; mais après avoir échangé avec les sauvages quelques marchandises d'Europe contre des pelleteries, il se rembarqua pour la France où l'on oublia par légereté une entreprise qu'on paroissoit n'avoir formée que par imitation.

Heureusement les Normands, les Bretons, les Basques continuerent à faire la pêche de la morue sur le grand banc, le long des côtes de Terre-neuve, dans tous les parages voisins. Ces hommes intrépides & qui avoient de l'expérience, servirent de pilotes aux avanturiers qui depuis 1598 tenterent de fonder des colonies dans ces contrées désertes. Aucun de ces premiers établissemens ne prospéra, parce qu'ils furent tous dirigés par des compagnies exclusives qui n'avoient, ni les talens qu'il falloit pour choisir les meilleures positions, ni des fonds suffisans pour attendre le retour de leurs avances. Un monopole remplaça rapidement un monopole ; mais envain : c'étoit toujours avec une avidité sans vues & sans moyens. Tous ces différens corps se ruinoient l'un après l'autre, sans que l'état gagnât rien à leur perte. Tant d'expéditions avoient consommé à la France plus d'hommes, d'argent & de vaisseaux que n'en coûtoit à d'autres états la fondation de grands empires. Enfin Samuel de Champlain remonta bien avant le fleuve Saint Laurent, & jetta sur ses bords en 1608 les fondemens de Quebec qui devint le berceau, le centre, la capitale de la nouvelle France ou du Canada.

L'espace illimité qui s'ouvroit devant cette

colonie offroit à ses premiers regards des forêts sombres, épaisses & profondes dont la seule hauteur attestoit l'ancienneté. Des rivieres sans nombre venoient de loin arroser ces immenses pays de leurs larges canaux. L'intervalle qu'elles laissoient étoit coupé d'une multitude de lacs. On en comptoit quatre dont la circonférence embrassoit depuis deux cens jusqu'à cinq cens lieues. Ces mers intérieures communiquoient entr'elles ; & leurs eaux, après avoir formé le fleuve Saint Laurent, alloient grossir considérablement le lit de l'océan. Tout dans cette région intacte du nouveau monde, portoit l'empreinte du grand & du sublime. La nature y déployoit un luxe de fécondité, une magnificence, une majesté qui commandoit la vénération, mille graces sauvages qui surpassoient infiniment les beautés artificielles de nos climats. C'est-là qu'un peintre, un poëte auroit senti leur imagination s'exalter, s'échauffer, & se remplir de ces idées qui deviennent ineffaçables dans la mémoire des hommes. Toutes ces contrées exhaloient, respiroient un air de longue vie. Cette température qui par la position du climat devoit être délicieuse, ne perdoit rien de sa salubrité par la rigueur singuliere d'un froid long & violent. Ceux qui n'attribuent cette singularité qu'aux bois, aux sources, aux montagnes dont ce pays est couvert ; ceux-là n'ont pas tout vu. D'autres observateurs ajoutent à ces causes du froid, l'élévation du terrein, un ciel tout aérien & rarement chargé de vapeurs, la direction des vents qui viennent du nord au midi par des mers toujours glacées.

Les habitans de cet âpre climat étoient cependant peu vêtus. Un manteau de buffle ou de castor serré par une ceinture de cuir, une chaussure de peau de chevreuil ; c'étoit leur habillement avant leur commerce avec nous. Ce qu'ils y ont ajouté depuis a toujours excité les lamentations de leurs vieillards sur la décadence des mœurs.

Peu de ces sauvages connoissoient la culture ; encore n'étoit-ce que celle du mays, qu'ils abandonnoient aux femmes comme indignes des soins de l'homme indépendant. Leur plus vive imprécation contre un ennemi mortel, c'étoit qu'il fut réduit à labourer un champ. Quelquefois ils s'abaissoient jusqu'à la pêche ; mais leur vie & leur gloire étoit la chasse. Toute la nation y alloit comme à la guerre ; chaque famille, chaque cabane comme à sa subsistance. Il falloit se préparer à cette expédition par des jeûnes austeres, n'y marcher qu'après avoir invoqué les dieux. On ne leur demandoit pas la force de terrasser les animaux, mais le bonheur de les rencontrer. Hormis les vieillards arrêtés par la décrépitude, tous se mettoient en campagne, les hommes pour tuer le gibier, les femmes pour le porter & le secher. Au gré d'un tel peuple, l'hiver étoit la belle saison de l'année : l'ours, le chevreuil, le cerf & l'orignal ne pouvoient fuir alors avec toute leur vîtesse, à travers quatre à cinq pieds de neige. Comme on n'étoit arrêté ni par les buissons, ni par les ravines, ni par les étangs, ni par les rivieres ; que tout étoit bientôt franchi par des hommes qui alloient toujours par la ligne la plus droite ; qu'on gagnoit à la course la plûpart des animaux légers : rarement la chasse étoit malheureuse. Mais au défaut de gibier, on vivoit de gland. Au défaut de gland, on se nourrissoit de la séve ou de la pellicule qui naît entre le bois & la grosse écorce du tremble & du bouleau.

Dans l'intervalle d'une chasse à l'autre, on faisoit, on reparoit les arcs & les fléches; les raquettes qui servoient à courir sur la neige; les canots sur lesquels on devoit passer les lacs & les cataractes. Ces meubles de voyage & quelques pots de terre formoient toute l'industrie & les arts de ces peuples errans. Ceux d'entr'eux qui s'étoient réunis en bourgades, ajoutoient à ces travaux les soins qu'exigeoit leur vie plus sédentaire, & la précaution de palissader, de défendre leurs cabanes contre les irruptions. Les sauvages s'abandonnoient alors dans une sécurité profonde à la plus entiere inaction. Ce sentiment inquiet de sa propre foiblesse; cette lassitude de tout & de soi-même qu'on appelle ennui; ce besoin de fuir la solitude & de se décharger sur autrui du fardeau de sa vie, étoient inconnus de ce peuple content de la nature & de sa destinée.

Leur stature étoit taillée en général dans les plus belles proportions: mais plus propres à supporter les fatigues de la course que les peines du travail, ils avoient moins de vigueur que d'agilité. Avec des traits réguliers, ils avoient cet air féroce que leur donnoient sans doute l'habitude de la chasse & le péril de la guerre. Leur peau étoit d'un rouge obscur & sale. Cette couleur désagréable leur venoit de la nature qui hâle tous les hommes continuellement exposés au grand air. Elle étoit augmentée par la manie qu'ont toujours eu les peuples sauvages de se peindre le corps & le visage, soit pour se reconnoître de loin entre ennemis ou alliés; soit pour se rendre plus agréables dans l'amour, ou plus terribles à la guerre. A ce vernis, ils joignoient des frictions de graisse de quadrupede ou d'huile de poisson, usage familier & nécessaire pour se garantir de la piquure insoutenable des moucherons & des insectes qui couvrent tous les pays que l'homme laisse en friche. Ces onguens étoient préparés & mêlés avec des sucs ou des matiéres rouges qui peut-être étoient le poison le plus mortel pour les moustics. Ajoutez à ces enduits qui pénétrent & dénaturent la couleur de la peau, les fumigations qu'on oppose encore à tous ces insectes ou que respirent ces peuples dans leurs cabanes où ils se chauffent tout l'hiver, où ils boucanent leurs viandes; c'en étoit assez pour leur donner un teint hideux à nos regards, mais beau sans doute, ou du moins supportable à leurs yeux peu délicats. Du reste ils avoient la vue, l'odorat, l'ouie, tous les sens d'une finesse ou d'une subtilité qui les avertissoient de loin sur leurs dangers ou leurs besoins. Ceux-ci étoient bornés; mais leurs maladies l'étoient bien davantage. Ils ne connoissoient guere que celles qui pouvoient naître de leurs exercices quelquefois trop violens, ou de la surabondance de nourriture qu'ils prenoient après des dietes excessives.

Leur population étoit peu nombreuse; & peut-être n'étoit-ce pas un malheur. Les nations policées doivent desirer la multiplication des hommes; parce que gouvernées par des chefs ambitieux d'autant plus portés à la guerre qu'ils ne la font pas, elles sont réduites à la nécessité de combattre pour envahir ou pour repousser; parce qu'elles n'ont jamais assez de terrein & d'espace pour leur vie entreprenante, dispendieuse & composée de mille besoins. Mais les peuples isolés, errans, gardés par les déserts qui les séparent, par les courses qui les dérobent aux irruptions, par la pauvreté qui les garantit de faire ou de souffrir des injustices, ces peuples sauvages n'ont pas besoin d'être multipliés. Pourvu qu'ils le soient assez pour résister aux animaux féroces, pour repousser un ennemi qui n'est jamais fort, pour se secourir mutuellement, tout est bien. Plus ils le seroient au-delà, plus promptement ils auroient dévasté les lieux qu'ils habitent, plutôt ils seroient forcés de les quitter pour en aller chercher d'autres, le seul, du moins le plus grand inconvénient de leur vie précaire.

Indépendamment de ces réflexions qui pouvoient bien ne s'être pas présentées aux sauvages du Canada d'une maniere si développée, la nature des choses suffisoit seule pour arrêter leur population. Quoiqu'ils habitassent des contrées abondantes en gibier & en poisson, il y avoit des saisons & quelquefois des années où cette unique ressource leur manquoit : la famine faisoit alors d'horribles ravages chez des nations trop petites pour se passer de secours étranger, & trop éloignées entr'elles pour s'en donner. Leurs guerres ou leurs hostilités passageres, mais causées par des haines éternelles étoient très-destructives. Des chasseurs continuellement exercés à poursuivre leur nourriture qui fuyoit devant eux, à déchirer l'animal qu'ils avoient surpris à la course ; des hommes dont l'oreille étoit familiarisée aux cris de la mort, & la vue à l'effusion du sang, devoient dans les combats se montrer plus impitoyables encore, s'il est possible, que ne le sont nos peuples frugivores. Enfin malgré les éloges qu'on donne à l'éducation la plus dure, & qui séduisirent Pierre le Grand au point qu'il ordonna de ne laisser boire que de l'eau de la mer aux enfans de ses matelots, étrange épreuve qui leur coûta la vie à tous ; il est certain qu'un grand nombre de jeunes sauvages périssoient par la faim, par la soif, par le froid & par les fatigues. Ceux même dont le tempérament étoit assez vigoureux pour résister aux exercices communs dans ces climats, pour passer les plus grandes rivieres à la nage, pour faire des chasses de deux cens lieues, pour se défendre du sommeil durant plusieurs jours, pour se passer long-tems de nourritures : ces hommes en étoient moins propres à la génération & sentoient tarir en eux les germes de la vie. Peu parvenoient à la carriere que l'on fournit dans nos sociétés où les habitudes sont plus uniformes & plus tranquilles.

L'austérité de l'éducation partiale, la pratique des rudes travaux & l'usage des nourritures grossieres on fait une illusion dangereuse. Les philosophes, séduits par le sentiment des maux de l'humanité, ont voulu consoler les malheureux que la fortune avoit condamnés à ce genre de vie, en leur persuadant que c'étoit le plus sain & le meilleur. Les gens riches n'ont pas manqué d'adopter un système qui leur endurcissoit tranquillement le cœur, & les dispensoit de la compassion & de la bienfaisance. Non il n'est pas vrai que les hommes occupés des pénibles arts de la société, vivent aussi long-tems que l'homme qui jouit du fruit de leurs sueurs. Un paysan est un vieillard à soixante ans ; tandis que les citoyens de nos villes qui vivent dans l'opulence avec quelque sagesse, atteignent & passent souvent quatre-vingt ans. Les gens de lettres même dont les occupations sont peu favorables à la santé comptent dans leur classe un assez grand nombre d'octogénaires. Loin des livres modernes, ces cruels sophismes dont on berce les riches & les grands qui s'endorment sur les labeurs du pauvre, ferment leurs entrailles à ses gémissemens, & détournent leur sensibilité de dessus leurs vassaux pour la porter toute entiere sur leurs chiens & sur leurs chevaux.

On trouva dans le Canada trois langues meres, l'algonquine, la siouse & la huronne. On jugea que ces langues étoient primitives, parce qu'elles renfermoient chacune un grand nombre de ces mots imitatifs, qui peignent les choses par le son. Les dialectes qui en dérivoient se multiplioient presqu'autant que les bourgades. On n'y remarquoit point de termes abstraits, parce que l'esprit enfant des sauvages ne s'écarte guere loin des objets & des tems présens, & qu'avec peu d'idées, on a rarement besoin de les généraliser, & d'en représenter plusieurs dans un seul signe. Mais d'ailleurs le langage de ces peuples, presque toujours animés d'un sentiment prompt, unique & profond, remués par les grandes scenes de la nature, prenoit dans leur imagination sensible & forte, un caractere vivant & poétique. L'étonnement & l'admiration dont leur ignorance même les rendoit susceptibles, les entraînoient violemment à l'exagération. Leur ame s'exprimoit comme leurs yeux voyoient : c'étoient toujours des êtres physiques qu'ils retraçoient avec des couleurs sensibles, & leurs discours devenoient pittoresques. Au défaut de termes de convention pour rendre certaines idées composées ou compliquées, ils employoient des expressions figurées. Le geste, l'attitude ou l'action du corps, l'inflexion de la voix, suppléoient ou achevoient ce qui manquoit à la parole. Les métaphores étoient plus hardies, plus familieres dans leur conversation, qu'elles ne le sont dans la poésie même épique des langues de l'Europe. Leurs harangues dans les assemblées publiques étoient sur-tout remplies d'images, d'énergie & de mouvement. Jamais peut-être aucun orateur Grec ou Romain ne parla avec autant de force & de sublimité qu'un chef de ces sauvages. On vouloit les éloigner de leur patrie: *nous sommes*, répondit-il, *nés sur cette terre; nos peres y sont ensevelis. Dirons-nous aux ossemens de nos peres, levez-vous, & venez avec nous dans une terre étrangere?*

Il est aisé de penser que de pareilles nations ne pouvoient pas être aussi douces, aussi foibles que celles du midi de l'Amérique. On éprouva qu'elles avoient cette activité, cette énergie qu'on trouve toujours chez les peuples du nord, à moins qu'ils ne soient comme les Lapons d'une espece fort différente de la nôtre. Elles n'étoient guere parvenues qu'à ce dégré de lumiere & de police où l'instinct seul peut conduire les hommes dans un petit nombre d'années: & c'est chez ces peuples que les philosophes peuvent étudier l'homme de la nature.

Ils étoient divisés en plusieurs petites nations dont le gouvernement étoit à-peu-près le même. Quelques-unes reconnoissoient des chefs héréditaires; d'autres s'en donnoient d'électifs; la plupart n'étoient dirigées que par leurs vieillards. C'étoient de simples associations, comme fortuites & toujours libres, unies sans aucun lien. La volonté générale n'y assujettissoit pas même la volonté particuliere. Les décisions étoient de simples conseils qui n'obligeoient personne, sous la moindre peine. Si dans une de ces singulieres républiques, on décernoit la mort d'un homme, c'étoit plutôt une espece de guerre contre un ennemi commun, qu'un acte judiciaire, exercé sur un sujet ou un citoyen. Au défaut de pouvoir coërcitif, les mœurs, l'exemple, l'éducation, le respect pour les anciens, l'amour des parens, maintenoient en paix ces sociétés sans loix comme sans biens. La raison qui n'avoit pas été, comme parmi nous, dénaturée par les préjugés & violée par des actes de force, leur tenoit lieu de préceptes de morale, & d'ordonnances de police. La concorde & la sûreté se maintenoient sans l'entremise du gouvernement. Jamais il ne blessoit ces deux puissans instincts de la nature, l'amour de l'égalité & celui de l'indépendance.

Delà ces égards que les sauvages observent réciproquement entr'eux. Ils se prodiguent des marques d'estime par un retour de celle que chacun exige pour soi-même. Prévenans & réservés ils pésent leurs paroles, ils écoutent avec attention. Leur gravité qu'on prendroit pour de la mélancolie, est sur-tout remarquable dans leurs assemblées nationales. Chacun y harangue à son tour, selon son âge, son expérience & ses services. Jamais on n'est interrompu, ni par un reproche indécent, ni par un applaudissement déplacé. Les affaires publiques y sont maniées avec un désintéressement inconnu dans nos gouvernemens, où le bien de l'état ne se fait presque jamais que par des vues personnelles ou par esprit de corps. Il n'est pas rare de voir un orateur sauvage qui étoit en possession des suffrages, avertir ceux qui déféroient à ses conseils, qu'un autre est plus digne de leur confiance.

Ce respect mutuel entre les habitans d'une bourgade, regne entre les peuples, dès que la guerre cesse. Les envoyés sont reçus, sont traités avec l'amitié qu'on doit à des hommes qui viennent parler de paix ou d'alliance. Ce n'est jamais pour un projet de conquête, ni pour un intérêt de domination que négocient des nations errantes qui n'ont pas même l'idée d'un domaine. Celles même qui s'arrêtent à des habitations fixes, ne disputent à personne le droit de s'établir dans leur canton, pourvu qu'on ne les inquiéte pas. La terre, disent-ils, est faite pour tous les hommes; aucun n'y doit posséder la portion de deux. Toute la politique des sauvages se réduit donc à des ligues contre un ennemi trop nombreux & trop fort, à suspendre des hostilités trop meurtrieres. Est-on convenu de la treve ou de l'union; on s'en donne mutuellement le gage par des colliers de porcelaine. C'est une espece de coquillage ou de colimaçon. Les blancs sont trop communs; on en fait peu de cas. Les violets plus rares & les noirs encore davantage, sont les plus estimés. On leur donne une forme cylindrique; on les perce; on les distribue en branches & en colliers. Les branches d'environ un pied de long, portent des grains enfilés à la suite les uns des autres. Les colliers sont de larges ceintures où les grains disposés par rangs, sont assujettis par de petites bandelettes de cuir, dont on forme un tissu assez propre. La mesure, le poids & la couleur de ces coquillages décident de l'importance des affaires. Ils servent de bijoux, de registres & d'annales. C'est le lien des peuples & des individus. C'est un gage inviolable & sacré qui donne la sanction aux paroles, aux promesses, aux traités. Les chefs des bourgades sont les dépositaires de ces fastes de la nation. Ils en connoissent la signification; ils en interprétent le sens; ils transmettent avec ces caracteres de convention, l'histoire du pays à tous les jeunes gens.

Comme les sauvages n'ont point de richesses, ils sont bienfaisans. On le voit, on le sent dans le soin qu'ils prennent des orphélins, des veuves & des infirmes. Ils partagent libéralement le peu qu'ils ont de provisions avec ceux dont la chasse, la pêche ou les récoltes ont trompé les espérances. Leurs tables & leurs cabanes sont jour & nuit ouvertes aux étrangers & aux voyageurs. C'est dans les fêtes que brille sur-tout cette hospitalité généreuse qui fait un bien public des avantages d'un particulier. C'est moins par ce qu'il possède que par ce qu'il donne qu'un sauvage aspire à la considération. Ainsi la provision d'une chasse de six mois, est souvent distribuée en un jour ; & celui qui régale a bien plus de plaisir que tous ceux qu'il invite.

Tous les peintres des mœurs sauvages ne placent point la bienveillance dans leurs tableaux. Mais la prévention ne leur a-t-elle pas fait confondre avec le caractere naturel, une antipathie de ressentiment ? Ces peuples n'aiment, n'estiment, ni n'accueillent les Européens. L'inégalité des conditions que nous croyons si nécessaire pour le maintien des sociétés, est aux yeux d'un sauvage le comble de la démence. Ils sont également scandalisés que chez nous un homme ait lui seul plus de bien que plusieurs autres ; & que cette premiere injustice en entraîne une seconde, qui est plus de considération a plus de richesses. Mais ce qui leur semble une bassesse, un avilissement au dessus de la stupidité des bêtes ; c'est que des hommes qui sont égaux par la nature, se dégradent jusqu'à dépendre des volontés ou des caprices d'un seul homme. Le respect que nous avons pour les titres, les dignités, & sur-tout pour la noblesse héréditaire, ils l'appellent infulte, outrage pour l'efpece humaine. Quand on fait conduire un canot, battre l'ennemi, conftruire une cabane, vivre de peu, faire cent lieues dans les forêts, fans autre guide que le vent & le foleil, fans autre provifion qu'un arc & des flêches : c'eft alors qu'on eft un homme, & que faut-il de plus ? Cette inquiétude qui nous fait paffer tant de mers, pour chercher une fortune qui fuit devant nos pas, ils la croient plutôt l'effet de notre pauvreté que de notre induftrie. Ils rient de nos arts, de nos manieres, de tous ces ufages qui, plus ils s'éloignent de la nature, plus ils nous infpirent de vanité. Leur franchife & leur bonne-foi font indignées des fineffes & des perfidies qui ont fait la bafe de notre commerce avec eux. Une foule d'autres motifs appuyés quelques-uns fur le préjugé, la plupart fur la raifon, ont rendu les Européens odieux aux fauvages. Ils font devenus par repréfailles, durs & cruels envers nous. L'averfion & le mépris que nous leur avons fait concevoir pour nos mœurs, les ont toujours éloignés de notre fociété. On n'a jamais pu façonner aucun d'eux aux délices de notre-aifance, tandis qu'on a vu des Européens renoncer à toutes les commodités de l'homme civil, pour aller prendre dans les forêts l'arc & la maffue de l'homme fauvage.

Une feule félicité manquoit aux libres Amériquains ; le bonheur d'aimer paffionnément leurs femmes. Envain ont-elles reçu de la nature une taille avantageufe, de beaux yeux, des traits agréables, des cheveux noirs, longs & bien placés. Tous ces agrémens ne font comptés que durant le tems de leur indépendance. A peine ont-elles fubi le joug de l'hymen que tous les hommes semblent oublier des avantages qui ne sont destinés que pour un seul. L'époux même qu'elles chérissent uniquement devient insensible à des charmes qu'elles prodiguoient avant le mariage. A la vérité, le genre de vie où cet état les condamne, n'est pas favorable à la beauté. Leurs traits s'altèrent; elles perdent en même-tems, & le desir & le pouvoir de plaire. Laborieuses, actives, infatigables, on les voit labourer la terre, jetter la semence, faire la moisson; tandis que leurs maris dédaignant de courber la tête & le dos sous le joug de l'agriculture, s'amusent à chasser, à pêcher, à tirer de l'arc, à exercer sur la terre l'empire de l'homme.

Plusieurs de ces nations ont l'usage de la pluralité des femmes. Les peuples même qui ne pratiquent pas la polygamie se sont du moins réservé le divorce. L'idée d'un lien indissoluble n'est pas encore entrée dans l'esprit de ces hommes libres jusqu'à la mort. Quand les gens mariés ne se conviennent pas, ils se séparent de concert, & partagent entr'eux les enfans. Rien ne leur paroît plus contraire aux loix de la nature & de la raison que le système opposé des chrétiens. Le grand esprit, disent-ils, nous a créés pour être heureux; & ce seroit l'offenser que de vivre dans un état de contrainte & de chagrin. Cette morale est d'accord avec le langage que tenoit un Miamis à l'un de nos missionnaires. *Nous ne pouvions plus bien vivre ensemble, ma femme & moi. Mon voisin n'étoit pas mieux avec la sienne. Nous avons changé de femme, & nous sommes tous contens.*

Un écrivain illustre, & qu'il faut encore respecter comme orateur & comme poëte, quand on n'est pas de son avis comme philosophe, pense que l'amour n'est point chez les Amériquains un principe d'industrie, de génie & de mœurs comme il l'est en Europe, parce que les Amériquains, dit-il, ont un sixieme sens plus foible que les Européens. On prétend que ces sauvages ne connoissent ni les tourmens ni les délices de la plus ardente des passions. L'air & la terre dont l'humidité contribue si fort à la végétation, leur donnent peu de chaleur pour la génération. La même séve qui couvre les campagnes de forêts & les arbres de feuilles, y fait croître chez les hommes comme chez les femmes de longues chevelures, lisses, épaisses, fortes & tenaces. Des hommes qui n'ont guere plus de barbe que les eunuques, ne doivent pas abonder en germes reproductifs. Le sang de ces peuples est aqueux & froid. Les mâles y ont quelquefois du lait aux mammelles. Delà ce penchant tardif pour les femmes ; cette vigueur lente, cette ardeur foible qui fuit le sexe dans le flux du mois, qui l'évite dans les tems de grossesse, qui ne se réveille que dans certaines saisons de l'année. Delà cette vivacité d'imagination qui les rend superstitieux, peureux dans les ténébres comme des enfans, aussi portés à la vengeance que des femmes, poëtes & figurés dans leurs discours ; sensibles en un mot, mais peu passionnés. Enfin delà venoit sans doute en partie ce défaut de population qu'on a toujours remarqué chez eux ; ils ont peu d'enfans, parce qu'ils n'aiment pas assez les femmes ; & c'est un vice national que les vieillards ne cessoient de reprocher aux jeunes gens.

Mais ne pourroit-on pas dire que la passion pour les femmes languit moins par le tempérament des sauvages que par leur caractere moral ? Les plaisirs de l'amour y sont trop faciles, pour y exciter puissamment les desirs. Parmi nous en effet, est-ce dans les siecles où le luxe favorise l'incontinence qu'on voit les hommes aimer le plus les femmes, & les femmes porter le plus d'enfans? Dans quels pays l'amour fût-il une source d'héroïsme & de vertu, quand les femmes n'y encourageoient pas leurs amans, par les refus de la pudeur, par la honte qu'elles attachoient aux foiblesses de leur sexe ? C'est à Sparte, c'est à Rome, c'est en France même dans les tems de la chevalerie que l'amour a fait entreprendre & souffrir de grandes choses. C'est-là que se mêlant à l'esprit public, il aidoit ou suppléoit au patriotisme. L'ame de la nature étoit alors l'ame de la nation. Comme il étoit plus difficile de plaire toujours à une femme que d'en séduire plusieurs, le regne de l'amour moral prolongeoit le pouvoir de l'amour physique, en le reprimant, en le dirigeant, en le trompant même par des espérances qui perpétuoient les desirs & conservoient les forces. Mais cet amour qui jouissoit peu, produisoit beaucoup. Aimer n'étoit pas un art ; c'étoit une passion. Engendrée par l'innocence même, elle se nourrissoit de sacrifices, au lieu de s'éteindre dans les voluptés.

Quant aux sauvages, s'ils aiment moins les femmes que ne font les peuples policés ; ce n'est pas peut-être faute de vigueur & de penchant à la population. Mais le premier besoin de l'homme arrête chez eux les cris du second. Le soin de leur nourriture épuise presque toutes leurs forces. La chasse & les courses ne leur laissent ni les moyens, ni le loisir de peupler. Toute nation errante ne sera jamais féconde.

Que deviendroient des femmes obligées de suivre leurs maris à cent lieues, avec des enfans dans leur sein ou dans leurs bras ? Que deviendroient ces enfans eux-mêmes, privés d'une mamelle qui tariroit en chemin ? La chasse empêche donc, & la guerre détruit la multiplication des hommes. Un sauvage guerrier résiste aux piéges séducteurs dont les jeunes filles cherchent à l'envelopper. Quand la nature oblige ce sexe à poursuivre celui qui le fuit, & qu'elles vont solliciter les hommes jusques dans leur lit; ceux qui sont moins touchés de la gloire militaire que des charmes de la beauté, se laissent aller à la tentation. Mais les vrais guerriers à qui l'on apprend de bonne heure que la fréquentation des femmes énerve le courage & la force, ne se rendent pas. Le Canada n'est donc point désert par l'avarice de la nature, mais par le genre de vie de ses habitans. Aussi propres à la génération que nos peuples du nord, ils usent toute leur vigueur à leur conservation. La faim ne leur permet pas d'écouter l'amour. Si les peuples du midi donnent tout à cette seconde passion, c'est que la premiere est promptement satisfaite à très-peu de frais. Dans un pays où la nature produit beaucoup, & l'homme consomme peu, toute la surabondance des forces se donne à la population, qui d'ailleurs est secondée par la chaleur du ciel. Dans un climat où les hommes sont plus voraces que la nature n'est prodigue, le tems & les facultés de l'espece humaine sont absorbés par des fatigues qui nuisent à la multiplication.

Mais la preuve que les sauvages ne sont pas moins sensibles que nous à la passion des femmes, c'est qu'ils aiment bien plus leurs enfans. Ils sont allaités jusqu'à l'âge de quatre ou cinq ans, & quelquefois jusqu'à six ou sept. Dès l'âge le plus tendre, on respecte en eux leur indépendance naturelle. Jamais on ne les bat, jamais on ne les gronde, pour ne pas abattre cet esprit libre & martial qui doit former un jour la base de leur caractere. On évite même d'employer des raisons trop fortes pour les persuader, parce que ce seroit une espece de violence qu'on feroit à leur volonté. Comme on ne leur apprend que ce qu'ils doivent sçavoir, ils sont les enfans les plus heureux de la terre. S'ils viennent à mourir, les parens les pleurent amérement. On voit quelquefois deux époux aller après six mois verser des larmes sur le tombeau d'un enfant, & la mere y faire couler du lait de ses mamelles.

Des liens presque aussi forts & plus durables encore chez les sauvages, ce sont ceux de l'amitié. Jamais elle n'y est alterée par cette foule d'intérêts opposés qui dans nos sociétés affoiblissent toutes les liaisons, sans en excepter les plus douces & les plus sacrées. C'est-là que le cœur d'un homme se choisit un cœur pour y déposer ses pensées, ses sentimens, ses projets, ses peines, ses plaisirs. Tout devient commun entre deux amis. Ils s'attachent pour jamais l'un à l'autre; ils combattent à côté l'un de l'autre; ils meurent constamment l'un sur le corps de l'autre. Dans les dangers pressans, s'ils sont séparés, chacun d'eux invoque le nom de son ami, l'esprit de son ami. C'est-là son Dieu tutélaire.

Les sauvages ont une pénétration & une sagacité qui étonnent tout homme qui ne sçait pas combien nos arts & nos méthodes ont rendu notre esprit paresseux; parce que nous n'avons presque jamais que la peine d'apprendre, & très-rarement le besoin de penser. S'ils n'ont cependant rien perfectionné, non plus que les animaux en qui on remarque le plus d'adresse, c'est peut-être que ces peuples n'ayant que des idées rélatives aux premiers besoins, l'égalité qui régne entr'eux met chaque sauvage dans la nécessité de les acquérir, & de passer toute sa vie à faire son cours de connoissances usuelles : d'où il résulte que la somme des idées de chaque société de sauvages n'est pas plus grande que la somme des idées de chaque individu.

Au lieu de méditations profondes, les sauvages ont des chansons. Leur chant, dit-on, est monotone. Mais ceux qui l'ont jugé tel, avoient-ils une oreille propre & faite à les bien entendre. La premiere fois qu'on parle devant nous une langue étrangere; tout nous y paroît continu, dit & prononcé du même ton, sans aucune inflexion, sans prosodie. On ne commence à distinguer les mots, les syllabes; à s'appercevoir que les unes sont plus sourdes, les autres plus aigues, occupent un certain espace, qu'après une assez longue expérience. Ne faudroit-il pas du moins autant de tems pour prononcer sur la mélodie d'un peuple qui doit être toujours subordonnée à sa langue?

Leurs danses sont presque toujours une image de la guerre, & communément exécutées les armes à la main. Elles sont si variées, si vraies, si rapides, si terribles, qu'un Européen qui les voit pour la premiere fois ne peut s'empêcher de frémir. Il croit qu'en un instant la terre va être couverte de sang & des membres épars, & que de tous les danseurs, de tous les spectateurs, il ne restera pas un seul homme. N'est il pas singulier que dans les premiers âges du monde & chez les sauvages, la danse soit un art d'imitation, & qu'elle ait perdu ce caractere dans les pays policés, où elle semble réduite à un certain nombre de pas exécutés sans action, sans sujet, sans conduite ? Mais il en est des danses comme des langues : elles deviennent abstraites ainsi que les idées dont elles sont composées. Les signes en sont plus allégoriques, à proportion que l'esprit des peuples est plus rafiné. De même qu'un mot dans une langue savante exprime plusieurs idées; un pas, une attitude suffit pour rappeller plusieurs sentimens dans une danse raisonnée. C'est la faute des danseurs ou des spectateurs qui n'ont pas d'imagination, quand il ne rendent ou ne voient point de caractere & d'expression dans une danse figurée. D'ailleurs les sauvages ne peuvent peindre que des passions fortes & des mœurs féroces ; les images en doivent être plus expressives dans leurs danses qui sont le langage des gestes, le premier & le plus naïf de tous les langages. Les nations policées & paisibles ont à peindre des passions douces avec des images fines, propres à réveiller des idées subtiles. Cependant il faudroit quelquefois ramener les danses à leur origine, y retracer des mœurs simples, y faire revivre les premiers sentimens de la nature par des mouvemens qui les représentent, & s'éloigner des traces antiques & savantes des Grecs & des Romains, pour revenir aux images vigoureuses & parlantes des sauvages du Canada.

Ceux-ci toujours livrés uniquement à la passion qui les occupe, ont une sorte de fureur pour le jeu comme tous les gens oisifs, & sur-tout pour les jeux de hasard. Ces hommes ordinairement si taciturnes, si modérés, si maîtres d'eux-mêmes, si désintéressés, deviennent au jeu forcenés, avides, turbulens ; ils y perdent le repos, la raison, & tout ce qu'ils possédent. Dénués de la plupart des choses, curieux de ce qu'ils voient quand il leur plaît, pressés de l'avoir & d'en jouir ; ils se livrent tout entiers aux moyens d'acquérir les plus prompts & les moins pénibles. C'est une suite de leurs mœurs ; c'est encore une suite de leur caractere. L'aspect du bonheur présent dérobe toujours à leurs yeux le mal qui peut le suivre. Leur prévoyance ne va pas même du jour à la nuit. Ce sont alternativement des enfans imbécilles & des hommes terribles. Tout dépend du moment.

Le jeu seul les meneroit à la superstition ; quand ils ne seroient pas sujets par leur nature à ce fléau de l'espece humaine. Mais comme ils n'ont pas beaucoup de médecins ou de charlatans en ce genre, ils souffrent moins de cette maladie que les peuples policés ; ils y apportent mieux tous les tempéramens de la raison. Les Iroquois supposent confusément un premier être qui régle à son gré le cours du monde. Ils ne s'affligent pas du mal que cet être permet ou laisse faire. Quand il leur arrive un événement fâcheux : *l'homme d'en-haut l'a voulu*, disent-ils ; & il y a plus de philosophie dans cette soumission que dans tous les raisonnemens, toutes les déclamations de nos philosophes. La plupart des autres nations sauvages adorent ces deux principes qui ne tardent pas à naître dans l'esprit humain, dès qu'il a conçu des substances invisibles. Quelquefois c'est un fleuve, une forêt, la lune & le soleil qu'ils adorent ; en un mot des êtres où ils ont remarqué une certaine puissance & du mouvement ; parce que par-tout où ils voient un mouvement dont ils ignorent la cause, ils supposent une ame.

Ils semblent avoir quelque idée d'une autre

vie ; mais comme ils n'ont aucun principe de moralité, ils ne la croient pas destinée à la punition du crime, à la récompense de la vertu. Ils pensent que le chasseur infatigable, le guerrier sans peur & sans pitié ; l'homme qui aura tué ou brûlé beaucoup d'ennemis, & rendu sa bourgade victorieuse, à sa mort passera dans une terre abondante où toutes sortes d'animaux rassasieront sa faim. Mais ceux qui auront vieilli sans gloire & dans l'indolence, seront relégués à jamais dans un sol stérile où la famine & les maladies les assiégeront éternellement. Leurs dogmes sont faits pour leurs mœurs & pour leurs besoins. Ils croient à des plaisirs & à des peines qu'ils connoissent. Ils ont plus d'espérances que de craintes ; ils sont heureux jusques dans leurs erreurs. Cependant ils sont tourmentés par des songes.

Rien n'est si naturel à l'ignorance que d'attacher du mystere aux songes ; que de les rapporter à quelque être puissant qui prend le moment où toutes nos facultés sont suspendues & liées par le sommeil, pour veiller sur nous en l'absence de nos sens. C'est comme une ame étrangere qui s'introduit en nous, pour nous avertir de ce qui se passe au loin dans l'avenir toujours présent à l'être qui l'a déja créée, quand nous ne le voyons pas encore. Ce préjugé qui ne s'éleve que dans un état de société commencée, fait chez les peuples policés, les révélations, les apparitions, les communications avec la divinité. Nul ne devient prophéte, sans avoir eu des songes. C'est le premier pas du métier : celui qui ne rêve pas, ne prédit point.

Dans les climats âpres & rudes du Canada, chez des peuples qui ne vivent que de chasse, les nerfs sont quelquefois douloureusement affectés par l'intempérie de l'air, les fatigues & les longues diettes. Alors les sauvages ont des songes; & ces songes sont tristes & funestes. Ils rêvent qu'ils sont entourés d'ennemis; ils voient leur bourgade surprise nager dans le sang; ils reçoivent des outrages, des blessures; on leur enleve leurs femmes, leurs enfans, leurs amis. A leur reveil, ils prennent ces visions pour un avis des dieux; & la crainte qui met cette opinion dans leur ame, ajoute à leur férocité, par la mélancolie dont elle teint toutes leurs idées & leurs sombres regards. Les vieilles femmes, inutiles au monde, rêvent pour la sûreté de l'état, comme parmi nous les indolens prient & chantent. Quelques vieillards imbécilles rêvent avec elles pour les affaires publiques où ils n'ont point d'influence. Des jeunes gens inhabiles à la chasse, à la guerre, à la fatigue rêvent aussi pour avoir part à l'administration de la peuplade. On voit ainsi chez ces nations le germe du sacerdoce & des plus grands maux.

Sans ces affections mélancoliques & ces rêves, il n'y auroit rien de si rare que les querelles entre les particuliers. Des Européens qui ont vécu long-tems dans ces contrées assurent qu'ils n'ont jamais vu un sauvage en colere. Sans la superstition, il n'y auroit rien de si rare que les querelles de nation à nation.

Les querelles des particuliers sont ordinairement appaisées par le corps de l'état. La considération que la nation témoigne à l'offensé, calme son amour propre, & dispose son ame à la paix. Il est plus difficile d'éviter les démêlés, & de pacifier les hostilités entre deux peuples.

La chasse est un germe de guerre. Dès que deux troupes séparées par des forêts de cent lieues, viennent à se rencontrer dans leurs courses, & s'intercepter le gibier, elles ne tardent pas à tourner contr'elles-mêmes les fléches qu'elles réservoient aux ours. Dès-lors une légere escarmouche est la semence d'une discorde éternelle. Le parti vaincu jure aux vainqueurs une vengeance implacable, une haine nationale qui vivra de leur sang & renaîtra de leurs cendres. Cependant ces querelles s'éteignent quelquefois dans les blessures des deux bandes, quand de part & d'autre ce n'est qu'une jeunesse bouillante qui dans l'impatience de son âge est allée au loin faire l'essai de ses premieres armes. Mais la rage des peuples entiers ne s'allume pas légerement.

Quand il y a sujet de guerre, ce n'est pas un homme qui en juge, qui la décide & la déclare. La nation s'assemble, & le chef parle. Il expose les griefs & les injures. On pese, on balance les dangers & les suites d'une rupture. Les orateurs vont droit à leur but, sans s'arrêter, sans s'écarter, sans prendre le change. Les intérêts sont discutés avec une force de raison & d'éloquence qui naît de l'évidence & de la simplicité des objets; avec une impartialité même dont la chaleur des passions laisse encore les esprits plus susceptibles, que ne fait parmi nous la complication des idées. Si la guerre est décidée à l'unanimité des voix, à l'acclamation universelle; les alliés y sont invités. Rarement ils s'y refusent; parce qu'ils ont toujours quelque injure à venger, des morts à remplacer par des prisonniers.

Ensuite on s'occupe à choisir un chef, un capitaine de l'expédition; & on a beaucoup d'égard à la physionomie. Ce moyen de juger des hommes seroit peut-être défectueux & ridicule chez des peuples qui formés dès l'enfance à contraindre

leur

leur air & tous leurs mouvemens, n'ont plus de physionomie, sont pleins de dissimulation & de passions factices. Mais le premier coup d'œil ne trompe guere les sauvages qui guidés par la nature seule en connoissent la marche. Après l'air guerrier, on cherche une voix forte; parce que dans des armées qui marchent sans tambours, sans clairons pour mieux surprendre l'ennemi, rien n'est plus propre à sonner l'alarme, à donner le signal du combat que la voix terrible d'un chef qui crie & frappe en même-tems. Mais ce sont sur-tout les exploits qui nomment un général. Chacun a droit de vanter ses victoires, pour marcher le premier au péril; de dire ce qu'il a fait pour prouver ce qu'il veut faire; & les sauvages trouvent qu'il sied bien de se louer à un héros balafré qui montre ses cicatrices.

Celui qui doit guider les autres dans le chemin de la victoire, ne manque jamais de les haranguer. ‟ Camarades, dit-il, les os de nos
‟ freres sont encore découverts. Ils crient contre
‟ nous; il faut les satisfaire. Jeunesse, aux armes; remplissez vos carquois; peignez-vous
‟ des couleurs funébres qui portent la terreur.
‟ Que les bois retentissent de nos chants de guerre.
‟ Désennuyons nos morts par les cris de la vengeance. Allons nous baigner dans le sang ennemi, faire des prisonniers & vaincre, tant
‟ que l'eau coulera dans les fleuves, que le
‟ soleil & la lune resteront attachés au firmament ”.

A ces mots, les braves qui brûlent de courir les hazards de la guerre, vont trouver le chef & lui disent: *Je veux risquer avec toi. Je le veux bien*, répond-t-il, *nous risquerons ensemble*. Mais comme on n'a sollicité personne, de peur que la honte du refus ne fît marcher des lâches ; il faut subir bien des épreuves, avant d'être reçu soldat. Si le jeune homme qui n'a pas encore vu l'ennemi, témoignoit la moindre impatience, quand après de longues dietes, on l'expose à l'ardeur du soleil, aux rudes gelées de la nuit, aux piquures sanglantes des insectes, on le déclareroit incapable, indigne de porter les armes. Est-ce ainsi que se forment les milices de nos armées? Quelle cérémonie triste, quel présage funeste! Des hommes qui n'ont pu se dérober par la fuite à ces levées de troupes, s'y soustraire par des priviléges ou de l'argent, se traînent l'œil baissé, le visage pâle & consterné, devant un délégué dont les fonctions sont odieuses, & la probité suspecte aux peuples. Des parens désolés & tremblans semblent accompagner leurs fils à la mort. Un billet noir sort d'une urne fatale, & désigne les victimes que le prince dévoue à la guerre. Une mere dans le désespoir presse & retient vainement sur son sein le fils qu'on arrache de ses bras : maudissant le jour de son hymen, de son enfantement, elle dit à ce fils un éternel adieu. Non, ce n'est pas à ce prix qu'on fait de vrais soldats. Ce n'est pas dans cet appareil de deuil & de consternation que les sauvages se présentent à la victoire. C'est du milieu des festins, des chants, des danses qu'ils se mettent en marche. Les jeunes mariées suivent un jour ou deux leurs époux, mais sans donner aucun signe de chagrin ou de tristesse. Des femmes qui ne poussent pas un cri dans les douleurs de l'accouchement, oseroient-elles amollir par des pleurs, même de tendresse, les défenseurs, les vengeurs de la patrie?

Ils ont pour toutes armes une espece de javelot hérissé de pointes d'os, avec le casse-tête. Avant l'arrivée des Européens, ce n'étoit qu'une petite massue d'un bois très dur, de figure ronde, avec un côté tranchant. Aujourd'hui, c'est une petite hache qu'ils manient avec une dextérité surprenante. La plupart n'ont aucune arme défensive; mais s'il leur arrive d'attaquer les palissades qui entourent les bourgades, ils se couvrent le corps d'une planche légere. Quelques-uns d'entr'eux qui se faisoient une maniere de cuirasse d'un tissu de jonc y renoncerent, dès qu'ils virent qu'elle n'étoit pas à l'épreuve des armes à feu.

L'armée se fait suivre dans ses expéditions par les rêveurs, qui sous le nom de jongleurs décident trop souvent des opérations. Elle marche sans étendarts. Tous les guerriers, presque nuds au combat pour être plus agiles, se barbouillent le corps avec du charbon, pour paroître plus terribles, ou avec de la terre pour se cacher de loin & mieux surprendre l'ennemi. Malgré leur intrépidité naturelle, leur aversion pour le déguisement, les guerres qu'ils se font se tournent en ruses. Cet art de ruser, commun à toutes les nations soit sauvages soit policées, quoiqu'il semble contraire à la bravoure, au préjugé de l'honneur, cet art est devenu nécessaire aux petites nations du Canada. Elles se seroient toutes absolument détruites, si loin de n'aimer la victoire que teinte du sang des vainqueurs, on n'eut mis la gloire des chefs à ramener tous leurs compagnons. L'honneur est donc d'accabler l'ennemi sans qu'il s'y attende. Une finesse de sens que tout cultive & rien n'émousse, apprend à ces peuples à discerner les lieux par où l'on a passé. Soit par la vue ou l'odorat, ils découvrent, dit-on, des vestiges sur l'herbe la plus courte, sur la terre séche & dure, sur la pierre même ; ils voient à la maniere dont ces traces sont imprimées, quelle nation elles désignent. Peut-être ne les reconnoissent-ils qu'aux feuilles dont les forêts jonchent continuellement la terre ?

Lorsqu'on a le bonheur d'arriver à l'improviste près de l'ennemi, on fait une décharge générale de fléches, & l'on fond sur lui le casse-tête à la main. S'il est sur ses gardes ou trop bien retranché, on se retire, s'il est possible ; sinon il faut se battre jusqu'à la mort ou à la victoire. Celui qui l'emporte, achéve les blessés qu'il ne pourroit emmener, arrache aux morts leur chevelure pour toute dépouille, & du reste fait des prisonniers.

Le vainqueur laisse sur le champ de bataille son casse-tête, où il a eu soin de tracer la marque de sa nation, celle de sa famille, & son portrait c'est à-dire un ovale avec les figures peintes sur son visage. D'autres peignent toutes ces marques d'honneur ou plutôt de victoire sur un tronc d'arbre, ou sur une écorce, avec du charbon broyé dans un mêlange de couleurs. On ajoute à ce trophée l'histoire, non seulement de la bataille mais de toute la campagne, en caracteres hiéroglyphiques. Après le portrait du général, vient le nombre de ses exploits marqué par autant de notes ; celui de ses soldats par autant de lignes ; celui des prisonniers par autant de marmousets ; celui des morts par des figures humaines sans tête. Ce sont là les signes parlans & téchniques qui ont précédé chez toutes les sociétés originales, l'art de l'écriture & de l'imprimerie, & des nombreuses bibliothéques qui surchargent les palais des riches oisifs, & la tête des pauvres sçavans.

L'histoire des guerres est courte chez les sauvages. Ils se hâtent de l'écrire. Comme les fuyards pourroient revenir en force sur leurs pas, le vainqueur ne les attend point. Sa gloire est de marcher avec précipitation, sans jamais s'arrêter en route, jusqu'a ce qu'il soit arrivé sur son territoire & dans sa bourgade. C'est-là qu'on le reçoit avec les transports de la plus vive joie, avec des éloges qui font la récompense. Ensuite on s'occupe du sort des prisonniers, unique fruit de la victoire.

Les heureux sont ceux qu'on choisit pour remplacer les guerriers que la nation a perdus dans l'action qui vient de se passer, ou dans des occasions plus éloignées. Cette adoption a été sagement imaginée, pour perpétuer des peuples qu'un état de guerre continuelle auroit bientôt épuisés. Les prisonniers incorporés dans une famille y deviennent cousins, oncles, peres, freres, époux; enfin ils y prennent tous les titres du mort qu'ils remplacent; & ces tendres noms leur donnent tous ses droits, en même-tems qu'ils leur imposent tous ses engagemens. Loin de se réfuser aux sentimens qu'ils doivent à la famille dont ils sont faits membres, ils n'ont pas même d'éloignement à prendre les armes contre leurs compatriotes. C'est pourtant un étrange renversement des liens de la nature. Il faut qu'ils soient bien foibles, pour changer ainsi d'objet avec les vicissitudes de la fortune. C'est que la guerre en effet semble rompre tous les nœuds du sang, & n'attacher plus l'homme qu'à lui-même. Delà vient chez les sauvages cette union entre les amis, plus forte que celle des parens. Ceux qui combattent & meurent ensemble, sont plus étroitement liés que ceux qui sont nés ensemble ou sous le même toit. Quand la guerre ou la mort a brisé la parenté qui est cimentée par la nature ou celle qui est formée par le choix, le sort qui donne des chaînes au sauvage prisonnier, lui donne aussi de nouveaux parens & d'autres amis. La convention générale & l'usage ont fait cette loi singuliere, qui sans doute est née de la nécessité.

Mais quelquefois un captif refuse cette adoption; & quelquefois il en est exclu. Un prisonnier grand & bien fait avoit perdu plusieurs doigts à la guerre. On ne s'en étoit pas d'abord apperçu. *Mon ami*, lui dit la veuve à laquelle il étoit destiné, *nous t'avions choisi pour vivre avec nous; mais dans la situation où je te vois hors d'état de combattre & de nous défendre, que serois-tu de la vie? La mort vaut mieux pour toi. Je le crois*, répondit le sauvage. *Eh bien*, repliqua la femme, *tu seras attaché ce soir au poteau du bûcher; pour ta propre gloire & pour l'honneur de notre famille qui t'avoit adopté, souviens-toi de ne pas démentir ton courage*. Il le promit, & tint parole. Durant trois jours, il souffrit les plus cruels tourmens, avec une constance qui les bravoit, une gayeté qui les défioit. Sa nouvelle famille ne l'abandonna pas; elle l'encouragea même par des éloges, lui fournissant de quoi boire & de quoi fumer au milieu des supplices. Quel mélange de vertus & de férocité! tout est grand chez ces peuples qui ne sont pas asservis à l'homme. C'est le sublime de la nature dans ses horreurs & ses beautés.

Les captifs que personne n'adopte, sont bientôt condamnés à la mort. On y prépare les victimes par tout ce qui peut, ce semble, leur faire regretter la vie. La meilleure chere, les traitemens & les noms les plus doux, rien ne leur est épargné. On leur abandonne même quelquefois des filles jusqu'au moment de leur arrêt. Est-ce commisération ou rafinement de barbarie ? Un héraut vient enfin dire au malheureux que le bûcher l'attend. *Mon frere, prends patience, tu vas être brûlé.* Mon frere, répond le prisonnier, *c'est fort bien, je te remercie.*

Ces mots sont reçus avec un applaudissement universel. Mais les femmes l'emportent dans la commune joie. Celle à qui le prisonnier est livré, invoque aussi-tôt l'ombre d'un pere, d'un époux, d'un fils, de l'être le plus cher qui lui reste à venger. *Approche,* lui crie-t-elle, *je te prépare un festin. Viens boire à longs traits le bouillon que je te destine. Ce guerrier va être mis dans la chaudiere. On lui appliquera des haches ardentes sur tout le corps. On lui enlevera la chevelure. On boira dans son crâne. Tu seras vengée & satisfaite.*

Cette furie alors fond sur le patient qui est attaché à un poteau, près d'un brasier ardent ; & frappant ou mutilant sa victime, elle donne le signal de toutes les cruautés. Il n'est pas une femme, il n'est pas un enfant dans la peuplade que ce spectacle assemble, qui ne veuille avoir part à la mort, aux tourmens du malheureux captif. Les uns lui sillonent la chair avec des tisons ardens ; d'autres la tranchent en lambeaux ; d'autres lui arrachent les ongles ; d'autres lui coupent les doigts, les rôtissent & les dévorent à ses yeux. Rien n'arrête ses bourreaux que la crainte de hâter sa mort : ils s'étudient à prolonger son supplice durant des jours entiers, & quelquefois une semaine.

Au milieu de ces tourmens, le héros entonne

& répète tranquillement sa chanson de mort; insulte à la foiblesse de ses ennemis qui ne savent pas venger les parens qu'il leur a tués, les excite par ses outrages ou par ses prieres à redoubler de cruautés. C'est un combat de la victime contre ses bourreaux ; c'est un défi horrible entre la constance à souffrir & l'acharnement à torturer. Mais la gloire l'emporte. Soit que l'yvresse de l'enthousiasme ôte ou suspende le sentiment de la douleur ; soit que l'habitude & l'éducation opérent ces prodiges d'héroïsme, le patient meurt, sans que le feu ni le fer ayent pu lui arracher une larme, un soupir. Fanatiques de toutes les religions vaines & fausses, vantez encore la constance de vos martyrs. Le sauvage de la nature, efface tous vos miracles.

Cette insensibilité vient-elle du climat ou du genre de vie ? Un sang plus froid, des humeurs plus épaisses, un tempérament que l'humidité de l'air & du sol rend plus flegmatique, peuvent sans doute émousser au Canada l'irritabilité du genre nerveux. Des hommes continuellement exposés à toutes les injures des saisons, aux fatigues de la chasse, aux périls de la guerre, en contractent une rigidité de fibres, une habitude à souffrir qui se change en une sorte d'impassibilité. On dit que les sauvages n'éprouvent presque point les convulsions de l'agonie ; soit qu'ils meurent d'une maladie ou d'une blessure. Leur imagination n'attachant aucune crainte aux approches ni aux suites de la mort, ne leur donne pas une sensibilité factice contre laquelle la nature les a prémunis. Toute leur vie physique & morale les porte à braver cette mort que tout nous apprend à redouter ; à surmonter cette douleur que notre molesse irrite.

Mais ce qui devroit nous étonner plus encore que l'intrépidité dans les tourmens, c'est la férocité des sauvages dans la vengeance. On frémit de penser que l'homme peut devenir le plus cruel des animaux. En général, soit dans les nations, soit dans les particuliers, la vengeance n'est point atroce chez les peuples où regnent les bonnes loix, parce que ces loix qui gardent les citoyens les préservent des offenses. La vengeance n'est pas un sentiment fort vif dans les guerres des grands peuples, parce qu'ils ont peu à craindre de leurs ennemis. Mais chez de petites nations où chaque individu tient une grande portion de l'état dans ses mains, où l'enlevement d'un seul homme menace la société de sa ruine, les guerres ne peuvent être que la vengeance de tous contre tous ; chez des hommes indépendans qui ont une estime d'eux-mêmes que des hommes asservis ne peuvent avoir ; chez des sauvages dont les affections sont peu étendues & fort vives : on doit venger sans mesure les outrages, parce qu'ils attaquent toujours la personne dans quelque endroit infiniment sensible : on doit poursuivre jusqu'à la derniere goutte de sang le meurtrier d'un ami, d'un fils, d'un frere, d'un concitoyen. Ces ombres toujours chéries crient vengeance au fond de leurs tombeaux. Elles errent dans les forêts parmi les accens lugubres des oiseaux de la nuit ; elles apparoissent dans les phosphores & les éclairs ; & la superstition parle pour elles dans les ames affligées ou courroucées.

Une réflexion se présente. Si l'on considere la haine que les sauvages se portent de horde à horde ; leur vie dure & disetteuse ; la continuité de leurs guerres ; leur peu de population;

les pieges sans nombre que nous ne ceſſons de leur tendre, on ne pourra s'empêcher de prévoir qu'avant qu'il ſe ſoit écoulé trois ſiecles, ils auront diſparu de deſſus la terre. Alors que penſera la poſtérité de cette eſpece d'hommes qui ne ſera plus que dans l'hiſtoire des voyageurs ? Les tems de l'homme ſauvage ne ſeront-ils pas pour elle, ce que ſont pour nous les tems fabuleux de l'antiquité ? Ne parlera-t-elle pas de lui, comme nous parlons des Centaures & des Lapithes ? Combien ne trouvera-t-on pas de contradictions dans leurs mœurs, dans leurs uſages ? Ceux de nos écrits qui auront échappé à l'oubli des tems, ne paſſeront-ils pas pour des romans ſemblables à celui que Platon nous a laiſſé ſur l'ancienne Atlantide ? Combien nous ferons de diſputes philoſophiques ? De même que nous inclinons aujourd'hui malgré l'inſtabilité perpétuelle dont nous ſommes les témoins & le jouet, à regarder l'état actuelle d'une eſpece de créatures, ſur-tout lorſqu'il eſt immémorial & univerſel, comme l'état néceſſaire & primordial : alors il y aura des eſprits ſyſtématiques qui prouveront par une infinité de raiſons priſes de la dignité de l'eſpece humaine, de ſes hautes deſtinées, de la nobleſſe de ſon ſort pendant ſa vie, de l'état merveilleux qui l'attend après ſa mort, de la ſageſſe de la providence qui ne paroît avoir que de grandes vues ſur l'homme : ils prouveront qu'il n'a jamais été nud, errant, ſans police, ſans loix, réduit enfin à la condition animale. Selon que cette opinion ſera contraire ou favorable aux opinions théologiques qui regneront alors, elle ſera ortodoxe ou hétérodoxe. On ſera peut-être hérétique, impie, philoſophe, haï, perſécuté, flétri, mis aux fers, brûlé même, pour oser assurer un jour que l'homme fut tel qu'il est au Canada d'après le témoignage même de nos missionnaires. Voilà, gens de foi, gens de loi, fanatiques ou politiques, hommes fourbes ou féroces par état ou par caractere : voilà comme vous vous mentez à vous même, contre la nature qui vous accuse, contre la terre qui vous confond, contre le Dieu même que vous invoquez pour témoin de vos impostures, pour garant de vos injustices ! Prophetes avenir, tyrans de nos neveux : puissent ces lignes que la vérité daigne inspirer à l'homme foible, à l'écrivain qui vous parle d'avance, durer assez long-tems pour vous démentir.

Sans doute il est important aux générations futures, de ne pas perdre le tableau de la vie & des mœurs des sauvages. C'est peut-être à cette connoissance que nous devons tous les progrès que la philosophie morale a faits parmi nous. Jusqu'ici les moralistes avoient cherché l'origine & les fondemens de la société, dans les sociétés qu'ils avoient sous leurs yeux. Supposant à l'homme des crimes pour lui donner des expiateurs ; le jettant dans l'aveuglement pour devenir ses guides & ses maîtres, ils appelloient mystérieux, surnaturel & célesté, ce qui n'est que l'ouvrage du tems, de l'ignorance, de la foiblesse où de la fourberie. Mais depuis qu'on a vu que les institutions sociales ne dérivoient, ni des besoins de la nature, ni des dogmes de la religion, puisque des peuples innombrables vivoient indépendans sans culte & sans propriété ; on a découvert les vices de la morale & de la législation dans l'établissement des sociétés. On a senti que ces maux originels venoient des fondateurs & des législateurs, qui la plupart avoient créé la police pour leur utilité propre, ou dont les sages vues de justice & de bien public avoient été perverties par l'ambition de leurs successeurs, & l'altération des tems & des mœurs. Cette découverte a répandu de grandes lumieres, germe des petits biens que la réforme opére. C'est donc pour ainsi dire l'ignorance des sauvages qui a éclairé les peuples policés.

Le caractere des Amériquains septentrionaux s'étoit singuliérement développé dans la guerre des Iroquois & des Algonquins. Ces deux peuples les plus nombreux du Canada, avoient formé entr'eux une espece de confédération. Les premiers qui travailloient la terre faisoient part de leurs productions à leurs alliés qui de leur côté devoient partager avec eux le fruit de leur chasse. La défense étoit réciproque entre ces deux nations liées par leurs besoins. Durant la saison où la neige interrompoit tous les travaux de la culture, elles vivoient ensemble. Les Algonquins chassoient, & les Iroquois se contentoient d'écorcher les bêtes, de faire sécher les viandes, de préparer les peaux.

Une année il arriva qu'un parti d'Algonquins peu adroits ou peu exercés à la chasse, y réussit fort mal. Les Iroquois qui les suivoient, demanderent la permission d'essayer s'ils seroient plus heureux. Cette complaisance, qu'on avoit eue quelquefois, leur fut refusée. Une dureté si déplacée les aigrit. Ils partirent à la dérobée pendant la nuit, & revinrent avec une chasse très-abondante. La confusion des Algonquins fut extrême. Pour en effacer jusqu'au souvenir, ils attendirent que les chasseurs Iroquois fussent endormis, & leur casserent à tous la tête. Cet

philosophique & politique. 45

affassinat fit du bruit. La nation offensée demanda justice. Elle lui fut refusée avec hauteur. On ne lui laissa pas même l'espérance de la plus légere satisfaction.

Les Iroquois outrés de ce mépris jurerent de périr ou de se venger. Mais n'étant pas assez forts pour tenir tête à leur superbe offenseur, ils allerent au loin s'essayer & s'aguerrir contre des nations moins redoutables. Quand ils eurent appris à venir en renards, à attaquer en lions, à fuir en oiseaux, c'est leur langage : alors ils ne craignirent plus de se mesurer avec l'Algonquin. Ils firent la guerre à ce peuple avec une férocité proportionnée à leur ressentiment.

C'est dans le tems où le feu de ces haines embrasoit le Canada, que les François y parurent. Les Montagnez qui habitoient le bas du fleuve Saint Laurent ; les Algonquins qui occupoient ses rives depuis Quebec jusqu'à Montreal ; les Hurons répendus au tour du lac qui porte leur nom ; quelques peuples moins considérables errans dans les intervalles, favoriserent l'établissement de ces étrangers. Réunies contre les Iroquois sans pouvoir leur résister, ces diverses nations virent dans leurs nouveaux hôtes une ressource inespérée dont ils se promirent un succès infaillible. Jugeant des François comme s'ils les avoient connus, ils se flatterent de les engager dans leur querelle ; & ils ne se tromperent pas. Champlain qui auroit dû profiter de la supériorité des lumieres que les Européens ont sur les Amériquains, pour chercher des moyens de pacification, ne tenta pas même de les reconcilier. Epousant avec ardeur les intérêts de ses voisins, il alla chercher avec eux leur ennemi.

Le pays des Iroquois s'étendoit près de quatre-vingt lieues en long sur un peu plus de quarante en largeur. Ses limites étoient le lac Erié, le lac Ontario, le fleuve Saint Laurent, & les contrées fameuses depuis sous le nom de nouvelle Yorck & de Pensylvanie. L'espace compris entre ces vastes bornes, étoit fertilisé par de belles rivieres. On y voyoit cinq nations qui réduites de nos jours à moins de quinze cens guerriers, en comptoient alors environ vingt mille. Elles formoient une espece de ligue ou d'association assez semblable à celle des Suisses ou de la Hollande. Leurs députés s'assembloient tous les ans pour faire le festin d'union, & pour délibérer sur les intérêts de la république.

Quoique les Iroquois ne s'attendissent pas à être provoqués par des ennemis si souvent vaincus, ils ne furent pas surpris. L'action s'engagea avec une égale confiance de part & d'autre. Les uns la fondoient sur leur supériorité habituelle; les autres sur le secours du nouvel allié, dont les armes à feu ne pouvoient manquer d'entraîner la victoire. En effet Champlain & les deux François qui l'accompagnoient n'eurent pas plutôt tué à coups d'arquebuse deux chefs Iroquois & blessé mortellement le troisieme, que l'armée entiere également étonnée & consternée prit la fuite.

Un changement d'attaque lui fit changer de défense. Dans la campagne suivante, elle crut devoir se retrancher contre des armes qu'elle ne connoissoit pas. Mais cette précaution fut inutile. Malgré l'opiniâtreté de la résistance, les retranchemens furent emportés par les sauvages soutenus d'un feu plus vif & de plus de François.

que dans la premiere expédition. Presque tous les Iroquois furent tués ou pris. Ceux qui avoient échappé au combat, furent culbutés dans une riviere où ils se noyerent.

On peut conjecturer que cette nation auroit été détruite ou forcée à vivre en paix, si les Hollandois qui en 1610 avoient fondé à son voisinage la colonie de la nouvelle Belge, ne lui eussent fourni ni fusils, ni munitions. Peut-être même l'engageoient-ils sourdement à continuer les hostilités, parce que les pelleteries qu'elle enlevoit alors à ses ennemis formoient un plus grand objet que le produit de ses propres chasses. Quoiqu'il en soit, le poids que cette liaison avoit mis dans la balance, rétablit une égalité de force entre les deux partis. On se faisoit réciproquement beaucoup de mal, sans qu'il en résultât que de l'affoiblissement pour l'un & l'autre. Ce flux & reflux perpétuel de succès & de disgraces qui dans les gouvernemens où l'intérêt est plus consulté que la vengeance, auroit infailliblement ramené la tranquillité, ne faisoit que nourrir les haines, qu'augmenter l'acharnement d'une infinité de petites peuplades qui n'avoient d'autre but que leur mutuel anéantissement. Les plus foibles nations disparurent en effet de la face de la terre, & les autres se réduisirent insensiblement à rien.

Cependant les François ne s'élevoient pas sur tant de débris. En 1626, ils n'avoient encore que trois misérables établissemens entourés de palissades. Cinquante habitans, hommes, femmes, enfans composoient la plus grande de ces colonies. Le climat n'avoit point dévoré les hommes qu'on y avoit fait passer. Il étoit rigoureux, mais sain ; & les Européens y fortifioient leur tempérament sans risquer leur vie. Cette langueur n'avoit d'autre cause que le système d'une compagnie exclusive qui se proposoit moins de créer une puissance nationale au Canada que de s'y enrichir par le commerce des pelleteries. Pour guérir le mal, il n'eût fallu que substituer à ce monopole, la liberté. Mais le tems d'une théorie si simple n'étoit pas venu. Le gouvernement se contenta de substituer à cette compagnie une association plus nombreuse, & composée de gens plus riches & plus accrédités.

On lui donna la disposition des établissemens formés & à former dans le Canada; le droit de les fortifier & de les régir à son gré, de faire la guerre ou la paix, selon ses intérêts. A l'exception de la pêche de la morue & de la baleine, qu'on rendit libre à tous les citoyens, tout le commerce qui pouvoit se faire par terre & par mer lui fut cédé pour quinze ans. La traite du castor & des pelleteries lui fut accordée à perpétuité.

A tant d'encouragemens, on ajouta d'autres faveurs. Le Roi fit présent de deux gros vaisseaux à la société composée de sept cens intéressés. Douze des principaux obtinrent des lettres de noblesse. Les gentilshommes, le clergé même déja trop riche, purent participer à ce commerce, sans déroger à la pureté de l'honneur ou du saint ministere. La compagnie pouvoit envoyer, pouvoit recevoir, toutes sortes de denrées, toutes sortes de marchandises, sans être assujettie au plus petit droit. La pratique d'un métier quelconque durant six ans dans la colonie, en assuroit le libre exercice en France. Une derniere faveur, fut l'entrée franche de tous les ouvrages manufacturés dans ces contrées éloignées.

Cet

Cet arrangement singulier, dont il n'est pas aisé de pénétrer les motifs, donnoit aux ouvriers de la nouvelle France un avantage imcomparable sur ceux de l'ancienne, enveloppés de péages, de lettres de maîtrise, de fraix de marque, de toutes les entraves que l'ignorance & l'avarice y avoient multipliées à l'infini.

Pour répondre à tant de marques de prédilection, la compagnie qui avoit un fonds de cent mille écus, s'engagea à porter dans la colonie dès l'an 1628 qui étoit le premier de son privilege deux ou trois cens ouvriers des professions les plus convenables, & jusqu'à seize mille hommes avant 1643. Elle devoit les loger, les nourrir, les entretenir pendant trois ans, & leur distribuer ensuite une quantité de terres défrichées suffisantes pour leur subsistance, avec le bled nécessaire pour les ensemencer la premiere fois.

La fortune ne seconda pas les avances que le gouvernement avoit faites à la nouvelle compagnie. Les premiers vaisseaux qu'elle expédia furent pris par les Anglois que le siege de la Rochelle venoit de brouiller avec la France. Richelieu, Buckingham ennemis par jalousie, par caractere, par intérêt d'état, par tout ce qui peut rendre irréconciliables deux ministres ambitieux, saisirent cette occasion pour mettre aux prises les deux rois qu'ils gouvernoient, les deux nations qu'ils travailloient à opprimer. La nation Angloise qui combattoit pour ses intérêts, eut l'avantage sur les François. Ceux-ci perdirent le Canada en 1629. Le conseil de Louis XIII connoissoit si peu l'importance de cet établissement qu'il opinoit à n'en pas demander la restitution; mais l'orgueil de son chef qui regardoit l'ir-

Tome VI.   D

ruption des Anglois comme son injure personnelle, parce qu'il étoit à la tête de la compagnie, fit changer d'avis. On n'éprouva pas autant de difficultés qu'on craignoit ; & le traité de Saint Germain-en-Laie rendit en 1632 le Canada avec la paix aux François.

L'adversité ne les corrigea pas. Ce fut après le recouvrement du Canada, la même ignorance, la même négligence, qu'avant sa perte. Le monopole ne remplissoit aucun des engagemens qu'il avoit pris. Cette infidélité, loin d'être punie, fut, pour ainsi dire, récompensée par la prolongation du privilege. Les cris que poussoit la colonie entière se perdoient dans l'immensité des mers ; & les députés chargés d'aller peindre l'horreur de sa situation, ne pouvoient jamais arriver au pied du trône, où la prévention ne laisse approcher la vérité tremblante, que pour lui imposer silence par des menaces & des châtimens. Cette conduite qui blessoit également l'humanité, les intérêts particuliers & la politique, eut les suites qu'elle devoit avoir naturellement. Les échanges commencerent à devenir rares, parce que les communications étoient trop dangereuses. Les sauvages mal appuyés des François leurs alliés, fuyoient continuellement devant l'ancien ennemi qu'ils étoient accoutumés à craindre. Les Iroquois reprenant leur supériorité, se vantoient hautement qu'ils forceroient l'étranger à quitter leur pays, après lui avoir enlevé ses enfans, pour remplacer ceux qu'ils avoient perdus. Les François eux-mêmes oubliés de leur métropole, hors d'état de faire leurs foibles récoltes sans risquer leur vie, étoient déterminés à abandonner un établissement si peu soutenu. Telle étoit la misere & la dégradation de cette colonie, qu'elle ne subsistoit plus que par les aumônes que les missionnaires recevoient d'Europe.

Enfin le ministere tiré de sa léthargie par un mouvement général qui changeoit alors l'esprit des nations, fit passer en 1662 quatre cens hommes de bonnes troupes dans le Canada. Ce corps fut renforcé deux ans après par le Régiment de Carignan. On reprit par degrés un ascendant décidé sur les Iroquois. Trois de leurs cinq nations, effrayées de leurs pertes, proposerent un accommodement; & les deux autres y furent amenés en 1668 par les suites de leur affoiblissement. La colonie jouit alors pour la premiere fois d'une profonde paix. C'étoit le germe de la prospérité; la liberté du commerce le fit éclorre. Le castor seul resta sous le monopole.

Cette révolution dans les affaires, fit fermenter l'industrie. Les anciens colons concentrés par foiblesse au tour de leurs palissades, donnerent plus d'étendue à leurs plantations, & les cultiverent avec plus de succès & de confiance. Tous les soldats qui consentirent à se fixer dans le nouveau monde, obtinrent leur congé & une propriété. On accorda aux officiers un terrein proportionné à leur grade. Les établissemens déja formés acquirent plus de consistance; on en forma de nouveaux, où l'intérêt & la sûreté de la colonie l'exigeoient. Cet esprit de vie & d'activité multiplia les échanges des sauvages avec les François; & ce commerce ranima les liaisons entre les deux mondes. Il sembloit que ces commencemens de prospérité devoient aller en augmentant, par l'attention qu'avoient les administrateurs de la colonie, non-seulement de bien vivre avec les peuples voisins, mais encore d'établir entr'eux une harmonie générale. Dans un espace de quatre ou cinq cens lieues, il ne se commettroit pas un seul acte d'hostilité ; chose peut-être inouie jusqu'alors dans l'Amérique septentrionale. On eût dit que les François n'y avoient d'abord échauffé la guerre à leur arrivée, que pour l'éteindre plus promptement.

Mais cette concorde ne pouvoit pas durer chez des peuples toujours armés pour la chasse, à moins que la puissance qui l'avoit cimentée, n'employât à la maintenir une certaine supériorité de forces. Les Iroquois s'appercevant qu'on négligeoit ce moyen, revinrent à ce caractere remuant que leur donnoit l'amour de la vengeance & de la domination. Ils eurent pourtant l'attention de ne se faire que des ennemis qui ne fussent ni alliés, ni voisins des François. Malgré ce ménagement, on leur signifia qu'il falloit mettre bas les armes, rendre tous les prisonniers qu'ils avoient faits, ou s'attendre à voir leur pays détruit, & leurs habitations brûlées. Une sommation si fiere irrita leur orgueil. Ils répondirent qu'ils ne laisseroient jamais porter la moindre atteinte à leur indépendance ; & qu'on devoit savoir qu'ils n'étoient ni des amis à négliger, ni des ennemis à méprifer. Cependant ébranlés par le ton imposant qu'on avoit pris, ils accorderent en partie ce qu'on exigeoit, & l'on ferma les yeux sur le reste.

Mais cette espece d'humiliation aigrit le ressentiment d'une nation plus accoutumée à faire qu'à souffrir des outrages. Les Anglois qui en 1664 avoient chassé les Hollandois de la nouvelle Belge, & qui étoient restés en possession de leur conquête qu'ils avoient nommée la nouvelle Yorck, profiterent des dispositions où ils voyoient les Iroquois. Aux semences de défection qu'ils jettoient dans leur ame ulcérée, ils ajoutèrent des présens pour les y engager. On tâcha de débaucher également les autres alliés de la France. Ceux qui résisterent à la séduction furent attaqués. Tous furent invités & quelques-uns forcés à porter leur castor & les autres pelleteries à la nouvelle Yorck, où elles étoient beaucoup mieux vendues & payées que dans la colonie Françoise.

Denonville envoyé depuis peu dans le Canada pour faire respecter l'autorité du plus fier des rois, souffroit impatiemment tant d'insultes. Quoiqu'il fût non-seulement en état de couvrir ses frontieres, mais d'entreprendre même sur les Iroquois, comme on sentoit qu'il ne falloit point attaquer cette nation sans la détruire, il fut convenu de rester dans une inaction apparente, jusqu'à ce qu'on eût reçu d'Europe les moyens d'exécuter une si extrême résolution. Ces secours arriverent en 1687; & la colonie eut alors onze mille deux cens quarante-neuf personnes dont on pouvoit armer environ le tiers.

Avec cette supériorité de forces, Denonville eut pourtant recours aux armes de la foiblesse. Il deshonora le nom François chez les sauvages par une infâme perfidie. Sous prétexte de vouloir terminer les différens par la négociation, il abusa de la confiance que les Iroquois avoient dans le jésuite Lambreville pour attirer leurs chefs à une conférence. A peine ils s'y étoient rendus, qu'ils furent mis aux fers, embarqués à Quebec, & conduits aux galeres.

Au premier bruit de cette trahison, les anciens des Iroquois firent appeler leur missionnaire. » Tout nous autorise à te traiter en ennemi,

» lui dirent-ils; mais nous ne pouvons nous y
» résoudre. Ton cœur n'a point eu de part à
» l'insulte qu'on nous a faite ; & il seroit in-
» juste de te punir d'un crime que tu détestes
» plus que nous. Mais il faut que tu nous quit-
» tes. Une jeunesse inconsidérée, pourroit ne
» voir en toi qu'un perfide qui a livré les chefs
» de la nation à un indigne esclavage ». Après ce
discours, ces sauvages, que les Européens ont
toujours appelé barbares, donnerent au missionnaire des conducteurs qui ne le quitterent qu'a-
près l'avoir mis hors de danger ; & des deux
côtés on courut aux armes.

Les François porterent d'abord la terreur chez
les Iroquois voisins des grands lacs; mais Denonville n'avoit ni l'activité, ni la célérité propres
à faire valoir ce premier succès. Tandis qu'il
réfléchissoit au lieu d'agir, la campagne se trouva
finie sans aucun avantage permanent. L'audace
en redoubla parmi les peuplades Iroquoises qui
n'étoient pas éloignées des établissemens François.
Elles y firent à plusieurs reprises les plus horribles dégâts. Les colons voyant leurs travaux
ruinés par ces dévastations qui leur ôtoient jusqu'à
la ressource d'y remédier, ne soupirerent que pour
la paix la plus prompte. Le caractere de Denonville secondoit ces désirs. Mais il étoit difficile
d'amener à une conciliation un ennemi que l'injure devoit rendre implacable. Lamberville qui
conservoit encore son premier ascendant sur des
esprits effarouchés, fit des ouvertures de paix :
elles furent écoutées.

Pendant qu'on négocioit, un Machiavel né
dans les forêts, le Rat, le sauvage le plus brave,
le plus ferme, le plus éclairé qu'on ait jamais
trouvé dans l'Amérique septentrionale, arriva au

fort de Frontenac, avec une troupe choisie de Hurons, bien déterminé à faire des actions dignes de la réputation qu'il avoit acquise. On lui dit, qu'un traité étoit entamé, que des députés Iroquois étoient en chemin pour le conclure à Montréal, qu'ainsi ce seroit désobliger le gouverneur François que de continuer les hostilités contre une nation avec qui l'on étoit en voie d'accommodement.

Le Rat, vivement offensé de ce que les François disposoient ainsi de la guerre & de la paix, sans consulter leurs alliés, résolut de punir cet orgueil outrageant. Il dressa une embuscade aux députés; les uns sont tués, les autres prisonniers. Quand ceux-ci lui dirent le sujet de leur voyage il en parut d'autant plus étonné, que Denonville, leur répondit-il, l'avoit envoyé pour les surprendre. Poussant la feinte jusqu'au bout, il les relâcha tous sur l'heure, à l'exception d'un seul qu'il garda, disoit-il, pour remplacer un de ses Hurons tué dans l'attaque. Ensuite il se rend avec la plus grande diligence à Michillimakinac, où il fit présent de son prisonnier au commandant François qui ne sachant point que Denonville traitoit avec les Iroquois, fit casser la tête à ce malheureux sauvage. Dès qu'il fut mort, le Rat fit venir un vieux Iroquois depuis long-tems captif chez les Hurons, & lui donna la liberté pour aller apprendre à sa nation, que tandis que les François amusoient leurs ennemis par des négociations, ils continuoient à faire des prisonniers & les massacroient. Cet artifice digne de la politique Européenne la plus rafinée, réussit au gré du sauvage le Rat. La guerre recommença plus vive qu'auparavant. Elle fut d'autant plus durable que l'Angleterre depuis peu brouillée avec la France, à l'occasion du détrônement de Jacques II, crut de son intérêts de s'allier avec les Iroquois.

Une flotte Angloise partie d'Europe en 1690, arriva devant Quebec au mois d'Octobre pour en former le siege. Elle avoit dû compter sur une foible résistance, par la diversion que les sauvages feroient en occupant les principales forces de la colonie. Mais elle fut obligée de renoncer honteusement à son entreprise après de grandes pertes, trompée dans son attente par des causes singulieres qui méritent quelque attention.

Le ministere de Londres en formant le projet d'asservir le Canada, avoit décidé que ses forces de terre & celles de mer y arriveroient par des mouvemens paralleles. Cette sage combinaison fut exécutée avec une précision extrême. A mesure que les vaisseaux remontoient le fleuve Saint Laurent, les troupes franchissoient les terres pour aboutir en même-tems que la flotte au théâtre de la guerre. Elles y touchoient presque, quand les Iroquois qui leur servoient de guide & de soutien, ouvrirent les yeux sur le danger où ils couroient, en menant leurs alliés à la conquête de Quebec. Placés, dirent-ils dans leur conseil, entre deux nations Européennes, chacune assez forte pour nous exterminer, également intéressées à notre destruction lorsqu'elles n'auront plus besoin de notre secours, que nous reste-t-il sinon d'empêcher qu'aucune ne l'emporte sur l'autre? Alors elles seront forcées de briguer notre alliance ou même d'acheter notre neutralité. Ce systême qu'on eut dit imaginé par la politique profonde qui préside à l'équilibre de l'Europe, détermina les Iroquois à reprendre tous, sous divers prétextés, la route de leurs bourgades,

Leur retraite entraîna celle des Anglois; & les François en sûreté dans les terres, réunirent avec autant de succès que de concert toutes leurs forces à la défense de leur capitale.

Les Iroquois enchaînant par politique leur ressentiment contre la France, restant attachés plutôt au nom qu'à l'intérêt de l'Angleterre, ces deux puissances de l'Europe, irréconciliables par rivalité, mais séparées par le territoire d'une nation sauvage qui craignoit également les succès de l'une & de l'autre, ne se causerent pas la moitié des maux qu'elles se souhaitoient; & la guerre se réduisit à quelques ravages funestes aux colons, mais presque indifférens pour toutes les nations qui la faisoient. Au milieu des cruautés qu'elle enfanta parmi tous les petits partis combinés d'Anglois & d'Iroquois, de François & de Hurons, qui couroient faire le dégât à cent lieues de leurs habitations, on vit éclorre des actions qui sembloient élever la nature humaine au dessus de tant de fureurs.

Des François & des sauvages s'étoient réunis pour une expédition qui demandoit une longue marche. Les provisions leur manquerent en chemin. Les Hurons chassoient, abattoient beaucoup de gibier, & ne manquoient jamais d'en offrir aux François moins habiles chasseurs. Ceux-ci vouloient se défendre de cette générosité. *Vous partagez avec nous les fatigues de la guerre*, leur dirent les sauvages; *il est juste que nous partagions avec vous les alimens de la vie; nous ne serions pas hommes d'en agir autrement avec des hommes.* Si quelquefois des Européens ont été capables de cette grandeur d'ame, voici ce qui n'appartient qu'à des sauvages.

Un corps d'Iroquois averti qu'un parti de

François & de leurs alliés, s'avançoit avec des forces supérieures, se dispersa précipitamment. Onnontagué qui menoit cette troupe, âgé de cent ans, dédaigna de fuir, & préféra de tomber entre les mains des sauvages ennemis, quoiqu'il n'en put attendre que des tourmens horribles. Quel spectacle ce fut de voir quatre cens barbares acharnés au tour d'un vieillard qui loin de pousser un soupir, traitant les François avec un profond mépris, reprochoit aux Hurons de s'être rendus esclaves de ces vils Européens ! Un de ses bourreaux outré de ses invectives lui donna trois coups de poignard pour mettre fin à tant d'insultes. *Tu as tort*, lui dit froidement Onnontagué, *d'abréger ma vie; tu aurois eu plus de tems pour apprendre à mourir en homme.* Et ce sont de tels hommes que les François & les Anglois conspirent à détruire depuis un siecle ! Ils auroient trop à rougir sans doute de vivre au milieu de ces maîtres en héroïsme, en magnanimité. Courrez, lâches nations, deshonorer la terre sous un autre hémisphère ; & pour vous venger de votre bassesse, ou vous punir de votre avarice, n'y laissez que vos semblables.

La paix de Riswick fit cesser tout à la fois les calamités de l'Europe & les hostilités de l'Amérique. A l'exemple des Anglois & des François, les Iroquois & les Hurons sentirent le besoin qu'ils avoient d'un long repos pour réparer les pertes de la guerre. Ce fut proprement la premiere fois que le Canada mit bas les armes. Les sauvages commencerent à respirer ; les Européens reprirent leurs travaux ; & le commerce des pelleteries, le premier qu'on eût pu faire avec des peuples chasseurs, acquit plus de consistance.

Avant la découverte du Canada, les forêts qui le couvroient, n'étoient pour ainsi dire qu'un vaste repaire de bêtes sauvages. Elles s'y étoient prodigieusement multipliées; parce que le peu d'hommes qui courroient dans ces déserts, sans troupeaux & sans animaux domestiques, laissoient plus d'espace & de nourriture aux espèces errantes & libres comme eux. Si la nature du climat ne varioit pas ces espèces à l'infini; du moins chacune y gagnoit par la multitude des individus. Mais enfin elles payoient tribut à la souveraineté de l'homme, titre si cruel & si coûteux à tous les êtres vivans. Faute d'arts & de culture, le sauvage se nourrissoit & s'habilloit uniquement aux dépens des bêtes. Dès que notre luxe plutôt que nos besoins eut adopté l'usage de leurs peaux, les Amériquains leur firent une guerre d'autant plus vive qu'elle leur valoit une abondance & des jouissances nouvelles pour leurs sens; d'autant plus meurtrière qu'ils avoient adopté nos armes à feu. Cette industrie destructive fit passer des bois du Canada dans les ports de France, une grande quantité, une grande diversité de pelleteries, dont une partie fut consommée dans le royaume, & l'autre alla dans les états voisins. La plupart de ces fourrures étoient connues dans l'Europe; elle les tiroit du nord de notre hémisphère; mais en trop petit nombre pour que l'usage en fût très-étendu. Le caprice & la nouveauté leur ont donné plus ou moins de vogue, depuis que l'intérêt des colonies de l'Amérique a voulu qu'elles prissent faveur dans les métropoles. Il faut dire quelque chose de celles dont la mode existe encore.

La Loutre est un animal vorace, qui courant

ou nageant sur les bords des lacs & des rivieres, vit ordinairement de poisson, & quand il en manque, mange de l'herbe & l'écorce même des plantes aquatiques. Son séjour & son goût dominant l'ont fait ranger parmi les Amphibies qui vivent également dans l'air & dans l'eau; mais c'est improprement, puisque la Loutre a besoin de respirer à peu près comme tous les animaux terrestres. On trouve quelquefois celui-ci dans tous les climats arrosés qui ne sont pas brûlans; mais il est bien plus commun & plus grand dans le nord de l'Amérique. Sa fourrure y est aussi plus noire & plus belle que par-tout ailleurs; mais en cela même plus nuisible, puisqu'elle y est l'objet des pieges que les hommes tendent à la Loutre.

La Fouine a le même attrait pour les chasseurs du Canada. Cet animal y est de trois especes. La premiere est la commune; la seconde s'appelle vison; & la troisieme est nommée puante, parce que l'urine que la peur, sans doute lui fait lâcher quand elle est poursuivie, empeste l'air à une grande distance. Leur poil est plus brun, plus lustré, plus soyeux que dans nos contrées.

Le Rat même est utile par sa peau dans l'Amérique septentrionale. Il y en a sur-tout deux especes dont la dépouille entre dans le commerce. L'un, qu'on appelle Rat de bois a deux fois la grosseur de nos Rats. Son poil est communément d'un gris argenté, quelquefois d'un très-beau blanc. Sa femelle a sous le ventre une bourse qu'elle ouvre & ferme à son gré. Quand elle est poursuivie, elle y met ses petits & se sauve avec eux. L'autre Rat qu'on apppelle musqué, parce que ses testicules renferme du musc, a toutes les inclinations du caſtor, dont il paroît même être un diminutif, & ſa peau ſert aux mêmes uſages que celle du caſtor.

L'Hermine qui eſt de la groſſeur de l'Ecureuil, mais un peu moins allongée, a comme lui les yeux vifs, la phyſionomie fine, & les mouvemens ſi prompts que l'œil ne peut les ſuivre. L'extrêmité de ſa queue longue, épaiſſe & bien fournie, & d'un noir de jais. Son poil roux en été comme l'or des moiſſons ou des fruits, devient en hiver blanc comme la neige. Cet animal vif, leger & joli fait une des beautés du Canada; mais quoique plus petit que la Martre, il n'y eſt pas auſſi commun.

La Martre ſe trouve uniquement dans les pays froids, au centre des forêts, loin de toute habitation; animal chaſſeur & vivant d'oiſeaux. Quoiqu'elle n'ait pas un pied & demi de long, les traces qu'elle fait ſur la neige, paroiſſent être d'un animal très-grand, parce qu'elle ne va qu'en ſautant, & qu'elle marque toujours des deux pieds à la fois. Sa fourrure brune & jaune eſt recherchée quoiqu'infiniment moins précieuſe que celle de la Martre ſi diſtinguée ſous le nom de Zibeline. Celle-ci eſt d'un noir luiſant. La plus belle parmi les autres, eſt celle dont la peau la plus brune s'étend le long du dos juſqu'au bout de la queue. Les Martres ne quittent communément le fond de leurs bois impénétrables que tous les deux ou trois ans. Auſſi le commerce de leurs peaux n'eſt pas auſſi régulier en Canada que celui des autres fourrures; mais il eſt alors abondant, parce qu'elles ſortent en grandes troupes. Les naturels du pays en augurent un bon hiver; c'eſt-à-dire beaucoup de neige qui doit procurer une grande chaſſe.

Un animal que les anciens appelloient Lynx, connu en Sibérie sous le nom de Loup-cervier, ne s'appelle que Chat-cervier dans le Canada, parce qu'il y est plus petit que dans notre hémisphere. Cet animal à qui l'erreur populaire n'auroit pas donné des yeux infiniment perçans, s'il n'avoit la faculté de voir, d'entendre ou de sentir de loin, vit du gibier qu'il peut attraper, & qu'il poursuit jusqu'à la cime des plus grands arbres. On convient que sa chair est blanche & d'un goût exquis ; mais on ne le recherche à la chasse que pour sa peau dont le poil est fort long & d'un beau gris-blanc ; moins estimée pourtant que celle du Renard.

Cet animal carnivore & destructeur, est originaire des climats glacés, où la nature qui fournit peu de végétaux, semble obliger tous les animaux à se manger les uns les autres. Naturalisé dans les zones tempérées, il n'y a pas gardé sa premiere beauté. Son poil y a dégénéré. Dans le nord, il l'a conservé long, doux & touffu, quelquefois blanc, quelquefois gris, & souvent d'un rouge tirant sur le roux. Le plus beau sans comparaison est le poil tout-à-fait noir ; mais c'est un mérite plus rare au Canada que dans la Moscovie qui est plus septentrionale & moins humide.

On tire de l'Amérique septentrionale, outre ces mêmes pelleteries, des peaux de cerf, de Daim & de Chevreuil ; des peaux de Renne sous le nom de Caribou ; des peaux d'Elan sous le nom d'Orignal. Les deux dernieres especes qui dans notre hémisphere ne se trouve que vers le cercle polaire, l'Elan en-deçà, le Renne au-delà, se retrouvent dans le nouveau monde à de moindres latitudes ; soit parce que le froid est plus vif en Amérique par des causes singulieres d'exception à la loi générale; soit peut-être aussi, parce que ces nouvelles terres sont moins habitées par l'homme dépopulateur. Leurs peaux fortes, douces & moëlleuses servent à faire d'excellens buffles qui pesent très-peu. La chasse de tous ces animaux se fait pour les Européens. Mais les sauvages en ont une par excellence qui fut de tout tems leur chasse favorite. Elle convenoit plus à leurs mœurs guerrieres, à leur force, à leur bravoure, & sur-tout à leurs besoins : c'est la chasse de l'Ours.

Sous un climat froid & rigoureux, cet animal est le plus ordinairement noir. Plus farouche que féroce, au lieu de cavernes, il choisit pour retraite un tronc pourri de quelque vieux arbres mort sur pied. C'est-là qu'il se loge en hiver le plus haut qu'il peut grimper. Comme il est très-gras à la fin de l'automne, qu'il est vêtu d'un poil très-épais, qu'il ne se donne aucun mouvement, & qu'il dort presque continuellement, il doit perdre peu par la transpiration, & rarement sortir de son asyle, pour chercher de la nourriture. Mais on l'y force en y mettant le feu; & dès qu'il veut descendre, il est abattu sous les fleches avant d'arriver à terre. Les sauvages se nourrissent de sa chair, se frottent de sa graisse, se couvrent de sa peau. C'étoit là le but de la guerre qu'ils faisoient à l'Ours, lorsqu'un intérêt nouveau tourna leur instinct vers la chasse du Castor.

Cet animal qui possede les dons secourables de la société, sans en éprouver comme nous les vices & les malheurs; cet animal à qui la nature donna le besoin, inspira l'instinct de vivre avec ses semblables, pour la propagation & la conservation de son espece ; cet animal doux, touchant, plaintif, dont l'exemple & le sort arrachent des larmes d'admiration & d'attendrissement au philosophe sensible qui contemple sa vie & ses mœurs : Le castor qui ne nuit à aucun être vivant, qui n'est ni carnacier, ni sanguinaire, ni guerrier, est devenu la plus furieuse passion de l'homme chasseur ; la proie où le sauvage est le plus cruellement acharné, graces à l'implacable avidité des peuples les plus policés de l'Europe.

Long d'environ trois à quatre pieds, épais dans une proportion qui lui donne entre cinquante & soixante livres de pésanteur, qu'il doit sur-tout à la grosseur de ses muscles ; il a la tête comme un rat, & la porte baissée avec le dos arqué comme une souris. Lucrece a dit, non pas que l'homme a reçu des mains pour s'en servir ; mais qu'il a eu des mains & qu'il s'en est servi. De même le Castor a des membranes aux pieds de derriere, & il nage ; il a des doigts séparés aux pieds de devant, & ceux-ci lui tiennent lieu de mains ; il a la queue platte, ovale, couverte d'écailles, & il l'emploie à traîner & à travailler ; il a quatre dents incisives & tranchantes, & il en fait des outils de charpente. Tous ces instrumens qui ne sont presque d'aucun usage, quand l'animal vit seul, ou qui ne le distinguent point alors des autres animaux, lui donnent une industrie supérieure à tous les instincts, quand il vit en société.

Sans passions, sans violence & sans ruse, dans l'état isolé, à peine ose-t-il se défendre. A moins qu'il ne soit pris, il ne sçait pas mordre. Mais au défaut d'armes & de malice, il a dans l'état social, tous les moyens de se conserver sans guerre, & de vivre sans faire ni souffrir d'injure. Cet animal paisible & même familier est d'ailleurs indépendant,

pendant, & ne s'attachant à personne, parce qu'il n'a besoin que de lui-même, il entre en communauté, mais il ne veut point servir, ni ne prétend commander. Un instinct muet au dehors, mais qui lui parle en dedans, préside à ses travaux.

C'est le besoin commun de vivre & de peupler qui rappelle les Castors & les rassemble en été pour bâtir leurs bourgades d'hiver. Dès le mois de juin & de juillet, ils viennent de tous les côtés, & se réunissent au nombre de deux ou trois cens. Mais toujours sur le bord des eaux; parce que c'est sur l'eau que doivent habiter ces républicains, à l'abri des invasions. Quelquefois ils préfèrent les lacs dormans au milieu des terres peu fréquentées; parce que les eaux y sont toujours à la même hauteur. Quand ils ne trouvent point d'étang; ils en forment dans les eaux courantes des fleuves ou des ruisseaux; & c'est par le moyen d'une chaussée ou d'une digue. La seule pensée de cet ouvrage, est un système d'idées très-composées, très-compliquées, qui semble n'appartenir qu'à des êtres intelligens; & si ce n'étoit la crainte du feu dans ce monde ou dans l'autre, un Chrétien croiroit & diroit que les Castors ont une ame spirituelle ou que celle de l'homme n'est que matérielle. Il s'agit d'un pilotis de cent pieds de longueur sur une épaisseur de douze pieds à la base, qui décroît jusqu'à deux ou trois pieds par un talus, dont la pente & la hauteur répondent à la profondeur des eaux. Pour épargner ou faciliter le travail, on choisit l'endroit d'une riviere, où il y a le moins d'eau. S'il se trouve sur les bords du fleuve un gros arbre, il faut l'abattre pour qu'il tombe de lui-même en travers sur le courant. Fût-il plus gros que le corps d'un homme, on le scie ou plutôt on le ronge au pied avec quatre dents tranchantes. Il est bientôt dépouillé de ses branches par le peuple ouvrier, qui veut en faire une poutre. Une foule d'autres arbres plus petits sont également abattus, dépecés & taillés pour le pilotis qu'on prépare. Les uns traînent ces arbres jusqu'au bord de la riviere, d'autres les conduisent sur l'eau jusqu'à l'endroit où doit se faire la chauffée. Mais comment les enfoncer dans l'eau, quand on n'a que des dents, une queue & des pieds ? Le voici. Avec les ongles on creuse un trou dans la terre ou au fond de l'eau. Avec les dents on appuie le gros bout du pieu sur le bord de la riviere ou contre le madrier qui la traverse. Avec les pieds on dresse le pieu & on l'enfonce par la pointe dans le trou où il se plante debout. Avec la queue on fait du mortier, dont on remplit tous les intervalles des pieux entrelacés de branches pour mâconner le pilotis. Le talus de la digue est opposé au courant de l'eau pour mieux en rompre l'effort par degrés, & les pieux y sont plantés obliquement à raison de l'inclinaison du plan. On les plante perpendiculairement du côté où l'eau doit tomber; & pour lui ouvrir un écoulement qui diminue l'action de sa pente & de son poids, on ouvre deux ou trois issues au sommet de la digue par où la riviere débouche une partie de ses eaux.

Quand cet ouvrage est achevé en commun par la république, chaque citoyen songe à se loger. Chaque compagnie se construit une cabane dans l'eau sur le pilotis. Elles ont depuis quatre jusqu'à dix pieds de diametre, sur une enceinte ovale ou ronde. Il y en a de deux ou trois étages, selon le nombre des familles ou des ménages. Une cabane en contient au moins un ou deux, & quelquefois de dix à quinze. Les murailles plus ou moins élevées, ont environ deux pieds d'épaisseur & se terminent toutes en forme de voûte ou d'anse de panier, mâçonnées en-dedans & au-dehors avec autant de propreté que de solidité. Les parois en sont revêtus d'une espece de stuc impénétrable à l'eau, même à l'air extérieur. Chaque maison a deux portes; l'une du côté de la terre pour aller faire des provisions; l'autre vers le cours des eaux pour s'enfuir si l'ennemi vient, c'est-à-dire l'homme destructeur des cités & des républiques. La fenêtre de la maison est ouverte du côté de l'eau. On y prend le frais durant le jour, plongé dans le bain à mi-corps. Elle sert en hiver à garantir des glaces qui se forment épaisses de deux ou trois pieds. La tablette qui doit empêcher qu'elles ne bouchent cette fenêtre, est appuyée sur des pieux qu'on coupe ou qu'on enfonce en pente, & qui faisant un bâtardeau devant la maison, laisse une issue pour s'échapper ou nager sous les glaces. L'intérieur du logis a pour tout ornement un plancher jonché de verdure, & tapissé de branches de sapin. On n'y voit point de meubles de propreté, même pour les ordures qu'on ne souffre point dans la maison, comme on fait dans nos palais.

Les matériaux des ces édifices sont toujours voisins de l'emplacement. Ce sont des aulnes, des peupliers, des arbres qui aiment l'eau, comme les républicains qui s'en construisent des logemens. Ces citoyens ont le plaisir en taillant ce bois de s'en nourrir, pour ainsi dire. A l'exemple de certains sauvages de la mer glaciale, ils en mangent l'écorce. Il est vrai que ceux-là ne l'aiment que séche, pilée & apprêtée avec des ragoûts; au lieu que ceux-ci la mâche & la sucent toute fraîche.

On fait des provisions d'écorce & de branches

tendres, dans des magasins particuliers à chaque cabane, & proportionnés au nombre de ses habitans. Chacun reconnoît son magasin, & personne ne va piller dans celui de ses voisins. Chaque tribu vit dans son quartier, contente de son domaine, mais jalouse de la propriété qu'elle s'en est acquise par le travail. On y ramasse, on y dépense sans quérelles ni procès les provisions de la communauté. Des citoyens qui ne se sentent point la soif du sang & de l'or, n'ont jamais la guerre pour aucune espece de butin. Leur avidité se borne à des mets simples que le travail même leur prépare ; leur unique passion est l'amour conjugal qui a pour base & pour terme l'amour de sa race.

Deux êtres assortis & réunis par un goût, par un choix réciproque, après s'être éprouvés dans une association à des travaux publics pendant les beaux jours de l'été, consentent à passer ensemble la rude saison des hivers. Ils s'y préparent par l'approvisionnement qu'ils font en septembre. Les deux époux se retirent dans leur cabane dès l'automne qui n'est pas moins favorable aux amours que le printemps. Si la saison des fleurs invite les oiseaux du ciel à se perpétuer dans les bois ; la saison des fruits excite peut-être aussi fortement les habitans de la terre à la repeupler. L'hiver donne au moins le loisir d'aimer ; & cette douceur vaut toutes celles de l'année. Les époux alors ne se quittent plus. Aucun travail, aucun plaisir ne fait diversion, ne dérobe du tems à l'amour. Les meres conçoivent & portent les doux gages de cette passion universelle de la nature. Si quelque beau soleil vient égayer la triste saison, le couple heureux sort de sa cabane, va se promener sur le bord de l'étang ou de la riviere, y manger de l'écorce fraîche, y respirer les salutaires exhalaisons de la terre. Cependant la mere met au jour vers la fin de l'hiver les fruits de l'hymen conçus en automne ; & tandis que le pere attiré dans les bois par les douceurs du printemps, laisse à ses petits la place qu'il occupoit dans sa cabane étroite, elle les allaite, les soigne, les éléve au nombre de deux ou trois. Ensuite elle les mene dans ses promenades où le besoin de se refaire & de les nourrir, lui fait chercher des écrevices, du poisson, de l'écorce nouvelle, jusqu'à la saison du travail.

Ainsi vit cette république dans des bourgades qu'on pourroit comparer de loin à de grandes Chartreuses. Mais elles n'en ont que l'apparence ; & si le bonheur habite dans ces deux sortes de communautés, il faut avouer qu'il ne se ressemble guere à lui-même dans ses moyens ; puisque là c'est à suivre la nature qu'on le fait consister, & qu'ici c'est à la contrarier & à la détruire. Mais l'homme en sa folie a cru trouver la sagesse. Une foule d'êtres vivent dans une sorte de société qui sépare à jamais les deux sexes. L'un & l'autre isolés dans des cellules où pour être heureux, ils n'auroient qu'à se réunir, consument les plus beaux jours de leur vie à étouffer, à détester le penchant qui les attire à travers les prisons & les portes de fer que la peur a élevées contre des cœurs tendres & des ames innocentes. Où est l'impiété, sinon dans l'inhumanité de ces institutions sombres & féroces qui dénaturent l'homme pour le diviniser, qui le rendent stupide, imbécille & muet comme des bêtes, pour qu'il devienne semblable aux Anges ? Dieu de la nature, c'est à ton tribunal qu'il faut en appeller de toutes les loix qui violent le plus beau de tes ouvrages, en le condamnant à une stérilité que ton exemple défavoue. N'est-tu pas essentiellement fécond & reproductif, toi qui as tiré l'être du néant & du cahos, toi qui fais sans cesse sortir & renaître la vie du sein de la mort même ? Qui est-ce qui chante le mieux tes louanges, l'être solitaire qui trouble le silence de la nuit pour te célébrer parmi les tombeaux, ou le peuple heureux qui sans se vanter de l'instinct de te connoître, te glorifie dans ses amours, en perpétuant la suite & la merveille de tes créatures vivantes ?

Ce peuple républicain, architecte, industrieux, intelligent, prévoyant & systématique dans ses plans de police & de société, c'est le Castor dont on vient de tracer les mœurs douces & dignes d'envie. Heureux si sa dépouille n'acharnoit pas l'homme impitoyable & sauvage à la ruine de ses cabanes & de sa race ! Souvent les Amériquains ont détruit les établissemens des Castors, & ces animaux infatigables sont venus les réédifier plusieurs étés de suite dans l'enceinte d'où ils avoient été chassés. C'est en hiver qu'on vient les investir. L'expérience les avertit du danger. A l'approche des chasseurs, un coup de queue frappé fortement sur l'eau, sonne l'alarme dans toutes les cabanes de la république & chacun cherche à se sauver sous les glaces. Mais il est bien difficile d'échapper à tous les pieges qu'on tend à ce peuple innocent.

On prend quelquefois le Castor à l'affût. Cependant comme il voit & qu'il entend de loin, on ne peut guere le tirer au fusil sur les bords de l'étang dont il ne s'éloigne jamais assez pour être surpris. L'eût-on blessé avant qu'il se fût jetté dans l'eau, il a toujours le tems de s'y plonger, & s'il meurt de sa blessure, on le perd, parce qu'il ne surnage point.

Un moyen plus sûr d'attraper les Castors, est de dresser des trappes dans les bois où ils vont se régaler d'écorces tendres des jeunes arbres. On garnit ces trappes de coupeaux de bois fraîchement coupés ; & dès qu'ils y touchent un poids énorme tombe & leur casse les reins. L'homme caché dans un lieu voisin accourt, se jette sur sa proie, acheve de la tuer & l'emporte.

D'autres sortes de chasse sont encore plus usitées & d'un plus grand succès. Quelquefois on attaque les cabanes pour en faire sortir les habitans, & l'on va les attendre au bord des trous qu'on a pratiqués dans la glace, parce qu'ils ont besoin d'y venir respirer l'air. On prend ce moment pour leur casser la tête. D'autrefois l'animal chassé de son logement, tombe dans des filets dont on l'a environné tout au tour, en brisant la glace à quelques toises. Veut-on prendre la peuplade entiere, au lieu de rompre les écluses pour noyer les habitans, comme on pourroit le tenter en Hollande, on ouvre la chaussée pour laisser écouler l'eau de l'étang où les castors vivent. Restés à sec, hors d'état de s'échapper ou de se défendre, on les prend à l'oisir & à volonté. Mais on a soin d'en laisser toujours un certain nombre, mâles & femelles pour repeupler l'habitation ; & cette générosité n'est qu'avarice. La cruelle prévoyance de l'homme ne fait conserver peu que pour avoir plus à détruire. Le Castor dont le cri plaintif semble implorer sa clémence & sa pitié, ne trouve dans le sauvage que les Européens ont rendu barbare qu'un implacable ennemi qui ne combat plus tant pour ses propres besoins, que pour les superfluités d'un monde étranger. O nature ! où est ta providence, où est ta bienfaisance d'avoir armé les animaux espece contre espece & l'homme contre tous ?

Si l'on compare maintenant les mœurs, la police & l'industrie des Castors, avec la vie errante des sauvages du Canada; peut-être avouera-t-on que vu la supériotité des organes de l'homme sur ceux de tous les animaux, le Castor s'étoit bien plus avancé dans les arts de sociabilité que l'Amériquain, quand l'Européen alla étendre & porter ses connoissances & ses progrès dans l'Amérique septentrionale.

Plus ancien habitant de ce nouveau monde que l'homme, tranquille possesseur de ces contrées favorables à son espece, le Castor avoit mis a profit une paix de plusieurs siecles, pour perfectionner l'usage de ses facultés. Sous notre hémisphere, l'homme s'est emparé des régions les plus saines & les plus fertiles ; il en a chassé ou il y a subjugué tous les autres animaux. L'Abeille seule & la Fourmi ont dérobé par leur petitesse leurs loix & leur gouvernement à la jalouse & destructive domination de ce tyran de la nature humaine. Ainsi voit-on quelques républiques sans éclat & sans vigueur se soutenir par leur foiblesse même au milieu des vastes monarchies de l'Europe qui tôt ou tard les engloutiront. Mais les quadrupedes sociables, relégués dans des climats inhabitables & contraires à leur multiplication, se sont trouvés par-tout isolés, incapables de se réunir en communauté, d'étendre leurs connoissances & leur perfectibilité; & l'homme qui les a réduits à cet état précaire, s'applaudit de la dégradation où il les a plongés, pour se croire d'une nature supérieure, & s'attribuer une intelligence qui forme une barriere éternelle entre son espece & toutes les autres.

Les animaux, dit-on, ne perfectionnent rien: leurs opérations ne peuvent donc être que méchaniques, & ne supposent aucun principe semblable à celui qui meut l'homme. Sans examiner en quoi consiste la perfection; si l'être le plus civilisé se trouve le plus parfait; si la polissure qui diminue la solidité de la matiere en releve le prix & la valeur; si ce sont des armes luisantes ou des armes pesantes qu'il faut à l'homme robuste; si ce qu'il gagne en propriété des choses, il ne le perd pas en propriété de sa personne; si tout ce qu'il ajoute à ses jouissances, n'est pas retranché de sa durée: le Castor qui parmi nous est errant, solitaire, timide, ignorant, ne connoissoit-il pas dans le Canada le gouvernement civil & domestique, les saisons du travail & du repos, certaines regles d'architecture, l'art curieux & sçavant de construire des digues ? Cependant il étoit parvenu à ce degré de perfectibilité avec des instrumens foibles & peu maniables. A peine peut-il voir le travail qu'il fait avec sa queue. Ses dents qui lui servent à la place de mille outils sont circulaires, & gênées par les lévres. L'homme au contraire avec une main qui se plie à tout & se soumet à tout, a dans ce seul organe de tact tous les instrumens réunis de la force & de l'adresse. Mais il doit à cet unique avantage de son organisation la supériorité de son espece sur toutes les autres. Ce n'est point parce qu'il leve les yeux au ciel comme tous les oiseaux qu'il est le roi des animaux, c'est parce qu'il est armé d'une main souple, flexible, industrieuse, terrible & secourable. Sa main est son sceptre. Ce même bras qu'il éléve au ciel comme pour y chercher son origine, il l'étend & l'appésantit sur la terre, pour y dominer par la destruction, pour en bouleverser la surface, & dire quand il a tout ravagé, c'est ici que je regne sans sujets mais sans rivaux. La plus sûre marque de la population de l'espece humaine, est la dépopulation des autres especes. Ainsi diminue & disparoît insensiblement dans le Canada celle du Castor, depuis que les Européens ont pris goût à sa peau.

Celle-ci varie avec le climat qui en change la couleur, en modifiant l'espece. Dans le même canton où sont les peuplades de Castors civilisés, il y a pourtant des Castors sauvages & solitaires. Ces animaux rejettés, dit-on, de la société par leurs défauts vivent sans maison, sans magasin dans un boyau sous terre. On les appelle Castors terriers. Leur robe est sale ; leur poil est rongé sur le dos par le frottement de leur corps contre la voûte qu'ils se creusent. Ce terrier qu'ils ouvrent pour l'ordinaire au bord de quelque étang ou fossé plein d'eau, s'étend quelquefois à plus de cent pieds en longueur, & va toujours en s'élevant, pour leur donner la facilité de se garantir de l'inondation dans la crue des eaux. Quelques-uns de ces Castors sont assez sauvages pour s'éloigner de toute communication avec l'élément naturel à leur espece ; ils n'aiment que la terre. Tels sont nos Liévres d'Europe. Ces Castors solitaires & terriers n'ont pas le poil aussi luisant, aussi poli que ceux qui vivent en société. Leur fourrure se ressent de leurs mœurs.

On trouve des Castors en Amérique depuis le trentieme degré de latitude septentrionale jusqu'au soixantieme. Toujours clair semés au midi, leur nombre croît & leur poil brunit en avançant au nord. Jaunes & couleur de paille chez les Illinois, châtains un peu plus haut, couleur foncée de marron au nord du Canada, on en trouve enfin de tout noirs, & ce sont les plus beaux. Cependant sous ce climat le plus froid qui soit habité par cette espece, il y en a parmi les noirs de tout à fait blancs; d'autres d'un blanc taché de gris, & quelquefois de roux sur le chignon & la croupe : tant la nature se plaît à marquer les nuances du chaud & du froid, & la variété de toutes ses influences, non-seulement dans la figure, mais jusques sur le vêtement des animaux. De la couleur de leurs peaux, dépend le prix que les hommes attachent à leur vie. Il y en a qu'ils méprisent jusqu'à ne pas daigner les tuer. Mais ceux-là sont rares.

La traite des pelleteries fut le premier objet du commerce des Européens au Canada. La colonie Françoise fit d'abord ce commerce à Tadoussac, port situé à trente lieues au dessous de Quebec. Vers l'an 1640, la ville des Trois-Rivieres, bâtie à vingt-cinq lieues plus haut que cette capitale, devint un second entrepôt. Avec le tems Montreal attira seul toutes les pelleteries. On les voyoit arriver au mois de juin sur des canots d'écorce d'arbre. Le nombre des sauvages qui les apportoient, ne manqua pas de grossir à mesure que le nom François s'étendit au loin. Le récit de l'accueil qu'on leur avoit fait, la vue de ce qu'ils avoient reçu en échange de leurs marchandises, tout augmentoit le concours. Jamais ils ne revenoient sans conduire avec eux une nouvelle nation. C'est ainsi qu'on vit se former une espece de foire où se rendoient tous les peuples de ce vaste continent.

Les Anglois furent jaloux de cette branche de richesse; & la colonie qu'ils avoient fondée à la nouvelle Yorck, ne tarda pas à détourner une si grande circulation. Après s'être assurés de leur subsistance en donnant leurs premiers soins à l'agriculture, ils penserent au commerce des pelleteries. Il fut borné d'abord au pays des Iroquois. Les cinq nations fieres de ce nom, ne souffroient pas qu'on traversât leurs terres, pour aller traiter avec d'autres nations sauvages qu'ils avoient constamment pour ennemies, ni que celles-ci vinsent sur leur territoire leur disputer par la concurrence les profits d'un commerce ouvert avec les Européens. Mais le tems ayant éteint ou plutôt suspendu les hostilités nationnales entre les sauvages, l'Anglois se répandit de tous côtés, & de tous côtés on accourut à lui. Ce peuple avoit des avantages infinis pour obtenir des préférences sur le François son rival. Sa navigation étoit plus facile, & dès-lors ses marchandises s'offroient à meilleur marché. Il fabriquoit seul les grosses étoffes qui convenoient le mieux au goût des sauvages. Le commerce du castor étoit libre chez lui, tandis que chez les François il étoit & fut toujours asservi à la tyrannie du monopole. C'est avec cette liberté, cette facilité qu'il intercepta la plus grande partie des marchandises qui faisoient la célébrité de Montreal.

Alors s'étendit chez les François du Canada, un usage qu'ils avoient d'abord resserré dans des bornes assez étroites. La passion de courir les bois qui fut celle des premiers colons avoit été sagement restreinte aux limites du territoire de la colonie. Seulement on accordoit chaque année vingt-cinq permissions de franchir ces bornes pour aller faire le commerce chez les sauvages. L'ascendant que prenoit la nouvelle York rendit ces congés beaucoup plus fréquens. C'étoient des especes de privileges exclusifs qu'on exerçoit par soi-même ou par d'autres. Ils duroient un an ou même au-delà. On les vendoit ; & le produit en étoit distribué par le gouverneur de la colonie, aux officiers ou à leurs veuves & à leurs enfans, aux hôpitaux ou aux missionnaires, à ceux qui s'étoient signalés par une belle action ou par une entreprise utile ; quelquefois enfin aux créatures du commandant lui-même qui vendoit les permissions. L'argent qu'il ne donnoit pas, ou qu'il vouloit bien ne pas garder, étoit versé dans les caisses publiques ; mais il ne devoit compte à personne de cette administration.

Elle eût des suites funestes. Plusieurs de ceux qui faisoient la traite se fixoient parmi les sauvages, pour se soustraire aux associés dont ils avoient négocié les marchandises. Un plus grand nombre encore alloit s'établir chez les Anglois où les profits étoient plus considérables. Sur des lacs immenses, souvent agités de violentes tempêtes ; parmi des cascades qui rendent si dangereuse la navigation des fleuves les plus larges du monde entier ; sous le poids des canots, des vivres, des marchandises qu'il falloit voiturer sur les épaules dans les *portages* où la rapidité, le peu de profondeur des eaux oblige de quitter les rivieres pour aller par terre ; à travers tant de dangers & de fatigues, on perdoit beaucoup de monde. Il en périssoit dans les neiges ou dans les glaces ; par la faim ou par le fer de l'ennemi. Ceux qui rentroient dans la colonie avec un bénéfice de six ou sept cent pour cent, ne lui devenoient pas toujours plus utiles ; soit parce qu'ils s'y livroient aux plus grands excès ; soit parce que leur exemple inspiroit le dégoût des travaux assidus. Leurs fortunes subitement amassées disparoissoient aussi vîte, semblables à ces montagnes mouvantes qu'un tourbillon de vent éleve & détruit tout-à-coup dans les plaines fabloneufes de l'Afrique. La plupart de ces coureurs épuifés par les fatigues exceſſives de leur avarice, par les débauches d'une vie errante & libertine, traînoient dans l'indigence & dans l'opprobre une vieilleſſe prématurée. Le gouvernement ouvrit les yeux fur ces inconvéniens, & donna une nouvelle direction au commerce des pelleteries.

Depuis long-tems la France travailloit fans relâche à élever une échelle de forts qu'elle croyoit néceſſaire à fa conſervation, à fon aggrandiſſement dans l'Amérique feptentrionale. Ceux qu'elle avoit conſtruits, foit à l'oueſt, foit au midi du fleuve Saint Laurent pour reſſerrer l'ambition des Anglois avoient de la grandeur, de la folidité. Ceux qu'elle avoit jettés fur les différens lacs, dans les poſitions importantes, formoient une chaîne qui s'étendoit au nord juſqu'à mille lieues de Quebec; mais ce n'étoient que de miférables paliſſades, deſtinées à contenir les fauvages, à s'aſſurer de leur alliance & du produit de leurs chaſſes. Il y avoit dans tous une garniſon plus ou moins nombreuſe, à raiſon de l'importance du poſte & des ennemis qui le menaçoient. C'eſt au commandant de chacun de ces forts qu'on jugea devoir confier le droit excluſif d'acheter & de vendre dans toute l'étendue de fa domination. Ce privilege s'achetoit; mais comme il étoit toujours une occaſion de gain, fouvent même d'une fortune très-conſidérable, il n'étoit accordé qu'aux officiers les plus favoriſés. S'il s'en rencontroit parmi eux qui n'euſſent pas les fonds néceſſaires pour l'exploitation, ils trouvoient aiſément des capitaliſtes qui s'aſſocioient à leur entrepriſe. On prétendoit que loin de contrarier le bien du service, ce système lui étoit favorable, parce qu'il mettoit les militaires dans la nécessité d'avoir des liaisons plus suivies avec les naturels du pays, de mieux éclairer leurs mouvemens, de ne rien négliger pour s'assurer de leur amitié. Personne ne voyoit ou ne vouloit voir que cette disposition ne manqueroit pas d'étouffer tout autre sentiment que celui de l'intérêt; & seroit la source d'une oppression suivie.

Cette tyrannie, devenue en peu de tems universelle, se fit sentir plus fortement à Frontenac, à Niagara, à Toronto. Les fermiers de ces trois forts, abusant de leur privilege exclusif, estimoient si peu ce qu'on leur présentoit, donnoient une si grande valeur à ce qu'ils offroient en échange, que les sauvages perdirent peu-à-peu l'habitude de s'y arrêter. Ils se rendoient en foule à Chouaguen sur le lac Ontario, où les Anglois leur accordoient des conditions beaucoup plus favorables. On fit craindre à la cour de France les suites de ces nouvelles liaisons. Elle réussit à les affoiblir, en prenant elle-même le commerce de ces trois postes, & donnant un meilleur traitement aux sauvages que la nation rivale.

Qu'en arriva-t-il? Le roi fut seul en possession des pelleteries qu'on rebutoit ailleurs; le roi eut sans concurrence les peaux des bêtes qu'on tuoit en été ou en automne; ce qu'il y avoit de moins beau, de moins garni de poil, de plus sujet à se corrompre, fut pour le compte du roi. Toutes ces mauvaises pelleteries, achetées sans fidélité, étoient entassées sans soin dans des magasins où elles devenoient la proie des vers. Lorsque la saison de les envoyer à Quebec étoit venue, on les chargeoit sur des bateaux, abandonnées à la merci des soldats, des passagers, des matelots qui n'ayant aucun intérêt fur ces marchandifes, ne portoient pas la moindre attention à les garantir de l'humidité! Arrivées fous les yeux des adminiftrateurs de la colonie, elles étoient vendues la moitié du peu qu'elles valoient. C'eft ainfi que les avances confidérables faites par le gouvernement, lui retournoient prefque en pure perte.

Mais fi ce commerce ne produifoit rien au roi, l'on peut douter qu'il fût beaucoup plus avantageux aux fauvages; quoique l'or & l'argent n'en fuffent point le figne dangereux. En échange de leurs pelleteries, ils recevoient à la vérité des fcies, des couteaux, des haches, des chaudieres, des hameçons, des aiguilles, du fil, des toiles communes, de groffes étoffes de laine, premiers inftrumens ou gages de la fociabilité. Mais on leur vendoit auffi ce qui leur eut été funefte, même à titre de don & de préfent, des fufils, de la poudre, du plomb, du tabac & fur tout de l'eau-de-vie.

Cette boiffon, le préfent le plus funefte que l'ancien monde ait fait au nouveau, n'eût pas plutôt été connue des fauvages, qu'ils fe prirent pour elle de la plus forte paffion. Il leur étoit également impoffible, & de s'en abftenir, & d'en ufer avec modération. On ne tarda pas à s'appercevoir qu'elle troubloit leur paix domeftique; qu'elle leur ôtoit le jugement; qu'elle les rendoit furieux; qu'elle portoit les maris, les femmes, les peres, les meres, les enfans, les fœurs, les freres à s'infulter, à fe mordre, à fe déchirer. Inutilement quelques François honnêtes voulurent les faire rougir de ces excès. C'eft vous, répondirent-ils, qui nous avez accoutumés à cette liqueur; nous ne pouvons plus nous en paffer, & fi vous refufez de nous en donner, nous en irons chercher chez les Anglois.

C'eft

C'est vous qui avez fait le mal; il est sans remede.

La cour de France, tantôt bien, tantôt mal informée des désordres qu'occasionnoit un si funeste commerce, l'a tour-à-tour proscrit, toleré, autorisé, en raison des biens ou des maux qu'on y faisoit envisager à ses ministres. Au milieu de ces variations, l'intérêt des marchands s'arrêta rarement. La vente de l'eau-de-vie ne fut guere moins vive en fraude qu'en liberté. Cependant les esprits sages la regardoient comme la cause principale de la diminution d'hommes, & par conséquent de peaux de bêtes, diminution qui devenoit tous les jours plus sensible.

Cette décadence n'étoit pas encore arrivée au point où on l'a vu depuis, lorsque l'élévation du duc d'Anjou sur le trône de Charles-Quint, remplit l'Europe d'inquiétudes, & la replongea dans les horreurs d'une guerre universelle. Ce feu passa les mers. Il approchoit du Canada. Les Iroquois empêcherent qu'il ne s'y communiquât. Depuis long-tems les Anglois & les François briguoient à l'envie l'alliance de ce peuple. Ces témoignages ou d'estime ou de crainte avoient enflé son cœur naturellement haut. Il se croyoit l'arbitre des deux nations rivales, & prétendoit que ses intérêts devoient régler leur conduite. Comme la paix lui convenoit alors, il déclara fiérement qu'il prendroit les armes contre celui des deux ennemis qui commenceroit les hostilités. Cette résolution s'accordoit avec la situation de la colonie Françoise, qui n'avoit que peu de moyens pour la guerre, & n'en attendoit point de sa métropole. La nouvelle York au contraire, dont les forces déja considérables augmentoient tous les jours, vouloit entraîner les Iroquois dans sa querelle. Ses insi-

Tome VI.

nuations, ſes préſens, ſes négociations furent inutiles juſqu'en 1709. A cette époque, elle réuſſit à ſéduire quatre des cinq nations; & ſes troupes reſtées juſqu'alors dans l'inaction, s'ébranlerent ſoutenues d'un grand nombre de guerriers ſauvages.

L'armée s'avançoit fiérement vers le centre du Canada, avec l'aſſurance preſque infaillible de le conquérir, lorſqu'un chef Iroquois qui n'avoit jamais approuvé la conduite qu'on tenoit, dit ſimplement aux ſiens: que deviendrons-nous, ſi nous réuſſiſſons à chaſſer les François? Ce peu de mots prononcés avec un air de myſtere & d'inquiétude, rappella promptement à tous les eſprits leur premier ſyſtême, qui étoit de tenir la balance égale entre les deux peuples étrangers, pour aſſurer l'indépendance de la nation Iroquoiſe. Auſſitôt il fut réſolu d'abandonner un parti qu'on avoit pris témérairement contre l'intérêt public; mais comme il paroiſſoit honteux de s'en détacher ouvertement, on crut pouvoir ſuppléer à une défection manifeſte par une trahiſon ſecrette. Les ſauvages ſans loix, les vertueux ſpartiates, les religieux hébreux, les Grecs & les Romains éclairés & belliqueux, tous les peuples brutes ou policés ont toujours ajouté la ruſe à la force dans le droit des gens, ou la politique. La raiſon n'a pas encore atteint l'art d'être heureuſe ſans nuire.

On s'étoit arrêté ſur les bords d'une petite riviere, où l'on attendoit les munitions & l'artillerie. L'Iroquois qui paſſoit à la chaſſe tout le loiſir que lui laiſſoit la guerre, imagina de jetter dans la riviere un peu au-deſſus du camp, toutes les peaux des animaux qu'il écorchoit. Les eaux en furent bientôt infectées. Les Anglois qui ne ſe défioient pas d'une ſemblable perfidie, continuerent malheureusement à puiser dans cette source empestée. Il en périt subitement un si grand nombre, qu'on fut obligé de renoncer à la suite des opérations militaires.

Un danger plus grand encore menaça la colonie Françoise. Une flotte nombreuse destinée contre Quebec, & qui portoit cinq ou six mille hommes de débarquement, entra l'année suivante dans le fleuve Saint Laurent. Elle étoit sûre d'atteindre au but de son armement, si elle fût arrivée au terme de sa destination. Mais la présomption de son amiral, & le courroux des élémens la firent périr dans la route. Ainsi le Canada tout à la fois délivré de ses inquiétudes, & du côté de la terre & du côté de la mer, eut la gloire de s'être maintenu sans secours & sans perte, contre la force & la politique des Anglois.

Cependant la France qui pendant quarante ans avoit soutenu seule tous les efforts de l'Europe conjurée, vaincu ou repoussé toutes les nations réunies, fait avec ses propres sujets sous Louis XIV, ce que Charles-Quint n'avoit pu faire avec les troupes innombrables de ses divers royaumes; la France qui avoit produit dans son sein assez de grands hommes pour immortaliser vingt regnes, & sous un seul regne tout ce qui peut élever la grandeur de vingt peuples; la France alloit couronner tant de gloire & de succès en plaçant une branche de sa maison royale sur la monarchie des Espagnes. Elle avoit alors, & moins d'ennemis, & plus d'alliés, qu'elle n'en avoit eu dans le tems de ses plus éclatantes prospérités. Tout lui promettoit des avantages faciles, une supériorité prompte & décisive.

Ce ne fut pas la fortune, mais la nature même qui changea ses destinées. Fiere & vigoureuse sous un roi brillant de toutes les graces & la force de la jeunesse, après s'être élevée avec lui par tous les degrés de la gloire & de la grandeur, elle descendit & déclina comme lui par tous les périodes de la décadence attachée à l'humanité. L'esprit de bigoterie qui étoit entré à la cour avec une prude ambitieuse, décida du choix des ministres, des généraux, des administrateurs; & ce choix fut toujours aveugle & malheureux. Les rois qui plus que les autres hommes s'attachent au ciel, quand la terre va leur manquer, semblent chercher dans leur vieillesse une nouvelle espece de flatteurs qui les bercent d'espérances, au moment où toutes les réalités leur échappent. C'est alors que l'hypocrisie toujours prête à surprendre les deux enfances de la vie humaine, réveille dans l'ame des princes les frayeurs qu'elle y avoit semées; & sous prétexte de les conduire au seul bonheur qui peut leur rester, elle gouverne toutes leurs volontés. Mais comme ce dernier âge est un état de foiblesse ainsi que le premier, une variation continuelle regne dans le gouvernement. La brigue a plus d'ardeur & de pouvoir que jamais, l'intrigue espére davantage, & le mérite moins; les talens se retirent, & les sollicitations de toute espece s'avancent; les places tombent au hazard sur des hommes qui tous également incapables de les remplir, ont la présomption de s'en croire dignes. La nation dès-lors perd sa force avec sa confiance, & tout va comme tout est mené, sans dessein, sans vigueur & sans intelligence.

Telle fut la fin du regne de Louis XIV. Après une suite de défaites & d'humiliations, il fut trop heureux d'acheter la paix par des sacrifices plus extraordinaires encore que son abaissement. Mais il sembla les dérober aux yeux de son peuple, en les faisant sur-tout au delà des mers. On peut juger combien il en dût coûter à sa fierté de céder aux Anglois la baye d'Hudson, Terre-neuve & l'Accadie, trois possessions qui formoient avec le Canada l'immense pays connu sous le nom glorieux de nouvelle France. On verra dans le livre suivant comment une puissance accoutumée à multiplier ses conquêtes, tâcha de réparer ses pertes.

Fin du quinzieme Livre.

HISTOIRE
PHILOSOPHIQUE
ET
POLITIQUE,

Des établiſſemens & du commerce des Européens dans les deux Indes

LIVRE SEIZIEME.

L A guerre pour la ſucceſſion d'Eſpagne avoit embraſé les quatre parties du monde, où l'Europe a répandu depuis deux ſiecles l'inquiétude qui la tourmente. Tous les trônes s'étoient ébranlés, pour en diſputer un ſeul, qui ſous Charles-Quint les avoit tous fait trembler. Une maiſon ſouveraine de cinq ou ſix états, avoit donné à la nation Eſpagnole cette grandeur Coloſſale qui devoit enchanter ſon imagination. Une maiſon plus puiſſante encore, parce qu'avec moins de bras elle avoit un plus grand corps, ambitionnoit de commander à cette nation superbe. Les noms d'Autriche & de Bourbon rivaux depuis deux cens ans, faisoient les derniers efforts pour emporter une supériorité qui ne dût plus être incertaine & balancée entr'eux. Il s'agissoit de savoir lequel embrasseroit les plus belles & les plus nombreuses couronnes. L'Europe partagée entre deux maisons dont les prétentions avoient quelque fondement, vouloit bien qu'elles pussent étendre leurs branches, mais non que plusieurs sceptres fussent réunis comme autrefois dans une seule main. Tout s'arma pour disperser ou séparer un vaste héritage; & l'on résolut de le mettre en pieces, plutôt que de l'attacher à une puissance qui avec ce nouveau poids dût infailliblement détruire l'équilibre de toutes les autres. Une guerre qui fut longue, parce qu'elle étoit soutenue de tous côtés par de grandes forces & de grands talens, par des peuples belliqueux & des généraux soldats, désola tous les pays qu'elle devoit secourir, ruina les nations même qui n'y avoient aucun intérêt. La victoire fit la loi ; mais avec une inconstance qui ne cessoit d'irriter le feu de la discorde. Les mêmes drapeaux prospéroient dans un pays, & succomboient dans l'autre. Le parti qui triomphoit sur mer, étoit défait sur terre. On apprenoit en même-tems & la perte d'une flotte, & le gain d'une bataille. La fortune erroit d'un camp à l'autre, pour les dévorer tous. Enfin après que les états eurent été épuisés d'or & de sang ; après douze ans de calamités & de dépenses, les peuples qui s'étoient éclairés au milieu des incendies de la guerre, s'empressèrent à réparer leurs pertes. On chercha dans le nouveau monde les moyens de repeupler & de rétablir l'ancien. La France tourna ses premiers regards vers l'Amérique septentrionale où sembloit l'appeller l'analogie du sol & du climat ; & ce fut l'isle du Cap Breton qui fixa d'abord son attention.

Les Anglois regardoient cette possession comme l'équivalent, de tout ce que les François avoient perdu par le traité d'Utrecht. Aussi s'opposoient-ils avec acharnement à ce qu'il fût permis à un ennemi mal réconcilié de la peupler, de la fortifier, quoiqu'elle lui appartint. Ils ne voyoient que ce moyen pour l'exclure de la pêche de la morue, & pour rendre l'entrée du Canada difficile à ses navigateurs. La modération de la Reine Anne, ou peut-être la corruption de ses ministres, sauverent cette nouvelle humiliation à la France. Cette couronne fut autorisée à faire au Cap Breton tous les arrangemens qui lui conviendroient.

Cette isle située entre les quarante-cinq & les quarante-sept degrés de latitude nord, est à l'entrée du golphe Saint Laurent. Terre-neuve a son orient sur la même embouchure, n'en est éloignée que de quinze ou seize lieues ; l'Acadie a son couchant n'en est séparée que par un détroit de trois ou quatre lieues. Ainsi placée entre les domaines cédés à ses ennemis, elle menaçoit leurs possessions, en protégeant celles de ses maîtres. Sa longueur est d'environ trente-six lieues, & sa plus grande largeur de vingt-deux. Elle est hérissée dans toute sa circonférence de petits rochers séparés par les vagues au-dessus desquelles plusieurs élévent leur sommet. Tous ses ports sont ouverts à l'orient, en tournant au sud. On ne trouve sur le reste de son enceinte que quelques mouillages pour de petits bâtimens dans des anses ou entre des islets. A l'exception des lieux montueux, la surface du pays a peu de solidité. Ce n'est par-tout qu'une mousse légere & de l'eau

La grande humidité du terrein s'exhale en brouillards, sans rendre l'air mal-sain. Du reste le climat est très-froid ; ce qui doit provenir, soit de la prodigieuse quantité de lacs long-tems glacés qui couvrent plus de la moitié de l'isle, soit des forêts qui la rendent inaccessible aux rayons du soleil, d'ailleurs affoiblis par d'éternels nuages.

Quoique le Cap Breton attirât depuis long tems quelques pêcheurs qui y venoient tous les étés, il n'en avoit jamais fixé vingt ou trente. Les François qui en prirent possession au mois d'Août 1713 furent proprement les premiers habitans. Ils changerent son nom en celui de l'isle Royale, & jetterent les yeux sur le fort Dauphin pour y former leur principal établissement. Ce Havre présentoit un circuit de deux lieues. Les vaisseaux qui venoient jusqu'aux bords, y sentoient à peine les vents. Les bois de chêne nécessaires pour bâtir, pour fortifier une grande ville, se trouvoient fort près. La terre y paroissoit moins stérile qu'ailleurs, & la pêche y étoit plus abondante. On pouvoit à peu de frais rendre ce port imprenable ; mais la difficulté d'y arriver, qui d'abord avoit moins frappé que ses avantages, le fit abandonner même après des travaux assez considérables. Les vues se tournerent vers Louisbourg dont l'abord étoit plus facile ; & la commodité fut préférée à la sûreté.

Le port de Louisbourg situé sur la côte orientale de l'isle, a pour le moins une lieue de profondeur, & plus d'un quart de lieue de largeur dans l'endroit où il est le plus étroit. Le fond en est bon : on y trouve ordinairement depuis six jusqu'à dix brasses d'eau ; & il est aisé d'y louvoyer, soit pour entrer, soit pour sortir, même dans les mauvais tems. Il renferme un petit golse très-commode pour le radoub des vaisseaux de toute grandeur, qui peuvent même y hiverner avec quelques précautions. Le seul inconvénient de ce havre excellent est de se trouver fermé par les glaces dès le mois de novembre, & de ne s'ouvrir qu'en mai & souvent en juin. Son entrée naturellement fort reserrée, est encore gardée par l'isle aux Chevres, dont l'artillerie battant à fleur d'eau couleroit immanquablement à fond tous les bâtimens grands ou petits qui voudroient y forcer le passage. Deux batteries, l'une de trente-six, & l'autre de douze pieces de canon de vingt-quatre livres de balle placées vis-à-vis sur les côtes opposées fortifient & croisent ce feu terrible.

La ville bâtie sur une langue de terre qui s'avance dans la mer, est de figure oblongue: elle a environ une demie lieue de tour; ses rues sont larges & régulieres. On n'y voit guere que des maisons de bois. Celles qui sont de pierre, ont été construites au dépens du gouvernement, & sont destinées à loger les troupes & les officiers. On y a construit des calles: ce sont des ponts qui avançant considérablement dans le port sont très-commodes pour charger, pour décharger les navires.

Ce ne fut qu'en 1720 qu'on commença à fortifier Louisbourg. Cette entreprise fut exécutée sur de très-bons plans, avec tous les ouvrages qui rendent une place respectable. On laissa seulement sans rempart un espace d'environ cent toises du côté de la mer; parce qu'on le jugea suffisamment défendu par sa situation. On se contenta de le fermer d'un simple bâtardeau. La mer y étoit si basse, qu'elle formoit une espece de lagune inaccessible par ses écueils à toute sorte de bâtimens. Le feu des bastions collatéraux achevoit de mettre cette estacade à couvert d'une descente.

La nécessité de transporter d'Europe les pierres & beaucoup de matériaux nécessaires pour ces grandes constructions, retarda quelquefois les travaux, mais ne les fit pas abandonner. On y dépensa trente millions. On ne crut pas que ce fut trop pour soutenir les pêcheries, pour assurer la communication de la France avec le Canada, pour ouvrir un asyle en tems de guerre aux vaisseaux qui viendroient des isles méridionales. La nature & la politique vouloient que les richesses du midi fussent gardées par les forces du nord.

L'an 1714 vît arriver dans l'isle les pêcheurs François fixés jusqu'alors à Terre-neuve. On espéra que leur nombre seroit bientôt grossi par les Acadiens, auxquels les traités avoient assuré le droit de s'expatrier, d'emporter leurs effets mobiliers, de vendre même leurs habitations. Cette attente fut trompée. Les Acadiens aimerent mieux garder leurs possessions sous la domination de l'Angleterre, que de les sacrifier pour des avantages équivoques à leur attachement pour la France. La place qu'ils refuserent d'occuper, fut successivement remplie par quelques malheureux qui arrivoient de tems en tems d'Europe; & la population fixe de la colonie, s'éleva peu-à-peu au nombre de quatre mille ames. Elle étoit répartie à Louisbourg, au fort Dauphin, au port Touloufe, à Nericka, sur toutes les côtes où l'on avoit trouvé des graves pour sécher la morue.

L'agriculture n'occupa jamais les habitans de l'isle. La terre s'y refuse. Les grains qu'on a tenté d'y semer à plusieurs reprises, le plus souvent n'ont pu mûrir. Lors même qu'ils ont par mérité d'être récoltés, ils avoient trop dégénéré pour servir de semence à la moisson suivante. On ne s'est opiniâtré qu'à faire croître quelques herbes potageres, dont le goût étoit assez bon, mais qui demandoit qu'on en renouvellât tous les ans la graine. Le vice & la rareté des pâturages ont également empêché les troupeaux de se multiplier. La terre sembloit n'appeller à l'isle Royale que des pêcheurs & des soldats.

Quoique la colonie fut toute couverte de forêts lorsqu'elle reçut des habitans, le commerce du bois y a toujours été peu considérable. Ce n'est pas qu'on n'y ait trouvé beaucoup d'arbres tendres qui étoient propres au chauffage: plusieurs même qui pouvoient servir pour la charpente; mais le chêne y a toujours été fort rare, & le sapin n'a jamais donné beaucoup de résine.

La traite des pelleteries étoit un objet assez peu important. Elle se réduisoit à un petit nombre de peaux de Loup-cerviers, d'Orignaux, de Rats musqués, de Chats sauvages, d'Ours, de Loutres & de Renards rouges ou argentés. Une partie étoit fournie par une peuplade sauvage de Mikmaks qui s'étoit établie dans l'isle avec les François, & qui n'eût jamais plus de soixante hommes en état de porter les armes. Le reste venoit de Saint Jean ou du continent voisin.

Il eut été possible de tirer un meilleur parti des mines de charbon de terre très-communes dans la colonie. Elles ont l'avantage d'être horisontales, de n'avoir jamais plus de six ou huit pieds de profondeur, & de pouvoir être exploitées, sans qu'on soit réduit à creuser la terre ou à détourner les eaux. On a trouvé ce charbon peu propre aux forges, parce qu'il brûle le fer ; mais pour tous les autres usages, il n'en est point d'aussi bon dans toute la surface du globe. Quoique la nouvelle Angleterre en eut tiré une quantité prodigieuse depuis 1745 jusqu'en 1749, ces mines auroient été peut-être abandonnées, si les bâtimens expédiés pour les isles Françoises n'avoient eu besoin de lest. Un feu qu'il n'a pas été possible d'étouffer a embrasé une des principales mines. Il brûle encore, & l'on peut soupçonner qu'il doit produire un jour quelque révolution extraordinaire. Si l'imprudence d'un seul homme a pu allumer par une étincelle un incendie qui dévore depuis des années les entrailles de la terre ; qu'il faut peu de chose à la nature, pour exciter un volcan, qui consume un pays avec ses habitans !

Toute l'activité de la colonie s'est constamment tournée vers la pêche de la morue seche. Les habitans moins aisés y employoient annuellement deux cens chaloupes, & les plus riches cinquante à soixante bateaux ou goelettes de trente à cinquante tonneaux. Les chaloupes ne s'éloignoient jamais au-delà de quatre ou cinq lieues de la côte, & revenoient tous les soirs porter leur poisson, qui préparé sur le champ avoit toujours le degré de perfection dont il étoit susceptible. Les bâtimens plus considérables alloient faire leur pêche plus loin, gardoient plusieurs jours leur morue ; & comme elle prenoit souvent trop de sel, elle en étoit moins recherchée. Mais ils étoient dédommagés de cet inconvénient, par l'avantage de suivre leur proie, à mesure que le défaut de nourriture lui faisoit abandonner l'isle Royale ; & par la facilité de porter eux-mêmes durant l'automne le produit de leurs travaux aux isles méridionales, ou même en France.

Indépendamment des pêcheurs fixés dans l'isle, il en arrivoit tous les ans de France qui sechoient leur morue, soit dans des habitations où ils s'arrangeoient avec les propriétaires, soit sur les graves dont l'usage leur étoit toujours réservé.

La métropole envoyoit aussi régulièrement des bâtimens chargés de vivres, de boissons, de vêtemens, de meubles, de toutes les choses qui étoient nécessaires aux habitans de la colonie. Les plus grands de ces navires, se bornant au commerce, reprenoient la route d'Europe aussitôt qu'ils avoient échangé leurs marchandises avec de la morue. Ceux de cinquante à cent tonneaux, après avoir débarqué leur petite cargaison, alloient faire la pêche eux-mêmes, & ne repartoient pas qu'elle ne fut finie.

L'isle Royale n'envoyoit pas toute sa pêche en Europe. Une partie passoit aux isles Françoises du midi sur vingt ou vingt-cinq bâtimens qui portoient depuis soixante-dix jusqu'à cent quarante tonneaux. Outre la morue qui devoit former au moins la moitié de la cargaison, on exportoit de cette colonie aux autres, des madriers, des planches, du merrain, du saumon & du maquereau salés, de l'huile de poisson, du charbon de terre. Tous ces envois étoient payés avec du sucre & du café, mais plus encore avec des sirops & du taffia.

L'isle Royale ne pouvoit consommer tous ces retours. Le Canada n'emportoit que très peu de leur superflu. Il étoit enlevé pour la plus grande partie par les colons de la nouvelle Angleterre qui donnoient des fruits, des légumes, des bois,

philosophique & politique. 95

des briques, des bestiaux. Ce commerce d'échange leur étoit permis. Ils y ajoutoient en fraude des farines, & même une assez grande quantité de morue.

Malgré cette circulation qui se faisoit toute entiere à Louisbourg, la plupart des colons languissoient dans une misere affreuse. Ce mal tiroit sa source de la dépendance où leur état de pauvreté les avoit jettés en arrivant dans l'isle. Dans l'impuissance de se pourvoir d'ustensiles & des premiers moyens de pêche, ils les avoient empruntés à un très-haut intérêt. Ceux même qui n'avoient pas eu besoin de ces avances, ne tarderent pas à subir la dure loi des emprunts. La cherté du sel & des vivres, les pêches malheureuses les y réduisirent en peu de tems. Des secours qu'il falloit payer vingt ou vingt-cinq pour cent par année, les écraserent sans ressource. Telle est une des injustices de l'inégalité des conditions, que l'homme né sans fortune, n'en acquiert presque jamais que par la violence ou la fraude qui ont valu les richesses à la plupart des familles qui les possédent. Le commerce même déroge foiblement à cette fatale nécessité par l'industrie & le travail. Cependant toutes les colonies Françoises de la nouvelle France n'étoient pas prédestinées dès leur origine à cet état de langueur.

Plus heureuse que l'isle Royale, celle de Saint Jean a mieux traité ses habitans. Plus avancée dans le golphe Saint Laurent, elle a vingt-deux lieues de long, mais n'en a guere qu'une dans sa plus grande largeur. Sa courbure naturelle qui se termine en pointe aux deux extrêmités, lui donne la figure du croissant de la lune.

Quoique la propriété n'en eût jamais été disputée à la France, cette couronne sembloit l'avoir dédaignée, avant la pacification d'Utrecht. La perte de l'Acadie & de Terre-neuve lui ouvrirent les yeux sur ce foible reste ; & le gouvernement voulut savoir ce qu'on pourroit en faire.

On trouva que l'hiver y étoit long, le froid excessif, la neige abondante, la quantité d'insectes prodigieuse ; mais qu'une côte saine, un port excellent, & de havres commodes, rachetoient ces désagrémens. On y vit un pays uni que la nature avoit enrichi & coupé de prairies abondantes par une infinité de petites sources qui le traversoient ; un sol extrêmement varié, ouvert à la culture de toutes les espèces de grains ; du gibier & des bêtes fauves sans nombre ; un abord excessif des meilleures sortes de poisson ; une population de sauvages plus considérable que dans les autres isles. Ce dernier fait confirmoit seul tant d'avantages.

Le bruit qui s'en répandit en France, y fit naître en 1719 une compagnie qui forma le double projet de défricher une isle si productive, & d'y établir une grande pêche de morue. Malheureusement l'intérêt qui avoit uni les associés les divisa, avant même qu'ils eussent mis la main à l'exécution de leur entreprise. Saint Jean étoit retombé dans l'oubli, lorsque les Acadiens mécontens des traitemens qu'ils éprouvoient des Anglois, commencèrent à passer dans cette isle en 1749. Avec le tems, ils s'y réunirent jusqu'au nombre de trois mille cent cinquante quatre. Comme ils étoient la plupart cultivateurs, & sur-tout habitués à élever des troupeaux, le gouvernement crut devoir les fixer à ce genre d'occupation. Ainsi la pêche de la morue ne fut permise qu'à ceux qui s'établirent à la Tracadie & à Saint Pierre.

Borner l'industrie par des prohibitions ou des privileges exclusifs, c'est nuire tout à la fois au travail que l'on permet & à celui que l'on défend. Quoique l'isle de Saint Jean n'offre pas assez de graves pour sécher la grande quantité de poisson qui se porte sur ses côtes, & que ce poisson soit trop gros pour être aisément séché ; une puissance dont les pêcheries ne suffisoient pas à la consommation de ses nombreux sujets, devoit encourager ce genre d'exploitation. Si elle avoit moins de sécheries que de pêche, on pouvoit préparer de la morue verte qui auroit fait seule une excellente branche de commerce.

En bornant les colons de Saint Jean à l'agriculture, on les privoit de toute ressource dans les années trop fréquentes, où la moisson étoit dévorée sur pied par les Mulots & les Sauterelles. On réduisoit à rien les échanges que la métropole pouvoit & devoit faire avec sa colonie. Enfin on arrêtoit la culture même qu'on vouloit favoriser, par l'impossibilité où l'on mettoit les habitans d'acquérir les moyens de l'étendre.

L'isle ne recevoit annuellement d'Europe qu'un ou deux petits bâtimens qui abordoient au port la Joie. C'est Louisbourg qui fournissoit à ses besoins. Elle les payoit avec son froment, son orge, son avoine, ses légumes, ses bœufs & ses moutons. Un détachement de cinquante hommes veilloit à sa police, plutôt qu'à sa sûreté. Celui qui étoit à leur tête dépendoit de l'isle Royale, qui relevoit elle-même du gouverneur du Canada. Cet adminiſtrateur commandoit au loin ſur un vaſte continent, dont la Louiſiane formoit la plus riche portion.

La Louiſiane que les Eſpagnols comprenoient autrefois dans la Floride, ne fut découverte par les François qu'en 1673. Inſtruits par les ſauvages qu'il y avoit à l'occident du Canada un grand fleuve qui ne couloit ni au nord ni à l'eſt, ils en conclurent qu'il devoit ſe rendre dans le golfe du Mexique s'il avoit ſon cours au ſud, ou dans la mer du ſud s'il alloit ſe décharger à l'oueſt. La communication avec ces deux mers étoit aſſez importante pour être recherchée. On chargea de cette entrepriſe Joliet, habitant de Quebec qui avoit de l'eſprit & de l'expérience, & le jéſuite Marquette dont la vertu étoit reſpectée de toutes les nations répandues dans ce continent.

Ces deux hommes qui, avec des vues également honnêtes, vécurent toujours dans l'union la plus intime, partirent enſemble du lac Michigan, entrerent dans la riviere des Renards qui s'y décharge, & la remonterent juſqu'aſſez près de ſa ſource, malgré les rapides qui en rendent la navigation pénible. Après quelques jours de marche, ils ſe rembarquerent ſur la riviere d'Ouiſconſing, & navigant toujours à l'oueſt, ils ſe trouverent ſur le Miſſiſſipi qu'ils deſcendirent juſqu'aux Akanſas, vers les trente-trois degrés de latitude. Leur zele les auroit conduits plus loin; mais les vivres leur manquoient. C'eut été une imprudence de s'engager trop avant avec trois ou quatre hommes ſeulement dans un pays dont ils ne connoiſſoient pas les mœurs; & d'ailleurs il leur étoit démentré que le fleuve ſe jettoit dans le golfe du Mexique. Cette connoissance étoit le premier but de leur voyage ; ils crurent devoir reprendre la route du Canada. Entrés dans la riviere des Illinois, ils trouverent ce peuple assez nombreux, & disposé à se lier avec leur nation. Sans rien cacher, sans rien exagérer, ils communiquerent au chef de la colonie toutes les lumieres qu'ils avoient acquises.

La nouvelle France comptoit alors au nombre de ses habitans un Normand nommé la Salle, possédé de la double passion de faire une grande fortune, de parvenir à une réputation brillante. Ce personnage avoit acquis dans la société des jésuites où il avoit passé sa jeunesse, l'activité, l'enthousiasme, le courage d'esprit & de cœur, que ce corps sçavoit si bien inspirer aux ames ardentes dont il aimoit à se recruter. La Salle prêt à saisir toutes les occasions de se signaler, impatient de les faire naître, audacieux & entreprenant, vit que le nouveau gouverneur du Canada ne songeoit pas à suivre l'importante découverte qu'on avoit faite. Il s'embarque pour l'Europe, se présente à la cour de Versailles, s'y fait écouter, presque admirer, dans un tems où la passion des grandes choses échauffoit à la fois le prince & la nation. Il en revient comblé de graces, avec un ordre formel d'achever ce qu'on avoit si heureusement commencé.

Cependant pour mieux réussir, il eut la sagesse de ne pas précipiter les événemens. Depuis les derniers établissemens françois du Canada jusqu'aux bords du fleuve qu'on alloit reconnoître, il y avoit un grand espace. La prudence vouloit qu'on s'en assurât. Il commença par y établir plusieurs postes dont la construction fut plus lente qu'on ne l'avoit cru, parce qu'elle fût interrompue à plusieurs reprises par des incidens qu'il n'étoit pas possible de prévoir. Lorsque le tems & les précautions eurent amené les choses au point où on les vouloit, il s'embarqua en 1682 sur le Mississipi, & le descendit jusqu'à son embouchure, qu'on trouva, comme on l'avoit conjecturé, dans le golfe du Mexique.

On avoit fait un grand pas. La Salle qui savoit ceux qui restoient à faire, se hâta de regagner Quebec, d'où il alla proposer en France la découverte du Mississipi par mer, & l'établissement d'une colonie qui ne pouvoit pas manquer de devenir très-intéressante. On le crut. On lui donna quatre bâtimens de différentes grandeurs, avec environ cent cinquante hommes de débarquement. Pour avoir trop pris à l'ouest, il manqua son terme, & se trouva le 10 janvier 1685 dans la baye Saint Bernard éloignée de cent lieues du Mississipi. Cette erreur pouvoit se réparer ; mais la Salle dont l'humeur étoit fiere & peu liante, s'étoit si vivement brouillé avec le commandant de sa petite flotte, que ne voulant pas lui avoir cette obligation, il le renvoya. Persuadé d'ailleurs que la riviere où il étoit entré, ne devoit être qu'un bras du fleuve qu'on l'avoit chargé de reconnoître, il se flatta d'achever seul cette entreprise. Mais s'étant bientôt désabusé, il perdit sa mission de vue. Au lieu de chercher parmi les sauvages des guides qui l'auroient conduit à sa destination, il voulut, dit-on, s'approcher des Espagnols, & prendre connoissance des fameuses mines de Sainte Barbe. Cette idée folle l'occupoit uniquement, lorsqu'il fût massacré par quelques-uns de ses compagnons auxquels sa dureté, son entêtement, sa hauteur l'avoient rendu insupportable.

La mort du chef dispersa les membres. Les scélérats qui l'avoient assassiné, périrent par la main les uns des autres. Plusieurs s'incorporerent aux naturels du pays. La faim & les fatigues en consumerent un assez grand nombre. Les Espagnols du nouveau Mexique qui allarmés du bruit de cette entreprise, s'étoient avancés pour la traverser, prirent quelques-uns de ces fugitifs qui finirent leurs jours dans les travaux des mines. Ceux qui s'étoient enfermés dans le petit fort qu'on avoit construit, devinrent la victime des sauvages. Il ne s'échappa que sept hommes qui s'embarquerent sur le Mississipi qu'ils avoient enfin découvert par terre, & d'où passant chez les Illinois, ils arriverent au Canada. Ces malheurs firent que la Louisiane fut oubliée en France.

D'Yberville, gentilhomme Canadien, qui s'étoit distingué par quelques coups de main d'une hardiesse & d'un bonheur extrêmes qu'il avoit faits à la baye d'Hudson, en Acadie & à Terre-neuve, réveilla en 1697 l'attention du ministere. On le fit partir de Rochefort avec deux vaisseaux, & il entra dans le Mississipi le 2 Juillet de l'an 1699. Il remonta le fleuve assez haut pour se convaincre par lui-même de la beauté, de la fertilité de ses rives. Cependant s'étant contenté d'y élever un fort qui ne subsista pas long tems, il alla établir ailleurs sa petite colonie principalement composée de Canadiens.

Entre l'embouchure du Mississipi & Pensacola que les Espagnols venoient d'élever dans la Floride, est une côte d'environ quarante lieues d'étendue. Elle est par-tout si basse que les vaisseaux marchands n'en peuvent approcher qu'à quatre lieues de distance, ni les plus légers brigantins plus près que de deux lieues. Son sol entierement sablonneux est aussi peu propre à la multiplication, des troupeaux qu'à la culture. On n'y voit que quelques cedres, quelques pins épars. Le climat est si brûlant, quand les rayons du soleil ont dardé sur ces sables, qu'il y a des saisons où les chaleurs seroient insupportables, sans un vent leger qui s'élevant à neuf ou dix heures du matin, ne tombe que le soir. Dans ce grand espace est un lieu qu'on appelle Biloxi, du nom d'une nation sauvage qui autrefois y avoit fait quelque séjour. Cette position la plus stérile, la plus incommode de toute la côte, fut celle qu'on choisit pour fixer le petit nombre d'hommes que d'Yberville avoit amenés sous l'amorce des plus grandes espérances.

Deux ans après arriva une nouvelle peuplade. Elle fut placée treize lieues à l'est de Biloxi, assez près de Pensacola. Les bords de la Maubille, qui n'est nulle part navigable que pour des pirogues, quoiqu'elle ait un fort long cours, furent jugés dignes d'être habités. La médiocrité des terres qu'il falloit aller chercher même assez loin, ne parut pas une raison suffisante pour faire rejetter cette idée. Il fut décidé que les liaisons qu'on formeroit avec les Espagnols & les sauvages voisins, compenseroient tous ces désavantages. Une isle située vis-à-vis de la Maubille, à quatre lieues de distance, y offroit un havre qu'on pouvoit regarder comme le port de la nouvelle colonie. On la nomma l'isle Dauphine. Rien n'étoit plus commode que d'y décharger les marchandises de France, qu'il avoit fallu jusqu'alors envoyer à la côte par des chaloupes. Aussi se peupla-t-elle malgré son avidité, & devint-elle le quartier général de la colonie; jusqu'à ce que les vents qui l'avoient formée de sables entassés, les accumulerent en 1717 au point de lui faire perdre l'unique avantage qui lui avoit donné une sorte de célébrité.

On ne pouvoit raisonnablement espérer aucun progrès d'un établissement jetté sur ce territoire. La mort d'Yberville qui finit ses jours en 1702 devant la Havane, en servant glorieusement sa patrie dans la marine, acheva d'éteindre ce qui restoit d'espoir aux colons. On voyoit la France trop occupée d'une guerre malheureuse pour qu'on dût en attendre des secours. Tout le monde se croyoit à la veille d'un abandon entier; & ceux qui se flattoient de trouver ailleurs un asyle, s'empressoient de l'aller chercher. Le peu qui resta par nécessité, ne subsistoit que de quelques légumes, ou des courses qui se faisoient parmi les sauvages. La colonie étoit réduite à vingt-huit familles plus misérables les unes que les autres, lorsqu'on vit Crosat demander & obtenir en 1712 le commerce exclusif de la Louisiane.

C'étoit un de ces hommes nés pour former & remplir de grandes vues. Il avoit cette supériorité de lumieres & de sentimens qui ne croit rien au dessus, rien au dessous de soi, dans le service de l'état; & qui n'attend son lustre que de l'éclat qu'elle procure à sa patrie. Le sol de la Louisiane n'étoit pas l'objet des entreprises de ce génie actif. Il ne pouvoit en ignorer la pauvreté; & toute sa conduite prouva qu'il ne se proposoit pas de l'améliorer. Son but étoit d'ouvrir par terre & par mer des communications avec l'ancien & le nouveau Mexique, d'y verser des marchandises de toutes les especes, & d'en extraire une grande quantité de piastres. La concession qu'il avoit desirée, lui paroissoit l'entrepôt naturel & nécessaire de ses vastes opérations; & les démarches de ses agens furent dirigées sur ce plan magnifique. Mais diverses tentatives toutes infructueuses, l'ayant désabusé des espérances qu'il étoit beau d'avoir osé concevoir, il se dégoûta de son privilege, & le remit volontiers en 1717 à une compagnie dont le succès étonna toutes les nations.

Elle fut formée par Law, ce célebre Écossois, sur lequel on n'eut pas dans le tems des idées fixes, & dont le nom paroît aujourd'hui placé entre la foule des simples avanturiers & le petit nombre des grands hommes. L'occupation de ce génie hardi étoit depuis son enfance de porter un œil curieux & réfléchi sur toutes les puissances de l'Europe, d'en approfondir les ressorts, d'en calculer les forces. Le cahos où l'ambition de Louis XIV avoit plongé la France, fixa singulierement ses regards. Il trouva digne de lui de le débrouiller, & se flatta d'y réussir. Son plan dût plaire par sa grandeur même, à l'heureux administrateur qui tenoit les rênes du gouvernement, depuis que la mort du monarque avoit laissé l'Europe en paix. Il s'agissoit de débarasser par l'acquittement des dettes le revenu public, des intérêts énormes qui l'absorboient presque entier. L'introduction du papier monnoie pouvoit seule procurer cette révolution que le malheur des tems exigeoit à quelque prix que ce fût. Les créanciers de l'état devoient se prêter d'autant plus aisément à cette nouveauté, qu'ils seroient toujours les maîtres de convertir les billets qu'on les auroit forcés à recevoir, en actions de la nouvelle compagnie. Celle-ci ne pouvoit manquer des moyens de satisfaire à tant d'engagemens ; puisqu'imdépendamment du produit des impositions qu'elle devoit concentrer dans ses mains comme compagnie de finance, elle avoit comme compagnie de commerce un nouveau canal par où devoient lui venir des richesses prodigieuses.

Depuis que l'Espagnol Ferdinand de Soto, avoit péri sur les rives du Mississipi, vers l'an 1538, il étoit resté dans l'opinion générale que ces contrées renfermoient des trésors immenses. On avoit perdu de vue ces vastes régions, on ignoroit même où elles pouvoient être; mais on ne parloit qu'avec plus d'admiration des fameuses mines de Sainte barbe qu'on y supposoit. Si elles paroissoient de tems en tems oubliées, ce n'étoit que pour occuper ensuite davantage les esprits. Law crut devoir profiter de cette avide crédulité, la nourrir & l'enfler par des bruits mystérieux. On divulgua comme en secret que ces mines & beaucoup d'autres étoient enfin trouvées, mais bien plus riches que la renommée ne l'avoit publié. Pour donner plus de poids à cette fausseté déja trop accréditée, on fit partir les ouvriers destinés à mettre en valeur une si précieuse découverte, avec les troupes nécessaires pour les soutenir.

L'impression subite de ce stratagême sur un peuple singulierement curieux de nouveautés, ne sauroit se comprendre. Le travail le plus assidu ne pouvoit suffire à livrer des actions de la compagnie à ceux qui en demandoient. Les spéculations, les plans, les espérances; tout se tourna de ce côté là. Le Mississipi devint la fin & le mobile de toutes les combinaisons. Bientôt elles ne se bornerent pas à une simple association avec la compagnie qui avoit obtenu la disposition de ce beau pays. De tous côtés on lui demanda de vastes terreins pour y former des plantations qui devoient, disoit-on, rendre en peu d'années le centuple des avances qu'on y auroit faites. Soit intérêt, soit conviction, soit flaterie, ce furent les hommes de la nation qui passoient pour les plus éclairés, pour les plus riches, pour les plus accrédités, qui parurent les plus empressés à former de ces établissemens. Leur exemple entraîna les autres; & ceux à qui leur fortune ne permettoit pas cette ambition, briguoient l'avantage de diriger les habitations ou même simplement d'y travailler.

Durant les accès de cette fievre ardente, on entassoit sans soin & sans choix dans des vaisseaux tout ce qui se présentoit d'étrangers & de citoyens. Ils étoient déposés sur les sables du Biloxi, où ils périssoient par milliers, de faim, d'ennui & de chagrin. On auroit pu les faire entrer dans le Mississipi, les placer même sur les terreins qu'ils devoient défricher; mais il ne tomba jamais dans l'esprit de ceux qui dirigeoient l'entreprise, de construire les bateaux nécessaires pour cette opération. Après même qu'on se fut assuré que les navires qui arrivoient d'Europe, pouvoient remonter le fleuve, le quartier général resta toujours dans l'affreux tombeau de ces tristes & nombreuses victimes d'une imposture politique. On ne le transféra à la nouvelle Orléans qu'au bout de cinq ans, c'est-à-dire, lorsqu'il ne restoit presqu'aucun des malheureux qui s'étoient si légerement expatriés.

Mais à cette époque trop tardive, le charme étoit rompu; les mines avoient disparu. Il ne restoit que la confusion d'avoir embrassé des chimeres. La Louisiane éprouvoit le sort de ces hommes singuliers dont on s'est fait d'abord une idée trop avantageuse, & qu'on punit de cette renommée en les rabaissant au dessous de leur valeur réelle. Ce pays d'enchantement fut en exécration. Son nom devint un nom d'opprobre. Le Mississipi fut la terreur des hommes libres. On ne lui trouva plus de colons que dans les prisons, dans les lieux de débauche. Ce fut un cloaque où aboutirent toutes les immondices du royaume.

Que pouvoit-on espérer d'un édifice composé de semblables matériaux ? Le vice ne peuple point, ne travaille point, ne se fixe point. Plusieurs des misérables qu'on avoit transportés dans ces climats sauvages, allerent étaler dans les établissemens Anglois ou Espagnols, le dégoûtant spectacle de leur nudité. D'autres périrent très-rapidement du poison dont ils avoient apporté le germe de l'Europe même; le plus grand nombre erra misérablement dans les forêts, jusqu'à ce que la faim & les fatigues eussent terminé sa déplorable carriere. Rien n'étoit commencé dans la colonie; & cependant on y avoit enterré vingt-cinq millions d'argent. Les administrateurs de la compagnie qui faisoit ces énormes avances, avoient la ridicule prétention de former dans la capitale de la France, le plan des entreprises qui convenoient à ce nouveau monde. Paris qui ne connoît pas même les provinces qu'il dédaigne & qu'il épuise, vouloit tout soumettre aux opérations de ses rapides & frivoles calculateurs. De l'hôtel de la compagnie, on arrangeoit, on façonnoit, on dirigeoit chaque habitant de la Louisiane avec des gênes & des entraves, toujours à la bienséance du privilege exclusif. De legers encouragemens accordés à des citoyens qu'on auroit appellés dans la colonie, en leur assurant cette liberté que tout homme desire, la propriété qu'il a droit d'attendre de son travail, & la protection que toute société doit à ses membres; ces encouragemens donnés à des propriétaires guidés par les circonstances locales, éclairés par l'intérêt personnel, auroient produit des effets infiniment plus grands & plus durables, des établissemens plus étendus, plus solides & plus utiles que tous ceux que la compagnie avoit pu faire avec ses trésors administrés & distribués par des agens qui ne pouvoient avoir, ni toutes les connoissances nécessaires à tant d'opérations différentes, ni même un intérêt immédiat au succès.

Cependant le ministere croyoit important au bien de l'état, de laisser la Louisiane entre les mains de la compagnie. Celle-ci eut besoin de tout son crédit pour obtenir la permission d'aliéner cette portion de son privilege. On lui fit même acheter en 1731 cette faveur, par le payement d'une somme de quatorze cens cinquante mille livres: car il est des états où l'on vend également le droit de se ruiner, celui de se libérer, & celui de s'enrichir; parce que le bien & le mal, soit public, soit particulier, peuvent y devenir un objet de finance. Mais enfin que devoit devenir cette région si prônée, si bafouée, lorsqu'on en auroit fait une possession vraiment nationale?

La Louisiane est une vaste contrée, bornée au midi par la mer; au levant par la Caroline; au couchant par le nouveau Mexique; au nord par cette portion du Canada dont les terres inconnues doivent s'étendre jusqu'à la baye d'Hudson. Il n'est pas possible de fixer exactement sa longueur; mais on lui donne environ deux cens lieues de largeur entre les établissemens Anglois & Espagnols.

Dans un si grand espace, le climat ne sauroit être par-tout le même. Nulle part on ne le trouve tel qu'on l'attendroit de sa latitude. La basse Louisiane, quoiqu'elle corresponde aux côtes de Barbarie, n'a que la chaleur des provinces méridionales de la France, & celles de ses terres qui sont situées aux trente-cinq & trente-six degrés, ne sont pas moins froides que les provinces septentrionales de sa métropole. Les épaisses forêts qui empêchent les rayons du soleil d'échauffer ce sol ; des rivieres innombrables qui y entretiennent une humidité habituelle ; les vents qui par une longue continuité de terres, arrivent du nord beaucoup plus chargés de nitre que s'ils avoient traversé de grandes mers, expliquent aux yeux des physiciens ce phénomene étonnant pour le vulgaire.

Le ciel y est rarement couvert. L'astre qui donne la vie à tout, s'y montre presque tous les jours. Il n'y pleut que très-peu, ce n'est même que par des orages ; mais des rosées abondantes remplacent avantageusement les pluies.

L'air est assez généralement pur ; mais beaucoup plus dans la haute Louisiane que dans la basse. Les femmes reçoivent en naissant sous ce climat heureux une figure agréable ; & les hommes y éprouvent moins de maladies dans la force de l'âge, moins d'infirmités dans la vieillesse, qu'on n'en voit dans nos contrées.

Avant qu'on y eût tenté la nature du sol, on devoit le croire excellent. Il étoit rempli de fruits sauvages dont le goût étoit agréable. Une multitude prodigieuse d'oiseaux, de bêtes fauves, y trouvoit une subsistance abondante. Ses prairies formées par la nature seule, étoient couvertes de Chevreuils & de Bisons. Peut-être le globe entier n'auroit-il pas offert des arbres comparables à ceux de la Louisiane, pour la hauteur, pour la variété, pour la grosseur. Si les bois de couleur lui manquoient; c'est qu'ils ne croissent qu'entre les tropiques. Depuis qu'on a fait des essais en divers cantons de ce terrain, on a vu presque par-tout qu'il étoit susceptible de toutes sortes de cultures, plus ou moins riches.

On n'a pas encore découvert la source du fleuve célèbre qui coupe du nord au sud, ce pays immense, en deux parties presqu'égales. Les voyageurs les plus hardis n'ont guere remonté qu'une centaine de lieues au dessus du sault Saint Antoine qui barre son cours par une cascade assez haute vers les quarante-six degrés de latitude. Delà jusqu'à la mer, c'est-à-dire dans un espace d'environ sept cens lieues, la navigation n'est point interrompue. Le Mississipi arrive sans obstacle à l'océan, après avoir été grossi par la riviere des Illinois, par le Missouri, par l'Ouabache, & par mille autres rivieres moins considérables. Tout concourt à démontrer que le fleuve a lui-même étendu son lit d'un espace de près de cent lieues, formé d'un terrain assez nouveau, puisqu'on n'y trouve pas une seule pierre. La mer rejettant cette quantité prodigieuse de vase, de feuilles de canne, de branches & de troncs d'arbre que le Mississipi roule continuellement avec ses ondes, il s'assemble & se lie de tous ces matériaux poussés & repoussés une masse ferme & solide qui prolonge toujours ce vaste continent. Une singularité plus frappante encore, & qui ne se trouve peut-être que dans ce seul endroit du monde, c'est que les eaux de ce grand fleuve, quand elles sont une fois sorties de leur lit n'y rentrent jamais, soit en totalité, soit en partie. En voici la raison.

Le Mississipi est annuellement grossi par la fonte des neiges du nord qui commence en mars & qui dure environ trois mois. Profondément encaissé dans sa partie supérieure, il ne se déborde guere qu'à soixante lieues de la mer du côté de l'est, & à cent du côté de l'ouest; c'est-à-dire dans les terres basses & que nous croyons nouvelles. Ces terres vaseuses, comme celles qui n'ont pas acquis toute leur consistance, produisent une quantité prodigieuse de gros roseaux qui embarrassant les corps étrangers que charrie le fleuve, manquent rarement de les arrêter. L'amas de tous ces débris, dont les intervalles se remplissent successivement de limon, forme avec le tems des bords plus élevés que les parties latérales. Les eaux réduites par cet obstacle à l'impossibilité de rentrer dans leur cours naturel, sont forcées de se frayer un débouché dans la mer, en se glissant à travers les sables, ou en se filtrant sous les lacs qu'elles forment.

Quand on ne considere que la largeur & la profondeur du Mississipi, on est porté à croire que la navigation y est facile. C'est une erreur. Elle est fort lente même en descendant, parce qu'il y auroit du danger à la continuer pendant la nuit dans des tems obscurs, & qu'au lieu de ces légers canots d'écorce qui sont d'un usage si commode ailleurs, il y faut employer des pirogues plus solides, & par conséquent plus lourdes, plus difficiles à manier. Sans ces précautions, comme le fleuve entraîne toujours une grande quantité d'arbres qui tombent de ses bords, ou qui lui sont amenés par les rivières qu'il reçoit dans son lit, on seroit exposé chaque instant à heurter contre les branches ou les racines de quelque arbre arrêté sous l'eau. Les difficultés augmentent, quand il s'agit de remonter.

A une certaine distance des terres, il faut se débarrasser, avant d'entrer dans le Mississipi, des bois flottans qui sont descendus de la Louisiane. La côte est si platte, qu'on l'apperçoit à peine de deux lieues, & qu'il n'est pas facile d'y arriver. Les embouchures du fleuve sont très-multipliées. Elles changent d'un moment à l'autre, & la plupart n'ont que fort peu d'eau. Lorsque les vaisseaux ont heureusement franchi tant d'obstacles, ils navigent assez paisiblement dix ou onze lieues à travers un pays sablonneux & découvert. Ils trouvent alors sur les deux rives une forêt assez épaisse pour intercepter totalement les vents. Le calme est si profond qu'il faut communément un mois pour franchir un espace de vingt lieues : encore n'en vient-on à bout, qu'en attachant successivement les cordages à quelque gros arbre, & en virant le cabestan. La peine redouble pour sortir de la forêt qui se termine, au détour à l'Anglois, par un croissant presque fermé. Le reste de la navigation sur un fleuve si rapide, si rempli de courans, se fait avec des bateaux à rame & à voile, qui sont forcés d'aller de pointe en pointe, & qui partis dès l'aurore, ont beaucoup avancé, quand ils se trouvent avoir fait cinq ou six lieues à l'entrée de la nuit. Les Européens qui s'y sont embarqués, se font suivre par terre d'un certain nombre de chasseurs sauvages qui fournissent à leur subsistance pendant un espace

d'environ

d'environ trois mois & demi que dure la navigation d'une extrêmité de la colonie à l'autre.

Ces difficultés locales sont les seules que la France ait eues à surmonter dans la formation de ses établissemens sur la vaste région de la Louisiane. Les Anglois fixés à l'est, ont été constamment trop occupés de leurs cultures, pour les sacrifier à la fureur de ravager eux-mêmes des contrées éloignées; & ils n'ont que très-passagerement réussi à séduire les petites nations errantes entre les deux colonies. Les Espagnols, pour leur propre malheur, furent plus entreprenans du côté de l'ouest. L'envie d'éloigner du nouveau Mexique un voisin dont l'inquiétude pouvoit devenir un jour préjudiciable, leur fit former en 1720 le projet d'établir une peuplade considérable bien avant du terrein, où ils avoient jusqu'alors arrêté leurs limites. La nombreuse caravane qui devoit la composer partit de Santafé avec tous les moyens nécessaires pour une habitation permanente. Elle dirigea sa marche vers les Osages qu'on vouloit déterminer à se joindre à elle, pour aller de concert exterminer une nation indigene, voisine & ennemie des Osages, & dont on souhaitoit d'occuper la place. Le hazard voulut que les Espagnols prissent un chemin pour un autre. Ils arriverent précisément chez la nation dont ils avoient juré la ruine; & se croyant où ils avoient voulu se rendre, ils expliquerent sans détour le sujet qui les amenoit.

Le chef des Missouris, instruit par cette méprise singuliere du danger que lui & les siens avoient couru, dissimula son ressentiment. Il promit de concourir avec joie au succès de l'entreprise qui lui étoit proposée, & ne demanda qu'un délai de deux jours pour rassembler tous les guerriers. Lorsqu'ils se virent armés au nombre de deux mille, ils fondirent sur les Espagnols qu'on avoit amusés par des festins, par des danses, & qu'on trouva plongés dans un profond sommeil. De quinze cens personnes, hommes, femmes, enfans, il n'y eut que l'aumônier qui échappa au carnage ; encore ne dût-il sa conservation qu'à la singularité de ses vêtemens. Cette catastrophe ayant assuré la tranquillité de la Louisiane du côté qui paroissoit le plus menacé, elle ne pouvoit plus être troublée que par les naturels du pays ; mais ils n'étoient pas fort à craindre.

Ces sauvages se trouvoient divisés en plusieurs nations, toutes peu nombreuses, & même ennemies les unes des autres, quoique séparées par des déserts immenses. Elles avoient la plupart une demeure fixe, & presque toutes adoroient le soleil. Des feuillages entrelassés, étendus sur des pieux, formoient leurs habitations. Des peaux de bêtes fauves, couvroient les tribus qui n'alloient pas tout-à-fait nues. La chasse, la pêche, le mays, quelques fruits naturels, fournissoient à leur nourriture. On leur trouvoit les mêmes habitudes qu'aux peuples du Canada ; mais avec moins de force & de courage, moins d'énergie & d'intelligence, moins de caractere. Sans parler des causes physiques qui pouvoient influer dans cette différence, les sauvages de la Louisiane étoient soumis à des chefs qui exerçoient une autorité presque absolue.

Entre ces nations, la seule qui attiroit quelque attention, c'étoit celle de Natchez. Elle obéissoit à un homme qui, sans qu'on sut pourquoi, s'appelloit *Soleil*. La police, la guerre, la religion, tout dépendoit de lui. Peut-être la terre n'offroitelle pas un semblable despote. La femme de ce Soleil avoit autant d'autorité que lui. Dès qu'un de ces sauvages esclaves avoit eu le malheur de déplaire à l'un ou à l'autre de ses maîtres : *Qu'on me defasse de ce chien*, disoient-ils à leurs gardes, & ils étoient obéis. Les travaux se faisoient en commun, toujours au profit du chef qui distribuoit les revenus à son gré. Lorsqu'ils mouroient, lui ou sa femme, leurs gardes ne manquoient jamais de se tuer, pour les aller servir dans l'autre monde. La religion des Natchez, à peu près la même dans ses dogmes que celle des autres sauvages, avoit plus de culte, & dès-lors plus de mauvais effets. Cependant il n'y avoit qu'un temple pour toute la nation. Le feu y prit un jour; & la consternation fut générale. On faisoit de vains efforts pour arrêter l'incendie. Quelques meres y jetterent leurs enfans, & le feu s'éteignit enfin. L'éloge de ces barbares héroïnes fut prononcé le lendemain par le pontife despote. C'est ainsi qu'il regnoit. On s'étonne qu'une nation aussi pauvre, aussi sauvage, fut aussi cruellement asservie. Mais la superstition est la raison de tout ce que les hommes font sans raison. Elle seule pouvoit ôter la liberté à des peuples qui n'avoient guere à perdre que la liberté.

Cependant le pays que les Natchez occupoient sur les bords du Mississipi, étoit agréable & fertile. Il fixa les regards des premiers François qui remonterent le fleuve. Bien loin d'être traversés dans le projet qu'ils avoient de s'y établir, on leur en facilita tous les moyens. Des échanges réciproquement utiles formerent entre les deux nations, une amitié qui paroissoit solide. Elle pouvoit le devenir, si les liens n'en avoient été chaque jour affoiblis par l'avidité des Européens.

Ces étrangers ne demandoient d'abord les productions du pays que de gré à gré. Ils y mirent dans la suite le prix qui leur convenoit. A la fin il leur parut plus commode de les avoir pour rien. Leur audace s'accrut au point de chasser les anciens habitans, des champs qu'ils avoient défrichés.

Cette tyrannie aigrit les sauvages. Vainement eurent-ils recours à la priere, à la force. Tout leur fût inutile, ou funeste. Le désespoir leur fit tenter enfin d'associer à leur vengeance tous les peuples de l'est dont ils connoissoient les dispositions ; & ils réussirent à former sur la fin de 1729 une ligue universelle dont le but étoit d'exterminer au même instant tous les oppresseurs. Comme l'art de l'écriture étoit inconnu aux nations conjurées, elles s'accorderent à compter un nombre de bûchettes que chacune garderoit. Chaque jour on devoit brûler une bûchette, jusqu'à ce que la derniere donnât le signal du massacre.

La femme du grand chef, fut instruite de la conjuration par un fils qu'elle avoit eu d'un François. Elle en fit jusqu'à trois ou quatre fois le détail à l'officier de cette nation qui commandoit dans son voisinage. On méprisa cet avis ; mais elle n'en suivit pas moins la résolution de sauver des étrangers que l'amour avoit comme naturalisés dans son cœur. Quoiqu'elle n'eût pris ce vif intérêt pour toute la nation, que par affection pour les François établis dans sa bourgade, elle voulut conserver ceux qu'elle n'avoit jamais vus, même aux dépens de ceux qu'elle connoissoit. Sa dignité de femme du Soleil, lui permettant d'entrer dans le temple, elle en tiroit tous les jours une ou plusieurs des bûchettes qu'on y avoit déposées; au risque d'avancer, puisqu'il le falloit, la perte de ses voisins, pour assurer le salut des autres. Tout ce qu'elle avoit prévu se vérifia. Les Natchez, au jour marqué chez eux par le signal dont on étoit convenu, persuadés que la scene tragique où ils alloient débuter devoit se répéter chez tous leurs alliés, surprirent les François & les exterminerent; mais comme on n'avoit pas ailleurs dérobé des bûchettes, tout fut tranquille; & ce mécompte seul sauva la colonie naissante. Elle ne pouvoit dans une surprise opposer à tant d'ennemis que quelques palissades à demi-pourries, mal défendues par un petit nombre de vagabonds sans discipline & presque sans armes.

Mais Perrier en qui résidoit l'autorité, ne perdit pas cette présence d'esprit que donne le courage. Moins il avoit de moyens d'en imposer, plus il affecta de fierté. Ces démonstrations firent une telle révolution, que soit dans la crainte d'être soupçonnés, soit dans l'espoir du pardon, plusieurs des conjurés se joignirent à lui pour détruire les Natchez. Cette nation fut passée au fil de l'épée; on brûla ses habitations, & il n'en resta plus que la place.

Cependant quelques restes épars de ce malheureux peuple, se trouvant éloignés du centre de sa domination, avoient eu le tems de se refugier chez les Chicachas, nation la plus intrépide de la Louisiane, & de tout tems en possession de battre toutes les autres. Elle étoit entrée avec plus de chaleur qu'aucune dans la ligue contre les François; son caractere indomptable & généreux lui rendoit plus sacrés les droits de l'hospitalité qui sont inviolables parmi les sauvages. Aussi n'osa t-on pas lui proposer d'abord de livrer les Natchez à qui elle avoit ouvert un afyle. Mais Biainville qui ne tarda pas à remplacer Perrier, eut l'audace de redemander ce refte de fugitifs. On eut le courage de les lui refufer. Il fit marcher en 1736 toutes les troupes de la colonie. Elles formoient deux corps; l'un fut repouffé avec beaucoup de perte devant le principal fort des Chicachas; l'autre fut complettement défait en rafe campagne. Quatre ans après, on voulut tenter de tout foumettre avec de nouvelles forces reçues d'Europe & du Canada. Le fort des armes n'étoit pas plus favorable aux François; mais d'heureufes circonftances amenerent un accommodement avec les fauvages. Depuis cette époque la tranquillité de la Louifiane ne fut plus troublée. On va voir à quel degré de profpérité cette longue paix a élevé la colonie.

Ses côtes toutes fituées fur le golfe du Mexique, font généralement baffes, fouvent inondées, par tout couvertes d'un fable fin, blanc comme la neige, entiérement aride. Elles font inhabitées & inhabitables. On n'a jamais fongé à y élever aucune fortification, parce qu'elles fe refufent à toute invafion, à toute defcente.

La France n'a formé aucun établiffement fur cette côte à l'oueft du Mififfipi. On eut, il eft vrai, en 1721 quelques vues fur la baie Saint Bernard; mais elles échouerent par la mauvaife conduite de l'officier qui étoit chargé de les remplir. Au lieu d'exécuter les ordres qu'il avoit reçues, il entra dans la riviere de la Magdelaine qui fe trouvoit fur fon chemin, la remonta cinq ou fix lieues, y enleva quelques fauvages, & retourna au lieu d'où il étoit parti. Lorfque l'année fuivante on voulut réparer la faute qui avoit été faite, le poste se trouva occupé par des Espagnols arrivés de la Vera-Cruz.

A l'est du Mississipi, on voit le fort de la Maubille, élevé sur les bords d'une riviere qui n'a pas moins de cent trente lieues de cours. Il sert à contenir dans l'alliance des François les Chactas, les Allimabons, quelques autres peuplades moins nombreuses, & à s'assurer de leurs pelleteries. Les Espagnols de Pensacola tirent de cet établissement quelques denrées, quelques marchandises.

L'embouchure du Mississipi offre un grand nombre de passes qui n'ont point de stabilité. Plusieurs se trouvent quelquefois sans eau. Il y en a quelques-unes qui ne peuvent recevoir que des canots ou des chaloupes. Une seule admet des bâtimens de cinq cens tonneaux. On a construit une espece de citadelle nommée la Balise, sur le chenal qu'ils sont forcés de suivre. Vingt lieues au dessus, deux forts gardent chaque côté du fleuve, & le défendent de toute entreprise. Quoique mauvais en eux-mêmes, ils seroient plus que suffisans pour s'opposer au passage de cent vaisseaux ; d'autant mieux qu'il n'en pourroit passer qu'un à la fois, & qu'aucun n'auroit la commodité ni de jetter l'ancre, ni d'amarrer à terre.

La nouvelle Orléans est le premier établissement qui se présente. Elle est à trente lieues de la mer. On en jetta les fondemens en 1717 ; mais ce ne fut qu'en 1722 qu'elle prit quelque consistance, & devint le chef lieu de la colonie. Alors fut tracé le plan d'une assez belle ville qui s'est élevée insensiblement. Ses rues, toutes tirées au cordeau, se coupent & se croisent perpendiculairement. Elles forment soixante-cinq islets, dont chacun a cinquante toises en quarré divisées en douze emplacemens pour loger autant d'habitans. Les cabanes qui couvroient originairement ce grand espace, ont été remplacées par des maisons commodes, bâties la plupart de brique. Des canaux, qui communiquent les uns aux autres & qu'on a jugés indispensables pour le tems du débordement, les entourent toutes. C'est sur le bord oriental du fleuve qu'a été construite cette ville destinée à devenir le centre de toutes les liaisons que la métropole & la colonie formeroient entr'elles. L'abord en est tel que les plus gros navires peuvent mettre le côté à terre, ou n'ont tout au plus qu'un petit pont à faire avec des vergues, pour décharger leurs marchandises. Seulement dans les grosses eaux ils sont obligés de s'expédier, parce que la grande quantité de bois que charrie alors le fleuve s'accumuleroit dans le mouillage, & feroit rompre les plus gros cables.

Sur les deux côtés du fleuve, on voit une suite d'habitations rarement interrompue. Au-dessous de la nouvelle Orléans, elles ne s'étendent qu'à la distance de cinq lieues, encore sont elles peu considérables. Plus bas le terrein commence à se retrécir, & va toujours en diminuant jusqu'à la mer. Sur cette langue de terre, on ne voit guere que des sables ou des marais mouvans, incapables de servir d'asyle à des hommes, & faits uniquement pour des oiseaux aquatiques & pour des Maringouins. Les plantations, en remontant le Mississipi, vont jusqu'à dix lieues au dessus de la ville. Les plus éloignées ont été défrichées par des Allemands dont le travail infatigable a formé deux villages, où habitent ces hommes les plus laborieux de la colonie. Tout le long de ces quinze lieues de culture, régne une levée nécessaire pour garantir les terres de l'inondation qui vient régulierement avec le printems. Cette chauffée est préservée elle-même par des fossés larges & profond, dont chaque champ est entouré pour faciliter l'écoulement des eaux qui pourroient renverser cette digue.

Dans tout cet espace, le sol entiérement vaseux, est très-favorable à toutes les productions qui demandent un terrein humide. Lorsqu'on veut le cultiver, on coupe par le pied les grosses & hautes cannes dont il est généralement couvert. Elles séchent assez vîte. On y met le feu qui débouche les pores de la terre. Alors pour peu qu'on la remue, elle ouvre un sein fecond au riz, au mays, à toutes sortes de grains & de légumes, excepté au froment qui s'épuise en poussant trop d'herbes.

Peut-être les habitations répandues sur les bords du fleuve, auroient-elles été plus judicieusement placées à quatre ou cinq cens pas, ou même à une demie lieue sur de petites hauteurs qui ne sont pas rares. On y auroit trouvé un air plus pur, un fond solide; & vraisemblablement le bled y eut prosperé, après que les bois auroient été éclaircis. Rien n'eût égalé la fertilité des terres abandonnées à l'inondation annuelle du fleuve, qui les auroit sans cesse engraissées d'un nouveau limon que ses eaux y devoient laisser en se retirant. Avec le tems on n'auroit vu sur les deux rives du Mississipi, que de vastes pâturages couverts d'innombrables troupeaux; qu'une suite de vergers, de jardins, de risieres capables de suffire à une grande population. Ce magnifique spectacle pouvoit s'étendre des environs de la nouvelle Orléans à toute la basse Louisiane ; & la France se seroit pour ainsi dire reproduite dans le nouveau monde.

Au lieu de cette délicieuse perspective, commence à dix lieues au dessus de la nouvelle Orléans, un désert immense où l'on ne voit que deux foibles bourgades de sauvages ; & ce désert s'étend durant un espace de trente lieues au bout duquel on arrive à la pointe coupée. C'est un ouvrage de l'industrie européenne. Le Mississipi faisoit en cet endroit un fort grand détour. Quelques François, à force de creuser dans un petit ruisseau qui étoit derriere une pointe de terre, y firent entrer les eaux du fleuve. Elles se répandirent avec tant d'impétuosité dans ce nouveau canal, qu'elles acheverent de couper la pointe, & dès ce moment épargnerent quatorze lieues de chemin aux navigateurs. L'ancien lit ne tarda pas d'être à sec, & se trouva bientôt couvert d'arbres assez gros pour étonner ceux qui les avoient vu naître. Cet heureux changement donna la vie, une consistance, un nom, à l'un des meilleurs établissemens de ces contrées.

Ses habitans répandus sur les deux rives du fleuve, ont embelli leur séjour de tous les arbres fruitiers d'Europe, dont aucun n'a dégénéré. Ils cultivent pour leur consommation du riz, du mays ; & pour l'exportation, ils cultivent du coton, sur-tout du tabac. Le commerce des bois de construction augmente leur aisance.

Vingt lieues au dessus de la pointe coupée, le Mississipi reçoit la riviere rouge, sur laquelle les François ont bâti un fort à trente-cinq lieues de son embouchure. C'est chez les Natchiloches que fut jetté ce fondement de puissance & de commerce. Le projet étoit de faire couler dans la colonie par ce canal l'or & l'argent du nouveau Mexique, dont quelques rameaux s'étoient étendus assez près delà. Mais la misere des habitans, & leur peu de communication avec des lieux plus riches, firent évanouir ces espérances. Le seul avantage qu'on tira de ce voisinage, fut d'y trouver les bœufs & les chevaux qui manquoient à la Louisiane. Depuis que celle-ci les a multipliés chez elle au point de se passer de secours étranger, un poste qui n'avoit pas pour base l'agriculture n'a cessé de retrograder; perte d'autant plus fâcheuse que le dépérissement de la colonie des Natchez est encore pire.

Sa position à cent dix lieues de la mer, étoit la plus favorable qu'Yberville eut rencontrée en remontant le fleuve. Il n'en voyoit pas une qui fut plus belle, où l'on put mieux asseoir la capitale de la colonie qu'on vouloit fonder. Tous ceux qui la visiterent après lui, furent également enchantés des avantages qu'elle offroit. Le climat étoit sein & temperé; le sol propre au tabac, au coton, à l'indigo, à toutes sortes de cultures; le terrein assez élevé pour n'avoir rien à craindre de l'inondation; le pays ouvert, étendu, bien arrosé, à la portée de tous les établissemens qui pourroient se former. L'éloignement où il se trouvoit de l'océan, n'empêchoit pas que les navires n'y pussent arriver. Une si belle perspective y avoit rapidement formé une colonie de plus de cinq cens hommes, lorsque leur insupportable ambition les fit tous périr de la main des sauvages qu'ils avoient irrités. Ceux qui vinrent les remplacer & venger leur mort, ne firent pas mieux prospérer cet établissement, soit négligence, soit difficultés nouvelles.

Cent vingt lieues au dessus des Natchez, est

la colonie des Akanſas. Elle ſeroit devenue fort conſidérable, ſi les neuf mille Allemands qu'on avoit levés dans le Palatinat, pour la former, y fuſſent parvenus. C'étoit un peuple bon & laborieux. Il périt avant d'arriver au terme. Les Canadiens qui s'y fixerent en deſcendant le fleuve, y trouverent un climat délicieux, un terrein fertile, de l'aiſance & de la tranquillité. L'habitude qu'ils avoient priſe au Canada de vivre avec des ſauvages, les engagea à épouſer ſans peine les filles des Akanſas, & ces alliances eurent les ſuites les plus heureuſes. On ne vit jamais le moindre réfroidiſſement entre deux nations ſi différentes que l'hymen avoit unies. Elles ont vécu dans ce commerce & cette réciprocité de bons offices que réclamoit la viciſſitude des ſituations amenées par le cours des tems.

On retrouve une image de cette harmonie, mais avec beaucoup moins d'égalité chez les Illinois, qui ſont à trois cens lieues des Akanſas: car les peuples ne ſe touchent pas en Amérique comme en Europe, & n'en ſont que plus indépendans, ſoit au dehors ſoit au dedans. Ils n'ont point de chefs liés entr'eux pour ſe les arracher, ſe les ſacrifier tour-à-tour, & les rendre ſi malheureux qu'ils n'aient rien à gagner ou à perdre, en changeant de patrie & de maître. La nation des Illinois placée le plus au nord de la Louiſiane, étoit continuellement battue, & toujours à la veille d'être détruite par les Iroquois & par d'autres nations qui la preſſoient au ſeptentrion, lorſqu'elle vit arriver les François du Canada. Ces Européens dont la valeur étoit renommée dans ce canton du nouveau monde, furent accueillis & recherchés, comme le meilleur rempart qu'on put oppofer à un vieil ennemi toujours acharné. Les étrangers fe font multipliés jufqu'à former fix villages confidérables, tandis que les Indigenes autrefois très-nombreux, ont été réduits à trois bourgades, dont la population réunie n'excede pas deux mille ames. Les uns & les autres ont abandonné la riviere qui donnoit fon nom au pays, pour venir s'établir vers fon embouchure fur les rives plus fécondes & plus riantes du Miffiffipi. Cet établiffement dont il n'eft pas poffible d'exagérer la fertilité, eft devenu le grenier de la colonie entiere, & pourroit lui fournir des bleds en abondance, quand même elle feroit toute peuplée jufqu'à la mer. Mais combien elle eft reftée loin de cette profpérité.

Jamais dans fon plus grand éclat, la Louifiane n'eût plus de cinq mille blancs, en y comprenant même douze cens hommes qui formoient fon état militaire. Cette foible population étoit difperfée aux bords du Miffiffipi, dans un efpace de cinq cens lieues, & foutenue par deux ou trois mauvais forts, plus ou moins écartés. Cependant elle n'étoit point engendrée de cette écume de l'Europe que la France avoit comme vomie dans le nouveau monde au tems du fyftême. Tous ces misérables avoient heureufement péri, fans fe reproduire. Les colons de la Louifiane, étoient des hommes forts & robuftes, fortis du Canada, ou des foldats congédiés qui avoient fu préférer les travaux de l'agriculture à la fainéantife où le préjugé les laiffoit orgueilleufement croupir. Les uns & les autres recevoient du gouvernement non-feulement un terrein convenable, & de quoi l'enfemencer, mais encore un fufil, une hache, une pioche, une vache & fon veau, un coq &

ses poules, avec une nourriture saine & abondante durant trois ans. Des officiers & quelques hommes riches avoient grossi ces commencemens de population, par des plantations considérables qui occupoient six mille esclaves.

Mais le fruit de leur travail étoit peu de chose. Les exportations de la colonie ne s'élevoient guere chaque année qu'à deux cens mille écus. C'étoit du riz, des planches, du mays, des légumes pour les isles à sucre; du coton, de l'indigo, du tabac & des pelleteries pour la métropole.

Peut-être cet établissement que la nature sembloit destiner à une grande prospérité, n'auroit-il pas langui, sans la faute qu'on sit dès l'origine d'accorder des terres au hasard, & selon le caprice de ceux qui les demandoient. On n'auroit pas vu des colons isolés & séparés entr'eux par des déserts de plusieurs centaines de lieues, vouloir se faire une habitation qui formeroit un état en Europe. Établis dans un centre commun, ils auroient pu se prêter des secours mutuels, & vivant sous les mêmes loix jouir de tous les avantages d'une société réguliere & bien ordonnée. A mesure que la population auroit augmentée, le cercle des défrichemens se seroit étendu. Au lieu de quelques hordes de sauvages, on eut vu naître un colonie florissante, qui seroit devenue peut-être une nation puissante. Que d'avantages il en fut résulté pour la France même!

Cet état qui achete par an à l'étranger dix-sept millions de livres pesant de tabac, auroit aisément tiré de la Louisiane cette production. Douze ou quinze mille hommes bons cultivateurs, auroient pourvu à cette branche de consommation pour tout le royaume. Ainsi le pensoit & l'espéroit le gouvernement, quand il fit arracher en Guienne toutes les plantations de tabac. Convaincu que les terres de cette province étoient propres à des cultures de premieres nécessités beaucoup plus importantes & plus riches encore, il crut servir à la fois la métropole & la colonie, en assurant à la Louisiane naissante, le débouché de la production qui demandant le moins de tems, d'expérience & de frais, y pouvoit le mieux réussir & rapporter le plus. Le discrédit où tomba Law, auteur de ce projet, fit avorter & périr ses vues les plus raisonnables avec celles qui sembloient les plus folles. Les fermiers que flattoit cette méprise, n'oublierent rien pour la perpétuer; & il doit être permis à tous citoyens de dire que ce n'est pas un des moindres maux que la finance ait faits à la monarchie.

Les richesses que le tabac eut fait entrer dans la colonie, lui auroient ouvert les yeux sur l'utilité des vastes & belles prairies dont elle est remplie. Bientôt elles se fussent couvertes de nombreux troupeaux dont les cuirs auroient dispensé la métropole d'en acheter de plusieurs nations, & dont la chair préparée & salée auroit remplacé le bœuf d'Irlande dans les isles. Les chevaux & les mulets s'y étant multipliés dans la même proportion que le bétail à corne, auroient tiré les colonies Françoises de la dépendance où elles ont toujours été des Anglois & des Espagnols, pour cet objet important.

Les esprits une fois mis en mouvement, eussent monté d'une branche d'industrie à l'autre. On ne pouvoit se refuser à la construction des vaisseaux. Les matériaux en étoient sous la main.

Le pays étoit couvert de bois nécessaires pour le corps du Navire. La mâture & le goudron se trouvoient dans les pins qui remplissoient les côtes. Le chêne ne manquoit pas pour le bordage; & il pouvoit être remplacé par le cyprès moins sujet à se fendre, à se courber, à se rompre, & propre à racheter avec un peu d'épaisseur, ce que la nature lui refusoit de force & de dureté. Il étoit facile de faire croître du chanvre pour les voiles & les cordages. Peut-être n'eût-il fallu porter d'Europe que du fer; encore est-il plus que probable qu'il en existe des mines dans la Louisiane. On peut conjecturer que le gouvernement, éclairé par les succès des particuliers, n'auroit pas tardé à construire des atteliers pour les besoins de sa marine ; & qu'il auroit eu dans la colonie des arsenaux tous prêts à équipper des flottes dans l'Amérique même.

Les forêts ainsi défrichées sans frais & même à profit, auroient laissé le sol libre aux grains, aux cotons, à l'indigo, au lin, à l'olivier, même à la soie, lorsqu'une population abondante auroit permis de se livrer à une occupation à laquelle la douceur du climat, la multiplication des mûriers, quelques expériences heureuses ne cessoient d'inviter. Que n'eût-on pas fait d'une possession où le ciel est tempéré; le terrein uni, vierge, fertile, & qui jusqu'alors avoit été moins habité que parcouru par quelques vagabonds aussi inappliqués que mal habiles.

Si la Louisiane eut atteint à la fécondité que la nature y sembloit attendre de la main des hommes, on n'auroit pas tardé à rendre son entrée plus accessible & plus commode. Avec des attentions suivies, on y auroit pu réussir sans une grande dépense. Il suffisoit de boucher avec les arbres

bres flottans que le fleuve entraîne, cette foule de petites passes qui nuisent plus à la navigation qu'elles ne paroissent y servir. Toute la force du courant réunie dans un seul canal, en auroit creusé nécessairement l'embouchure, & peut-être eût emporté la barre qui la tient presque fermée. Alors les plus gros vaisseaux seroient entrés dans le Mississipi avec plus de sûreté que n'en ont jamais trouvé les plus médiocres. Ensuite on auroit diminué la lenteur de leur marche vers la nouvelle Orléans, en abattant les forêts épaisses qui jusqu'à présent ont intercepté les vents. Tous les arts, tous les biens seroient nés les uns des autres, pour former dans cette vaste plaine de l'Amérique, une colonie florissante & vigoureuse.

Mais la France a méconnu tant d'avantages quand elle a cédé depuis peu un pays qui sembloit devoir être sa derniere ressource dans ses pertes, à l'Espagne qui ne pouvoit qu'en être surchargée. Ce sera peut-être long-tems aux yeux de la politique un problème de savoir si ce traité de cession n'est pas également funeste à deux couronnes qui s'affoiblissent également, l'une en perdant ce qu'elle cede, l'autre en acceptant ce qu'elle ne sauroit garder. Mais au tribunal de la morale ne sera-ce pas un crime d'avoir vendu ou donné des citoyens à une puissance étrangere? De quel droit en effet un prince dispose-t-il d'un peuple qui ne consent pas à changer de maître?

Les nations doivent-elles tout aux rois, & les rois ne doivent-ils rien aux nations? Que signifie donc le droit des gens? N'est-t-il que le droit des princes? Ceux-ci ne tiennent, disent-ils, leur pouvoir que de Dieu seul. Cette maxime imaginée par le clergé qui ne met les rois au dessus des peuples que pour commander aux rois même au nom de la divinité, n'est donc qu'une chaîne de fer qui tient une nation entière sous les pieds d'un seul homme; ce n'est donc plus un lien réciproque d'amour & de vertu, d'intérêt & de fidélité qui fait regner une famille au milieu d'une société. Si l'obéissance des peuples est une loi de conscience imposée par Dieu seul, ils peuvent donc en appeller aux interprêtes de cette volonté éternelle, contre l'abus de l'autorité subordonnée à ce grand être. Si l'on fait de l'obéissance passive une loi de religion, dès-lors elle est soumise, comme toutes les autres loix religieuses, au tribunal de la conscience; & dans un état où l'on reconnoît la loi de Dieu pour la premiere, il faut attendre que la décision de l'Église éclaire & dirige les consciences sur l'étendue & la nature du pouvoir des rois. Envain dira-t-on que les livres saints ordonnent eux-mêmes d'obéir aux puissances de la terre. C'est à l'Église que la lettre & le sens de ces livres ont été révélés, & par l'Église aux nations qui les ont adoptés. Elle seule peut donc savoir jusqu'à quel point & à quel dessein Dieu a confié son autorité aux puissances de la terre. Les rois en s'appuyant des textes de la bible, se remettent dès-lors sous la tutelle des ministres de l'évangile. Ainsi quand ils empruntent les armes du clergé pour tenir les peuples dans les fers, le clergé peut retirer ses propres armes, & s'en servir contre les rois. Il trouvera dans l'évangile même où ils ont pris le droit de regner, un bouclier à opposer contre l'épée, mille traits pour repousser ce glaive tranchant.

C'est donc envain que les princes ont recours au ciel, pour rappeller leurs droits, quand ils manquent à leurs devoirs. La loi qu'ils invoquent, s'éleve contr'eux. Elle tonne & les foudroye par la bouche des pontifes. Elle crie au fond des cœurs d'un peuple qui gémit. Ainsi leur puissance n'en est pas moins conditionnelle, précaire, interprétative : elle n'est pas moins limitée par le code religieux où ils l'ont puisée, qu'elle ne doit l'être par le code naturel des nations. Car la religion étant l'unique frein du despotisme, seul pouvoir qui se croye établi de Dieu même, & les fondemens de ce pouvoir n'étant pas plus évidens que les dogmes & les principes de la religion qui lui sert de base, le despote tombe entre les mains du clergé, si le peuple est dirigé par des prêtres, ou à la discrétion de ses sujets, parce qu'au défaut de pontifes, ils sont eux-mêmes les juges de la foi.

Mais pourquoi l'autorité voudroit-elle se déguiser qu'elle vient des hommes ? La nature, l'expérience, l'histoire, le sentiment intérieur, apprennent assez aux rois qu'ils tiennent des peuples tout ce qu'ils possédent, soit qu'ils l'ayent conquis par les armes, soit qu'ils l'aient acquis par des traités. Puisqu'on reçoit du peuple tous les fruits de l'obéissance, pourquoi ne pas accepter de lui seul tous les droits de l'autorité ? Qu'a-t-on à craindre des volontés qui se donnent, & que gagne-t-on à l'abus d'une puissance qu'on usurpe ? Ne faut-il pas la retenir par la violence, quand on s'en est emparé par surprise ; & quel est le bonheur d'un prince qui ne commande qu'à la crainte par la force ? Est-il tranquille sur le trône, lorsqu'il se voit forcé de dire pour regner, que c'est de Dieu seul qu'il a reçu sa couronne ? Tout homme ne tient-il pas encore plus de Dieu sa vie & sa liberté, le droit imprescriptible de n'être gouverné que par la raison & la justice ?

Mais qu'a-t-on besoin d'invoquer le sacré nom de Dieu dont il est si facile d'abuser ? Dans les siecles malheureux de l'enthousiasme de religion, on a pu repaître de mots ambigus les esprits égarés par une épidémie de fanatisme, & fixer avec des sons vuides de sens des troupeaux qui ne marchoient qu'au bruit des trompettes. Mais dans le calme de la paix & de la raison; lorsqu'un état s'est policé, agrandi, affermi par l'esprit de discussion & de calcul, par les recherches & la découverte des vérités utiles, que la physique offre à la morale pour le maintien de la politique; est-ce alors qu'il faut encore chercher dans les ténébres de l'ignorance & de l'erreur, les fondemens d'une autorité légitime ? Le bien & le salut des peuples, voilà la suprême loi d'où toutes les autres dépendent, & qui n'en reconnoît point au dessus d'elle. C'est-là sans doute la véritable loi fondamentale de toutes les sociétés. C'est par elle qu'il faut interpréter les loix particulieres qui doivent toutes émaner de ce principe, en être le développement & le soutien.

Or en appliquant cette regle aux traités de partage & de cession que les rois font entr'eux, voit-on qu'ils aient le droit d'acheter, de vendre & d'échanger les peuples sans les consulter ? Quoi les princes s'arrogeront le droit barbare d'aliéner ou d'hypotéquer leurs provinces & leurs sujets comme des biens meubles & immeubles; tandis que les appanages de leur maison, les forêts de leur domaine, les joyaux de leur couronne sont des effets inaliénables & sacrés, auxquels on n'ose toucher dans les besoins les plus pressans d'un état ?... J'entends une voix qui crie du fond de l'Amérique ; c'est la voix d'une nombreuse colonie : elle dit à sa métropole.

» Que t'ai-je fait pour me livrer à une étran-
» gere ? Ne suis-je pas sorti de ton sein ? N'ai-
» je pas semé, planté, cultivé, moissonné pour
» toi seule ? Quand tes vaisseaux m'exporterent
» sur ces rivages si différens de ton heureux cli-
» mat, ne me promis tu pas de me couvrir tou-
» jour de tes armes & de tes voiles ? N'ai-je
» pas combattu pour tes droits, & défendu le
» sol que tu m'avois donné ? Après l'avoir for-
» tilisé de mes sueurs, ne l'ai-je pas arrosé de
» mon sang pour te le conserver ? Tes enfans
» sont mes peres ou mes freres ; tes loix fai-
» soient ma gloire, & ton nom mon honneur.
» J'ai tâché de l'illustrer ce nom chez les nations
» même qui ne le connoissoient pas. Je t'avois
» fait des amis & des alliés parmi les sauvages.
» J'aimois à croire qu'un jour je pourrois être
» l'égale de tes rivaux, la terreur de tes enne-
» mis. Mais non, tu m'as abandonnée. Tu m'as
» engagée à mon insçu par un marché dont le
» secret même étoit une trahison. Mere insensi-
» ble, ingrate, as-tu pu rompre contre le vœu
» de la nature, les nœuds qui m'attachoient à
» toi par ma naissance même ? Quand je te ren-
» dois par le tribut de mes pénibles labeurs le
» sang & le lait que j'avois reçu de tes veines,
» je n'aspirois qu'à la consolation de vivre & de
» mourir sous ta loi. Tu ne l'as pas voulu. Tu
» m'as arrachée à ma famille pour me donner
» à un époux qui n'étoit pas de mon choix

» Rends-moi mon pere, cruelle ; rends-moi à
» celui dont j'ai appris à bégayer le nom dès ma
» plus tendre enfance. Tu peux bien me fou-
» mettre malgré moi-même au joug que mon
» cœur repouſſe ; mais ce ne ſera que pour un
» tems. Je languirai, je périrai de douleur &
» de foibleſſe ; ou ſi je reprends de la vie & des
» forces, ce ſera pour me ſouſtraire aux liens
» que je déteſte ; duſſai-je me livrer à tes enne-
» mis ? »

La Louiſiane opprimée en effet par ſes nouveaux maîtres a voulu ſecouer un joug qu'elle
avoit en horreur avant même de l'avoir porté;
mais repouſſée par la France, quand elle venoit
ſe rejetter dans ſes bras, elle eſt retombée dans
les fers qu'elle avoit tenté de briſer. Les cruautés qu'un gouvernement outragé n'a pas manqué
d'exercer contr'elle, n'ont fait qu'augmenter une
haine trop antique pour s'éteindre. Avec ces
diſpoſitions, la colonie ne peut guere ſe flatter
de quelque proſpérité. Quoique le Canada ait
changé de métropole, il ne trouvera pas les mêmes obſtacles à ſon amélioration.

Cette vaſte contrée ſe trouvoit à l'époque de
la pacification d'Utrecht dans un état de foibleſſe
& de miſere inconcevables. La faute en étoit aux
premiers François qu'on avoit vu s'y jetter plutôt
que s'y établir. La plupart s'étoient contentés de
courir les bois. Les plus raiſonnables avoient
eſſayé quelques cultures ; mais ſans choix & ſans
ſuite. Un terrein où l'on avoit bâti & ſemé à
la hâte, étoit auſſi légerement abandonné que défriché. C'étoit des fautes après des fautes. Cependant les dépenſes que faiſoit la métropole
dans cet établiſſement & le commerce des pelleteries donnerent par intervalle quelque aiſance

aux habitans. Mais ils la perdirent bientôt dans une suite de guerres malheureuses. En 1714 les exportations du Canada ne passoient pas cent mille écus. Cette somme jointe à celle de trois cens cinquante mille livres que le gouvernement y versoit chaque année, étoit toute la ressource de la colonie pour payer les marchandises qui lui venoient d'Europe. Aussi en recevoit-elle si peu, qu'on étoit assez généralement réduit à se couvrir de peaux à la maniere des sauvages. Telle étoit la déplorable situation du plus grand nombre des vingt mille François qu'on comptoit dans ces régions immenses.

Le bon esprit qui se répendit alors dans une grande partie du globe, tira le Canada de l'engourdissement où il avoit été si long-tems plongé. On voit par les dénombremens de 1753 & de 1758 qui ont donné à peu près les mêmes produits que la population s'y éleva à quatre-vingt-onze mille ames, indépendamment des troupes réglées qui furent plus ou moins nombreuses selon les circonstances.

Ce calcul ne comprenoit pas les nombreux alliés répandus dans un espace de douze cens lieues de long sur une assez grande largeur; ni même les seize mille Indiens domiciliés au centre ou tout auprès des habitations Françoises. Les uns ni les autres ne furent jamais sujets au milieu d'une grande colonie Européenne, les moindres peuplades gardoient leur indépendance. Tous les hommes parlent de la liberté ; les sauvages seuls la possédent. Ce n'est pas simplement la nation entiere, c'est l'individu qui est vraiement libre. Le sentiment de son indépendance agit sur toutes ses pensées, sur toutes ses actions. Il entreroit dans le palais d'un despote de l'Asie comme dans la cabane d'un paysan, sans être ébloui, ni des richesses, ni de la puissance. C'est l'espece, c'est l'homme, c'est son égal qu'il aime & qu'il respecte. Il ne pourroit que haïr un maître & le tuer.

Une partie des habitans de la colonie Françoise, étoit concentrée dans trois villes. Quebec capitale du Canada est à quinze cens lieues de la France, & à cent vingt lieues de la mer. Bâtie en amphitéâtre sur une péninsule formée par le fleuve Saint Laurent & par la riviere Saint Charles, elle domine de vastes campagnes qui l'enrichissent & une rade très-sûre ouverte à plus de deux cens vaisseaux. Son enceinte est de trois mille. Les eaux & les rochers en couvrent les deux tiers, & la défendent encore mieux que les fortifications élevées sur les remparts qui coupent la péninsule. Ses maisons sont d'une assez bonne architecture. On y comptoit environ dix mille ames au commencement de 1759. C'étoit le centre du commerce & le siege du gouvernement.

La ville des Trois-Rivieres bâtie dix ans après Quebec, & située trente lieues plus haut, dût sa naissance à la facilité que les sauvages du nord devoient y trouver pour faire leurs échanges. Mais cet établissement qui fut brillant dans son origine, n'a jamais pu pousser sa population audelà de quinze cens habitans; parce que le commerce des pelleteries ne tarda pas à se détourner de ce marché pour se porter tout entier à Montreal.

C'est une isle longue de dix lieues, large de quatre au plus, formée par le fleuve Saint Laurent soixante lieues au dessus de Quebec. De tous les pays qui l'environnent, il n'en est point où le climat soit aussi doux, la nature aussi belle, la terre aussi fertile. Quelques cabanes qui s'y étoient comme rassemblées au hazard en 1640, se changerent en une ville réguliérement bâtie & bien percée qui contenoit quatre mille habitans. Elle fut d'abord exposée aux insultes des sauvages; mais on l'entoura d'une mauvaise palissade, & bientôt d'un mur crenelé d'environ quinze pieds de hauteur. Son éclat finit, lorsque les incursions des Iroquois obligerent les François de jetter des forts plus loin, pour s'assurer du commerce des fourrures.

Les autres colons qui n'étoient point renfermés dans les remparts de ces trois villes, n'habitoient point de bourgades; mais ils étoient épars sur les rives du fleuve Saint Laurent. On n'en voyoit point auprès de son embouchure. Le terrein y est montueux, stérile, & ne laisse pas mûrir les grains. Les habitations commençoient au sud cinquante lieues, au nord vingt lieues plus bas que la ville de Quebec; fort éloignées entr'elles, & sur des terres d'un médiocre rapport. Ce n'étoit qu'au voisinage de cette capitale que commençoient les champs vraiment fertiles, mais dont la bonté croissoit à mesure qu'on avançoit vers montreal. Rien de plus délicieux à voir que les riches bordures de ce long & vaste canal. Une aimable confusion de bois qui décoroient des montagnes chevelues, de prairies couvertes de troupeaux, de champs couronnés d'épics, de ruisseaux qui se perdoient dans le fleuve, d'églises & de châteaux que l'on découvroit de distance en distance au travers des arbres, formoit une continuité de paysages que l'œil ne se lassoit pas d'admirer.

La nature elle-même dirigeoit les travaux du

cultivateur. Elle lui avoit appris à dédaigner les terres aquatiques, sabloneuses; celles où le pin, le sapin, le cèdre cherchoient un asyle isolé. Mais quand il voyoit un sol couvert d'érables, de chênes, de hêtres, de charmes & de mérisiers, il pouvoit sans engrais lui demander vingt pour un en froment, trente pour un en bled d'inde.

Toutes les possessions, quoique d'une étendue inégale, en avoient une proportionnée aux besoins du colon. Les moindres étoient de quatre arpens le long du fleuve, sur une profonneur indéfinie. Il y en avoit peu qui ne donnassent indifféremment du seigle, de l'orge, du lin, du chanvre, du tabac, des légumes, des herbes potageres en abondance & d'une excellente qualité.

La plupart des habitans avoient une vingtaine de moutons dont la toison leur étoit précieuse, dix ou douze vaches qui leur donnoient du lait, cinq ou six bœufs consacrés au labourage. Tous ces animaux étoient petits, mais d'une chair exquise. Ils faisoient portion d'une aisance inconnue en Europe aux gens de la campagne.

Cette espece d'opulence permettoit aux colons d'avoir un assez grand nombre de chevaux qui n'étoient pas beaux, mais durs à la fatigue & propres à faire sur la neige des courses prodigieuses. Aussi se plaisoit-on à les multiplier dans la colonie, & poussoit-on ce goût jusqu'à leur prodiguer pendant l'hiver des grains que les hommes regrettoient quelquefois en d'autres saisons.

Telle étoit la position des quatre-vingt-trois mille François dispersés ou réunis sur les rives du fleuve Saint Laurent. Au dessus de sa source

& dans les contrées connues sous le nom de pays d'en haut, on en voyoit huit mille plus communément adonnés à la chasse & au commerce qu'à l'agriculture.

Leur premier établissement étoit Catarocouy ou le fort de Frontenac, bâti en 1671 à l'entrée du lac Ontario, pour arrêter les incursions des Anglois & des Iroquois. La baie de ce lieu servoit de port à la marine marchande & militaire qu'on avoit formée sur cette espece de mer, où les tempêtes ne sont guere moins fréquentes, guere moins terribles que sur l'océan.

Entre le lac Ontario & le lac Erié qui ont chacun trois cens lieues de circuit, est un continent de quatorze lieues. Cette terre est coupée vers le milieu par le fameux sault de Niagara, qui par sa hauteur, sa largeur, sa forme ; & par la quantité, l'impétuosité de ses eaux, passe avec raison pour la plus étonnante cataracte du monde. C'est au dessus de ce magnifique & terrible rapide, que la France avoit élevé des fortifications à dessein d'empêcher les sauvages de porter leurs pelleteries à la nation rivale.

Au-delà du lac Erié, s'étend une terre distinguée sous le nom de détroit. Elle surpasse tout le Canada par la douceur du climat, par la beauté, la variété du paysage, par la fertilité du sol, par l'abondance de la chasse & de la pêche. La nature a tout prodigué pour en faire un séjour délicieux. Mais ce ne fut pas la beauté du lieu qui engagea les François à s'y établir vers le commencement du siecle. Ce fut plutôt le voisinage de plusieurs nations sauvages dont on pouvoit tirer beaucoup de fourrures. Ce commerce s'accrut avec assez de rapidité.

Le succès de ce nouvel établissement fit déchéoir le poste de Michillimakinac, placé cent lieues plus loin entre le lac Michigan, le lac Huron, & le lac Supérieur tous trois navigables. La plus grande partie du commerce qu'on y faisoit avec les naturels du pays se porta au détroit où il se fixa.

Outre les forts dont nous venons de parler, on en voyoit de moins considérables, élevés çà & là sur des rivieres ou dans des gorges de montagnes. Car le premier sentiment de l'intérêt, est la défiance ; & son premier mouvement est pour l'attaque ou pour la défense. Chacun de ces forts avoit une garnison qui couvroit de ses armes les François établis aux environs. De leur réunion résultoit le nombre de huit mille ames qu'on comptoit dans les pays d'en haut.

Tous les colons de cette nation établis au Canada, n'avoient pas des mœurs dignes du climat qu'ils habitoient. Ceux qui vivoient à la campagne, passoient l'hiver dans l'inaction assez gravement auprès d'un poêle, entre la pipe & l'eau-de-vie. Quand le printems les appelloit au travail indispensable des terres, ils labouroient superficiellement sans engrais, ensemençoient sans soin, & rentroient dans leur profond loisir, en attendant la saison de la maturité. Dans un pays où les habitans étoient trop glorieux ou trop indolens pour s'engager à la journée, chaque famille étoit réduite à faire elle-même sa récolte; & l'on ne voyoit point cette vive allégresse, qui dans les beaux jours de l'été, anime des moissonneurs réunis pour scier ensemble de vastes guérets. La récolte des Canadiens ne s'étendit jamais qu'à quelque peu de grains de chaque espece, à peu de foin & de tabac, à quelques pommiers à cidre, à des choux & à des oignons.

C'est tout ce qui formoit une de leurs plantations.

D'où venoit cet excès de négligence ou de paresse ? De plusieurs causes. Le froid excessif des hivers qui suspendoit le cours des fleuves, enchaînoit toute l'activité des hommes. L'habitude du repos, qui durant huit mois, étoit comme la suite d'une saison si rigoureuse, rendoit le travail insupportable, même dans les beaux jours. Les fêtes nombreuses d'une religion qui s'est étendue par les fêtes même, empêchoient la naissance, interrompoient le cours de l'industrie. Il est si facile, si naturel d'être dévot, quand c'est pour ne rien faire ! Enfin la passion des armes qu'on avoit excité à dessein parmi ces hommes courageux & fiers, achevoit de les dégoûter des travaux champêtres. Uniquement épris de la gloire militaire, ils n'aimoient rien tant que d'aller à la guerre, quoique soldats sans paye.

Les habitans des villes, sur-tout de la capitale, passoient l'hiver comme l'été dans une dissipation générale & continuelle. On ne leur trouvoit, ni d'attrait pour le spectacle de la nature, ni de sensibilité pour les plaisirs de l'imagination ; nul goût pour les sciences, pour les arts, pour la lecture, pour l'instruction. L'amusement étoit l'unique passion ; & la danse faisoit dans les assemblées les délices de tous les âges. Cette vie donnoit le plus grand empire aux femmes, qui avoient tous les appas, excepté cette sensibilité d'ame qui seule fait le prix & le charme de la beauté. Vives, gaies, coquettes & galantes, elles étoient plus flattées d'inspirer de la passion que d'en sentir ; elles préféroient les éloges d'une vaine admiration, à ces longs & profonds soupirs qui font l'encens du cœur. Peu de pays, même dans l'ancienne France, où l'on parlât autant d'amour, où l'on en éprouvât auſſi peu que dans la nouvelle France. On y remarquoit dans les deux ſexes plus de dévotion que de vertu, plus de religion que de probité, plus d'honneur que de véritable honnêteté. La ſuperſtition y affoibliſſoit le ſens moral, comme par-tout où l'on ſe perſuade que les cérémonies tiennent lieu de bonnes œuvres, & que les crimes s'effacent par des prieres.

L'oiſiveté, les préjugés, la frivolité n'auroient pas pris cet aſcendant au Canada, ſi le gouvernement avoit ſu y occuper les eſprits à des objets utiles & ſolides. Mais tous les colons y devoient ſans exception une obéiſſance aveugle à une autorité purement militaire. La marche lente & ſûre des loix n'y étoit pas connue. La volonté du chef ou de ſes lieutenans, étoit un oracle qu'on ne pouvoit même interpréter, un décret terrible qu'il falloit ſubir ſans examen. Les délais, les repréſentations, les excuſes de l'honneur étoient des crimes aux yeux d'un deſpote qui avoit uſurpé le pouvoir de punir ou d'abſoudre par ſa ſimple parole. Il tenoit dans ſes mains les graces & les peines, les récompenſes & les deſtitutions, le droit d'empriſonner ſans ombre de délit, le droit plus redoutable encore de faire révérer comme des actes de juſtice, toutes les irrégularités de ſon caprice.

Cet abſolu pouvoir ne ſe borna pas dans les premiers tems aux choſes dépendantes de la guerre & de l'adminiſtration politique. Il s'étendit à la juriſdiction civile. Le gouverneur décidoit arbitrairement & ſans appel de tous les procès qui s'élevoient entre les colons. Heureusement ces contestations naissoient rarement dans un pays où tout étoit presque en commun, & rien sous la clef. Une autorité si dangereuse fut maintenue jusqu'en 1663, où l'on érigea dans la capitale un tribunal pour juger définitivement tous les procès de la colonie. La coutume de Paris modifiée par des combinaisons locales forma le code de ses loix.

Ce code ne fut point mutilé ni défiguré par un mélange de loix fiscales. L'administration des finances ne percevoit au Canada que quelques foibles lods & ventes ; une légere contribution des habitans de Quebec & de Montréal pour l'entretien des fortifications de ces places ; des droits, mais trop forts, sur l'entrée, sur la sortie des denrées & des marchandises. Tous ces objets ne produisoient au fix en 1747 qu'un revenu de deux cens soixante mille deux cens livres.

Les terres n'étoient pas imposées par le gouvernement ; mais elles ne jouissoient pas pour cela d'une exemption entiere. Dès les premiers jours de la colonie, on l'avoit comme étouffée au berceau, en accordant à des officiers, à des gentilshommes un terrein de deux à quatre lieues de front, sur une profondeur illimitée. Ces grands propriétaires, hors d'état par la médiocrité de leur fortune & le peu d'aptitude à la culture, de mettre en valeur de si vastes possessions, furent comme forcés de les distribuer à des soldats ou à des cultivateurs, à charge d'une redevance perpétuelle. C'étoit introduire en Amérique une image du gouvernement féodal qui fut long-tems la ruine de l'Europe. Ce droit, quoique médiocre, faisoit subsister un grand nombre de gens oisifs, aux dépens de la seule classe de citoyens dont il falloit peupler une colonie. Ses vrais habitans, les hommes laborieux, virent encore augmenter le fardeau d'une noblesse rentiere, par la surcharge des exactions du clergé. On imposa en 1667 l'obligation de la dixme. Il est vrai qu'elle fût réduite au vingt-sixieme des récoltes, malgré les clameurs de ce corps avide ; mais c'étoit encore une grande vexation dans un pays où les ecclésiastiques avoient un domaine qui suffisoit à leur subsistance, sans autre solde.

Tant d'entraves jettées d'avance sur l'agriculture, mirent la colonie dans l'impuissance de payer ce qu'il lui falloit tirer de la métropole. Le ministere de la France en fut enfin si convaincu, qu'après s'être toujours obstinément refusé à l'établissement des manufactures en Amérique, il crût en 1706 devoir même les y encourager. Mais ses invitations tardives ne produisirent que de foibles efforts. peu de toiles communes & quelques mauvais droguets épuiserent toute l'industrie des colons.

Les pêcheries ne les tentoient guere plus que les manufactures. La seule qui fut un objet d'exportation étoit celle du Loup-marin. Cet animal a été rangé parmi les poissons, quoiqu'il ne soit pas muet, & que né constamment à terre, il y vit plus communément que dans l'eau. Sa tête approche un peu de la figure de celle du Dogue. Il a quatre pattes fort courtes, sur-tout celles de derriere, qui lui servent plutôt à ramper qu'à marcher. Aussi sont-elles en forme de nageoire, tandis que celles de devant ont des ongles. Il a la peau dure & couverte d'un poil ras. Il naît blanc, mais il devient roux ou noir en croissant. Quelquefois il réunit les trois couleurs.

On distingue deux sortes de Loup-marin. Ceux de la plus grosse espèce pèsent jusqu'à deux mille, & semblent avoir le nez plus pointu que les autres. Les petits dont la peau est communément tigrée, sont plus vifs, plus adroits à se tirer des pieges qu'on leur tend. Les sauvages les apprivoisoient jusqu'à s'en faire suivre, comme si c'étoient des chiens.

C'est sur des rochers, & quelquefois sur la glace que les uns & les autres s'accouplent, & que les meres font leurs petits. Leur portée ordinaire est de deux; & elles les allaitent souvent dans l'eau, mais plus souvent à terre. Quand elles veulent les accoutumer à nager, elles les portent, dit-on, sur leur dos, les laissent aller de tems en tems dans l'eau, puis les reprennent, & continuent ce manége jusqu'à ce qu'ils soient en état de braver seuls les flots. La plupart des petits oiseaux voltigent de branche en branche, avant de voler dans l'air. L'Aigle porte ses Aiglons, pour les accoutumer à défier les vents. Est-il surprenant que le Loup-marin né sur la terre, exerce ses petits à vivre dans l'eau ?

La maniere de pêcher cet amphibie, est très-simple. Sa coutume, quand il est en mer, est d'entrer dans les anses avec la marée. Dès qu'on a reconnu quelque endroit où ils viennent en grand nombre, on l'environne de filets & de pieux, sans autre précaution que de laisser un petit espace par où ils puissent se glisser. Quand la marée est haute, on bouche l'ouverture; & après que la mer s'est retirée, la proie demeure à sec. On n'a d'autre peine que de l'assommer.

Quelquefois on suit dans un canot ces poiss[ons] à leur rendez-vous, & on les tue à coups [de] fusil, aussi-tôt qu'ils mettent la tête hors de l'e[au] pour respirer. S'ils ne sont que blessés, on [les] prend aisément. Sont-ils tués, ils s'enfoncen[t;] mais de gros chiens élevés à les pêcher à sept [ou] huit brasses de profondeur vont les chercher [&] les rapportent.

La peau des Loups-marins servit originair[e]ment à faire des manchons. On l'employa d[e]puis à couvrir des malles, à faire des souliers [&] des bottines. Lorsqu'elle est bien tannée, elle [a] presque le même grain que le maroquin. Si d'u[ne] part elle est moins fine, de l'autre elle ne s'é[]corche pas si facilement & conserve long-tem[ps] toute sa fraîcheur.

On convient généralement que la chair d[u] Loup-marin n'est pas mauvaise; mais on gagn[e] davantage à la réduire en huile. Il suffit pou[r] cela de la mettre sur le feu dans un vase d[e] cuivre ou de terre. Souvent même on se con[]tente de faire de grands quarrés de planches su[r] lesquels on étend la graisse de ces animaux. Ell[e] y fond d'elle-même, & l'huile coule par une ou[]verture qu'on y a pratiquée. Elle est long-tem[ps] claire; elle n'a point d'odeur; elle ne laisse poin[t] de lie; elle sert à brûler, ou bien à prépare[r] des cuirs.

Le Canada envoyoit annuellement à la pê-che du Loup-marin qui se faisoit dans le golfe Saint Laurent cinq ou six petits bâtimens; & il en expédioit un ou deux de moins pour les Antilles. Il recevoit des isles neuf à dix bateaux chargés de taffia, de mélasses, de caffé, de su-cre; & de France environ trente navires dont la réunion pouvoit former neuf mille tonneaux.

Durant l'intervalle des deux dernieres guerres qui fut le tems le plus florissant de la colonie, ses exportations ne passerent pas douze cens mille francs en pelleteries, huit cent mille francs en castor, deux cens cinquante mille livres en huile de Loup-marin, une pareille somme en farine & en pois verts, cinquante mille écus en bois de toutes les especes. Ces objets ne formoient chaque année qu'un total de deux millions six cens cinquante mille livres; ce qui étoit évidemment insuffisant pour payer les marchandises qui arrivoient de la métropole. Le gouvernement suppléoit le reste & remplissoit le vuide.

Dans les commencemens de la possession du Canada, les François n'y voyoient presque point d'argent. Le peu qu'en apportoient ceux qui venoient successivement s'y établir, n'y séjournoit pas long-tems, parce que les besoins de la colonie l'en faisoient promptement sortir. C'étoit un inconvénient qui ralentissoit le commerce & retardoit les progrès de l'agriculture. La cour de Versailles fit fabriquer en 1670 pour tous ses établissemens d'Amérique une monnoie à qui l'on donna un coin particulier, & une valeur idéale d'un quart plus forte que celle des especes qui circuloient dans la métropole. Mais cet expédient ne procura pas l'avantage qu'on s'en étoit promis, du moins pour la nouvelle France. On jugea donc convenable vers la fin du dernier siecle de substituer en Canada le papier aux métaux, pour le paiement des troupes, & les autres dépenses du gouvernement. Cette invention réussit jusqu'en 1713, où l'on cessa d'être fidele aux engagemens contractés par les administrateurs de la colonie. Les lettres de change qu'ils tiroient sur le fisc de la métropole, ne furent pas acquittées ; & dès-lors tomberent dans l'avilissement. On les liquida en 1720, mais avec perte de cinq huitiemes.

Cet événement fit reprendre au Canada l'usage de l'argent qui ne dura qu'environ deux ans. Les négocians, tous ceux des colons qui avoient des remises à faire en France, trouvoient embarrassant, coûteux & dangereux d'y envoyer des especes ; & ils furent les premiers à solliciter le rétablissement du papier monnoie. On fabriqua des cartes qui portoient l'empreinte des armes de France & de Navarre, & qui étoient signées par le gouverneur, l'intendant & le contrôleur. Il y en avoit de vingt-quatre, de douze, de six, de trois livres ; & de trente, de quinze, de sept sols six deniers. Leurs valeurs réunies ne s'élevoient pas au dessus d'un million. Lorsque cette somme ne suffisoit pas pour les besoins publics, on y suppléoit par des ordonnances signées du seul intendant, premiere faute ; & non limitées pour le nombre, abus encore plus criant. Les moindres étoient de vingt sols, & les plus considérables de cent livres. Ces différens papiers circuloient dans la colonie ; ils y remplissoient les fonctions de l'argent jusqu'au mois d'octobre. C'étoit la saison la plus reculée où les vaisseaux dussent partir du Canada. Alors on convertissoit tous ces papiers en lettres de change qui devoient être acquittées en France par le gouvernement qui étoit censé en avoir employé la valeur. Mais la quantité s'en étoit tellement accrue, qu'en 1754 le trésor du prince n'y pouvoit plus suffire, & qu'il fallut en éloigner le paiement. Une guerre malheureuse qui survint deux ans après, en grossit encore le nombre, au point qu'elles furent décriées. Bientôt les marchandises monterent hors de prix; & comme à raison des dépenses énormes de la guerre, le grand consommateur étoit le roi, ce fut lui seul qui supporta le discrédit du papier & le préjudice de la cherté. Le ministere en 1759 fut forcé de suspendre le paiement des lettres de change, jusqu'à ce qu'on en eût demêlé la source & la valeur réelle. La masse en étoit effrayante.

Les dépenses annuelles du gouvernement, pour le Canada, qui ne passoient pas quatre cens mille francs en 1729, & qui avant 1749 ne s'étoient jamais élevées au dessus de dix-sept cens mille livres, n'eurent plus de bornes après cette époque. L'an 1750, coûta deux millions cent mille livres. L'an 1751, deux millions sept cens mille livres. L'an 1752, quatre millions quatre-vingt-dix mille livres. L'an 1753, cinq millions trois cens mille livres. L'an 1754, quatre millions quatre cens cinquante mille livres. L'an 1755, six millions cent mille livres. L'an 1756, onze millions trois cens mille livres. L'an 1757, dix-neuf millions deux cens cinquante mille livres. L'an 1758, vingt-sept millions neuf cens mille livres. L'an 1759, vingt-six millions. Les huit premiers mois de l'an 1760, treize millions cinq cens mille livres. De ces sommes prodigieuses, il étoit dû à la paix quatre-vingt millions.

On remonta à l'origine de cette dette impure; & les énormes malversations qui lui avoient donné naissance furent approfondies autant que la distance des tems & des lieux pouvoit le permettre. Les prévaricateurs les plus coupables qui l'étoient devenus par le pouvoir & le crédit illimités que le gouvernement leur avoit donnés, furent condamnés légalement à des restitutions considérables, mais encore trop modérées. Les prétentions des créanciers particuliers furent toutes discutées. Leur bonheur & le bonheur de la nation voulurent que le ministere chargeât de cette opération également importante & nécessaire des hommes qui ne craignoient pas les menaces du crédit, qui dédaignoient les offres de la fortune, qui ne pouvoient être, ni surpris par les artifices, ni lassés par les difficultés. Tenant d'une main ferme & juste la balance égale entre l'intérêt public & les droits des particuliers, ils réduisirent la somme entiere des dettes à trente-huit millions.

Le Canada méritoit-il le sacrifice de ce qu'il coûtoit à la métropole ? Non ; mais c'étoit la faute de la puissance qui lui donnoit des loix. Depuis long-tems cette immense contrée offroit des récoltes prodigieuses ; & l'on n'y cultivoit que pour l'étroite subsistance des habitans. Avec des travaux médiocres, on en eût obtenu de quoi nourrir les isles de l'Amérique, de quoi approvisionner même une partie de l'Europe. On sait que la colonie envoya en 1751 à Marseille deux chargemens de froment qui s'y trouverent de bonne qualité & se vendirent avec avantage. Ce commencement d'exportation méritoit d'autant plus d'être suivi que les récoltes sont exposées à peu d'accidens dans un pays où le bled se seme en mai, & se recueille avant la fin d'août.

Si la culture s'étoit étendue & perfectionnée, les troupeaux se seroient multipliés. L'abondance du gland & la quantité des pâturages auroient mis les colons à portée d'élever assez de bœufs & de cochons pour remplacer dans les isles Françoises les viandes salées que leur fournissoit l'Irlande.

philosophique & politique. 151

Peut-être même leur nombre se seroit-il accru avec le tems au point d'approvisionner les navigateurs de la métropole.

Elle n'auroit pas tiré un moindre avantage des bêtes à laine qu'il étoit aisé d'élever dans le Canada. Si leur espece n'étoit que peu répandue dans un pays où les meres portent communément deux petits, c'est qu'on laissoit en tout tems les brebis avec le bélier ; que mettant bas la plupart dans le mois de février, la rigueur de la saison faisoit périr beaucoup de petits ; qu'il falloit donner aux agneaux du grain ; & que la cherté de leur nourriture dégoûtoit les habitans de ces sortes de bestiaux. Une loi qui auroit ordonné de séparer le bélier d'avec les brebis depuis le mois de septembre jusqu'au mois de février, seroit entrée dans les vues de la nature. Les agneaux nés au mois de mai, n'auroient point entraîné de frais ni couru de risques ; & dans peu de tems la colonie eût été couverte de nombreux troupeaux. Leur toison dont la finesse & la bonté sont connues, auroit remplacé dans les manufactures de France, les laines qu'on tiroit de l'Andalousie & de la Castille. L'état se fût enrichi de cette production précieuse ; & la colonie eût reçu de sa métropole en échange mille commodités nouvelles.

Le Gin-seng auroit valu beaucoup à l'une & à l'autre. Cette plante que les Chinois tirent de la Corée ou de la Tartarie, & qu'ils achetent au poids de l'or, fut trouvée en 1720 par le jésuite Lafitau, dans les forêts du Canada où elle est commune. On la porta bientôt à Canton. Elle y fut très-prisée & cherement vendue. Ce succès fit que la livre de Gin-seng qui ne valoit d'abord à Quebec que trente ou quarante sols, y monta jusqu'à vingt-cinq livres. Il en sortit en 1752 pour cinq cens mille francs. L'empressement qu'excitoit cette plante, poussa les Canadiens à cueillir dès le mois de mai, ce qui ne devoit être cueilli qu'en septembre, & à faire sécher au four ce qu'il falloit sécher à l'ombre & lentement. Cette faute décria le Gin-seng du Canada, chez le seul peuple de la terre qui le recherchoit; & la colonie fut cruellement punie de son excessive avidité, par la perte entiere d'une branche de commerce qui bien dirigée pouvoit devenir une source d'opulence.

Une veine plus sûre encore s'offroit à l'industrie. C'étoit l'exploitation des mines de fer si communes dans ces contrées. La seule qui ait jamais fixé l'attention des Européens, est près des Trois-Rivieres. On l'a découverte à la superficie de la terre; il n'en est nulle part de plus abondantes; & les meilleures de l'Espagne ne sont pas si douces. Un maître de forge arrivé d'Europe en 1739, augmenta, perfectionna les travaux de cette mine, jusqu'alors foibles & mal dirigés. La colonie ne connut plus d'autre fer; On en exporta même quelques essais; mais la France ne voulut pas voir que ce fer étoit le plus propre à la fabrique de ses armes à feu, le seul qu'il lui fut même avantageux d'employer. Une politique si sage s'accordoit merveilleusement avec le dessein qu'on avoit pris, après bien des incertitudes, de former un établissement de marine dans le Canada.

Les premiers Européens qui aborderent dans cette vaste contrée, la trouverent couverte de forêts. Les arbres qui y dominoient étoient des chênes d'une hauteur prodigieuse, & des pins rouges de toutes les grandeurs. L'extraction de ces bois étoit facile par le fleuve Saint Laurent & les innombrables rivieres qu'il reçoit. On ne sait par quelle fatalité tant de richesses furent long-tems négligées ou méprisées. La cour de Versailles ouvrit enfin les yeux. Par ses ordres s'éleverent à Quebec des atteliers pour la construction des vaisseaux de guerre. Malheureusement elle plaça sa confiance dans des agens qui n'avoient que leurs intérêts particuliers en vue.

Il falloit couper des bois sur les hauteurs où le froid & l'air rendent les bois plus durs en reserrant leurs fibres ; on les prit constamment dans les marais & sur le bord des rivieres où l'humidité leur donne un tissu moins compacte & trop gras. Au lieu de les transporter dans des barques, on les faisoit flotter sur des radeaux jusqu'à l'endroit de leur destination où ils étoient oubliés & laissés dans l'eau : ils y contractoient une moisissure, une espece de mousse qui les échauffoit. Il eût fallu les recevoir à terre sous des hangards : ils restoient exposés au soleil de l'été, aux neiges de l'hiver, aux pluies du printemps & de l'automne. Delà traînés dans les chantiers, ils y essuyoient encore pendant deux ou trois ans l'inclémence de toutes les saisons. La négligence ou la mauvaise foi multiplioient les frais au point qu'on tiroit d'Europe les voiles, les cordages, le bray, le gaudron pour un pays qui avec quelques soins & du travail pouvoit fournir la France entiere de toutes ces matieres. Une administration si vicieuse avoit totalement décrié le bois du Canada, anéanti les ressources que cette contrée offroit à la marine.

La colonie présentoit aux manufactures de la métropole une branche d'industrie presque exclusive. C'étoit la préparation du castor. Cette machandife tomba d'abord fous le joug & dans les entraves du monopole. La compagnie des Indes fit & ne pouvoit que faire un ufage pernicieux de fon privilege. Ce qu'elle achetoit des fauvages, fe payoit fur-tout avec des écarlatines d'Angleterre, étoffes de laine dont ces peuples aimoient à s'habiller & à fe parer. Mais comme ils trouvoient dans les établiffemens Anglois vingt-cinq & trente pour cent au deffus du prix que la compagnie mettoit à leurs marchandifes, ils y portoient tout ce qu'ils pouvoient en dérober à la recherche de fes agens, & prenoient en échange de leur caftor des draps d'Angleterre ou des toiles des Indes. Ainfi la France par l'abus d'une inftitution que rien ne l'obligeoit de maintenir, s'ôtoit à elle-même le double avantage de procurer les matieres premieres à quelques-unes de fes manufactures, & d'affurer des débouchés aux productions de quelques autres. Cette puiffance ne connut pas mieux les facilités qu'elle avoit pour établir la pêche de la baleine dans le Canada.

Le détroit de Davis & le Groenland font les fources les plus abondantes de cette pêche. Le premier de ces parages voit arriver annuellement cinquante navires, & le fecond cent cinquante. Les Hollandois y concourent pour plus des trois quarts. Le refte eft expedié de Brême, de Hambourg, des ports d'Angleterre. On eftime que l'armement entier de deux cens bâtimens qui l'un dans l'autre peuvent être de trois cens cinquante tonneaux, coûte dix millions de livres. Le produit ordinaire de chacun eft évalué à quatre-vingt mille francs, & par conféquent la pêche entiere doit monter à trois millions deux cens mille livres. Lorfqu'on a prélevé de cette fomme ce qui doit revenir aux navigateurs qui se livrent à ces pénibles & dangereux voyages, il reste fort peu de bénéfice pour les négocians qui les mettent en activité.

Telle est la raison qui peu à peu a dégoûté les Basques d'une carriere où ils étoient entrés les premiers. D'autres François ne les ont pas remplacés ; & il est arrivé que la nation qui faisoit la plus grande consommation de l'huile, des fanons & du blanc de la baleine, en a tout à fait abandonné la pêche. On a souvent proposé de la reprendre dans le Canada. Le fleuve Saint Laurent l'offroit très-abondante, & avec moins de périls, moins de dépense que le détroit de Davis ou le Groenland. Le destin de cette colonie a toujours voulu que les meilleurs projets n'y eussent point de consistance ; & le gouvernement n'a rien fait pour y encourager en particulier celui de la pêche de la baleine qui pouvoit donner une singuliere activité aux colons, & former un nouvel essaim de navigateurs.

La même indifférence a fait échouer le plan si souvent conçu, une ou deux fois même commencé, de pêcher de la morue sur les deux rives du fleuve Saint Laurent. Peut-être le succès n'auroit-il pas plainement répondu aux espérances qu'on pouvoit avoir, parce que le poisson y est de médiocre qualité, & que les graves nécessaires pour le faire sécher n'y sont pas communes. En ce cas le golfe auroit offert une ressource sûre. La pêche abondante qu'il auroit donnée, eut été portée à Terre-neuve ou à Louisbourg, où elle auroit été utilement échangée contre les productions des Antilles & les marchandises de l'Europe. Tout concouroit donc à la prospérité des établissemens du Canada, s'ils eussent été secondés par les hommes qui sembloient y avoir le plus d'intérêt. Mais d'où provenoit l'inaction inconcevable qui les laissa languir dans leur premier néant ?

On ne peut disconvenir que la nature n'opposât quelque obstacle aux entreprises de la politique. Le fleuve Saint Laurent est fermé six mois de l'année par les glaces. Le reste du tems, ce sont des brouillards épais, des courans rapides, des bancs de sable, & des rochers à fleur d'eau, qui y rendent la navigation impraticable durant la nuit, dangereuse pendant le jour. Ces difficultés augmentent depuis Quebec jusqu'à Montréal, au point que les bâtimens à rame, les seuls qui puissent tenter cette route, ne surmontent la violence du courant depuis les Trois-Rivieres où cesse la marée, qu'avec le secours d'un vent très-favorable, & que dans l'espace d'un mois ou même de six semaines. De Montréal au lac Ontario, les voyageurs trouvent jusqu'à six cataractes qui les réduisent à la triste nécessité de décharger leurs canots & de les porter avec les marchandises par des routes de terre assez considérables.

Loin d'encourager l'homme à vaincre la nature, un gouvernement mal instruit, n'imagina que des projets ruineux. Pour avoir l'avantage sur les Anglois dans le commerce des pelleteries, on éleva trente-trois forts à une grande distance les uns des autres. Le soin de les construire, de les approvisionner, détourna les Canadiens des seuls travaux qui devoient les occuper. Cette méprise les jetta dans une route semée de ronces & de périls.

Les sauvages ne voyoient pas sans inquiétude se former des établissemens qui leur faisoient craindre pour leur liberté. Ces soupçons leur mirent les armes à la main, & la colonie fut rarement sans guerre. La nécessité rendit soldats tous les Canadiens. Une éducation mâle & toute militaire, les endurcissoit de bonne heure à la fatigue & les familiarisoit avec le danger. A peine sortis de l'enfance, on les voyoit parcourir un continent immense, l'été en canot, l'hiver à pied, au travers des neiges & des glaces. Comme ils n'avoient qu'un fusil pour munitionnaire, ils étoient continuellement exposés à mourir de faim; mais rien ne les effrayoit, pas même le danger de tomber entre les mains des sauvages qui avoient épuisé tout leur génie à forger à leurs ennemis des supplices, dont le plus doux étoit la mort.

Les arts sédentaires de la paix, les travaux suivis de l'agriculture ne pouvoient pas avoir d'attrait pour des hommes accoutumés à une vie plus active qu'occupée. La cour qui ne voit ni ne connoît les douceurs & l'utilité de la vie rustique, augmenta l'aversion que les Canadiens en avoient conçu, en versant exclusivement les graces & les honneurs sur les exploits guerriers. La noblesse fut l'espece de distinction qu'on prodigua le plus & qui eut des suites plus funestes. Non-seulement elle plongea les Canadiens dans l'oisiveté, mais elle leur donna encore un penchant invincible pour tout ce qui avoit de l'éclat. Des produits qui auroient dû être consacrés à l'amélioration des terres furent prodigués en vaines parures. Un luxe ruineux couvroit une pauvreté réelle.

Tel étoit l'état de la colonie, lorsque le gouvernement en fut confié en 1747 à la Galissoniere qui joignoit à des connoissances étendues un courage actif, & d'autant plus inébranlable qu'il étoit raisonné. Les Anglois vouloient étendre les limites de la nouvelle Ecosse ou de l'Acadie jusqu'à la rive méridionale du fleuve Saint Laurent. Il jugea que ces prétentions étoient injustes, & il résolut de les resserrer dans la péninsule, où il croyoit que les traités même les avoient bornés. L'ambition qui les poussoit dans l'intérieur des terres, singuliérement du côté de l'Ohio ou de la belle riviere ne lui paroissoit pas moins outrée. Les Apalaches, à son avis, devoient être les limites de leurs possessions, & il se promit de ne pas leur laisser franchir ces montagnes. Le successeur qu'on lui donna, pendant qu'il rassembloit les moyens de soutenir ce vaste dessein, embrassa ses vues avec toute la chaleur qu'elles pouvoient inspirer. On vit s'élever de tous côtés des forts qui devoient donner de la solidité à un système que la cour avoit adopté, peut-être sans en prévoir, peut-être sans en peser assez les suites.

Alors commencerent entre les Anglois & les François de l'Amérique septentrionale des hostilités plutôt autorisées qu'avouées par leurs métropoles. Cette guerre sourde convenoit extrêmement au ministere de Versailles, qui sans commettre sa foiblesse, réparoit peu à peu les pertes qu'il avoit faites dans les traités où il avoit reçu la loi. Des échecs réitérés ouvrirent enfin les yeux à la grande Bretagne sur la politique de sa rivale. Georges II pensa qu'une situation équivoque ne convenoit pas à la supériorité de ses forces maritimes. Son pavillon reçut l'ordre d'insulter le pavillon François sur toutes les mers. Il avoit pris ou dispersé tout ce qu'il avoit trouvé, lorsqu'en 1758 il singla vers l'isle Royale.

philosophique & politique. 159

Cette porte du Canada avoit déja été attaquée en 1745 ; & cet événement mérite par sa singularité qu'on l'expose avec quelque détail. C'étoit à Boston qu'avoit été formé le plan de cette premiere invasion, & la nouvelle Angleterre avoit fait les dépenses de l'exécution. Un négociant, c'étoit Pepperel, qui avoit allumé, nourri & dirigé l'enthousiasme de la colonie, fut chargé de commander l'armée de six mille hommes qu'on avoit levée pour cette expédition.

Quoique ces forces convoyées par une escadre arrivée de la Jamaïque portassent elles-mêmes à l'isle Royale le premier avis du danger qui la menaçoit ; quoique l'avantage d'une surprise eut assuré leur débarquement sans opposition ; quoiqu'elles n'eussent à combattre que six cens hommes de troupes réglées, & huit cens habitans qui s'étoient armés à la hâte, on pouvoit douter du succès de l'entreprise. Quels exploits en effet devoit-on attendre d'une milice assemblée avec précipitation, qui n'avoit point vu de siege, qui même n'avoit jamais fait la guerre, qui n'étoit enfin dirigée que par des officiers de marine ? L'inexpérience de ces troupes avoit besoin de quelque faveur du hasard. Elle en fut singuliérement secourue.

La garnison de Louisbourg avoit toujours été chargée de la construction, de la réparation des fortifications. Elle se livroit d'autant plus volontiers à ces travaux, qu'elle les regardoit comme un principe de sûreté, comme un moyen d'aisance. Lorsqu'elle s'apperçu que ceux qui devoient la payer, s'approprioient le fruit de ses sueurs, elle demanda justice. On osa la lui refuser ; & elle ne craignit pas de se la faire à elle même. Comme les chefs de la colonie avoient partagés avec les officiers subalternes le prix de cette déprédation, il ne se trouva personne qui pût rétablir l'ordre. L'indignation des soldats contre ces avides concussionnaires, leur fit mépriser toute autorité. Depuis six mois ils vivoient dans une révolte éclatante, lorsque les Anglois se présenterent devant la place.

C'étoit le moment de rapprocher les esprits. Les troupes firent les premiers pas ; mais leurs commandans se méfierent d'une générosité dont ils n'étoient pas capables. Si ces lâches oppresseurs avoient pu supposer dans le soldat assez d'élévation pour sacrifier son ressentiment au bien de la patrie, ils auroient profité de cette chaleur pour fondre sur l'ennemi, pendant qu'il formoit son camp, & qu'il commençoit à ouvrir ses tranchées. Un assiégeant qui n'avoit aucun principe militaire, auroit été déconcerté par des attaques régulieres & vigoureuses. Les premiers échecs pouvoient le décourager, & lui faire abandonner son entreprise. Mais on s'obstina à croire que la garnison ne demandoit à faire des sorties que pour déserter ; & ses propres chefs la tinrent comme prisonniere, jusqu'à ce qu'une si mauvaise défense eut réduit la ville à capituler. L'isle entiere suivit le sort de Louisbourg, son unique boulevard.

Une possession si précieuse restituée à la France par le traité d'Aix-la-Chapelle, fut attaquée de nouveau par les Anglois en 1758. Ce fut le 2 juin qu'une flotte composée de vingt-trois vaisseaux de ligne, de dix-huit frégates, qui portoit seize mille hommes de troupes aguerries, jetta l'ancre dans la baie de Gabarus, à une demie lieue de Louisbourg. Comme il étoit démontré qu'un débarquement fait à une plus grande distance ne pouvoit servir de rien, parce qu'il seroit impossible de transporter l'artillerie & les autres choses nécessaires pour un grand siege, on s'étoit attaché à le rendre impraticable au voisinage de la place. L'assaillant vit la sagesse des mesures qui lui annonçoient des périls & des difficultés. Son courage n'en fut pas affoibli. Mais appellant la ruse à son secours, pendant que par une ligne prolongée il menaçoit & couvroit toute la côte, il descendit en force sur le rivage de l'anse au Cormoran.

Cet endroit étoit foible par sa nature. Les François l'avoient étayé d'un bon parapet fortifié par des canons dont le feu se soutenoit, & par des pierriers d'un gros calibre. Derriere ce rempart étoient deux mille bons soldats & quelques sauvages. En avant on avoit fait un abattis d'arbres si serré qu'on auroit eu bien de la peine à y passer, quand même il n'auroit pas été défendu. Cette espece de palissade qui cachoit tous les préparatifs de défense, ne paroissoit dans l'éloignement qu'une plaine verdoyante.

C'étoit le salut de la colonie, si l'on eut laissé à l'assaillant le tems d'achever son débarquement, & de s'avancer avec la confiance de ne trouver que peu d'obstacles à forcer. Alors accablé tout-à-coup par le feu de l'artillerie & de la mousqueterie, il eut infailliblement péri sur le rivage, ou dans la précipitation de l'embarquement; d'autant plus que la mer étoit dans cet instant fort agitée. Cette perte inopinée auroit pu rompre le fil de tous ses projets.

Mais l'impétuosité françoise fit échouer toutes les précautions de la prudence. A peine les Anglois eurent fait quelque mouvement pour s'approcher du rivage, qu'on se hâta de découvrir le piege où ils devoient être pris. Au feu brusque & précipité qu'on fit sur leurs chaloupes, & plus encore à l'empressement qu'on eut de déranger les branches d'arbre qui masquoient des forces qu'on avoit tant d'intérêt à cacher, ils devinerent le péril où ils alloient se jetter. Dès ce moment revenant sur leurs pas, ils ne virent plus d'autre endroit pour descendre qu'un seul rocher qui même avoit paru jusqu'alors inaccessible. Wolf, quoique fortement occupé du soin de faire rembarquer ses troupes, & d'éloigner les bateaux, fit signe au major Scott de s'y rendre.

Cet officier s'y porte aussi-tôt avec les soldats qu'il commande. Sa chaloupe étant arrivée la premiere, & s'étant enfoncée dans le moment qu'il mettoit pied à terre, il grimpe les rochers tout seul. Il espéroit y trouver cent des siens qu'on y avoit envoyés depuis quelques heures. Il n'y en avoit que dix. Avec ce petit nombre, il ne laisse pas de gagner le haut des rochers. Dix sauvages & soixante François lui tuent deux hommes & en blessent trois mortellement. Malgré sa foiblesse, il se soutient dans ce poste important, à la faveur d'un taillis épais. Enfin ses intrépides compatriotes, bravant le courroux de la mer & le feu du canon pour le joindre, achevent de le rendre maître de la seule position qui pouvoit assurer leur descente.

Dès que les François virent l'assaillant solidement établi sur le rivage, ils prirent l'unique parti qui leur restoit, celui de s'enfermer dans Louisbourg. Ses fortifications étoient défectueuses, parce que le sable de la mer dont on avoit été obligé de se servir pour leur construction ne convient nullement aux ouvrages de mâçonnerie. Les revêtemens des différentes courtines étoient entiérement délabrés & écroulés. Il n'y avoit qu'une casemate & un petit magasin à l'abri des bombes. La garnison qui devoit défendre la place n'étoit que de deux mille neuf cens hommes.

Malgré tant de désavantage, les assiégés se déterminerent à la plus opiniâtre résistance. Pendant qu'ils se défendroient avec cette fermeté, les grands secours qu'on leur faisoit espérer du Canada pouvoient arriver. A tout événement ils préserveroient cette grande colonie de toute invasion pour le reste de la campagne. Qui croiroit que tant de résolution fut soutenu par le courage d'une femme? Madame de Drucart continuellement sur les remparts la bourse à la main, tirant elle-même trois coups de canon chaque jour, sembloit disputer au gouverneur son mari, la gloire de ses fonctions. Rien ne décourageoit les assiégés, ni le mauvais succès des sorties qu'ils tenterent à plusieurs reprises, ni l'habileté des opérations concertées par l'amiral Boscawen & le général Amberst. Ce ne fut qu'à la veille d'un assaut impossible à soutenir, qu'on parla de se rendre. La capitulation fut honorable; & le vainqueur sut estimer assez son ennemi, s'estimer assez lui-même, pour ne souiller sa gloire par aucun trait de férocité, ni d'avarice.

La conquête de l'isle Royale ouvroit le chemin du Canada. Dès l'année suivante on y porta la guerre; ou plutôt on y redoubla les scenes de carnage dont cet immense pays étoit depuis long-tems le théâtre. Voici qu'elle étoit la source de ces torrens de sang.

Les François établis dans ces contrées y avoient poussé leur ambition vers le nord où les belles pelleteries étoient en plus grande abondance. Lorsque cette veine de richesse tarit ou diminua, le commerce se tourna vers le sud où l'on découvrit l'Ohio qui mérita le nom de la belle riviere. Elle ouvroit la communication naturelle du Canada avec la Louisiane. En effet quoique les vaisseaux qui entrent dans le fleuve Saint Laurent, s'arrêtent à Quebec, la navigation continue sur des barques jusqu'au lac Ontario, qui n'est séparé du lac Erié que par un détroit sur lequel la France éleva de bonne heure le fort Niagara. C'est-là, c'est au voisinage du lac Erié que se trouve la source de l'Ohio qui arrose le plus beau pays du monde, & qui grossi par plusieurs rivieres va porter le tribut de ses eaux au Mississipi dont il augmente la majesté.

Cependant les François ne faisoient aucun usage d'un canal si magnifique. Les foibles liaisons qui subsistoient entre les deux colonies, étoient toujours entretenues par les régions du nord. La nouvelle route beaucoup plus courte, beaucoup plus facile que l'ancienne ne commença à être fréquentée que par un corps de troupes qui fut envoyé du Canada en 1739 au secours de la Louisiane en guerre ouverte avec les sauvages. Après cette expédition, elle retomba dans l'oubli, dont elle ne sortit guere qu'en 1753. Ce fut l'époque où l'on éleva plusieurs petits forts sur l'Ohio, dont on étudioit le cours depuis quatre ans. Le plus considérable de ces forts reçut le nom du gouverneur Duquesne qui l'avoit fait bâtir.

Les colonies Angloises ne purent voir sans chagrin s'élever des établissemens François qui réunis aux anciens enveloppoient totalement leurs derrieres. Elles craignitent que les Apalaches qui devoient servir de limites naturelles aux deux nations, ne fussent une barriere insuffisante contre les entreprises d'un voisin inquiet & belliqueux. Dans cette défiance, elles passerent elles-mêmes ces célebres montagnes, pour disputer à la nation rivale la possession de la belle riviere. Cette premiere démarche ne fut pas heureuse. On battit les détachemens qui se succédoient ; on détruisit les forts, à mesure qu'ils s'élevoient.

Pour arrêter le cours de ces disgraces, & venger l'affront qu'elles imprimoient à la nation, la métropole fit passer des forces considérables au nouveau monde, sous les ordres de Braddock. Ce général alloit attaquer dans l'été de 1755 le fort Duquesne avec trente-six canons & six mille hommes, lorsqu'il fut surpris à quatre lieues de la place par deux cens cinquante François & six cens cinquante sauvages qui détruisirent, qui exterminerent son armée. Ce revers inexplicable arrêta la marche de trois corps nombreux qui alloient fondre sur le Canada. La terreur les obligea de regagner leurs quartiers ; & dans la campagne suivante la circonspection la plus timide accompagna tous leurs mouvemens.

Cet embarras enhardit les François. Malgré l'infériorité prodigieuse de leurs moyens, ils oserent au mois d'août de l'an 1756 se présenter devant Oswego. C'étoit originairement un magasin fortifié à l'embouchure de la riviere de Chouaguen, sur le lac Ontario. Situé presque au centre du Canada, l'avantage de sa position y avoit fait élever successivement plusieurs ouvrages qui l'avoient rendu un des meilleurs postes de ces contrées. Il étoit défendu par dix-huit cens hommes qui avoient cent vingt & une pieces d'artillerie & une grande abondance de munitions de toutes les especes. Malgré tant de foutiens, il se rendit après quelques jours d'une attaque vive & audacieuse à trois mille hommes qui en formoient le siege.

Cinq mille cinq cens François & dix-huit cens sauvages marcherent dans le mois d'août de l'année suivante au fort Saint George, situé sur le lac Saint Sacrement, & regardé avec raison comme le boulevard des établissemens Anglois, comme l'entrepôt où devoient se réunir les forces destinées contre le Canada. La nature & l'art avoient tout fait pour rendre impraticables les chemins qui conduisoient à cette place. Des corps distribués de distance en distance, dans les meilleures positions, étoient encore venus au secours de l'art & de la nature. Cependant ces obstacles furent furmontés avec une intelligence, une intrépidité qui ne demandoient qu'un théâtre plus connu, pour embellir l'histoire. Les assaillans, après avoir massacré par pelotons, ou mis en fuite un grand nombre de leurs ennemis, arriverent devant la place où ils réduisirent deux mille deux cens soixante-quatre hommes à capituler.

Ce nouveau malheur réveilla les Anglois. Leurs généraux s'appliquerent durant l'hiver à mettre de la discipline dans les différens corps; ils les accoutumerent à combattre dans les bois, à la maniere des sauvages. Au retour de la belle saison, l'armée composée de six mille trois cens hommes de troupes réglées, & de treize mille hommes des milices des colonies, s'assembla sur les ruines du fort Saint George. Elle s'embarqua sur le lac Saint-Sacrement qui séparoit les colonies des deux nations & se porta sur Carillon qui n'en étoit éloigné que de quatre lieues.

Ce fort qui venoit d'être bâti au commencement de la guerre pour couvrir le Canada, n'avoit pas l'étendue convenable pour arrêter les forces qui l'alloient assaillir. On forma donc à la hâte sous le canon de la place des retranchemens de troncs d'arbres couchés les uns sur les autres, & l'on mit en avant de grands arbres renversés dont les branches coupées & affilées, faisoient l'effet de chevaux de frise. Les drapeaux étoient plantés sur le sommet des remparts qui renfermoient trois mille cinq cens hommes.

Cet appareil formidable n'étonna pas les Anglois résolus à laver la honte qui ternissoit depuis si long-tems la gloire de leurs armes, dans un pays où la prospérité de leur commerce tenoit au succès de leur bravoure. Le 8 juillet 1758, ils se précipiterent sur ces palissades avec la fureur la plus aveugle. Inutilement on les foudroyoit du haut du parapet, sans qu'ils pussent se défendre. Inutilement ils tomboient enfilés, embarrassés dans les tronçons d'arbres au travers desquels leur fougue les avoit emportés. Tant de pertes ne faisoient qu'acroître cette rage effrénée. Elle se soutint plus de quatre heures, & leur coûta plus de quatre mille de leurs braves guerriers, avant qu'ils abandonnassent une entreprise aussi téméraire que forcenée.

Les actions de détail ne leur furent pas moins funestes. Ils n'insultoient pas un poste où ils ne fussent repoussés. Ils ne hasardoient pas un détachement qui ne fut battu; pas un convoi qui ne fut enlevé. La rigueur même des hivers qui devoit les garder & les défendre, étoit la saison où les sauvages & les Canadiens alloient porter le fer & le feu fur les frontieres & jufque dans le centre des colonies Angloifes.

Tous ces défaftres avoient leur fource dans un faux principe du gouvernement. La cour de Londres s'étoit toujours perfuadée que pour dominer dans le nouveau monde, elle n'avoit befoin que de la fupériorité de fa marine qui pouvoit facilement y tranfporter des fecours, intercepter les forces de fes ennemis.

Quoique l'expérience eut démenti cette vaine prétention, le miniftere ne chercha pas même à en diminuer les fâcheux effets, par le choix de fes généraux. Prefque tous ceux qu'il chargea de remplir fes vues manquerent également d'intelligence, de vigueur & d'activité.

Les armées n'étoient pas propres à réparer les fautes des chefs. Les troupes avoient bien cette fierté de caractere, ce courage invincible que le gouvernement encore plus que le climat, donne aux foldats Anglois ; mais ces qualités nationales étoient contre-balancées ou épuifées par des fatigues exceffives que rien ne foulageoit dans un pays dépourvu de toutes les commodités de l'Europe. Quant aux milices des colonies, elles étoient compofées de cultivateurs paifibles qui n'étoient point aguerris au carnage par l'habitude de la chaffe & par la vivacité militaire de la plupart des colons François.

A ces inconvéniens pris dans la nature des chofes, il s'en joignit qui provenoient uniquement de la faute des hommes. Les poftes élevés pour la fûreté des divers établiffemens Anglois, n'avoient pas cette réciprocité de foutien & de défenfe, cet enfemble fans lequel il n'y a point de force. Les provinces qui avoient toutes des intérêts diftincts & qui n'étoient pas rapprochées

par l'autorité d'un chef unique, ne concou-
roient pas au bien commun avec ce concours
d'efforts & cette unité de sentimens qui concen-
trant l'emploi des moyens dans un tems, dans
un point, en assure l'effet. La liberté des délibérations faisoit que la saison d'agir se passoit en
vaines disputes entre les colons & les gouverneurs. Tout plan d'opérations rejetté par quelque assemblée étoit abandonné. Convenoit-on
d'en adopter un ; il devenoit public avant son
exécution ; & sa publicité le faisoit souvent
échouer. Enfin on étoit irréconciliablement
brouillé avec les sauvages.

Ces peuples avoient toujours la prédilection
la plus marquée pour la France. C'étoit une sorte
de retour qu'ils croyoient devoir à la considération qu'on leur avoit témoignée en leur envoyant
des missionnaires, qu'ils regardoient plutôt comme des ambassadeurs du prince, que comme
des envoyés de Dieu. Ces missionnaires en étu-
diant la langue des sauvages, en se conformant
à leur caractere, à leurs inclinations, en usant
de tous les moyens propres à gagner leur confiance, avoient acquis un pouvoir absolu sur
leur ame. Les colons François, loin de leur donner les mœurs de l'Europe, avoient pris celles
du pays qu'ils habitoient, l'indolence de ces peuples pendant la paix, leur activité durant la
guerre, & leur amour constant pour la vie errante & vagabonde. On avoit vu même plusieurs officiers distingués se faire adopter parmi
les nations. La haine & la jalousie des Anglois
ont calomnié cette conduite, jusqu'à dire que
ces hommes généreux avoient acheté à prix d'argent les crânes de leurs ennemis, avoient mené
les danses horribles qui accompagnent chez ces

peuples l'exécution des prisonniers, avoient imité leurs cruautés & partagé leurs barbares festins. Mais ces excès d'horreur appartiendroient plutôt à la fureur nationale d'un peuple qui a substitué le fanatisme de la patrie à celui de la religion, & qui sait bien mieux haïr les autres nations qu'aimer son propre gouvernement.

De l'attachement décidé pour les François, naissoit dans ces nations l'aversion la plus insurmontable pour les Anglois. C'étoient de tous les sauvages Européens, les plus difficiles à apprivoiser, si l'on en croyoit ceux de l'Amérique. La haine de ceux-ci devint bientôt une rage, une soif de sang, quand ils virent leur tête mise à prix; quand ils se virent proscrits sur leur terre natale par des assassins étrangers. Les mêmes mains qui si long-tems avoient enrichi la colonie Angloise du trafic des pelleteries, prirent la hache pour la détruire. Les sauvages coururent à la chasse des Anglois, comme à celle des Ours. Ce ne fut plus la gloire, ce fut le carnage qu'ils cherchèrent dans les combats. Ils détruisirent des armées que les François n'auroient voulu que vaincre.

Telle étoit la face des choses, lorsqu'une flotte Angloise arriva dans le fleuve Saint Laurent au mois de juin 1759. A peine avoit-elle mouillé à l'isle d'Orléans, que huit brûlots furent lancés pour la mettre en cendres. S'ils eussent exécuté les ordres qui les dirigeoient, tout étoit perdu, hommes & vaisseaux. Mais la peur saisit les capitaines qui conduisoient cette opération. Ils mirent trop tôt le feu à leurs bâtimens, & se hâtèrent de regagner la terre sur leurs canots. L'assaillant qui de loin avoit vu le danger, en fut garanti par cette précipitation; & la conquête du Canada lui fut comme assurée dès ce moment.

Le pavillon Anglois se montra bientôt devant Quebec. Il s'agissoit d'y prendre terre & de s'établir aux environs de cette place, pour l'assiéger. Mais les bords de la riviere se trouverent si bien retranchés, si bien défendus par des troupes & des redoutes placées de distance en distance, que les premiers efforts devinrent inutiles. Chaque descente coûtoit aux assaillans des ruisseaux de sang, sans leur valoir aucun avantage. Ces malheureuses tentatives duroient depuis six semaines, lorsqu'ils eurent enfin le bonheur singulier de faire leur débarquement sans être apperçus. Ce fut le douze septembre, une heure avant le jour, à trois mille au dessus de la ville. Leur armée forte de six mille hommes étoit déja en ordre de bataille, lorsqu'elle fut attaquée le lendemain par un corps de troupes plus foible d'un tiers. L'ardeur suppléa quelque-tems au nombre. A la fin la vivacité Françoise abandonna la victoire à l'ennemi qui avoit perdu l'intrépide Wolf son général, sans perdre la confiance & la résolution.

C'étoit avoir remporté un avantage considérable, mais il pouvoit n'être pas décisif. Douze heures de tems suffisoient pour rassembler des troupes distribuées à quelques lieues du champ de bataille, pour les joindre à l'armée battue, & marcher au vainqueur avec des forces supérieures à celles qu'il avoit défaites. C'étoit l'avis du général François Montcalm qui, blessé mortellement dans la retraite, avoit eu le tems avant d'expirer, de songer au salut des siens, en les encourageant à reparer leur désastre. Un sentiment si généreux ne fut pas suivi du conseil de guerre. On s'éloigna de dix lieues. M. le chevalier de Levy, accouru de son poste pour remplacer Montcalm, blâma cette démarche de foiblesse. On en rougit ; on voulut revenir sur ses pas, & ramener la victoire. Il n'étoit plus tems. Quebec aux trois quarts détruit par l'artillerie de la flotte, avoit capitulé dès le dix-sept.

L'Europe entiere crut que la prise de cette place, finissoit la grande querelle de l'Amérique septentrionale. Personne n'imagina qu'une poignée de François qui manquoient de tout, à qui la fortune même sembloit interdire jusqu'à l'espérance, osassent songer à retarder une destinée inévitable. On les connoissoit mal. On perfectionna à la hâte des retranchemens qui avoient été commencés à dix lieues au dessus de Quebec. On y laissa des troupes suffisantes pour arrêter des progrès de la conquête ; & l'on alla s'occuper à Montréal des moyens d'en effacer la honte & la disgrace.

C'est-là qu'il fût arrêté qu'on marcheroit dès le printems en force sur Quebec, pour le reprendre par un coup de main, ou par un siege au défaut d'une surprise. On n'avoit encore rien de ce qu'il falloit pour attaquer une place en regle ; mais tout étoit combiné de façon à n'entamer cette entreprise qu'au moment où les secours qu'on attendoit de France, ne pouvoient manquer d'arriver.

Malgré la disette affreuse de toutes choses, où se trouvoit depuis long-tems la colonie, les préparatifs étoient déja faits, quand la glace qui couvroit tout le fleuve, venant à se rompre vers le milieu de sa largeur, y ouvrit un petit canal. On fit glisser les bateaux à force de bras, pour les mettre à l'eau. L'armée composée de citoyens

& de soldats qui ne faisoient qu'un corps, qui n'avoient qu'une ame, se précipita dès le 20 avril 1760 dans ce courant du fleuve avec une ardeur inconcevable. Les Anglois la croyoient encore paisible dans ses quartiers d'hiver; & déja toute débarquée, elle touchoit à une garde avancée de quinze cens hommes qu'ils avoient placée à trois lieues de Quebec. Ce gros détachement alloit être taillé en pieces, sans un de ces hasards bisarres qu'il n'est pas donné à la prudence humaine de prévoir.

Un Canonier en voulant sortir de sa chaloupe étoit tombé dans l'eau. Un glaçon se rencontra sous ses mains; il y grimpa, & se laissa aller au gré du flot. Le glaçon, en descendant, rasa la rive de Quebec. La sentinelle Angloise placée à ce poste, voit un homme prêt à périr, & crie au secours. On vole au malheureux que le courant emporte, & on le trouve sans mouvement. Son uniforme qui le fait reconnoître pour un soldat François, détermine à le porter chez le gouverneur où la force des liqueurs spiritueuses, le rappelle un moment à la vie. Il recouvre assez de voix pour dire qu'une armée de dix mille François est aux portes de la place; & il meurt. Aussi-tôt on expédie un ordre à la garde avancée de rentrer dans la ville en toute diligence. Malgré la célérité de sa retraite, on eut le tems d'entamer son arriere garde. Quelques momens plus tard, la défaite de ce corps eut entraîné sans doute la perte de la place.

L'assaillant y marche cependant avec une intrépidité qui sembloit tout attendre de la valeur, & rien d'une surprise. Il n'en étoit plus qu'à une lieue, lorsqu'il rencontra un corps de quatre mille hommes sorti pour l'arrêter. L'attaque fut vive, la résistance opiniâtre. Les Anglois furent repoussés dans leurs murailles, après avoir laissé dix-huit cens de leurs plus braves soldats sur la place, & leur artillerie entre les mains du vainqueur.

La tranchée fut aussi-tôt ouverte devant Quebec. Mais comme on n'avoit que des pieces de campagne, qu'il ne vint point de secours de France, & qu'une forte escadre Angloise remonta le fleuve, il fallut lever le siege dès le 16 mai, & se replier de poste en poste jusqu'à Montréal. Trois armées formidables dont l'une avoit descendu le fleuve, l'autre l'avoit remonté, & la troisieme étoit arrivée par le lac Champlain, entourerent ces troupes qui peu nombreuses dans l'origine, excessivement diminuées par des combats fréquens & des fatigues continuelles, manquoïent tout à la fois de munitions de bouche & de guerre, & se trouvoient enfermées dans un lieu ouvert. Ces misérables restes d'un corps de sept mille hommes qui n'avoit jamais été recruté; & qui aidé de quelques miliciens, de quelques sauvages avoit fait de si grandes choses, furent enfin réduits à capituler; & ce fut pour la colonie entiere. Les traités de paix donnerent de la solidité à la conquête. Elle augmenta la masse des possessions britanniques dans le nord de l'Amérique.

La cour de Londres a depuis donné au Canada les loix Angloises autant qu'elles étoient compatibles avec un gouvernement purement royal, & sans aucun mélange d'autorité populaire. Ses nouveaux sujets rassurés contre les craintes des guerres futures, débarassés de la défense des postes éloignés qui les arrachoit à leurs habitations, privés du commerce des pelleteries qui a repris son cours naturel, ne sont plus occupés que de leurs cultures. A mesure qu'elles augmentent, leurs liaisons avec les Antilles deviennent plus vives, & bientôt elles seront considérables. Ce sera désormais l'unique ressource d'un vaste pays, où la France versoit autrefois des sommes immenses, parce qu'elle le regardoit comme le plus grand boulevard de ses isles méridionales. La vérité de cette combinaison politique que tant de négociateurs n'ont pas apperçue deviendra sensible, à mesure que nous exposerons les avantages des établissemens formés par les Anglois dans le continent de l'Amérique septentrionale.

Fin du seizieme Livre.

HISTOIRE
PHILOSOPHIQUE
ET
POLITIQUE,

Des établiſſemens & du commerce des Européens dans les deux Indes.

LIVRE DIX-SEPTIEME.

L'ANGLETERRE n'étoit connue dans le nouveau monde que par des pirateries souvent heureuſes & toujours brillantes, lorsque Walter Raleigh forma le projet de faire entrer sa nation en partage des richeſſes prodigieuſes qui depuis près d'un siecle couloient de cet hémiſphere dans le nôtre. La côte orientale du nord de l'Amérique, attacha les regards de cet homme né pour imaginer des choſes hardies. Le talent qu'il avoit de subjuguer les eſprits, en donnant à tout ce qu'il propoſoit un air de grandeur, lui fit aiſément

trouver

trouver des associés à la cour & chez les négocians. La compagnie qui se forma sous l'appas de ses magnifiques promesses, obtint en 1584 du gouvernement la disposition absolue de toutes les découvertes qui se feroient; & sans autre encouragement, elle expédia dès le mois d'avril de l'année suivante deux bâtimens qui mouillerent dans la baie de Roensque qui fait aujourd'hui partie de la Caroline. Ceux qui les commandoient, dignes d'une confiance dont ils se sentoient honorés, montrerent une complaisance sans bornes pour les naturels du pays où il s'agissoit d'établir leur nation, & laisserent les sauvages arbitres des échanges qu'ils leur proposoient dans le nouveau commerce qu'on alloit ouvrir avec eux.

Tout ce que ces heureux navigateurs publierent à leur retour en Europe, sur la température du climat, sur la fertilité du sol, sur le caractere des habitans qu'ils venoient de connoître, encouragea la société qui les avoit employés. Elle fit partir au printems suivant sept navires qui débarquerent à Roenoque cent huit hommes libres destinés à commencer un établissement. Une partie de ces premiers colons se fit massacrer par les sauvages qu'on avoit outragés; le reste, pour avoir négligé de pourvoir à sa subsistance par la culture, périssoit de faim & de misere, lorsqu'il lui vint un libérateur.

Ce fut François Drake, si distingué de la foule des navigateurs, pour avoir le premier après Magellan, fait le tour du globe. Le talent qu'il avoit montré dans cette grande expédition le fit choisir par Elisabeth pour humilier Philippe II dans la partie de ses vastes possessions dont il abusoit pour troubler la tranquillité des autres peuples. Peu d'ordres furent jamais mieux exécutés. Sant-Iago, Carthagene, San-Domingo, plusieurs autres places importantes, un grand nombre de riches vaisseaux devinrent la proie de la flotte Angloise. Ses instructions portoient qu'après ses opérations, elle iroit offrir à Rocnoque les secours dont on y auroit besoin. Le désespoir les fit rejetter par le petit nombre de malheureux qui avoient échappé à des infortunes de tous les genres. Ils demanderent d'être ramenés dans leur patrie; & la facilité qu'eut l'amiral de les exaucer, rendit inutiles les dépenses qui avoient été faites jusqu'à cette époque.

Cet événement imprévu ne découragea pas les associés. Ils firent successivement quelques foibles expéditions pour leur concession. On y voyoit en 1589 cent quinze personnes des deux sexes assujetties à un gouvernement régulier, & suffisamment pourvues de tout ce qui étoit nécessaire pour leur défense, pour la culture & pour le commerce. Ces commencemens donnoient des espérances; mais elles se perdirent dans le cahos & la disgrace où se précipita Raleigh, entraîné par les délires d'une imagination ardente & de l'ambition la plus inquiete. La colonie privée de l'appui de son fondateur, tomba dans un entier oubli.

Il y avoit douze ans qu'on l'avoit entiérement perdue de vue, lorsque Gosnold l'un des premiers associés, résolut en 1602 de la visiter à ses dépens. Son expérience dans la navigation lui fit soupçonner qu'on n'avoit pas connu jusqu'alors la route qu'il falloit tenir, & qu'en prenant par les Canaries, par les isles Caraïbes, on avoit inutilement allongé le voyage de plus de mille lieues. Ses conjectures le déterminerent à s'éloigner du sud, & à tourner à l'ouest. La tentative lui réussit ; mais en arrivant sur les côtes d'Amérique, il se trouva plus au nord que tous ceux qui l'avoient précédé. La contrée où il aborda, enclavée depuis dans la nouvelle Angleterre, lui fournit une grande abondance de belles pelleteries avec lesquelles il regagna l'Europe.

La rapidité, le succès de cette entreprise firent impression sur les négocians Anglois. Plusieurs se réunirent en 1606 pour former un établissement dans le pays que Gosnold venoit de découvrir. Leur exemple réveilla dans quelques autres le souvenir de la colonie de Roenoque. Il y eut alors deux associations dont chacune fut munie d'un privilege exclusif. Comme le continent où elles devoient exercer leur monopole n'étoit connu en Angleterre que sous le nom général de Virginie, l'une fut appellée compagnie de la Virginie méridionale, & l'autre compagnie de la Virginie septentrionale.

La chaleur qui s'étoit manifestée dans les premiers jours, ne tarda pas à se refroidir. Il y eut entre les deux corps plus de jalousie que d'émulation. Quoiqu'on leur eut accordé le secours de la premiere loterie qui ait été tirée en Angleterre, leurs progrès furent si lents qu'en 1614, on ne comptoit que quatre cens personnes dans les deux établissemens. L'aisance qui pouvoit convenir aux mœurs simples du tems, étoit alors si générale en Angleterre, que le desir de s'expatrier pour aller vivre sous un nouveau ciel, n'entroit guere dans les cœurs. C'est le sentiment du malheur qui dégoûte les hommes de leur patrie, plus encore que l'amour des richesses. Il falloit une fermentation extraordinaire pour peupler, même un

M,

excellent pays. Elle arriva, née au sein de la superstition, du choc des opinions religieuses.

Les Bretons eurent pour leurs premiers prêtres, ces Druides si fameux dans les annales de la Gaule. Pour jetter un voile imposant sur les cérémonies d'un culte sauvage, ses mysteres ne se célébroient jamais que dans des réduits obscurs & le plus souvent dans des bocages sombres, où la peur enfante des spectres & des apparitions. Il n'y avoit qu'un petit nombre d'initiés qui possédassent la doctrine sacrée; encore ne leur étoit-il permis de rien écrire sur cet important objet, pour ne pas en mettre les secrets sous les yeux d'un profane vulgaire. Les autels d'une divinité redoutable étoient ensanglantés de victimes humaines, ils étoient enrichis des plus précieuses dépouilles de la guerre. Quoique la terreur des vengeances célestes fut l'unique gardienne de ces trésors, ils furent toujours respectés par la cupidité qu'on avoit eu l'art de réprimer avec le dogme fondamental de la transmigration éternelle des ames : dogme si naturel à tous les esprits qui craignent ou espérent une autre vie. La principale autorité du gouvernement résidoit dans les ministres de cette religion terrible ; parce que l'empire de l'opinion est le plus puissant de tous & le plus constant. L'éducation de la jeunesse étoit dans leurs mains ; & c'est par ce premier âge qu'ils s'emparoient de toute la vie de d'homme. Ils connoissoient des affaires civiles & criminelles, & décidoient aussi souverainement des querelles des états que des contestations des citoyens. Quiconque osoit résister à leurs décrets, n'étoit pas seulement exclu de toute participation aux divins mysteres, mais encore banni de la société des hommes. C'étoit un crime, un opprobre de le fréquenter. Irrévocablement privé de la protection des loix, la mort seule pouvoit mettre fin à ses infortunes. L'histoire des superstitions humaines n'en offre aucune qui ait pris un aussi fier ascendant que celle des Druides. Ce fut la seule qui mérita d'armer contr'elle la rigueur des Romains ; tant les Druides opposoient de force à la puissance de ces conquérans.

Cependant cette religion avoit beaucoup perdu de son éclat, lorsque le christianisme la fit entiérement disparoître au septieme siecle. Les peuples du nord qui avoient envahi successivement les provinces méridionales de l'Europe, y avoient trouvé les germes de cette religion nouvelle semés dans les ruines & les débris d'un empire qui crouloit de toutes parts. Soit indifférence pour leurs dieux éloignés, soit ignorance facile à persuader, ils avoient embrassé sans peine un culte que la multiplicité de ses cérémonies rendoit propre à des hommes grossiers & sauvages. Leur exemple entraîna aisément les Saxons qui s'emparerent depuis de l'Angleterre. Ils adopterent sans répugnance une doctrine qui justifioit leur conquête, en expioit tous les crimes, en assuroit la stabilité par l'extinction des cultes anciens.

Cette religion ne tarda pas à produire ses fruits. Bientôt de vaines contemplations remplacerent les vertus actives & sociales. Une vénération stupide pour des saints ignorés, étoit substituée au culte du premier être. Le merveilleux des miracles étouffoit la connoissance des causes naturelles. Des prieres ou des offrandes expioient les remords des forfaits les plus inhumains. Toutes les semences de la raison étoient altérées, tous les principes de la morale étoient corrompus.

Ceux qui avoient coopéré du moins à ce désordre, en furent profiter. Les prêtres obtinrent un respect qu'on refusoit aux rois ; leur personne devint sacrée. Le magistrat perdit toute inspection sur leur conduite ; ils se dérobèrent à la vigilance de la loi civile. Leur tribunal éluda tous les autres, ou même les supplanta. Ils mêlerent la religion à toutes les questions de jurisprudence, à toutes les matieres d'état ; & devinrent arbitres ou juges de toutes les causes. Vouloit-on raisonner ? La foi parloit, & tous écoutoient en silence ses oracles inexplicables. Tel étoit l'aveuglement dans ces siecles, que les débauches scandaleuses du clergé n'affoiblissoient pas son autorité.

C'est qu'elle étoit dès-lors fondée sur de grandes richesses. Aussi-tôt qu'on eût prêché que la religion qui vivoit de sacrifices, exigeoit avant tous, celui de la fortune & des biens de la terre, la noblesse qui avoit concentré dans ses mains toutes les propriétés, employa les bras de ses esclaves à édifier des temples, & ses terres à doter ces fondations. Les rois donnerent à l'église tout ce qu'ils avoient ravi au peuple : ils se dépouillerent jusqu'à ne se réserver ni de quoi payer les services militaires, ni de quoi soutenir les autres charges du gouvernement. Cette impuissance n'étoit jamais soulagée par ceux qui l'avoient causée. Le maintien de la société ne les touchoit point. Contribuer aux impôts avec les biens de l'église, c'étoit un sacrilege, une prostitution des choses saintes à des usages profanes. Ainsi parloient les clercs ; ainsi le croyoient les laïques. La possession du tiers des fiefs du royaume ; les offrandes volontaires d'un peuple aveuglé ; le prix auquel étoient taxées toutes les fonctions sacerdotales ne raffafioient pas l'avidité toujours active d'un clergé subtil & savant dans ses intérêts. Il trouva dans l'ancien testament que la dîme de toutes les productions lui appartenoit par un droit divin & incontestable. La facilité avec laquelle s'établit cette prétention la lui fit étendre au dixieme de l'industrie, des gains du commerce, des gages des laboureurs, de la paye des soldats, quelquefois même du revenu des charges de la cour.

Rome, qui s'étoit d'abord contentée de contempler avec une orgueilleuse satisfaction les succès qu'avoient en Angleterre les riches & superbes Apôtres d'un Dieu né dans la misere & mort dans l'ignominie, ne tarda pas à vouloir participer aux dépouilles de ce malheureux pays. Elle commença par y ouvrir un commerce de reliques toujours accréditées par de grands miracles, & toujours vendues à proportion du prix qu'y mettoit la crédulité. Les seigneurs, les monarques même furent invités à venir en pélerinage dans la capitale du monde, y acheter une place dans le ciel assortie au rang qu'ils tenoient sur la terre. Les papes s'attribuerent insensiblement la collation des bénéfices, & les vendirent après les avoir donnés. Par cette voie leur tribunal évoqua toutes les causes ecclésiastiques; & leur fisc s'accrut avec le tems du dixieme des revenus d'un clergé, qui levoit le dixieme de tous les biens du royaume.

Lorsque ces pieuses vexations eurent été portées en Angleterre aussi loin qu'elles pouvoient aller, Rome Chrétienne y aspira au pouvoir suprême. Les fraudes de son ambition étoient couvertes d'un voile sacré. Elle ne sappoit les fondemens de la liberté, qu'avec les armes de l'opinion. C'étoit opposer l'homme à lui-même, & subjuger ses droits par ses préjugés. On la vit s'établir arbitre despotique entre l'autel & le trône, entre le prince & les sujets, entre un monarque & les rois ses voisins. Elle allumoit l'incendie de la guerre avec ses foudres spirituelles. Mais il lui falloit des émissaires pour répandre la terreur de ces armes. Elle appella les moines à son secours. Le clergé séculier, malgré le célibat qui le séparoit des attachemens du monde, y tenoit par les liens de l'intérêt, souvent plus forts que ceux du sang. Une classe d'hommes isolés de la société, par des institutions singulieres qui devoient les porter au fanatisme, par une soumission, un dévouement aveugle aux volontés d'un pontife étranger, étoit propre à seconder les vues de ce souverain. Ces vils & malheureux instrumens de la superstition, remplirent leur vocation. Par leurs intrigues secondées de la faveur des événemens, l'Angleterre que les anciens Romains avoient eu peine à conquérir, devint feudataire de la moderne Rome.

Les passions & les caprices violens de Henri VIII briserent enfin cette honteuse dépendance. Déja l'abus d'un pouvoir si monstrueux avoit dessillé les yeux de la nation. Le prince osa d'un seul coup, se soustraire à l'autorité des papes, abolir les cloîtres, & s'arroger la suprématie de son église.

Ce schisme éclatant, amena d'autres changemens sous le régne d'Edouard successeur de Henri. Les opinions religieuses qui changeoient alors la face de l'Europe, furent scrutées. On prit quelque chose de chacune; on retint plusieurs dogmes, plusieurs rits de l'ancien culte;

& l'on forma de ces fragmens une communion nouvelle qui fut honorée du grand nom de religion Anglicane.

Elisabeth, qui mit la derniere main à cet important ouvrage, en trouva la théorie trop subtile, & crut devoir y ajouter des cérémonies pour attacher les esprits par les sens. Son goût naturel pour la magnificence, le desir d'étouffer les disputes sur le dogme, en amusant par les spectacles du culte, la faisoient pancher vers une plus grande augmentation des solemnités. Mais la politique gêna ses inclinations, & l'obligea de les sacrifier aux préjugés d'un parti, qui lui ayant applani le chemin du trône, pouvoit l'y affermir.

Loin de soupçonner que Jacques premier exécuteroit ce qu'Elisabeth n'avoit pas même osé tenter, on devoit le croire porté à restreindre les rits ecclésiastiques. Ce prince avoit été élevé dans le sein du presbytérianisme, secte altiere à qui la simplicité de ses habits, la gravité de ses mœurs, l'austérité de ses principes, un usage habituel des expressions de l'écriture, l'affectation même de ne prendre ses noms de baptême que dans l'ancien testament; à qui tout enfin avoit inspiré une aversion insurmontable pour le faste du culte catholique, pour tout ce qui pouvoit en retracer l'image. L'esprit de système prévalut dans son jugement, sur les principes de l'éducation. Frappé de la jurisdiction épiscopale qu'il trouvoit établie en Angleterre & qui lui parut conforme aux idées qu'il avoit du gouvernement civil, il abandonna par conviction les premieres impressions qu'il avoit reçues; & se passionna pour une hiérarchie modelée sur les divisions d'un empire bien constitué. Dans son enthousiasme, il voulut assujettir l'Ecosse sa patrie à cette discipline merveilleuse; il voulut y amener un grand nombre d'Anglois qui s'en tenoient éloignés. Il se proposoit même d'ajouter l'onction des plus augustes cérémonies à la majesté du plan, lorsque le tems auroit mûri ses grands projets. Mais l'émotion qu'il causa dès les premiers pas, ne lui permit pas d'aller plus avant dans son système de réformation. Il se contenta de recommander à son fils de reprendre le fil de ses vues, quand il y verroit les conjonctures favorables; il lui peignit les presbytériens comme également dangereux pour la religion & pour l'état.

Charles adopta aisément des conseils qui n'étoient que trop conformes aux principes de despotisme qu'il avoit reçus de Buckingham son favori, le plus corrompu des hommes, le plus corrupteur des courtisans. Pour préparer de loin la révolution qu'il méditoit, il éleva plusieurs évêques aux premieres dignités du gouvernement, & leur conféra la plupart des charges qui donnoient une grande influence dans les résolutions publiques. Ces ambitieux prélats devenus comme les maîtres d'un prince qui avoit la foiblesse de se conduire par les inspirations d'autrui, montrerent l'ambition familiere au clergé d'élever la jurisdiction ecclésiastique, à l'ombre de la prérogation royale. On les vit multiplier à l'infini les cérémonies de l'église, sous prétexte qu'elles étoient d'institution apostolique, & recourir pour les faire observer, aux actes de l'autorité arbitraire du prince. Le dessein paroissoit formé de rétablir dans tout son éclat ce que les protestans appelloient l'idolâtrie romaine, dut-on employer pour y réussir les voies les plus extrêmes. Ce projet causoit d'autant plus d'ombrage, qu'il étoit soutenu des préjugés & des intrigues d'une reine audacieuse qui avoit apporté de France une passion immoderée pour le pouvoir absolu & pour le papisme.

On concevroit à peine l'aigreur que des soupçons si graves avoient répandue dans les esprits. Une prudence ordinaire auroit laissé à la fermentation le tems de se calmer. L'esprit de fanatisme fit choisir ces jours nébuleux pour tout rappeller à l'unité de la religion Anglicane, qui étoit devenue plus odieuse aux non conformistes, depuis qu'ils la voyoient surchargée de pratiques qu'ils regardoient comme superstitieuses. Il fut ordonné dans les deux royaumes de se conformer au culte & à la discipline de l'église épiscopale. On soumit à cette loi les presbytériens qui commençoient à s'appeller Puritains, parce qu'ils faisoient profession de ne prendre que la parole de Dieu pure & simple, pour régle de leur conduite & de leur croyance. On y assujettit tous les calvinistes étrangers qui étoient dans le royaume, quelle que fût la différence de leurs opinions. On prescrivit ce culte hiérarchique aux régimens, aux compagnies de commerce, qui se trouvoient dans les diverses contrées de l'Europe. Enfin les ambassadeurs d'Angleterre se virent contrains de se séparer par-tout de la communion des réformés, & d'ôter dès-lors à leur patrie l'influence qu'elle avoit au dehors, comme le chef & le soutien de la réformation.

Dans cette fatale crise, la plupart des Puritains se partagerent entre la soumission & la résistance. Ceux qui ne vouloient avoir, ni la honte de céder, ni la peine de combattre, tournerent les yeux vers l'Amérique septentrionale, pour y chercher la liberté civile & religieuse qu'une ingrate patrie leur refusoit. Les ennemis de leur repos, pour les persécuter plus à loisir, entreprirent de fermer cet asyle aux dévots fugitifs qui vouloient adorer Dieu à leur maniere dans une terre déserte. Huit vaisseaux qui étoient à l'ancre dans la Tamise, prêts à faire voile, y furent arrêtés ; & Cromwel, dit-on, s'y trouva retenu par ce même roi qu'il poussa depuis jusqu'à l'échaffaut. Cependant l'enthousiasme plus puissant encore que les persécuteurs, surmonta tous les obstacles ; & cette région du nouveau monde fut bientôt remplie de presbytériens. La satisfaction dont ils jouissoient dans leur retraite, attira successivement tous ceux de leur faction qui n'avoient pas une ame assez atroce, pour se plaire aux mémorables catastrophes qui bientôt après firent de l'Angleterre un théâtre d'horreur & de sang. Des vues de fortune multiplierent leurs compagnons dans des tems plus calmes. Enfin l'Europe entiere ajouta beaucoup à leur population. Des milliers de malheureux opprimés par la tyrannie ou par l'intolérence de leurs souverains, allerent à travers les périls de l'océan, chercher la vie & le salut dans cet autre hémisphere. Ne le quittons pas, n'achevons pas de le parcourir, sans tacher de le connoître.

Combien de tems le nouveau monde resta-t-il, pour ainsi dire, ignoré, même après avoir été découvert? Ce n'étoit pas à de barbares soldats, à des marchands avides, qu'il convenoit de donner des idées justes & approfondies de cette moitié de l'univers. La philosophie seule devoit profiter des lumieres semées dans les récits des voyageurs & des missionnaires, pour voir l'Amérique telle que la nature l'a faite, & pour saisir ses rapports avec le reste du globe.

On croit être sûr aujourd'hui que le nouveau continent n'a pas la moitié de la surface du nôtre. Leur figure d'ailleurs offre des ressemblances singulieres qui pourroient conduire à des inductions séduisantes, s'il ne falloit pas se défier de l'esprit de système qui vient nous arrêter souvent à la moitié du chemin de la vérité, pour nous empêcher d'arriver au terme.

Les deux continens paroissent former comme deux bandes de terre qui partent du pole arctique, & vont se terminer au midi, séparées à l'est & à l'ouest par l'océan qui les environne. Quels que soient, & la structure de ces deux bandes, & le balancement où la symmétrie qui règne dans leur figure, on voit bien que leur équilibre ne dépend pas de leur position. C'est l'inconstance de la mer qui fait la solidité de la terre. Pour fixer le globe sur sa base, il falloit, ce semble, un élément qui flottant sans cesse autour de notre planette, pût contre-balancer par sa pésanteur toutes les autres substances, & par sa fluidité ramener cet équilibre que le combat & le choc des autres élémens auroient pu renverser. L'eau par la mobilité de sa nature & par sa gravité tout ensemble, est infiniment plus propre à entretenir cette harmonie & ce balancement des parties du globe autour de son centre. Que notre hémisphere ait au nord une masse de terre extrêmement large; à nos antipodes, une masse d'eau toute aussi pésante ne manquera pas d'y faire un contre-poids. Si sous le tropique nous avons un riche pays couvert d'hommes & d'animaux, sous la même latitude, l'Amérique sera baignée d'une mer remplie de poissons. Tandis que les forêts d'arbres chargés des plus grands fruits, les générations des plus énormes quadrupedes, les nations les plus nombreuses, les éléphans & les hommes pésent sur la terre, & semblent en absorber toute la fécondité dans l'enceinte de la zone torride; aux deux poles nagent les baleines avec les innombrables colonies de morues & de harengs, avec les nuages d'insectes, avec les peuplades infinies & prodigieuses de la mer, comme pour soutenir l'axe de la terre, & l'empêcher de s'incliner ou pancher d'aucun côté; si toutefois, & les baleines & les éléphans, & les hommes étoient de quelque poids sur un globe, où tous les êtres vivans ne sont qu'une modification passagere du limon qui le compose. En un mot l'océan roule sur ce globe pour le façonner, au gré des loix générales de la gravité. Tantôt il couvre & tantôt il découvre un hémisphere, un pole, une zone; mais en général il paroît affecter le cercle de l'équateur d'autant plus que le froid des poles s'oppose en quelque sorte à la fluidité qui fait son essence & lui donne son activité. C'est entre les tropiques sur-tout que la mer s'étend & s'agite; qu'elle éprouve le plus de vicissitudes, soit dans ses mouvemens périodiques & réguliers, soit dans ces especes de convulsions que les vents de tempête y excitent par intervalle. L'attraction du soleil, & les fermentations que cause la continuité de sa chaleur dans la zone torride, doivent influer prodigieusement sur l'océan. Le mouvement de la lune ajoute une nouvelle force à cette influence; & la mer pour obéir à cette double impulsion, doit, ce semble, précipiter ses eaux vers l'équateur; il n'y a que l'applatissement du globe vers les poles, qui donne une raison suffisante de cette grande étendue d'eaux qui nous a dérobé jusqu'à présent les terres australes. La mer ne peut guere sortir de l'enceinte des tropiques, si les zones tempérées & glaciales ne se trouvent pas plus voisines du centre de la terre que la zone torride. C'est donc la mer qui fait l'équilibre de la terre, & qui dispose de l'arrangement de ses matieres. Une preuve que les deux bandes symmétriques que présentent au premier coup d'œil les deux continens du globe, ne sont pas essentielles à sa conformation, c'est que le nouvel hémisphere a resté beaucoup plus long-tems que l'ancien sous les eaux de la mer. D'ailleurs s'il y a des ressemblances sensibles entre les deux hémispheres, ils n'ont peut-être pas moins de différences qui détruisent la prétendue harmonie qu'on se flatte d'y remarquer.

Quand avec la mappemonde sous les yeux, on voit la correspondance locale qui se trouve entre l'isthme de Suez & celui de Panama, entre le cap de Bonne-Espérance & le cap de Horn, entre l'archipel des Indes orientales & celui des Antilles, entre les montagnes du Chili & celles du Monomotapa; on est frappé du balancement qui regne dans les figures de ce tableau : partout on croit voir des terres opposées à des terres, des eaux qui font équilibre avec des eaux, des isles & des presqu'isles semées ou jettées par les mains de la nature comme des contre-poids ; & toujours la mer par ses mouvemens & sa pente, entretenoit la balance dans une oscillation insensible : mais en comparant d'un autre côté, la grande étendue de la mer pacifique qui sépare les deux Indes, avec le petit espace que l'océan a pris entre les côtes de Guinée & celles du Brésil ; la forte masse des terres habitées du nord, avec le peu qu'on connoît des terres auſtrales ; la direction des montagnes de la Tartarie & de l'Europe, qui vont de l'eſt à l'oueſt, avec celles des cordillieres qui ſe prolongent du nord au ſud ; l'eſprit s'arrête & voit avec chagrin diſparoître le plan d'ordonnance & de ſymmétrie dont il avoit embelli ſon ſyſtême de la terre. Le contemplateur eſt encore plus mécontent de ſes rêves, quand il vient à conſidérer l'exceſſive hauteur des montagnes du Pérou. C'eſt alors qu'il eſt étonné de voir un continent ſi élevé & ſi nouveau, la mer ſi fort au deſſus de ſes ſommets & ſi récemment deſcendue des terres que ces fiers boulevards ſembloient défendre de ſes attaques. Cependant on ne peut nier qu'elle n'ait couvert les deux continens du nouvel hémiſphere. L'air & la terre, tout l'arreſte.

Les fleuves plus larges & plus longs en Amérique ; des bois immenſes au midi ; des grands lacs & de vaſtes marais au nord ; des neiges preſque éternelles entre les tropiques ; peu de ces ſables purs qui ſemblent être le ſédiment de la terre épuiſée ; point d'hommes entiérement noirs ; des peuples très-blancs ſous la ligne ; un air frais & doux par une latitude où l'Afrique eſt brûlante, inhabitable ; un climat vigoureux & glacé ſous le même parallele que nos climats tempérés ; enfin une différence de dix ou douze degrés de température, entre l'ancien & le nouvel hémiſphere : ce ſont autant d'empreintes d'un monde naiſſant.

Pourquoi le continent de l'Amérique, ſeroit-il à proportion, dix fois moins chaud, dix fois

fois plus froid que celui de l'Europe, si ce n'étoit l'humidité que l'océan y a laissée en le quittant long-tems après que notre continent étoit peuplé? C'est mer seule qui a pu empêcher que le Mexique ne fut aussi anciennement habité que l'Asie. Si les eaux qui baignent encore les entrailles du nouvel hémisphere n'en avoient pas inondé la surface, l'homme y auroit de bonne heure coupé les bois, desséché les marais, consolidé un sol pâteux en le remuant & l'exposant aux rayons du soleil, ouvert une issue aux vents, & donné des digues aux fleuves; le climat y eût déja changé. Mais un hémisphere en friche & dépeuplé ne peut annoncer qu'un monde récent, lorsque la mer voisine de ses côtes serpente encore sourdement dans ses vaines. Des soleils moins ardens, des pluies plus abondantes, des neiges plus profondes, des vapeurs plus épaisses & plus stagnantes, y décelent ou les ruines & le tombeau de la nature, ou le berceau de son enfance.

La différence du climat provenue du séjour de la mer sur les terres de l'Amérique, ne pouvoit que se faire extrêmement ressentir sur les hommes & les animaux. De cette diversité de cause, devoit naître une prodigieuse diversité d'effets. Aussi voit-on dans l'ancien continent deux tiers plus d'especes d'animaux que dans le nouveau; des animaux considérablement plus gros à égalité d'especes; des monstres plus féroces & plus sanguinaires, à raison d'une plus grande multiplication des hommes? Combien au contraire la nature paroît avoir négligé le nouveau monde? Les hommes y sont moins forts, moins courageux; sans barbe & sans poil; dégradés dans tous les signes de la virilité; foible-

Tome VI.   N

ment doués de ce sentiment vif & puissant, de cet amour délicieux qui est la source de tous les amours, qui est le principe de tous les attachemens, qui est le premier instinct, le premier nœud de la société sans lequel tous les autres liens factices n'ont point de ressort ni de durée. Les femmes plus foibles encore, y sont maltraitées par la nature & par les hommes. Ceux-ci peu sensibles au bonheur de les aimer, ne voyent en elles que les instrumens de tous leurs besoins; ils les consacrent beaucoup moins à leurs plaisirs, qu'ils ne les sacrifient à leur paresse. C'est la suprême volupté, la souveraine félicité des Amériquains, que cette indolence dont leurs femmes sont la victime par les travaux continuels dont on les charge. Cependant on peut dire qu'en Amérique, comme sur toute la terre, les hommes ont eu l'équité, quand ils ont condamné les femmes au travail, de se réserver les périls, à la chasse, à la pêche comme à la guerre. Mais l'indifférence pour ce sexe à qui la nature a confié le dépôt de la reproduction, suppose une imperfection dans les organes, une sorte d'enfance dans les peuples de l'Amérique, comme dans les individus de notre continent qui n'ont pas atteint l'âge de la puberté. C'est un vice radical dans l'autre hémisphere, dont la nouveauté se décele par cette sorte d'impuissance.

Si les Amériquains sont un peuple nouveau, forment-ils une espece d'hommes originairement différente de celles qui couvrent l'ancien monde? C'est une question qu'on ne doit pas se hâter de décider. L'origine de la population de l'Amérique est hérissée de difficultés inexplicables. Si vous dites que les Norwegiens ont d'abord peuplé le Groenland, & qu'ensuite les Groenlandois ont passé sur les côtes de l'Abrador; d'autres vous diront qu'il est plus naturel que les Groenlandois soient issus des Eskimaux auxquels ils ressemblent plus qu'aux Européens. Si vous peuplez la Californie par le Kamtschatka, on demandera quel motif ou quel hasard a conduit les Tartares au nord-ouest de l'Amérique. Cependant on imagine que c'est par le Groenland ou le Kamtschatka que les habitans de l'ancien hémisphere ont dû passer dans le nouveau, puisque c'est par ces deux contrées que les deux continens sont liés, ou du moins le plus rapprochés. D'ailleurs comment supposer que la zone torride du nouveau monde, a été peuplée par une de ses zones glaciales? La population refoule bien du nord au midi ; mais elle doit naturellement avoir commencé sous l'équateur, où la vie germe avec la chaleur. Si les peuples de l'Amérique n'ont pu venir de notre continent, & que cependant ils paroissent nouveaux, il faut avoir recours au déluge, qui dans l'histoire des nations est la source & la solution de toutes les difficultés.

On supposera que la mer s'étant débordée sur l'autre hémisphere, ses anciens habitans se seront réfugiés sur les Apalaches & les Andes, montagnes beaucoup plus élevées que notre mont Ararath. Mais comment auront-ils vécu sur ces sommets de neige, environnés d'eaux? Comment des hommes qui avoient respiré sous un ciel aussi pur, aussi délicieux dans l'origine que celui des belles contrées de l'Asie, auront-ils pu survivre à la disette, à l'inclémence d'un air vitié, à tous les fléaux qui sont la suite inséparable d'un déluge? Comment l'espece se sera-t-elle conservée

& multipliée dans ces jours de calamité, suivis de siecles de langueur ? Malgré tous ces obstacles, convenons que l'Amérique s'est repeuplée des déplorables restes de sa dévastation. Tout retrace une maladie dont la race humaine se ressent encore. La ruine de ce monde est encore empreinte sur le front de ses habitans. C'est une espece d'hommes dégradée & dégénérée dans sa constitution physique, dans sa taille, dans son genre de vie, dans son esprit peu avancé pour tous les arts de la civilisation. Un air plus humide, une terre plus marécageuse doivent infecter jusqu'à la racine tous les germes, soit de la subsistance, soit de la multiplication des hommes. Il a fallu des siecles pour que la population pût renaître & se refaire de ses pertes ; & plus de siecles encore pour que la terre desséchée & praticable ouvrît son sein à la fondation des édifices, à la culture des champs. L'air devoit se purifier, avant que le ciel s'épurât ; & le ciel redevenir serein, avant que la terre fût habitable. L'imperfection de la nature en Amérique, ne prouve donc pas la nouveauté de cet hémisphere, mais sa renaissance. Il a dû sans doute être peuplé dans le même tems que l'ancien ; mais il a pu être submergé plus tard. Les grands ossemens fossiles qu'on déterre dans l'Amérique, annoncent qu'elle a possédé autrefois des Eléphans, des Rhinoceros & d'autres énormes quadrupedes dont l'espece a disparu de cette région. Les mines d'or & d'argent qui s'y découvrent presque à fleur de terre, attestent une révolution du globe très-ancienne, mais postérieure à celles qui ont bouleversé notre hémisphere.

Quand même le nouveau monde, on ne sait par quelle voie, auroit été repeuplé de nos hordes errantes; cette époque seroit encore d'une date si reculée qu'elle laisseroit aux habitans de l'Amérique une très-grande antiquité. Ce ne seroit plus trois ou quatre siecles qu'il suffiroit de donner à la fondation des empires du Mexique & du Pérou; puisqu'en ne trouvant dans ces pays aucun procédé de nos arts, aucune trace des opinions & des usages répandus sur le reste du globe; on y a pourtant vu une police & une société, des inventions & des pratiques qui sans montrer aucune trace des tems antérieurs à un déluge, supposoient une assez longue suite de siecles postérieurs à cette catastrophe. Car quoiqu'au Mexique, comme en Egypte, l'enceinte d'un pays environné d'eaux, de montagnes, ou d'obstacles insurmontables à franchir, ait dû forcer les hommes qui s'y trouvoient enfermés, à se policer & à s'unir, après s'être d'abord déchirés & divisés par une guerre sanglante & continuelle; cependant on ne pouvoit inventer & cimenter qu'à la longue un culte & une législation qu'il étoit impossible d'avoir empruntés, soit des tems, soit des pays éloignés. L'art seul de la parole & celui de l'écriture même hyérogliphique, demandent plus de siecles pour former une nation isolée qui doit avoir créé ces deux arts, qu'il ne faut de jours à un enfant pour se perfectionner dans l'un & dans l'autre. Des siecles ne sont pas autant à l'espece, que des années à l'individu. L'une doit occuper un assez vaste champ dans la durée & dans l'espace; l'autre n'a que des momens & des points à remplir, ou plutôt à parcourir. La ressemblance & l'uniformité qui regnent dans les traits & les mœurs des nations de l'Amérique, prouvent bien qu'elles sont moins anciennes que celles de notre continent si différentes entr'elles ; mais semblent confirmer en même tems qu'elles ne sont pas sorties d'un hémisphere étranger avec lequel elles n'ont aucun rapport qui décele une descendance marquée.

Quoiqu'il en soit, & de leur origine & de leur ancienneté très-incertaines, un objet de curiosité plus intéressant peut-être, est de savoir ou d'examiner si ces nations encore à demi-sauvages, sont plus ou moins heureuses que nos peuples civilisés.

C'est dans la nature de l'homme qu'il faut chercher ses moyens de bonheur. Que lui faut-il pour être aussi heureux qu'il peut l'être? La subsistance pour le présent, & s'il pense à l'avenir, l'espoir & la certitude de ce premier bien. Or l'homme sauvage, que les sociétés policées n'ont pas repoussé ou contenu dans les zones glaciales, manque-t-il de ce nécessaire absolu? S'il ne fait pas des provisions, c'est que la terre & la mer sont des magasins & des réservoirs toujours ouverts à ses besoins. La pêche ou la chasse sont de toute l'année, ou suppléant à la stérilité des saisons mortes. Le sauvage n'a pas des maisons bien fermées, ni des foyers commodes ; mais ses fourrures lui servent de toit, de vêtement & de poêle. Il ne travaille que pour sa propre utilité, dort quand il est fatigué, ne connoît ni les veilles ni les insomnies. La guerre est pour lui volontaire. Le péril, comme le travail, est une condition de sa nature, & non une profession de sa naissance ; un devoir de la nation, non une servitude de famille. Le sauvage est sérieux, & point triste : on voit rarement sur son front l'empreinte des passions & des maladies qui laissent des traces si hideuses ou si funestes. Il ne peut manquer de ce qu'il ne defire point, ni desirer ce qu'il ignore. Les commodités de la vie sont la plupart des remedes à des maux qu'il ne sent pas. Les plaisirs sont un soulagement des appétits que rien n'excite dans ses sens. L'ennui n'entre guere dans son ame qui n'éprouve ni privations, ni besoin de sentir, ou d'agir, ni ce vuide créé par les préjugés de la vanité. En un mot le sauvage ne souffre que les maux de la nature.

Mais l'homme civilisé qu'a-t-il de plus heureux ? Sa nourriture est plus saine & plus délicate que celle de l'homme sauvage. Il a des vêtemens plus doux, un asyle mieux défendu contre l'injure des saisons. Mais le peuple qui doit faire la base & l'objet de la police sociale ; cette multitude d'hommes qui dans tous les états supporte les travaux pénibles & les charges de la société ; le peuple vit-il heureux, soit dans ces empires où les suites de la guerre & l'imperfection de la police l'ont mis dans l'esclavage, soit dans ces gouvernemens où les progrès du luxe & de la politique l'ont conduit à la servitude ? Les gouvernemens mitoyens laissent entrevoir quelques rayons de félicité dans une ombre de liberté ; mais à quel prix est-elle achetée cette sécurité ? Par des flots de sang qui repoussent quelques instans la tyrannie, pour la laisser retomber avec plus de fureur & de férocité sur une nation tôt ou tard opprimée. Voyez comment les Caligula, les Nérons ont vengé l'expulsion des Tarquins & la mort de César.

La tyrannie, dit-on, est l'ouvrage des peuples & non des rois. Pourquoi la souffre-t-on ? Pourquoi ne réclame-t-on pas avec autant de chaleur contre les entreprises du despotisme, qu'il emploie de violence & d'artifice pour s'emparer de toutes les facultés des hommes ? Mais est-il permis de se plaindre & de murmurer sous les verges de l'oppresseur ? N'est-ce pas l'irriter, l'exciter à frapper jusqu'au dernier soupir de la victime ? A ses yeux, les cris de la servitude sont une rébellion. Il faut les étouffer sourdement dans une prison, quand on ne l'ose pas ouvertement sur un échaffaud. L'homme qui revendiqueroit les droits de l'homme, périroit dans l'abandon ou dans l'infamie. On est donc réduit à souffrir l'autorité, soit injuste, soit légitime.

Dès-lors à quels outrages l'homme civil n'est-il pas exposé ? S'il a quelque propriété, jusqu'à quel point en est-il assuré, quand il est obligé d'en partager le produit, entre l'homme de cour qui peut attaquer son fonds, l'homme de loi qui lui vend les moyens de le conserver, l'homme de guerre qui peut le ravager, & l'homme de finance qui peut y lever des droits toujours illimités dans le pouvoir qui les exige ? Sans propriété, comment se promettre une subsistance durable ? Quel est le genre d'industrie à l'abri des événemens de la fortune & des atteintes de l'autorité ?

Dans les bois de l'Amérique, si la disette regne au nord, on dirige ses courses au midi. Le vent ou le soleil menent une peuplade errante aux climats les moins rigoureux. Entre les portes & les barrieres qui ferment nos états policés, si la famine, ou la guerre, ou la peste, répandent la mortalité dans l'enceinte d'un empire, c'est une prison où l'on ne peut que périr dans les langueurs de la misere, ou les horreurs du carnage. L'homme qui s'y trouve né pour son malheur, s'y voit condamné à souffrir toutes les vexations que l'inclémence des saisons & l'injustice des gouvernemens y peuvent exercer.

Dans les campagnes, le colon serf de la glébe ou mercenaire libre, remue toute l'année des terres dont le sol & le fruit ne lui appartiennent point, trop heureux quand ses travaux assidus lui valent une portion des récoltes qu'il a semées. Observé, tourmenté par un propriétaire inquiet & dur qui lui dispute jusqu'à la paille, où la fatigue va chercher un sommeil court & troublé, ce malheureux s'expose chaque jour à des maladies, qui jointes à la disette où sa condition le réduit lui font desirer la mort plutôt qu'une guérison dispendieuse & suivie d'infirmités & de travaux. Tenancier ou sujet, esclave à double titre ; s'il a quelques arpens, un seigneur y va recueillir ce qu'il n'a point semé : n'eut-il qu'un attelage de bœufs ou de chevaux, on les lui fait traîner à la corvée : s'il n'a que sa personne ; le prince l'enleve pour la guerre. Par-tout des maîtres, & toujours des vexations.

Dans les villes, l'ouvrier & l'artisan sans attelier, subissent la loi de chefs avides & oisifs qui par le privilége du monopole ont acheté du gouvernement le pouvoir de faire travailler l'industrie pour rien, & de vendre leurs ouvrages à-très-haut prix. Le peuple n'a que le spectacle du luxe dont il est doublement la victime, & par les veilles & les fatigues qu'il lui coûte, & par l'insolence d'un faste qui l'humilie & l'écrase.

Enfin quand on supposeroit que les travaux & les périls de nos métiers destructeurs, des carrieres, des mines, des forges & de tous les arts à feu, de la navigation & du commerce dans toutes les mers, seroient moins pénibles, moins nuisibles que la vie errante des sauvages chasseurs ou pêcheurs : quand on croiroit que des hommes qui se lamentent pour des peines, des affronts, des maux qui ne tiennent qu'à l'opinion, sont moins malheureux que des sauvages qui dans les tortures & les supplices même ne versent pas une larme ; il resteroit encore une distance infinie entre le sort de l'homme civil & celui de l'homme sauvage, différence toute entiere au désavantage de l'état social : c'est l'inégalité des fortunes & sur-tout des conditions.

En vain l'habitude, les préjugés, l'ignorance & le travail abrutissent le peuple au point de ne pas sentir sa dégradation : ni la religion, ni la morale, ne peuvent lui fermer les yeux sur l'injustice de la répartition des maux & des biens de la condition humaine, dans l'ordre politique. Combien de fois a-t-on entendu l'homme du peuple, demander au ciel quel étoit son crime, pour naître sur la terre dans un état d'indigence & de dépendance extrêmes ? Y eût-il de grandes peines inséparables des conditions élevées, ce qui peut-être anéantit tous les avantages & la supériorité de l'état civil sur l'état de nature, l'homme obscur & rampant qui ne connoît pas ces peines, ne voit dans un haut rang qu'une abondance qui fait sa pauvreté. Il envie à l'opulence, des plaisirs dont l'habitude même ôte le sentiment au riche qui peut en jouir. Quel est le domestique qui peut aimer son maître, & qu'est-ce que l'attachement des valets ? Quel est le prince vraiment chéri de ses courtisans, à moins qu'il ne soit haï de ses sujets ? Que si nous préférons notre état à celui des peuples sauvages, c'est par l'impuissance où la vie civile nous a réduits de supporter certains maux de la nature, où le sauvage est plus exposé que nous; c'est par l'attachement à certaines douceurs dont l'habitude nous a fait un besoin. Encore dans la force de l'âge, un homme civilisé s'accoutumera-t-il avec des sauvages, à rentrer même dans l'état de nature : témoin cet Ecossois qui jetté & abandonné seul dans l'isle Fernandez, ne fut malheureux que jusqu'au tems où les besoins physiques l'occuperent assez pour lui faire oublier sa patrie, sa langue, son nom, & jusqu'à l'articulation des mots. Après quatre ans, cet Européen se sentit soulagé du grand fardeau de la vie sociale, quand il eût le bonheur d'avoir perdu l'usage de la réflexion & de la pensée qui le ramenoient vers le passé, ou le tourmentoient de l'avenir.

Enfin le sentiment de l'indépendance étant un des premiers instincts de l'homme, celui qui joint à la jouissance de ce droit primitif, la sûreté morale d'une subsistance suffisante est incomparablement plus heureux que l'homme riche environné de loix, de maîtres, de préjugés & de modes qui lui font sentir à chaque instant la perte de sa liberté. Comparer l'état des sauvages à celui des enfans, n'est-ce pas décider la question si fortement débattue entre les philosophes, sur les avantages de l'état de nature & de l'état social. Les enfans, malgré les gênes de l'éducation, ne sont-ils pas dans l'âge le plus heureux de la vie humaine ? Leur gaieté habituelle, tant qu'ils ne sont pas sous la verge du pédantisme, n'est-elle pas le plus sûr indice du bonheur qui leur est propre ? C'est peut-être s'arrêter trop long-tems sur un parallele dont le résultat ne peut que devenir affligeant, par une injuftice naturelle de cet amour propre qui nous appéfantit plus fortement fur les maux que fur les biens de notre condition. Un mot peut terminer ce grand procès. Demandez à l'homme civil s'il eft heureux ; demandez à l'homme fauvage s'il eft malheureux : s'ils répondent l'un & l'autre, non ; la difpute eft finie. Mais reportons nos regards de l'état moral des Amériquains vers l'état phyfique de leur pays. Voyons ce qu'il étoit avant l'arrivée des Anglois, & ce qu'il eft devenu fous leurs mains.

Les premiers Européens qui allerent former les colonies Angloifes, trouverent d'immenfes forêts. Les gros arbres que la terre y avoit pouffés jufqu'aux nues, y étoient embarraffés de plantes rampentes qui en interdifoient l'approche. Des bêtes féroces rendoient ces bois encore plus inacceffibles. On n'y rencontroit que quelques fauvages hériffés du poil & de la dépouille de ces monftres. Les humains épars fe fuyoient ou ne fe cherchoient que pour fe détruire. La terre y fembloit inutile à l'homme, & s'occuper moins à le nourrir, que fe peupler d'animaux plus dociles aux loix de la nature. Elle produifoit tout à fon gré, fans aide & fans maître; elle entaffoit toutes fes productions avec une profufion indépendante, ne voulant être belle & féconde que pour elle-même, non pour l'agrément & la commodité d'une feule efpece d'êtres. Les fleuves tantôt couloient librement au milieu des forêts, tantôt dormoient & s'étendoient tranquillement au fein de vaftes marais, d'où fe répandant par diverfes iffues, ils enchaînoient, ils enfermoient des ifles dans une multitude de bras. Le printems renaiffoit des débris de l'automne. Les feuilles féchées & pourries au pied des arbres, leur redonnoient une nouvelle seve qui répousfoit des fleurs. Des troncs creusés par le tems, servoient de retraite à d'innombrables oiseaux. La mer bondissant sur les côtes & dans les golfes qu'elle se plaisoit à ronger, à creneler, y vomissoit par bandes des monstres amphibies, d'énormes cétacées, des tortues & des crabes qui venoient se jouer sur des rives désertes, s'y livrer ces combats amoureux qui font le plus doux triomphe de la nature. C'est-là qu'elle exerçoit sa force créatrice, en se repeuplant d'essaims toujours nouveaux des grandes espèces qu'elle couve dans les abîmes de l'océan. La mer & la terre étoient libres.

Tout à coup l'homme y parut, & l'Amérique septentrionale changea de face. Il y porta la regle & la faux de la symétrie, avec les instrumens de tous les arts. Aussi-tôt des bois impraticables s'ouvrent, & reçoivent dans de larges clarieres des habitations commodes. Les animaux destructeurs cédent la place à des troupeaux domestiques. De riches moissons chassent des ronces arides. Les eaux abandonnent une partie de leur domaine, & s'écoulent dans le sein de la terre ou de la mer par des canaux profonds. Les côtes se remplissent de cités, les anses de vaisseaux; & le nouveau monde subit le joug de l'homme à l'exemple de l'ancien. Quels ressorts puissans ont élevé ce merveilleux édifice de l'industrie & de la politique Européenne? Reprenons le tableau par ses détails. Dans l'enfoncement est un objet isolé qui ne fait point masse avec l'ensemble. C'est la baie d'Hudson.

Ce détroit, dont la profondeur est de dix degrés, est formé par l'océan dans les régions éloignées au nord de l'Amérique. Son embouchure a six lieues de largeur. L'entrée n'en est praticable que depuis le commencement de juillet jusqu'à la fin de septembre : encore est-elle alors assez dangereuse. Les vaisseaux ont à s'y préserver des montagnes de glace auxquelles des navigateurs ont donné quinze à dix-huit cens pieds d'épaisseur, & qui s'étant formées par un hiver permanent de cinq ou six ans dans de petits golfes éternellement remplis de neige, en ont été détachées par les vents de nord-ouest, ou par quelque cause extraordinaire. Le plus sûr moyen d'éviter ce péril, est de ranger du plus près qu'il est possible la côte du nord, que la direction des vents & des courans, tient sans doute plus libre ou moins embarassée.

Le vent du nord-ouest qui regne presque continuellement durant l'hiver & très-souvent en été, excite dans la baie même des tempêtes effroyables. Elles sont d'autant plus à craindre que des bas fonds y sont très-communs. Heureusement on trouve de distance en distance des groupes d'isles assez élevées pour offrir un asyle aux vaisseaux. Outre ces petits archipels, on voit dans l'étendue de ce golfe des masses isolées de rochers nuds & sans arbres. A l'exception de l'algue marine qui s'y trouve très-longue, cette mer produit aussi peu de végétaux que les autres mers du nord.

Dans les contrées qui bordent cette baie, le soleil ne se leve, ne se couche jamais sans un grand cône de lumiere. Lorsque ce phénomene a disparu, l'aurore boréale en prend la place, & blanchit l'hémisphere de rayons colorés & si brillans, que leur éclat n'est pas même effacé par la pleine lune. Cependant le ciel est rarement serein. Dans le printems & dans l'automne, l'air est habituellement rempli de brouillards épais, & durant l'hiver d'une infinité de petites fleches glaciales sensibles à l'œil. Quoique les chaleurs de l'été soient assez vives durant deux mois ou six semaines, le tonnerre & les éclairs sont rares. Les exhalaisons sulphureuses y sont trop dispersées sans doute. Cependant elles sont quelquefois enflammées par les aurores boréales. Cette flamme légere brûle les écorces des arbres, mais sans en attaquer le corps.

Un des effets du froid rigoureux ou de la neige qui regne dans ce climat, est de rendre blancs en hiver, les animaux qui sont de leur nature, bruns ou gris. Tous ont reçu de la nature des fourrures douces, longues, & épaisses; mais dont le poil tombe à mesure que le tems s'adoucit. Les pattes, la queue, les oreilles, toutes les parties où la circulation est moins vive, parce qu'elles sont le plus éloignées du cœur, se trouvent fort courtes dans la plupart de ces quadrupedes. Si quelques-uns ont ces extrêmités plus longues, elles sont extrêmement touffues. Sous ce ciel triste & morne, toutes les liqueurs deviennent solides en se gelant, & rompent leurs vaisseaux de quelque matiere qu'ils puissent-être. L'esprit de vin même y perd sa fluidité, jusqu'à prendre la consistance des onguens. Le verre & le fer y contractent un tel degré du froid, qu'il faut une chaleur longue & très-forte pour le dissiper. Il n'est pas extraordinaire de voir des morceaux de roc brisés & détachés de masses plus considérables par la force expensive de la gelée. On a de plus observé que ces effets assez communs durant tout l'hiver, étoient beaucoup plus terribles à la nouvelle, à la pleine lune, qui dans ces contrées a sur le tems une influence tout à fait sensible.

On a découvert sous cette zone glaciale du fer, du plomb, du cuivre, du marbre, une substance analogue au charbon de terre & qui brûle comme cette mine. Le sol y est d'ailleurs d'une stérilité extrême. A la réserve des côtes le plus communément marécageuses où il croît un peu d'herbe & quelques bois mous, le reste du pays ne présente guere qu'une mousse fort haute, & de foibles arbrisseaux assez clair semés.

Tout s'y ressent de la stérilité de la nature. Les hommes y sont en petit nombre, & d'une taille qui n'excede guere quatre pieds. Comme les enfans, ils ont la tête énorme à proportion de leur corps. La petitesse de leurs pieds rend leur marche vacillante & mal assurée. De petites mains une bouche ronde; ce qui seroit un agrément en Europe, est presque une difformité chez ce peuple, parce qu'on n'y voit que l'effet d'une foiblesse d'organisation, d'un froid qui resserre & contraint l'essor de la croissance, les progrès de la vie animale & végétale. Quoique sans poil & sans barbe, tous les hommes, même les jeunes gens, ont un air de vieillesse. Ce désagrément vient en partie de la conformation de la levre inférieure, qu'ils ont grosse, charnue & plus avancée que la levre supérieure. Tels sont les Eskimaux, qui habitent non-seulement le Labrador où ils ont pris leur nom, mais encore les contrées qui s'étendent depuis la pointe de Belle-Isle jusqu'aux régions les plus septentrionales de l'Amérique.

Ceux de la baie d'Hudson, ont comme ceux du Groenland le visage plat, le nez petit mais non-écrasé, non-écrafé, la prunelle jaunâtre, & l'iris noir. Leurs femmes ont des caracteres de laideur qui font particulieres à leur fexe, entr'autres des mamelles longues & mollaffes. Ce défaut qui n'eft pas naturel provient de l'habitude où elles font d'allaiter leurs enfans jufqu'à l'âge de cinq ou fix ans. Comme elles les portent fouvent fur leurs épaules, ces nourriffons leur tirent fortement les mamelles avec les mains, & s'y tiennent, pour ainfi dire fufpendus.

Les Eskimaux n'ont, ni hordes entiérement noires, comme on a prétendu le foutenir & l'expliquer, ni des habitations creufées fous terre. Comment pourroient-ils excaver un fol que le froid rend plus dur que la pierre? Comment vivroient-ils dans des creux où ils feroient fubmergés à la moindre fonte des neiges?

Croiroit-on que ces peuples paffent l'hiver fous des huttes conftruites à la hâte de cailloux liés entr'eux par un ciment de glace, fans autre feu que celui d'une lampe allumée au milieu de la cabane, pour y faire cuire le gibier & le poiffon dont ils fe nourriffent? La chaleur de leur fang & de leur haleine, jointe à la vapeur de cette légere flamme fuffit pour changer leurs cafes en étuves.

Les Eskimaux vivent conftamment au voifinage de la mer, qui fournit à toutes leurs provifions. Leur fang & leur chair, la couleur & l'épiderme de leur peau, fe reffentent extrêmement de la qualité de leur nourriture. L'huile de Baleine qu'ils boivent, la chair de Chien-marin qu'ils mangent, leur donne un teint olivâtre, une odeur forte de poiffon, une fueur graffe & gluante, quelquefois un forte de lépre écailleufe.

Tome VI.

Auſſi les meres à l'exemple de Ourſes, léchent-elles leurs nouveaux nés.

Cette nation foible & dégradée par la nature, eſt intrépide ſur une mer continuellement périlleuſe. Avec des bateaux faits & couſus, pour ainſi dire, comme des Outres, ſi bien fermés que l'eau n'y peut entrer même par-deſſus, ils ſuivent les colonies de harengs dans toutes leurs émigrations du pole; ils affrontent les Baleines & les Chiens de mer dans une guerre où il va de la vie pour les combattans. La Baleine peut ſubmerger d'un coup de queue une centaine de ſes aggreſſeurs; le Chien-marin a des dents pour déchirer ceux qu'il ne peut noyer. Mais la faim des Eskimaux eſt plus forte que la rage des monſtres. Ils brûlent d'une ſoif dévorante pour l'huile de Baleine. Cette boiſſon entretient la chaleur de leur eſtomac, & les défend contre la rigueur du froid. Les hommes, les oiſeaux, les quadrupedes & les poiſſons du nord ſont tous pourvus par la nature d'une graiſſe qui ſemble empêcher leurs muſcles de ſe gêler, leur ſang de ſe figer. Tout eſt huileux ou gommé dans ces terres arctiques. Les arbres même y ſont réſineux.

Cependant les Eskimaux ont deux grands fléaux à craindre; la perte de la vue & le ſcorbut. La continuité de la neige, la réverbération des rayons du ſoleil ſur la glace, éblouiſſent tellement leurs yeux, qu'ils ſont obligés de porter preſque toujours des gardes-vue faits de deux planches minces, où l'on pratique avec une arête de poiſſon deux petites ouvertures au paſſage de la lumiere. Ces peuples environnés d'une longue nuit de ſix mois, voyent obliquement l'aſtre du jour. Encore ne semble-t-il les éclairer que pour les aveugler. Le plus doux présent de la nature, la lumiere est pour eux un don funeste. La plupart en sont privés de bonne heure.

Un mal plus cruel encore les consume lentement. Le scorbut s'attache à leur sang, en altere, en épaissit, en appauvrit la masse. Les brumes de la mer qu'ils respirent, les fleches du nitre qui leur percent les poumons, l'air épais & sans ressort qui regne dans l'intérieur de leurs cabanes fermées à toute communication avec l'air du dehors, l'inaction continuelle de leurs longs hivers, leurs travaux & leur loisir, une vie tour à tour errante & sédentaire : tout provoque en eux cette maladie scorbutique, qui pour comble de malignité devient contagieuse, se transmet par la cohabitation, & peut-être aussi par les voies de la génération.

Malgré ces incommodités, aucun peuple n'est plus passionné pour sa patrie que les Eskimaux. L'habitant du climat le plus fortuné, ne le quitte pas avec autant de regrets, qu'un de ces sauvages du nord en ressent, quand il s'est éloigné d'un ciel où la nature expire avec ses enfans. Mais c'est que ces peuples ont de la peine à respirer un air plus doux & plus tiede. Londres, Amsterdam & Copenhague, ces villes couvertes de brouillards & de vapeurs fétides, sont un séjour trop délicieux pour des Eskimaux. Peut-être aussi les mœurs des peuples policés sont-elles plus contraires que leur climat à la santé des sauvages ; s'il est vrai, comme on l'a prétendu, que des philosophes mêmes on fait mourir des Lappons qu'ils menoient avec eux. Les douceurs d'un François seroient donc un poison pour des Eskimaux.

Tels étoient les habitans du pays qui fut découvert en 1610 par Henry Hudson. Cet intrépide navigateur, en cherchant au nord-ouest un passage pour entrer dans la mer du sud, trouva ce détroit par lequel il espéroit ouvrir à l'Europe une nouvelle route de l'Asie par l'Amérique. Il osa pénétrer dans ce canal inconnu; il se disposoit à le parcourir jusqu'au bout : mais ses lâches & perfides compagnons le mirent avec sept autres dans une chaloupe, & l'exposerent sans provisions & sans armes à tous les périls de la mer & de la terre. Les barbares qui lui refusoient les secours de la vie, ne purent lui ôter la gloire de sa découverte. La baie où il entra le premier, est, & sera toujours la baie d'Hudson.

Les calamités inséparables des guerres civiles, firent perdre de vue en Angleterre une contrée éloignée qui n'avoit rien d'attrayant. Des jours plus sereins n'en avoient pas rappellé le souvenir, lorsque Groseillers & Radisson, deux François Canadiens, mécontens de leur patrie, avertirent les Anglois occupés à guérir par le commerce les plaies de la discorde, qu'il y avoit de grands profits à faire sur les pelleteries qu'ils pouvoient tirer d'une terre où ils avoient des droits. Ceux qui proposoient l'entreprise montrerent tant de capacité, qu'on les chargea de la commencer. Le premier établissement qu'ils formerent surpassa leurs espérances & leurs promesses.

Ce succès chagrina la France, qui craignit avec raison de voir passer à la baie d'Hudson les belles fourrures que lui fournissoient les contrées les plus septentrionales du Canada. Ses inquiétudes avoient pour base le témoignage unanime de ses coureurs de bois qui depuis 1656 s'étoient portés jusqu'à quatre fois sur les bords de ce détroit. On auroit bien desiré de pouvoir aller attaquer la nouvelle colonie par la même route qu'avoient suivie ses traiteurs; mais les distances furent jugées trop considérables, malgré les facilités qu'offroient les lacs & les rivieres. Il fut arrêté que l'expédition se feroit par mer; & elle fut confiée à Groseillers & à Radisson dont on avoit ramené l'inconstance; soit que tout homme revienne aisément à sa patrie, ou qu'un François n'ait besoin que de quitter la sienne pour l'aimer.

Ces deux hommes inquiets & audacieux partirent en 1682 de Quebec sur deux bâtimens mal équipés. A leur arrivée ne se trouvant pas assez puissans pour attaquer l'ennemi, ils se contenterent d'élever un fort au voisinage de celui qu'ils s'étoient flattés d'emporter. Alors on vit naître entre les deux compagnies l'une établie en Canada, l'autre en Angleterre, pour le commerce exclusif de la baie, une rivalité qui devoit toujours croître dans les combats de cette funeste jalousie. Leurs comptoirs réciproques furent pris & repris. Ces misérables hostilités n'auroient pas discontinué sans doute, si les droits jusqu'alors partagés, n'avoient pas été réunis en faveur de la Grande Bretagne par la paix d'Utrecht.

La baie d'Hudson n'est à proprement parler qu'un entrepôt de commerce. La rigueur du climat y a fait périr tous les grains semés à plusieurs reprises, y a interdit aux Européens tout espoir de culture, & par conséquent de population. On ne trouve sur ces immenses côtes que quatre-vingt-dix ou cent soldats & facteurs, enfermés dans quatre mauvais forts dont celui d'Yorck est le principal. Leur occupation est de recevoir les pelleteries que les sauvages voisins viennent échanger contre quelques marchandises dont on leur a fait connoître & chérir l'usage.

Quoique ces fourrures soient fort supérieures à celles qui sortent des contrées moins septrionales, on les obtient à meilleur marché. Les sauvages donnent dix Castors pour un fusil ; deux pour une livre de poudre ; un Castor pour quatre livres de plomb ; un pour une hache ; un pour six couteaux ; deux Castors pour une livre de grains de verre ; six pour un surtout de drap ; cinq pour une juppe ; un Castor pour une livre de tabac. Les miroirs, les peignes, les chaudieres, l'eau-de-vie ne valent pas moins de Castors à proportion. Comme le Castor est la mesure commune des échanges, un second tarif aussi frauduleux que le premier exige deux peaux de Loutre ou trois peaux de Martre à la place d'une peau de Castor. A cette tyrannie autorisée se joint une tyrannie au moins tolérée. On trompe habituellement les sauvages sur la mesure, sur le poids, sur la qualité de ce qu'on leur livre ; & la lésion est à peu près d'un tiers.

Ce brigandage méthodique doit faire deviner que le commerce de la baie d'Hudson est soumis au monopole. La compagnie qui l'exerce a trois mille cinq cens livres sterlings de fonds. Ces modiques avances lui valent un retour de quarante ou cinquante mille peaux de Castor ou d'autres animaux, objet précieux d'un bénéfice outré qui excite l'envie & les murmures de la nation. Les deux tiers de ces belles fourrures sont consommés en nature dans les trois royaumes, ou employés dans les manufactures nationales. Le reste passe en Allemagne où le climat lui ouvre un débouché fort avantageux.

Mais ce n'est, ni l'extraction de ces sauvages richesses, ni l'accroissement que ce commerce pourroit recevoir s'il devenoit libre, qui ont fixé l'attention de l'Angleterre & de l'Europe entiere sur cette partie glaciale du nouveau monde. La baie d'Hudson a été long-tems regardée, on la regarde encore comme la route la plus courte de l'Europe aux indes orientales, aux contrées les plus riches de l'Asie.

Ce fut Cabot qui le premier eut l'idée d'un passage par le nord-ouest à la mer du sud. Ses succès se terminerent à la découverte de l'isle de Terre-neuve. On vit entrer après lui dans la carriere un grand nombre de navigateurs Anglois dont plusieurs eurent la gloire d'imprimer leur nom à des côtes sauvages que nul mortel n'avoit abordées avant eux. Ces mémorables & hardies expéditions eurent plus d'éclat que d'utilité. La plus heureuse ne donna pas la moindre conjecture sur le but qu'on se proposoit. Les Hollandois avec des efforts moins répétés, moins vigoureux, ne devoient pas y parvenir. On croyoit enfin que c'étoit courir après des chimeres lorsque la découverte de la baie d'Hudson ranima des espérances prêtes à s'éteindre.

A cette époque une ardeur nouvelle fait recommencer les travaux. Tandis que l'ancienne Angleterre est absorbée par ses guerres intestines, ou découragée par des tentatives inutiles, c'est la nouvelle Angleterre qui prend sa place dans la poursuite d'un projet où l'avantage de sa situation l'incline plus fortement. Cependant les voyages se multiplient plus que les lumieres. L'opposition des navigateurs partagés entre la possibilité, la probabilité, la certitude du paſſage que l'on cherche, tient la nation entiere dans un doute pénible. Loin de répandre du jour, les relations qu'on publie épaiſſiſſent le nuage. Elles ſont ſi confuſes, ſi myſtérieuſes, ſi remplies de réticences, d'ignorance ou de mauvaiſe foi, qu'avec la plus vive impatience de prononcer, on n'oſe aſſeoir un jugement ſur des témoignages ſi ſuſpects. Arrive enfin la fameuſe expédition de 1746, d'où l'on voit ſortir quelques clartés après des ténebres profondes qui duroient depuis deux ſiecles. Sur quoi les derniers navigateurs fondent-ils de meilleures eſpérances ? D'après quelles expériences oſent-ils former leurs conjectures ? C'eſt ce qui mérite une diſcuſſion.

Trois vérités dans l'hiſtoire de la nature, doivent paſſer déſormais pour démontrées. La premiere eſt que les marées viennent de l'océan, & qu'elles entrent plus ou moins avant dans les autres mers, à proportion que ces divers canaux communiquent avec le grand réſervoir par des ouvertures plus ou moins conſidérables; d'où il s'enſuit que ce mouvement périodique n'excite point, ou ne ſe fait preſque pas ſentir dans la méditerranée, dans la baltique, & dans les autres golfes qui leur reſſemblent. La ſeconde vérité de fait, eſt que les marées arrivent plus tard & plus foibles dans les lieux éloignés de l'océan que dans les endroits qui le ſont moins. La troiſieme eſt que les vents violents qui ſoufflent avec la marée, la font monter au-delà de ſes bornes ordinaires, & qu'ils la retardent en la diminuant, lorſqu'ils ſoufflent dans un ſens contraire.

D'après ces principes, il eſt conſtant que ſi la baie d'Hudſon étoit un golfe enclavé dans des terres & qu'il ne fut ouvert qu'à la mer atlantique, la marée y devroit être peu marquée, qu'elle devroit s'affoiblir en s'éloignant de sa source, & qu'elle devroit perdre de sa force lorsqu'elle auroit à lutter contre les vents. Or il est prouvé par des observations faites avec la plus grande intelligence, avec la plus grande précision, que la marée s'éleve à une grande hauteur dans toute l'étendue de la baie. Il est prouvé qu'elle s'éleve à une plus grande hauteur au fond de la baie que dans le détroit même ou au voisinage. Il est prouvé que cette hauteur augmente encore, lorsque les vents opposés au détroit se font sentir. Il doit donc être prouvé que la baie d'Hudson a d'autres communications avec l'océan que celle qu'on a déja trouvée.

Ceux qui ont cherché à expliquer des faits si frappans en supposant une communication de la baie d'Hudson avec celle de Baffin, avec le détroit de Davis, se sont manifestement égarés. Ils ne balanceroient pas à abandonner leur conjecture, qui n'a d'ailleurs aucun fondement, s'ils vouloient faire attention que la marée est beaucoup plus basse dans le détroit de Davis, dans la baie de Baffin que dans celle d'Hudson.

Si les marées qui se font sentir dans le golfe dont il s'agit ne peuvent venir, ni de l'océan atlantique, ni d'aucune autre mer septentrionale où elles sont toujours beaucoup plus foibles, on ne pourra s'empêcher de penser qu'elles doivent avoir leur source dans la mer du sud. Ce système doit tirer un grand appui d'une vérité incontestable; c'est que les plus hautes marées qui se fassent remarquer sur ces côtes, sont toujours causées par les vents du nord-ouest qui soufflent directement contre ce détroit.

Après avoir constaté autant que la nature le

permet l'exiſtance d'un paſſage ſi long-tems & ſi inutilement deſiré, il reſte à déterminer dans quelle partie de la baie il doit ſe trouver. Tout invite à croire que le Welcombe à la côte occidentale doit fixer les efforts dirigés juſqu'ici de toutes parts, ſans choix & ſans méthode. On y voit le fond de la mer, à la profondeur d'onze braſſes: c'eſt un indice que l'eau y vient de quelque océan, parce qu'une ſemblable tranſparence eſt incompatible avec des décharges de rivieres, de neiges fondues & de pluies. Des courans dont on ne ſauroit expliquer la violence qu'en les faiſant partir de quelque mer occidentale, tiennent ce lieu débaraſſé de glaces, tandis que le reſte du golfe en eſt entiérement couvert. Enfin les Baleines qui cherchent conſtamment dans l'arriere ſaiſon à ſe retirer dans des climats plus chauds, s'y trouvent en fort grand nombre à la fin de l'été, ce qui paroît indiquer un chemin pour ſe rendre, non à l'océan ſeptentrional, mais à la mer du ſud.

Il eſt raiſonnable de conjecturer que le paſſage eſt court. Toutes les rivieres qui ſe perdent dans la côte occidentale de la baie d'Hudſon ſont foibles & petites, ce qui paroît prouver qu'elles ne viennent pas de loin, & que par conſéquent les terres qui ſéparent les deux mers ont peu d'étendue. Cet argument eſt fortifié par la force & la régularité des marées. Par-tout où le flux & le reflux obſervent des tems à peu près égaux, avec la ſeule différence qui eſt occaſionnée par le retardement de la lune dans ſon retour au méridien, on eſt aſſuré de la proximité de l'océan d'où viennent ces marées. Si le paſſage eſt court, & qu'il ne ſoit pas avancé dans le nord, comme tout l'indique, on doit préſumer qu'il n'eſt pas difficile. La rapidité des courans qu'on obferve dans ces parages & qui ne permettent pas aux glaces de s'y arrêter ne peut que donner du poid à cette conjecture.

L'utilité, les avantages de la découverte qui refte à faire font fi fenfibles, qu'il y auroit de l'inconféquence à l'abandonner. Si le paffage qu'on cherche étoit ouvert, il fe formeroit d'abord des liaifons entre les pays que la nature fembloit avoir féparés jufqu'à préfent. Elles s'étendroient bientôt au continent de la mer du fud, & dans les nombreufes ifles répandues fur cet océan immenfe. La communication ouverte depuis près de trois fiécles entre les peuples commerçans de l'Europe & les pays des Indes orientales les plus reculés, heureufement débaraffée de fes longueurs, deviendroit plus vive, plus fuivie, plus confidérable. On ne peut guere douter que les Anglois n'euffent l'ambition de jouir exclufivement du fruit de leur activité & de leurs dépenfes. Ce defir eft dans la nature, & de grandes forces l'appuyeroient. Cependant comme cet avantage n'eft pas de ceux dont il foit poffible de fe referver toujours la poffeffion, on peut prédire que toutes les nations le partageroient avec le tems. A cette époque, le détroit de Magellan, le cap de Horn feront entiérement abandonnés, & le cap de Bonne-Efpérance beaucoup moins fréquenté.

Quelles que puiffent être les fuites de la découverte, il eft de l'intérêt comme de la dignité de la Grande Bretagne de ne s'arrêter dans fes tentatives que lorfqu'elle aura réuffi à la faire, ou que l'impoffibilité lui en foit démontrée. La réfolution qu'elle a prife en 1745 de promettre une récompenfe confidérable aux navigateurs qui réussiroient dans ce grand projet, montre sa sagesse jusques dans sa générosité; mais ne suffit pas pour atteindre au but qu'elle se propose. Le ministere Anglois ne peut ignorer que les efforts de l'état ou des particuliers n'y parviendront pas, jusqu'à ce que le commerce de la baie d'Hudson soit entiérement libre. La compagnie qui l'exerce depuis 1670, non contente de négliger l'objet de son institution, en ne faisant aucune démarche pour découvrir le passage du nord-ouest, a contrarié de toutes ses forces ceux que l'amour de la gloire ou d'autres motifs poussoient à cette grande entreprise. Rien ne peut changer cet esprit d'iniquité qui tient à l'essence même du monopole.

Heureusement le privilege exclusif qui regne à la baie d'Hudson, & semble y fermer la voie aux lumieres comme aux richesses des nations, ne tient pas sous le joug l'isle de Terre-neuve. Située entre les quarante-six & cinquante-deux degrés de latitude nord, elle n'est séparée de la côte de Labrador que par un canal de médiocre largeur, connu sous le nom de détroit de Belle-Isle. Sa forme triangulaire renferme un peu plus de trois cens lieues de circonférence. On ne peut parler que par conjecture de son intérieur, parce qu'on n'y a jamais pénétré bien avant, & que vraisemblablement personne n'y pénétrera par la difficulté de le tenter, & l'inutilité du moins apparente d'y réussir. Le peu qu'on en connoît est rempli de rochers escarpés, de montagnes couronnées de mauvais bois, de vallées étroites & sablonneuses. Ces lieux inaccessibles sont remplis de bêtes fauves qui s'y multiplient d'autant plus aisément qu'on ne sauroit les y poursuivre. Jamais on n'y a vu d'autres sauvages que quelques

Eskimaux venus du continent dans la saison des chasses. La côte est par-tout remplie d'anses, de rades, de ports ; quelquefois couverte de mousse, mais plus communément de petits cailloux que la nature paroît avoir destinés à secher le poisson qu'on prend aux environs. On éprouve des chaleurs fort vives dans tous les endroits découverts, où des pierres plattes refléchissent les rayons du soleil. Le reste du pays est excessivement froid, moins à cause de sa position que des hauteurs, des forêts, des vents, sur-tout de ces monstrueuses glaces qui venues des mers du nord se trouvent arrêtées sur ses rivages & y séjournent. Les quartiers situés au nord & à l'ouest jouissent constamment du ciel le plus pur : il est beaucoup moins serein à l'est & au sud, trop voisins du grand banc où il regne un brouillard perpétuel.

La découverte de Terre-neuve fut faite en 1497 par le Vénitien Cabot qui naviguoit pour l'Angleterre. Il n'y forma aucun établissement. Les voyages entrepris successivement pour examiner quels avantages on pourroit tirer de cette isle, firent juger qu'ils se réduiroient à pêcher de la Morue qui y étoit extrêmement commune. De petits bâtimens partis d'Europe au printemps, y revenoient dans l'automne avec des carguaisons entieres de ce poisson, tant seché que salé. La consommation en devint presque universelle, & familiere sur-tout à l'Eglise Romaine. Les Anglois profiterent de cette foiblesse des Catholiques pour s'enrichir aux dépens du Clergé qui s'étoit autrefois engraissé du suc de l'Angleterre. Ils penserent à former des habitations fixes à Terreneuve. Celles qu'on commença de loin en loin, ne prospérerent pas. Elles furent toutes abandonnées, peu de tems après leur fondation. La première qui eut de la solidité ne remonte pas au-delà de 1608. Ce succès inspira une telle émulation que quarante ans après, tout l'espace qui s'étend sur la côte orientale depuis la baie de la Conception jusqu'au cap de Raze, étoit occupé par quatre mille ames. Les pêcheurs placés à quelque distance les uns des autres, par la nature du terrein & de leurs occupations, pratiquerent entr'eux des communications faciles par des chemins coupés dans les bois. Leur point général de réunion étoit à Saint Jean. Ils trouvoient dans cet excellent port, ouvert entre deux montagnes séparées d'un jet de pierre, & propre à recevoir plus de deux cens navires, des armateurs venus de la métropole, qui pourvoyoient à leurs besoins, en échange des produits de la pêche.

Les François n'avoient pas attendu ces progrès du commerce Anglois, pour tourner leurs regards vers Terre-neuve. Ils fréquentoient depuis longtems la partie méridionale de l'isle ; & les Malouins en particulier arrivoient tous les ans en grand nombre dans un lieu qu'ils avoient nommé le Petit Nord. Quelques-uns d'entr'eux se fixerent confusément sur la côte depuis le cap de Raze jusqu'au Chapeau Rouge ; il se forma même insensiblement une espece de bourgade dans la baie de Plaisance qui réunissoit toutes les commodités qu'on pouvoit desirer pour une pêche heureuse.

Au devant de cette baie est une rade d'une lieue & demie d'étendue, mais qui n'est pas assez à l'abri des vents de nord-nord, ouest, qui soufflent avec beaucoup d'impétuosité. Le goulet qui donne entrée dans la baie, est si resserré par des rochers, qu'il n'y peut passer qu'un bâtiment à la fois ; encore faut-il le touer pour le faire arriver. À l'extrêmité de la baie qui a dix-huit lieues de profondeur, est un port très-sûr qui peut contenir cent cinquante vaisseaux. Quoique cette position fut propre à assurer à la France la pêche entiere de la côte méridionale de Terreneuve, le ministere de Versailles s'en occupoit fort peu. Ce ne fut qu'en 1687 qu'on bâtit à l'entrée du goulet un petit fort, où l'on mit une garnison de cinquante hommes.

Jusqu'à cette époque, les habitans que le besoin avoit établis sur cette terre stérile & sauvage, étoient restés dans un heureux oubli. Alors commença un systême d'oppression qui s'entretint constamment & qui s'affermit par l'avidité des commandans qui se succéderent. Cette tyrannie qui ne permit jamais aux colons d'arriver au degré d'aisance nécessaire pour pousser leurs travaux avec succès, devoit empêcher aussi qu'ils ne se multipliassent. La pêche Françoise ne put donc monter au niveau de la pêche Angloise. Cependant la grande Bretagne n'oublia pas à Utrecht que ces voisins entreprenans, soutenus des Canadiens accoutumés aux courses, à la chasse, aux coups de main, à la petite guerre, avoient porté cent & cent fois la dévastation dans ses divers établissemens. C'en étoit assez pour lui faire demander la possession entiere de Terre-neuve ; & les malheurs de la France épuisée déterminerent à ce sacrifice. Cette puissance se réserva pourtant le droit de pêcher dans une partie de l'isle, & sur-tout le grand banc qui en étoit censé une dépendance.

Le poisson qui rend ces parages si célébres, c'est la morue. Jamais il n'a plus de trois pieds; & communément il en a beaucoup moins. L'océan n'en nourrit point dont la gueule soit plus large à proportion de la grandeur, ni qui soit aussi vorace. On trouve dans son corps jusqu'à des pots cassés, du fer & du verre. Son estomac ne digère pas ces matieres, comme on la cru long-tems : il se retourne comme une poche, & se décharge ainsi de tout ce qui l'incommode.

La Morue fraîche est très-délicate ; mais elle n'est pas un objet de commerce. Son unique destination est de servir de nourriture à ceux qui la pêchent. Salée & sechée, ou seulement salée, elle devient précieuse pour une grande partie de l'Amérique & de l'Europe. Celle qui n'est que salée se nomme Morue verte, & se pêche au grand banc.

Cette bande de terre est une de ces montagnes qui se forment sous les eaux, des débris du continent, que la mer emporte & accumule. Les deux extrêmités de ce banc se terminent tellement en pointe, qu'il n'est pas aisé d'en marquer exactement les bornes. On lui donne communément cent soixante lieues de long sur quatre-vingt-dix de large. Vers le milieu du côté de l'Europe, est une espece de baie qui a été nommée la Fosse. Les profondeurs dans tout cet espace sont fort inégales. Il s'y trouve depuis cinq jusqu'à soixante brasses d'eau. Le soleil ne s'y montre presque jamais ; & le ciel y est le plus souvent couvert d'une brume épaisse & froide. Les flots sont toujours agités, les vents toujours impétueux dans son contour ; ce qui doit venir de ce que la mer irréguliérement poussée par des courans qui portent tantôt d'un côté & tantôt de l'autre, heurte avec impétuosité contre des bords qui sont presque par-tout à pic, & en est repoussée avec la même violence. Cette cause est

d'autant

d'autant plus vraisemblable que sur le banc même, à quelque distance des bords, on est tranquille comme dans une rade, à moins d'un vent forcé qui vienne de plus loin.

La Morue disparoît presque toujours du grand banc & des petits bancs voisins depuis le milieu de juillet jusqu'à la fin d'août. A cet intervalle près, la pêche est pratiquée toute l'année. Les bâtimens qu'elle occupe sont depuis cinquante jusqu'à cent cinquante tonneaux, & n'ont pas moins de douze ni plus de vingt-cinq hommes d'équipage. Ces pêcheurs partent avec des lignes, & font provision en arrivant d'un poisson nommé Caplan qui sert d'amorce pour prendre la Morue.

Avant d'entrer en pêche, on fait une galerie depuis le grand mât en arriere, & quelquefois dans toute la longueur du navire. Cette galerie extérieure, est garnie de barils défoncés par le haut. Les matelots s'y mettent dedans, la tête garantie des injures du tems par un toit goudronné qui tient à ces barils. Ils coupent la langue à chaque Morue qu'ils prennent, & la livrent à un mousse pour la porter au décoleur. Celui-ci lui tranche la tête, lui arrache le foie, les entrailles, & la laisse tomber par un écoutillon dans l'entre-pont où l'habilleur lui tire l'arrête jusqu'au nombril, & la fait passer par un autre écoutillon dans la cale. C'est-là qu'elle est salée & rangée en piles. Le saleur a l'attention d'observer qu'il y ait entre les rangs qui forment les piles assez de sel pour que les couches de poisson ne se touchent pas, mais qu'il n'y en ait que ce qu'il faut. Le trop ou le trop peu de sel, est également dangereux : l'un & l'autre excès fait avarier la Morue.

Dans le droit naturel, la pêche du grand banc auroit dû être libre à tous les peuples. Cependant les deux puissances qui avoient formé des colonies dans le nord de l'Amérique étoient parvenues assez facilement à se l'approprier. L'Espagne qui seule y formoit quelques prétentions, & qui par la multitude de ses moines sembloit y avoir des droits fondés sur leurs besoins, les a sacrifiés dans la derniere paix. Il n'y a que les Anglois & les François qui fréquentent ces parages.

La France y a expédié en 1768 cent quarante-cinq navires qui tout neuf coûtoient deux millions cinq cens quarante-sept mille livres. Ces vaisseaux formant ensemble huit mille huit cens trente tonneaux, étoient montés par dix-sept cens hommes qui ont dû prendre chacun sept cens Morues. Selon ce calcul, dont des expériences répétées montrent la justesse, la pêche totale a dû s'élever à un million cent quatre-vingt-dix mille Morues.

On fait trois classes de ces Morues. La premiere est de celle qui ont vingt-quatre pouces ou davantage. La seconde de celles qui ont depuis dix-neuf jusqu'à vingt-quatre pouces. La troisieme de celles qui ont moins de dix-neuf pouces. S'il s'est trouvé dans la pêche, comme il arrive ordinairement, deux cinquiemes de bon poisson, deux cinquiemes de poisson médiocre, un cinquieme de poisson inférieur, & que ce poisson ait obtenu le prix commun de cent cinquante livres le cent marchand, la pêche entiere aura rendu un million cinquante mille livres.

Le cent marchand est composé de 136 Morues de la premiere classe, de 272 Morues de la seconde classe. Ces deux qualités obtiennent ordinairement du cent marchand le prix de 180 livres. Il ne faut que 136 Morues pour faire le cent marchand des Morues de la troisieme classes ; mais aussi ne se vend-t-il que le tiers des autres morues, c'est-à-dire 60 livres quand les autres en valent 180. Les 1190000 Morues effectives réduites au cent marchand de la maniere dont on l'a expliqué ne font que 700000 Morues qui à 150 livres le cent, prix commun des trois poissons ont produit un million cinquante mille livres. De cette somme, il a dû être distribué aux équipages pour leur cinquieme, deux cens dix mille livres. Il n'est donc resté pour les entrepreneurs que huit cens quarante mille livres. Ce produit est évidemment insuffisant. En voici la preuve.

Il faut en déduire le désarmement qui ne peut-être évalué pour les cent quarante-cinq navires à moins de 8700 livres. L'assurance de 2547000 livres à cinq pour cent doit monter à 127350 livres. Plus une pareille somme pour l'intérêt de l'argent. La valeur des navires doit former les deux tiers du capital de la mise hors, & être portée à 1698000 liv. en réduisant le dépérissement annuel de ces navires à cinq pour cent, il reste encore à défalquer du profit 84900 livres. Qu'on rassemble toutes ces sommes, & on trouvera une perte de 357300 l. qui répartie sur un capital de 2547000 livres, forme 14 livres 6 deniers pour cent de perte.

Ceux qui voudroient chercher un dédommagement dans l'huile que rend le foie de la Morue, dans sa langue & dans ses entrailles qu'on conserve en les salant, ne seroient pas satisfaits de leur spéculation. Ils trouveroient que ces minces objets sont à peine suffisans pour payer les honoraires des capitaines & les droits des commissions de vente.

Il faut absolument que le ministere de France renonce à la pêche de la Morue verte qui se consomme dans la capitale & dans les provinces septentrionales de la monarchie, ou qu'il supprime les droits de vingt-cinq pour cent qu'on fait payer à cette espece de consommation. Pour peu qu'il tarde encore de sacrifier à une branche très-précieuse d'industrie cette foible partie du revenu public, il aura la douleur de voir s'anéantir l'impôt avec la richesse qui le produit. L'habitude d'un commerce, l'espoir de son amélioration, le chagrin de vendre à perte des bâtimens & des ustensiles : ces motifs qui retiennent les négocians à la pêche de la Morue auront sans doute leur terme ; & le dégoût universel prouve que ce terme n'est pas éloigné.

Les Anglois n'ont pas la même raison de renoncer à cette pêche, dont le produit n'est assujetti à aucun impôt. Cependant ils s'y livrent peu, parce qu'ils manquent de débouchés. Leur industrie ne va guere en ce genre qu'à la moitié de ce que débite la nation rivale. Comme leur Morue est préparée avec peu de soin, rarement forment-ils une cargaison entiere. Dans la crainte de voir ce poisson se corrompre, ils quittent le grand banc communément avec les deux tiers, souvent même avec la moitié de leur chargement. La vente s'en fait en Portugal, en Biscaye & dans les royaumes Britanniques. Les Anglois se dédommagent de la foible exportation de Morue verte, par la supériorité qu'ils ont acquise dans tous les marchés pour la Morue seche.

On procéde de deux manieres à l'exploitation de cette branche de commerce. Ce qu'on nomme pêche errante appartient aux navires expédiés tous les ans d'Europe pour Terre-neuve à la fin de mars ou dans le courant d'avril. Souvent ils rencontrent au voisinage de l'isle une quantité de glaces que les courans du nord poussent vers le sud, qui se brisent dans leur choc réciproque, & qui se fondent plutôt ou plus tard à la chaleur de la saison. Ces pieces de glace ont quelquefois une lieue de circonférence, s'élevent dans les airs à la hauteur des plus grandes montagnes, & cachent dans les eaux une profondeur de soixante à quatre-vingt brasses. Jointes à d'autres glaces moins considérables, elles occupent une longueur de cent lieues sur une largeur de vingt-cinq ou trente. L'intérêt qui porte les navigateurs à toucher le plus promptement aux attérages, pour choisir les havres les plus favorables à la pêche, leur fait braver la rigueur des saisons & des élémens conjurés contre l'industrie humaine. Les remparts les plus formidables de l'art militaire, les foudres d'une place assiégée, la manœuvre du combat naval le plus savant & le plus opiniâtre, n'ont rien qui demande autant d'audace, d'expérience & d'intrépidité, que les énormes boulevards flottans que la mer oppose à ces petites flottes de pêcheurs. Mais la plus avide de toutes les faims, la plus cruelle de toutes les soifs, la faim & la soif de l'or percent toutes les barrieres, traversent ces montagnes de glace; & l'on arrive enfin à cette isle où tous les vaisseaux doivent se charger de poisson.

Après le débarquement, il faut couper du bois, élever des échafauds. Ces travaux occupent tout le monde. Lorsqu'ils sont finis, on se partage la moitié des équipages reste à terre pour donner à la Morue les façons dont elle a besoin. L'autre moitié s'embarque sur des bateaux. Pour la pêche du Caplan, il y a quatre hommes par bateau; & trois pour la pêche de la Morue. Ceux-ci, qui font le plus grand nombre, partent dès l'aurore, s'éloignent jusqu'à trois, quatre ou cinq lieues des côtes, & reviennent dans la nuit jetter sur les échaufauds dressés au bord de la mer, le fruit du travail de toute la journée.

Le décoleur, après avoir coupé la tête à la Morue, lui vuide le corps, & la livre à l'habilleur qui la tranche & la met dans le sel, où elle reste huit ou dix jours. Après qu'elle a été lavée, elle est étendue sur du gravier, où on la laisse jusqu'à ce qu'elle soit bien sechée. On l'entasse ensuite en piles où elle sue quelques jours. Elle est encore remise sur la grave où elle acheve de secher, & prend la couleur qu'on lui voit en Europe.

Il n'y a point de fatigues comparables à celles de ce travail. A peine laisse-t-il quatre heures de repos chaque nuit. Heureusement la salubrité du climat soutient la santé contre de si fortes épreuves. On compteroit pour rien ses peines, si elles étoient mieux récompensées par le produit.

Mais il est des havres où les graves trop éloignées de la mer font perdre beaucoup de tems. Il en est dont le fond de roc vif & sans varec n'attire pas le poisson. Il en est où il jaunit par les eaux douces qui s'y déchargent; & d'autres où il est brûlé de la réverbération du soleil réfléchi par les montagnes.

Les havres même les plus favorables ne donnent pas l'assurance d'une bonne pêche. La Morue ne peut abonder également dans tous. Elle se porte tantôt au nord, tantôt au sud, & quelquefois au milieu de la côte, attirée ou poussée par la direction du Caplan ou des vents. Malheur aux pêcheurs qui se trouvent fixés loin des lieux qu'elle préfere. Les frais de leurs établissemens sont perdus par l'impossibilité de la suivre avec tout l'attirail qu'exige cette pêche.

Elle finit dès les premiers jours de septembre, parce que le soleil cesse d'avoir assez de force pour sécher la Morue. On n'attend pas même cette saison pour se retirer, quand la pêche a été heureuse. On se hâte de prendre la route des Antilles ou des états catholiques de l'Europe, pour obtenir les avantages de la primeur qu'on risqueroit de perdre dans une trop grande concurrence.

La France a expédié pour cette pêche en 1768 cent quatorze navires du port de quinze mille cinq cens quatre-vingt-dix tonneaux. Neufs, ils avoient coûté avec les premiers frais d'avance 5661000 livres. Ils avoient huit mille vingt-deux hommes d'équipage. La moitié a été occupée à pêcher le poisson, & l'autre moitié à lui donner les préparations dont il a besoin. Chaque pêcheur a dû prendre six mille Morues, & par conséquent le produit total s'est élevé à vingt-quatre millions soixante-six mille Morues. L'expérience prouve qu'il faut cent vingt-cinq morues pour un quintal. Vingt-quatre millions soixante-six mille Morues ont donc donné cent quatre-vingt-douze mille cinq cens vingt-huit quintaux. Le quintal l'un dans l'autre a été vendu 16 livres 9 sols 9 deniers; ce qui fait pour la vente entière 3174305 livres 8 sols. Comme il sort de cent quintaux de Morue une barrique d'huile, cent quatre-vingt-douze mille cinq cens vingt-huit quintaux de Morue, ont dû fournir dix-neuf cens vingt-cinq barriques d'huile, qui à raison de 120 livres la barrique ont donné 231000 livres. Qu'on ajoute à ces deux sommes celle de 198000 livres qu'ont gagné en fret les navires, en revenant des ports où ils avoient fait leur vente à celui où ils avoient été armés; & l'on trouvera que le produit brut de la pêche entiere ne s'est pas élevé au dessus de 3603305 l. 8 f.

Il faut épargner au lecteur le détail des dépenses de désarmement. Ils sont aussi pénibles par leur petitesse que par leur étendue. On a suivi ces calculs avec la plus grande patience, & ils ont été vérifiés par des hommes très-éclairés, très-désintéressés qui par leur profession en devoient être les juges naturels. Ces dépenses montent à 695680 livres 17 sols 6 deniers. Ainsi la recette nette de la pêche ne s'élevent qu'à 2907624 livres 10 sols 6 deniers.

Sur ce produit, il faut payer la prime d'assurance qui en la supposant de six pour cent doit monter pour un capital de 5661000 livres à 339660 livres. Il faut prélever l'intérêt de l'argent qui à raison de cinq pour cent doit coûter 283050 livres. Il ne faut pas oublier le dépérissement des vaisseaux qui formant la moitié de la valeur de l'armement entier doivent être estimés 2830500 livres; ce dépérissement ne pouvant pas être évalué à moins de cinq pour cent doit monter à 141525 livres. Toutes ces suppositions dont aucune ne peut être contestée étant admises, il s'ensuit que les François ont perdu en 1768 dans leur pêche errante 687110 l. 9 f. 6 d. & par conséquent 12 livres 2 sols 9 deniers pour cent de leurs capitaux.

De semblables pertes, qui malheureusement

se sont renouvellées plus d'une année, détachent tous les jours cette nation d'une branche d'industrie si ruineuse. Les particuliers qui ne l'ont pas encore abandonnée, ne tarderont pas à y renoncer. On peut même présumer qu'à l'imitation des Anglois, ils s'en seroient déja retirés, si comme eux, ils avoient pu se rabattre sur les pêches sédentaires.

Il faut entendre par pêche sédentaire, celle que font les Européens établis sur les côtes de l'Amérique où la Morue abonde. Elle est infiniment plus utile que la pêche errante, parce qu'elle exige moins de frais, & qu'elle peut être continuée plus long-tems. Les François jouirent de ces avantages, tandis qu'ils furent paisibles possesseurs de l'Acadie, de l'isle Royale, du Canada, & d'une partie de Terre-neuve. Les fautes du gouvernement leur ont fait perdre l'une après l'autre ces possessions précieuses; & des débris de tant de richesses, ils n'ont sauvé que le droit de saler, de sécher leur Morue au nord de Terre-neuve, depuis le cap de Bona-vista jusqu'à la pointe Riche. Les établissemens fixes que leur a laissés la paix de 1763, se réduisent à l'isle de Saint Pierre & aux deux isles de Miquelon, qu'ils n'ont pas même la liberté de fortifier.

Saint Pierre a huit cens habitans. Il n'y en a pas plus de cent dans la grande Miquelon. & la petite n'a qu'une seule famille. La pêche facile dans les deux premieres isles, est impraticable dans la troisieme. Celle-ci fournit du bois aux deux autres, sur-tout à Saint Pierre qui n'en a d'aucune espece. Mais la nature l'en a dédomagée par un port excellent, le seul qui se trouve dans ce petit archipel. On y a pris en 1768 vingt-quatre mille trois cens quatre-vingt-dix quintaux de Morue. Cette quantité n'augmentera pas beaucoup, parce que les Anglois refusent aux François le droit de pêcher dans l'étroit canal qui sépare ces isles des côtes méridionales de Terre-neuve, & qu'ils ont même confisqué les chaloupes qui ont osé l'entreprendre.

Cette dureté que les traités n'autorisent pas, & qui n'a d'appui que la force, est d'autant plus odieuse, que la Grande Bretagne étend son empire sur toutes les côtes, sur toutes les isles que la Morue se plaît à fréquenter. Les Anglois répandus par-tout où ce poisson abonde, sont encore plus multipliés à Terre-neuve. On en compte environ huit mille qui font la pêche eux-mêmes. Il ne part annuellement de la métropole que neuf ou dix navires pour cet unique objet. Quelques autres joignent le commerce à la pêche. Le plus grand nombre y va changer les marchandises d'Europe contre du poisson, ou emporter le fruit du travail des colons pour leur propre compte.

Avant 1755, le produit des pêcheries Angloises & Françoises étoit à peu près égal ; avec cette différence que la France consommoit davantage & vendoit moins, à raison de sa population & de sa religion. Depuis que cette couronne a perdu ses possessions de l'Amérique septentrionale, elle n'obtient plus année commune de la réunion de ses pêches errantes & sédentaires que deux cens seize mille neuf cens dix-huit quintaux de Morue seche, qui suffisent à peine à l'approvisionnement des provinces méridionales de la métropole, & ne peuvent pas fournir par conséquent aux besoins de ses colonies.

On peut avancer que la nation rivale pêche depuis ses conquêtes deux tiers de Morue de plus, ou six cens cinquante & un mille cent quatorze quintaux de Morue, qui réduits à 14 liv. le quintal, parce que cette Morue est préparée avec moins de soin que celle des François, doivent valoir 9115596 livres. Le quart de ce produit suffit aux établissemens Anglois de l'ancien & du nouveau monde. Ainsi ce qu'on en vend en Portugal, en Espagne, en Italie, dans les isles à sucre de tous les peuples, doit faire rentrer dans l'empire Britannique en métaux ou en denrées la valeur de 6736727 livres. Cet objet d'exportation seroit devenu encore plus considérable, si lorsque la cour de Londres fit la conquête des isles Royale & de Saint Jean, elle n'eût pas eu l'inhumanité d'en chasser les François, qui s'y trouvoient établis, qui n'ont pas été remplacés, & qui peut-être ne le seront jamais. Une si mauvaise politique fut également suivie dans l'administration de la nouvelle Écosse; car il est dans la jalousie de l'ambition de détruire pour posséder.

Le nom de nouvelle Écosse qui désigne aujourd'hui la côte de trois cens lieues comprise depuis les limites de la nouvelle Angleterre jusqu'à la rive méridionale du fleuve Saint Laurent, ne paroît avoir exprimé dans les premiers tems qu'une grande péninsule de forme triangulaire située vers le milieu de ce vaste espace. Cette péninsule que les François appelloient Acadie, est très-propre par sa position à servir d'asyle aux bâtimens qui viennent des Antilles. Elle leur montre de loin un grand nombre de ports excellens, où l'on entre, d'où l'on sort par tous les vents. On voit beaucoup de Morue sur ses rivages, & encore plus sur de petits bancs qui n'en font éloignés que de quelques lieues. Le continent voisin attire par différentes pelleteries. L'aridité de ses côtes offre du gravier pour sécher le poisson; & la bonté des terres intérieures invite à toutes sortes de cultures. Ses bois sont propres à beaucoup d'usages. Quoique son climat soit dans la zone tempérée, on y éprouve des hivers longs & rigoureux, suivis tout à coup de chaleurs excessives, d'où se forment d'épais brouillards qui rarement dissipés ou du moins lentement, ne rendent pas ce séjour mal-sain, mais peu agréable.

Ce fut en 1604 que les François s'établirent en Acadie, quatre ans avant d'avoir élevé dans le Canada la plus petite cabane. Au lieu de se fixer à l'est de la péninsule qui présentoit des mers vastes, une navigation facile, une grande abondance de Morue, ils préférerent une baie étroite, qui n'avoit aucun de ces avantages. Elle fut appellée depuis baie Françoise. On a prétendu qu'ils avoient été séduits par le port Royal qui peut contenir mille vaisseaux à l'abri de tous les vents, dont le fond est par-tout excellent, & qui a toujours quatre ou cinq cens brasses d'eau, & dix-huit à son entrée. Il est plus naturel de penser que les fondateurs de la colonie choisirent cette position, parce qu'elle les approchoit des lieux où abondoient les pelleteries dont la traite exclusive leur étoit accordée. Ce qui fortifie cette conjecture, c'est que les premiers monopoleurs, & ceux qui les remplacerent, éloignerent toujours avec un soin extrême de l'exploitation des forêts, de l'éducation des bestiaux, de la pêche, de la culture tous ceux de leurs compatriotes que leur inquiétude ou des besoins avoient amenés dans cette contrée ; aimant mieux tourner l'activité de ces avanturiers vers la chasse, vers la traite avec les sauvages.

Un désordre né d'un faux système d'administration, ouvrit enfin les yeux sur les funestes effets des priviléges exclusifs. Ce seroit outrager la bonne foi & la vérité qui doivent être l'ame d'un historien, d'oser dire que l'autorité commença à respecter en France les droits de la nation, dans un tems où ils étoient le plus ouvertement violés. Jamais on n'y a connu ce mot sacré qui peut seul assurer le salut des peuples, & donner la sanction au pouvoir des rois. Mais dans les gouvernemens les plus absolus, on fait quelquefois par esprit d'ambition, ce que les gouvernemens justes & modérés font par principe d'équité. Les ministres de Louis XIV qui vouloient faire jouer un grand rôle à leur maître, pour représenter eux-mêmes avec quelque dignité, s'apperçurent qu'ils n'y réussiroient point sans l'appui des richesses ; & qu'un peuple à qui la nature n'avoit pas accordé des mines, ne pouvoit avoir de l'argent que par l'agriculture & par le commerce. L'une & l'autre avoient été jusqu'alors étouffés dans les colonies, par les entraves qu'on met à tout en voulant se mêler de tout. Elles furent heureusement rompues ; mais l'Acadie ne pût ou ne sçut pas faire usage de cette liberté.

La colonie étoit encore au berceau, lorsqu'elle vit naître à son voisinage un établissement qui devint depuis si florissant sous le nom de nouvelle Angleterre. Le progrès rapide des cultures de cette nouvelle colonie attira foiblement l'attention des François. Ce genre de prospérité ne mit entre les deux nations aucune rivalité.

Mais dès qu'ils purent soupçonner qu'ils auroient bientôt un concurrent dans le commerce du Castor & des fourrures, ils chercherent le moyen d'en être seuls les maîtres ; & ils furent assez malheureux pour le trouver.

Lorsqu'ils arriverent en Acadie, la péninsule & les forêts du continent voisin étoient remplies de petites nations sauvages. Ces peuples avoient le nom général d'Abenaquis. Quoiqu'aussi guerriers que les autres nations sauvages, ils étoient plus sociables. Les Missionnaires s'étant insinués aisément auprès d'eux, vinrent à bout de les entêter de leurs dogmes, jusqu'à les rendre enthousiastes. Avec la religion qu'on leur prêchoit, ils prirent la haine du nom Anglois, si familiere à leurs Apôtres. Cet article fondamental de leur nouveau culte étoit celui qui parloit le plus à leurs sens, le seul qui favorisât leur passion pour la guerre : ils l'adopterent avec la fureur qui leur étoit naturelle. Non contens de se refuser à tout commerce d'échange avec les Anglois ; ils troubloient, ils ravageoient souvent les frontieres de cette nation. Les attaques devinrent plus continuelles, plus opiniâtres & plus régulieres, depuis qu'ils eurent choisi pour leur chef Saint Casteins, capitaine du régiment de Carignan qui s'étoit fixé parmi eux, qui avoit épousé une de leurs femmes, & qui se conformoit en tout à leurs usages.

Le gouvernement de la nouvelle Angleterre n'ayant pu, ni ramener les sauvages par des présens, ni les détruire dans leurs forêts où ils s'enfonçoient, d'où ils revenoient sans cesse, tourna toute son indignation contre l'Acadie qu'il regardoit avec raison comme le mobile unique de tant de calamités. Dès que la moindre hostilité commençoit à diviser les deux métropoles, on attaquoit la péninsule. On la prenoit toujours, parce que toute sa défense résidoit dans le Port-Royal foiblement entourré de quelques palissades, & qu'elle se trouvoit trop éloignée du Canada, pour en être secourue. C'étoit sans doute quelque chose au gré des nouveaux Anglois de ravager cette colonie & de retarder ses progrès ; mais ce n'étoit pas assez pour dissiper leurs défiances contre une nation toujours plus redoutable pour ce qu'elle peut, que pour ce qu'elle fait. Obligés à regret de rendre leur conquête à chaque pacification, ils attendoient impatiemment que la supériorité de la Grande Bretagne fut montée au point de les dispenser de cette restitution. Les événemens de la guerre pour la succession d'Espagne amenerent ce moment décisif ; & la cour de Versailles se vit à jamais dépouillée d'une possession dont-elle n'avoit point soupçonné l'importance.

La chaleur que les Anglois avoient montrée à s'emparer de ce territoire ne se soutint pas dans les soins qu'on prit de le garder ou de le faire valoir. Après avoir légérement fortifié Port-Royal qui prit le nom d'Annapolis en l'honneur de la reine Anne, on se contenta d'y envoyer une garnison médiocre. L'indifférence du gouvernement passa dans la nation ; ce qui n'est pas ordinaire aux pays où régne la liberté. Il ne se transporta que cinq ou six familles Angloises dans l'Acadie. Elle resta toujours habitée par ses premiers colons. On ne réussit même à les y retenir qu'en leur promettant de ne les jamais forcer à prendre les armes contre leur ancienne patrie. Tel étoit l'amour que l'honneur & la gloire de la France inspiroient alors à tous ses enfans. Chéris de leur gouvernement, honorés des nations étrangeres, attachés à leur roi par une suite de prospérités qui les avoit illustrés, agrandis; ils avoient puisé le patriotisme dans la victoire, dans l'éclat du regne le plus brillant de leur histoire, dans l'admiration où la jalousie que le nom François imprimoit à toute l'Europe. Il étoit beau de le porter ce nom glorieux ; il eut été trop affligeant de le quitter. Aussi les Acadiens, qui avoient juré en subissant un nouveau joug de ne jamais combattre contre leurs premiers drapeaux, furent appellés les François neutres.

Il y en avoit douze à treize cens fixés dans la capitale ; les autres étoient répandus dans les campagnes. On ne leur donna point de magistrat pour les conduire. Ils ne connurent pas les loix Angloises. Jamais il ne leur fut demandé, ni cens, ni tribut, ni corvée. Leur nouveau souverain paroissoit les avoir oubliés, & lui-même il leur étoit tout à fait étranger.

La chasse & la pêche qui avoient fait anciennement les délices de la colonie & qui pouvoient encore la nourrir, ne touchoient plus un peuple simple & bon qui n'aimoit point le sang. L'agriculture étoit son occupation. On l'avoit établie dans des terres basses, en repoussant à force de digues la mer & les rivieres dont ces plaines étoient couvertes. On retira de ces marais cinquante pour un dans les premiers tems, & quinze ou vingt au moins dans la suite. Le froment & l'avoine étoient les grains qui y réussisoient le mieux ; mais le seigle, l'orge & le mays y croissoient aussi. On y voyoit encore une grande abondance de pommes de terre, dont l'usage étoit devenu commun.

D'immenses

D'immenses prairies étoient couvertes de troupeaux nombreux. On y compta jusqu'à soixante mille bêtes à corne, & des moutons à proportion de ce bétail. La plupart des familles avoient plusieurs chevaux, quoique le labourage se fît avec des bœufs.

Les habitations presque toutes construites de bois étoient fort commodes, & meublées avec la propreté qu'on trouve quelquefois chez nos paysans d'Europe les plus aisés. On y élevoit une grande quantité de volailles de toutes les especes. Elles servoient à varier la nourriture des colons qui étoit généralement saine & abondante. Le cidre & la bierre formoient leur boisson. Ils y ajoutoient quelquefois de l'eau-de-vie de sucre.

C'étoit leur lin, leur chanvre, la toison de leurs brebis qui servoient à leur habillement ordinaire. Ils en fabriquoient des toiles communes, des draps grossiers. Si quelqu'un d'entr'eux avoit un peu de foiblesse pour le luxe, il le tiroit d'Annapolis ou de Louisbourg. Ces deux villes recevoient en retour du bled, des bestiaux, des pelleteries.

Les François neutres n'avoient pas autre chose à donner à leurs voisins. Les échanges qu'ils faisoient entr'eux étoient encore moins considérables; parce que chaque famille avoit l'habitude & la facilité de pourvoir seule à tous ses besoins. Aussi ne connoissoient-ils pas l'usage du papier monnoie, si répandu dans l'Amérique septentrionale. Le peu même d'argent qui s'étoit comme glissé dans cette colonie, n'y donnoit point l'activité qui en fait le véritable prix.

Des mœurs extrêmement simples devoient être la suite d'une maniere de vivre si peu compliquée. Il n'y eut jamais de cause civile ou criminelle assez importante pour être portée à la cour de justice établie à Annapolis. Les petits différens qui pouvoient s'élever de loin en loin entre les colons, étoient toujours terminés à l'amiable par les anciens. C'étoient les pasteurs religieux qui dressoient tous les actes, qui recevoient tous les testamens. Pour ces fonctions profanes, pour celles de l'église, on leur donnoit volontairement la vingt-septieme partie des récoltes.

Elles étoient assez abondantes pour laisser plus de facultés que d'exercice à la générosité. On ne connoissoit pas la misere; & la bienfaisance prévenoit la mendicité. Les malheurs étoient, pour ainsi dire, reparés avant d'être sentis. Le bien s'opéroit sans ostentation d'une part, sans humiliation de l'autre. C'étoit une société de freres également prêts à donner ou à recevoir ce qu'ils croyoient commun à tous les hommes.

Cette précieuse harmonie écartoit jusqu'à ces liaisons de galanterie qui troublent si souvent la paix des familles. On ne vit jamais dans cette société de commerce illicite entre les deux sexes. C'est que personne n'y languissoit dans le célibat. Dès qu'un jeune homme avoit atteint l'âge convenable au mariage, on lui bâtissoit une maison, on défrichoit, on ensemençoit des terres autour de sa demeure; on y mettoit les vivres dont il avoit besoin pour une année. Il y recevoit la compagne qu'il avoit choisie, & qui lui apportoit en dot des troupeaux. Cette nouvelle famille croissoit, & prospéroit, à l'exemple des autres. Toutes ensemble composoient en 1749 une population de dix-huit mille ames.

Les Anglois sentirent à cette époque de quel profit pouvoit être à leur commerce la possession de l'Acadie. La paix qui devoit laisser beaucoup de bras dans l'inaction, donnoit par la réforme des troupes un moyen de peupler & de cultiver un terrein vaste & fécond. Le ministere Britannique offrit à tout soldat, à tout matelot, à tout ouvrier qui voudroit aller s'établir en Acadie, cinquante acres de terre, & dix pour toute personne que chacun d'eux ameneroit de sa famille; quatre-vingt acres aux bas officiers, & quinze pour leurs femmes & pour leurs enfans; deux cens aux enseignes, trois cens aux lieutenans, quatre cens aux capitaines, six cens aux officiers d'un grade supérieur, avec trente pour chacune des personnes qui dépendroient d'eux. Avant le terme de dix ans, le terrein défriché ne devoit être sujet à aucune redevance, & l'on ne pouvoit être taxé à perpétuité à plus d'un scheling d'impôt pour cinquante acres. Le trésor public s'engageoit d'ailleurs à avancer ou rembourser les frais du voyage, à élever des habitations, à fournir tous les outils nécessaires pour la culture ou pour la pêche, à donner la nourriture de la premiere année. Ces encouragemens déterminerent au mois de mai 1749 trois mille sept cens cinquante personnes à quitter l'Europe où elles risquoient de mourir de faim, pour aller vivre en Amérique.

La nouvelle peuplade étoit destinée à former un établissement au sud-est de la péninsule d'Acadie, dans un lieu que les sauvages appellerent autrefois Chiboucetou, & les Anglois ensuite Hallifax. C'étoit pour y fortifier le meilleur port de l'Amérique, pour établir au voisinage une excellente pêcherie de Morue qu'on avoit préféré cette position à toutes celles qui s'offroient dans un sol plus abondant. Mais comme c'étoit la partie du pays la plus favorable à la chasse, il fallut la disputer aux Mikmaks qui la fréquentoient le plus. Ces sauvages défendirent avec opiniâtreté un territoire qu'ils tenoient de la nature ; & ce ne fût pas sans avoir essuyé d'assez grandes pertes que les Anglois vinrent à bout de chasser ces légitimes possesseurs.

Cette guerre n'étoit pas encore terminée, lorsqu'on apperçut de l'agitation parmi les François neutres. Ces hommes simples & libres, avoient déja senti qu'on ne pouvoit s'occuper sérieusement des contrées qu'ils habitoient, sans qu'ils y perdissent de leur indépendance. A cette crainte, se joignit celle de voir leur religion en péril. Des pasteurs échauffés par leur propre enthousiasme, ou par les insinuations des administrateurs du Canada, leur persuaderent tout ce qu'ils voulurent contre les Anglois qu'ils appelloient hérétiques. Ce mot qui fut toujours si puissant pour faire entrer la haine dans des ames séduites, détermina la plus heureuse peuplade de l'Amérique, à quitter ses habitations pour se transplanter dans la nouvelle France, où on lui offroit des terres. La plupart exécuterent cette résolution du moment, sans prendre aucune précaution sur l'avenir. Le reste se disposoit à les suivre, quand il auroit pris ses sûretés. Le gouvernement Anglois, soit humeur ou politique, voulut prévenir cette désertion, par une sorte de trahison, toujours lâche & cruelle dans ceux à qui l'autorité donne les moyens de la douceur & de la modération. Les François neutres qui n'étoient pas encore partis furent rassemblés sous prétexte de renouveller le serment qu'ils avoient fait autrefois au nouveau maître de l'Acadie.

Dès qu'on les eut réunis, on les embarqua sur des navires qui les transportèrent dans d'autres colonies Angloises, où le plus grand nombre périt de chagrin encore plus que de misère.

Tel est le fruit des jalousies nationales, de cette cupidité des gouvernemens qui dévore les terres & les hommes. On compte pour une perte tout ce que gagne un voisin, pour un gain tout ce qu'on lui fait perdre. Quand on ne peut prendre une place, on l'affame pour en faire mourir les habitans; si l'on ne peut la garder, on la met en cendres, on la rase. Plutôt que de se rendre, on fait sauter un vaisseau, une fortification par le jeu des poudres & des mines. Le gouvernement despotique met de grands déserts entre ses ennemis & ses esclaves, pour empêcher l'irruption des uns & l'émigration des autres. L'Espagne a mieux aimé se dépeupler elle-même, & faire de l'Amérique méridionale un cimetière, que d'en partager les richesses avec les Européens. Les Hollandois ont commis tous les crimes secrets & publics, pour dérober aux autres nations commerçantes la culture des épiceries : souvent ils en ont jetté des cargaisons entières dans la mer, plutôt que de les vendre à bas prix. Les François ont livré la Louisiane aux Espagnols, de peur qu'elle ne tombât aux mains des Anglois. L'Angleterre fit périr les François neutres de l'Acadie, pour qu'ils ne retournassent pas à la France. Et l'on dit ensuite que la police & la société sont faites pour le bonheur de l'homme : oui de l'homme puissant ; oui de l'homme méchant.

Depuis l'émigration d'un peuple qui devoit son bonheur & ses vertus à son obscurité, la nouvelle Écosse ne compte que peu de colons

Il semble que l'envie qui dépeupla cette terre l'ait flétrie. Du moins la peine de l'injustice y retombe sur les auteurs de l'injustice. On n'y voit pas un seul habitant établi sur la longue côte qui s'étend depuis le fleuve Saint Laurent jusqu'à la péninsule ; & les rochers, les sables, les marais qui la couvrent, ne permettent pas d'espérer qu'elle soit jamais bien peuplée. Tout au plus la Morue qui foisonne dans quelques-unes, de ses anses, y attirent pendant la saison de la pêche, un petit nombre de navigateurs.

Le reste de la province n'a que trois établissemens. Annapolis le plus ancien, attend à l'entrée d'une longue baie des cultivateurs qui viennent remplacer les malheureux François qu'une terre féconde & déserte y paroît regretter. Elle promet encore d'abondantes récoltes aux mains qui la consoleront de cette perte.

La nature a traité moins favorablement Lunebourg qui fut, il y a peu d'années, fondé par huit cens Allemands sortis d'Hallifax. Cette peuplade fait cependant tous les jours de nouveaux progrès. Elle les doit à cette économie, à l'amour du travail par où se distingue une nation sage & belliqueuse, qui contente de défendre son pays, n'en sort guere que pour aller cultiver ceux qu'elle n'est point jalouse de conquérir. Elle a fertilisé toutes les contrées de la domination angloise où la fortune a conduit ses pas.

Hallifax est toujours le lieu de la colonie le plus important, grace aux encouragemens que la métropole n'a cessé de lui prodiguer. Ils montoient depuis sa fondation jusqu'en 1769 à plus de quatre mille livres sterlings par an. On ne pouvoit pas accorder moins de faveur à une ville qui par sa situation est l'entrepôt naturel des forces de terre & de mer que la Grande Bretagne croit devoir entretenir quelquefois en Amérique pour la défense de ses pêcheries, pour la protection de ses Isles à sucre, pour l'entretien de ses liaisons avec ses colonies septentrionales. Hallifax a tiré plus d'éclat & d'activité du mouvement que sa destination excite dans ses rades, qu'elle n'en pouvoit espérer de ses cultures qui sont peu de chose, & de ses pêches qui n'ont pas reçu de grands accroissemens, quoiqu'elles comprennent la Morue, le Maquereau & le Loupmarin. Elle n'est pas même ce qu'elle devroit être comme place de guerre. Les malversations, qui ont réduit toutes les fortifications ordonnées & payées par la métropole à quelques batteries sans fossés autour de la ville, l'exposent à tomber sans défense au pouvoir du premier qui l'attaquera. Les habitans du comté d'Hallifax estimoient en 1757 la valeur de leurs maisons, leurs bestiaux & leurs marchandises, environ trois cens mille livres sterlings. Cette fortune qui n'a guere augmenté que d'un quart, forme les deux tiers des richesses de toute la colonie.

Cet état de langueur durera-t-il long-tems ? Ne seroit-ce pas pour y mettre fin que le gouvernement Britanique auroit exigé en 1763 à Hallifax une cour d'amirauté pour toute l'Amérique Angloise ? Jusqu'à cette époque, c'étoient les juges de paix qui avoient décidé de tous les délits qui violoient l'acte de navigation. Mais la partialité de ces magistrats pour la colonie où ils étoient nés & qui les avoit choisis, rendoit leur ministere inutile ou préjudiciable à la métropole. On espéra que des hommes éclairés & soutenus, envoyés d'Europe, imprimeroient plus de respect ou plus de crainte. L'événement a justifié cette politique. Les loix du commerce ont été mieux observées depuis cet arragement; mais il a résulté de grands inconvéniens de l'éloignement prodigieux où plusieurs provinces se trouvoient du nouveau siege. La justice & la nécessité forceront à multiplier les tribunaux de cette administration, à les distribuer à des distances convenables pour les peuples qui doivent y avoir recours. Alors la nouvelle Ecosse perdra l'avantage précaire d'appeller à elle toutes les causes de l'amirauté; mais elle cherchera dans son propre fonds les sources de prospérité que la nature lui a données. Elle en a qui lui sont particulieres. Son aptitude à produire de très-beau lin, dont les trois royaumes ont un si grand besoin, doit accélérer les progrès de son amélioration. Cette colonie ne doit pas se flatter cependant qu'elle puisse jamais égaler la nouvelle Angleterre.

La nouvelle Angleterre s'est signalée comme l'ancienne par des fureurs sanglantes. La fille se ressentit de l'esprit de vertige qui tourmentoit la mere. Elle dût sa naissance à des tems orageux; & les convulsions les plus horribles affligerent son enfance. Découverte au commencement du siecle dernier, sous le nom de Virginie septentrionale, elle ne reçut des Européens qu'en 1608. Cette premiere peuplade foible & mal dirigée, se perdit dans ses fondemens. On y vit ensuite arriver par intervalles quelques avanturiers qui plantant des cabannes durant l'été, pour faire un commerce d'échange avec les sauvages, disparoissoient comme ceux-ci le reste de l'année. Le fanatisme, qui avoit dépeuplé l'Amérique au midi, devoit la repeupler au nord. Les presbytériens Anglois que la persécution avoit rassemblés en Hollande, ce port universel de la paix & de la liberté, lassés de n'être rien dans le monde, après avoir été martyrs dans leur patrie, résolurent d'aller fonder une église à leur secte dans un nouvel hémisphere. Ils acheterent donc en 1621 les droits de la compagnie Angloise de la Virginie septentrionale : car ils n'étoient pas assez pauvres pour attendre leur prospérité de leur patience & de leurs vertus.

Quarante & une familles de cent-vingt personnes, partirent sous les drapeaux de l'enthousiasme, qui vrai ou faux, fait toujours de grandes choses. Elles arriverent à l'entrée d'un hiver qui fut très-rigoureux. Le pays entiérement couvert de bois, n'offroit aucune ressource à des hommes épuisés par la fatigue du voyage qu'ils venoient de faire. Il en périt près de la moitié, de froid, de scorbut & de misere. Le reste se soutint par cette vigueur de caractere que la persécution religieuse excitoit dans des victimes échappées à la verge spirituelle de l'épiscopat. Mais ce courage commençoit à s'affoiblir, lorsque la visite de soixante guerriers sauvages qui vinrent au printems avec un chef à leur tête, ranima toutes les espérances. La liberté s'applaudit d'avoir rapproché ces deux peuplades des extrémités du monde. Elles se lierent par des promesses solemnelles de service & d'amitié. Les anciens habitans céderent aux nouveaux à perpétuité toutes les terres voisines de l'établissement que ceux-ci venoient de former sous le nom de nouvelle Plymouth. Un sauvage qui savoit un peu la langue Angloise, resta chez les Européens pour leur enseigner la culture du mays, & la maniere de pêcher fur la côte qu'ils habitoient.

Cette humanité mit les premiers colons en état d'attendre des compagnons, des animaux domestiques, des graines, tous les secours qui devoient leur venir d'Europe. Ces moyens d'établiffement arriverent d'abord lentement ; mais la persécution contre les Puritains en Angleterre, hâta leur accroiffement en Amérique. Le sang des martyrs fut toujours & par-tout la semence du prosélytisme. En 1630 la nouvelle secte s'étoit tellement multipliée, qui fallut la distribuer en plufieurs peuplades. Celle de Boston devint bientôt la plus considérable. Ce n'étoient pas uniquement des eccléfiaftiques privés de leurs bénéfices pour leurs opinions ; ni de ces sectaires que les nouveaux dogmes s'attachent en foule parmi le peuple. Des feigneurs que l'ambition, l'humeur ou même la confcience avoient entraînés dans le puritanisme, fe ménageoient d'avance un afyle dans ces climats éloignés. Ils y faifoient bâtir des maifons, défricher des terres pour s'y retirer, s'ils échouoient dans le projet d'établir la liberté civile fous la réforme de la religion. Le fanatisme qui répandoit l'anarchie dans la métropole, introduifoit la fubordination dans la colonie ; ou plutôt des mœurs austeres tenoient lieux de loix dans un pays fauvage.

Les habitans de la nouvelle Angleterre vécurent long-tems en paix, fans aucune forme réguliere de police. Ce n'eft pas que leur chartre ne les eut autorifés à établir le gouvernement qui leur conviendroit. Mais ces enthoufiaftes ne s'accordoient pas fur le plan de leur république ; & le ministere ne prenoit pas affez d'intérêt à leur destinée, pour les presser d'assurer leur tranquillité. Ils sentirent enfin la nécessité d'une législation. Cet ouvrage que la sublimité du génie & de la vertu n'a jamais tenté sans défiance, fut hardiment entrepris par l'aveugle fanatisme. Tout y porta l'empreinte des barbares préjugés qui l'avoient dicté. La police des juifs en fut la base.

Un mélange singulier de bien & de mal, de sagesse & de folie, entra dans ce code. Personne ne pouvoit avoir part au gouvernement, sans être membre de l'église établie. La peine de mort étoit infligée, soit contre le sortilége, le blasphême & le faux témoignage ; soit contre l'adultere ; soit contre les enfans qui maudiroient, qui battroient les auteurs de leur vie. D'un autre côté le mariage devoit être fait par le magistrat. Le prix du bled étoit fixé à trois schelings par boisseau. En même-tems on privoit de la propriété de leur terre les sauvages qui ne la cultiveroient pas ; & l'on défendoit sous peine d'une forte amende aux Européens de leur vendre des liqueurs fortes, de la poudre & du plomb. On condamnoit à être fouettés publiquement tous ceux qui seroient surpris en mensonge, dans l'ivresse ou dans le divertissement de la danse. Le plaisir étoit interdit comme le vice ou le crime. Mais on pouvoit jurer pour un scheling d'amende, & violer le dimanche pour trois livres sterlings : c'étoit encore une douceur d'expier avec de l'argent une omission de priere, ou un serment indiscret. Mais ce qu'on aura de la peine à croire, c'est que le culte des images fut défendu sous peine de mort aux Puritains, comme le culte des dieux étrangers au peuple Hébreu. On décerna la même peine aux prêtres catholiques qui reviendroient dans la colonie, après en avoir été banis ; & la même peine aux Quakers qui reparoîtroient, après avoir été fouettés, marqués & chaſſés. Telle étoit l'horreur qu'on avoit pour ces nouveaux ſectaires ennemis de la guerre & de la cruauté, qu'on ne pouvoit en ramener aucun dans le pays, ou l'y garder une heure, ſans s'expoſer à payer une amende fort conſidérable.

Toute l'Europe fut étonnée d'une intolérence ſi révoltante. Mais chaque ſecte chrétienne n'a-t-elle pas toujours borné le mot d'injuſtice, de violence & de perſécution aux rigueurs dont elle étoit la victime? N'a-t-elle pas mis au nombre de ces dogmes ou de ſes préjugés, que la punition, l'exil, le ſupplice de ceux qu'elle appelloit impies, étoient un hommage à la vengeance céleſte, un droit des élus de Dieu contre ſes ennemis? Cette rage a été bien plus active contre des partiſans dont on ſe voyoit abandonné. Dans les familles religieuſes comme dans les autres, la haine fraternelle eſt la plus ſanglante de toutes. Les apoſtats ſont les premiers dévoués à l'exécration, à l'anathême des dévots.

C'eſt ce qu'éprouverent les infortunés colons qui moins furieux que leurs freres oſerent dire que le magiſtrat n'avoit pas le droit de contrainte en matiere de religion. Ce fut un blaſphême devant des théologiens qui avoient mieux aimés quitter leur patrie, que de montrer quelque déférence pour l'épiſcopat. Comme ſi la marche du cœur humain étoit de l'indépendance à la domination, ils avoient changé de maxime en changeant de climat ; & ſembloient ne s'être arrogés la liberté de penſer que pour l'interdire aux autres. Ce ſyſtême d'intolérence fut appuyé du glaive de la loi qui voulut trancher sur les opinions, en frappant les diffidens de peines capitales. Les hommes convaincus ou soupçonnés de tolérantisme, furent exposés à de si cruelles vexations, qu'ils se virent obligés d'abandonner leur nouvel asyle, pour en chercher un autre. Ils le trouverent dans le même continent. Une premiere persécution avoit fondé la nouvelle Angleterre; une seconde persécution servit à la propagation de cette colonie.

Cette maladie de religion, ce rigorisme qui rend l'homme dur à lui même, puis insociable; d'abord victime, ensuite tyran, se déchaîna contre les Quakers. Ils furent emprisonnés, fouettés & banis. La fiere simplicité de ces nouveaux enthousiastes qui bénissoient le ciel & les hommes au milieu des tourmens & de l'ignominie, inspira de la vénération pour leurs personnes, fit aimer leurs sentimens, & multiplia leurs prosélytes. Ce succès aigrit leurs persécuteurs jusqu'aux extrêmités les plus sanguinaires. Ils firent pendre cinq de ces malheureux furtivement revenus de leur exil. On eut dit que les Anglois étoient venus en Amérique pour venger sur les Anglois toutes les cruautés que les Espagnols avoient exercées contre les Indiens; soit que le changement de climat rendit les Européens plus féroces, soit que la fureur de religion ne puisse trouver de terme que dans l'extinction de ses apôtres ou de ses martyrs. La persécution fut enfin arrêtée par la métropole même d'où elle avoit été portée.

Cromwel avoit disparu. L'enthousiasme, l'hypocrisie, le fanatisme concentrés dans son ame comme dans leur foyer; les factions, les révoltes, les proscriptions; Tous ces monstres étoient descendus avec lui dans la tombe. Un jour plus serein luisoit sur l'Angleterre. Charles II en recouvrant l'empire avoit introduit parmi ses sujets l'esprit de société, le goût de la table, de la galanterie, de la conversation, des spectacles, de tous les plaisirs qu'il avoit trouvés répandus en Europe, quand il erroit d'une cour à l'autre, pour chercher une couronne que son pere avoit perdue sur l'échauffaud. Il ne falloit pas moins qu'une semblable révolution dans les mœurs pour assurer la tranquillité de son administration sur un trône ensanglanté. Ce prince étoit un de ces voluptueux délicats que l'amour des femmes & de la table, rend quelquefois humains & sensibles à la pitié. Touché des supplices des Quakers, il en interrompit le cours en Amérique par une ordonnance de 1661; mais il ne put y étouffer entiérement l'esprit persécuteur.

La colonie avoit mis à sa tête Henri Vane, fils de ce Vane qui s'étoit si fort signalé dans les troubles de sa patrie. Ce jeune homme enthousiaste, entêté, digne en tout de son pere, ne pouvant, ni vivre lui-même, ni laisser les autres en paix, ressuscita les disputes également ridicules & surannées de la grace & du libre arbitre. On se passionna pour ces obscures & frivoles question. Peut-être auroient-elles allumé une guerre civile, si des nations sauvages réunies entr'elles, tombant sur les plantations des enthousiastes, ne les eussent massacrés en grand nombre. Graces à leurs querelles théologiques, les colons sentirent foiblement une si rude perte. Mais enfin le danger universel devint si pressant qu'on courut aux armes. L'ennemi repoussé, la colonie rentra dans son caractere de dissension. Cet esprit de vertige éclata même en 1692 par des attrocités dont l'histoire offre peu d'exemples.

Dans une ville de la nouvelle Angleterre nommée Salem vivoient deux filles sujettes à des convulsions qui étoient accompagnées de symptômes extraordinaires & singuliers. Leur pere, pasteur de cette église, les crut ensorcelées. Soupçonnant une servante Indienne qui étoit chez lui d'avoir jetté quelque sort sur ses filles, à force de dureté il lui fit avouer qu'elle étoit sorciere. D'autres femmes séduites par le plaisir d'intéresser le public, crurent que des convulsions qu'elles ne devoient qu'à la nature de leur sexe, venoient aussi de l'opération du démon. Trois citoyens qu'on nomme au hasard, sont aussi-tôt mis en prison, accusés de sortilége, condamnés à être pendus; & leurs cadavres sont abandonnés aux bêtes féroces, aux oiseaux de proie. Peu de jours après, seize personnes subissent le même sort, avec un jurisconsulte qui réfusant de plaider contr'elles, & dès-lors convaincu d'avoir part à leur crime. Ces horribles & lugubres scenes embrasent l'imagination de la multitude. La foiblesse de l'âge, les infirmités de la vieillesse, l'honneur du sexe, la dignité des places, la fortune, la vertu; rien ne met à couvert du soupçon de sorcellerie, dans l'esprit d'un peuple obsédé par les fantômes de la superstition. On immole des enfans de dix ans. On dépouille de jeunes filles, on cherche sur tout leur corps avec une impudente curiosité des marques de sorcellerie. On prend des taches scorbutiques que l'âge imprime à la peau des vieillards pour des empreintes du pouvoir infernal. Le fanatisme, la méchaiceté, la vengeance choisissent à leur gré toutes leurs victimes. Au défaut de témoins, on emploie les tortures; & les boureaux dictent eux-mêmes les aveux qu'ils veulent arracher. Si les magistrats se réfusent à continuer ces horribles exécutions, ils sont accusés des forfaits imaginaires qu'ils cessent de punir. Les ministres de la religion leur suscitent des délateurs qui leur font payer de leur tête les remords tardifs que leur arrache l'humanité. Les spectres, les visions, la terreur & la consternation, multiplient ces prodiges de folie & d'horreur. Les prisons se remplissent, les gibets restent toujours dressés. Tous les citoyens sont plongés dans une morne épouvante. Les plus sages s'éloignent en gémissant d'une terre maudite, ensanglantée; & ceux qui restent ne lui demandent qu'un tombeau. On s'attendoit à la subversion totale de cette déplorable colonie, lorsque tout-à-coup au plus fort de l'orage, les flots tombent & s'appaisent. Tous les yeux s'ouvrent à la fois. L'excès du mal reveille les esprits qu'il avoit engourdis. A cette stupidité profonde, succéde un remord cuisant & douloureux. Un jeûne général, des prieres publiques demandent pardon au ciel de l'avoir invoqué pour de tels sacrifices; d'avoir cru le fléchir par le sang qui l'irrite. On baigne de larmes une terre qui fut innocente & pure, avant d'être souillée par le culte sacrilége & parricide des Européens.

La postérité ne saura jamais sans doute quelle fut l'origine, quel fut le remede de cette épidemie. Elle avoit peut-être sa source dans la mélancolie que des enthousiastes persécutés avoient apportée de leur pays; qui s'étoit nourrie avec le scorbut qu'ils avoient pris sur mer; qui s'étoit fortifiée par les vapeurs & les exhalaisons

liaisons d'une terre nouvellement défrichée, par les incommodités & les peines inséparables d'un changement de climat & de genre de vie. Cette contagion cessa comme tous les maux épidémiques, par la communication même qui l'épuisa; comme tous les maux de l'imagination qui s'évaporent par les transports du délire. Le calme vint après la fievre ardente; & ce sombre accès d'enthousiasme ne reprit plus aux puritains de la nouvelle Angleterre.

Mais en renonçant à l'esprit de persécution qui a marqué de sang toutes les sectes de religion, les habitans de cette colonie ont conservé, si ce n'est pas un reste d'intolérance, du moins une sorte de rigorisme qui se ressent des tristes jours de sa naissance. Des loix trop severes y subsistent encore. On en jugera par le discours que tint il n'y a pas long-tems devant les magistrats une fille convaincue d'avoir produit pour la cinquieme fois un fruit illégitime.

» J'ose espérer, dit-elle, que la cour me per-
» mettra de dire un mot en ma faveur ».

» Je suis une fille, pauvre, infortunée, qui
» pouvant à peine gagner ma subsistance, n'ai
» pas le moyen de payer des avocats pour plai-
» der ma cause. Je vais donc faire parler la rai-
» son. Comme elle a seule le droit de dicter des
» loix, elle peut les examiner toutes. Celle qui
» me conduit à votre tribunal, m'a déja jugée.
» Je ne demande pas qu'on s'en écarte pour me
» faire grace. Mais je vous prie, Messieurs, d'in-
» tercéder auprès du gouverneur, pour qu'il dai-
» gne me remettre l'amende à laquelle vous
» m'allez condamner ».

» C'est la cinquieme fois que je parois de-
» vant vous pour le même délit. Deux fois, j'ai

» payé de fortes amendes, & deux fois trop in-
» digente pour expier ma faute par une peine
» pécuniaire, j'ai subi un châtiment douloureux
» & flétrissant. Ces peines sont ordonnées par la
» loi; je le sçais. Mais si l'on doit abroger les
» loix, quand elles sont déraisonnables; si l'on
» doit les mitiger, quand elles sont trop séveres,
» j'ose vous dire que celle qui me poursuit, est
» à la fois injuste & cruelle à mon égard. Au
» crime près dont ce tribunal m'accuse & dont
» le ciel m'absout, j'ai mené jusqu'à présent une
» vie irréprochable. Je défie mes ennemis, si j'ai
» le malheur d'en avoir que je n'ai pas mérités,
» de produire le moindre tort que j'aie pu faire
» à qui que ce soit, homme, femme, ou en-
» fant. J'examine ma conscience & ma condui-
» te; l'une & l'autre, je le dis hardiment me
» paroissent pures comme le jour qui m'éclaire;
» & lorsque je cherche mon crime, je ne le
» trouve que dans la loi ».

» C'est au risque de ma vie, que j'ai donné
» le jour à cinq enfans. Je les ai nourris de mon
» lait & de mon travail, sans être à charge au
» public, ni à personne. Je me suis dévouée
» avec tout le courage de la tendresse mater-
» nelle, aux pénibles soins qu'exigeoient leur
» foiblesse & leur âge. Je les ai formés à la
» vertu qui n'est que la raison. Ils aiment déja
» leur patrie comme moi. Ils seront citoyens
» comme vous-même; à moins que vous ne leur
» ôtiez par de nouvelles amendes le fonds de
» leur subsistance, & que vous ne les forciés à
» fuir une terre qui les repoussa dès le ber-
» ceau ».

» Est - ce donc un crime de féconder ou de
» procréer à l'exemple de la terre, notre mere

» commune ? D'augmenter le nombre des colons
» dans un pays nouveau qui ne demande que
» des habitans ? Je n'ai débauché le mari d'au-
» cune femme ; je n'ai jamais attiré dans mes
» filets aucun jeune homme. Personne n'a sujet
» de se plaindre de moi ; si ce n'est peut-être le
» ministre de l'évangile, & le juge de paix, qui
» sont fâchés d'avoir perdu les honoraires de
» leurs fonctions, parce que j'ai eu des enfans
» sans être mariée devant eux. Mais est-ce ma
» faute à moi ! J'en appelle à vous, messieurs.
» Vous convenez que je ne manque point de
» jugement. Ne seroit-ce pas une folie, une
» stupidité, si m'étant livrée aux devoirs les plus
» pénibles du mariage, je n'en avois pas recher-
» ché les honneurs ? J'ai toujours été, je suis
» encore disposée à me marier ; & je me flatte
» que je serois digne d'un état si respectable,
» avec la fécondité, l'industrie, l'économie &
» la frugalité dont la nature m'a douée : car
» elle m'avoit destinée à être une femme hon-
» nête & vertueuse. J'espérois le devenir, lors-
» qu'étant encore vierge, je n'écoutai les pre-
» miers vœux de l'amour qu'avec le serment du
» mariage. Mais la confiance indiscrete que j'eus
» dans la sincérité du premier homme que j'ai-
» mai, m'a fait perdre mon honneur, en comp-
» tant sur le sien. J'eus un enfant de lui ; puis
» il m'abandonna. Cet homme est connu de
» vous tous : il est devenu magistrat comme
» vous. Je devois croire qu'il se seroit montré
» dans cette cour aujourd'hui, pour modérer la
» rigueur de votre sentence. S'il eût paru, je
» n'aurois rien dit. Mais comment pourrois-je ne
» pas accuser l'injustice de mon sort qui veut
» que celui qui m'a séduite & ruinée, après avoir

» été la cause de ma perte, jouisse des hon-
» neurs & du pouvoir, soit assis dans les tri-
» bunaux où l'on punit mon malheur par les
» verges & par l'infamie ? Quel étoit le législa-
» teur barbare qui prononçant entre les deux
» sexes, favorisa le plus fort & sévit sur le
» plus foible ; sur ce sexe malheureux qui pour
» une jouissance compte mille dangers & mille
» infirmités ; sur ce sexe à qui la nature vend à
» un prix capable d'épouvanter les passions les
» plus effrenées, ces mêmes plaisirs qu'à vous
» elle vous donne » ?

» On dira sans doute qu'indépendamment des
» loix civiles, j'ai violé les préceptes de la reli-
» gion. Mais c'est à la religion de me punir, si
» j'ai péché contr'elle. Eh! N'est-ce pas assez
» qu'elle m'ait exclu de la communion de mes
» freres, qui seroit une consolation pour moi?
» J'ai, dites-vous, offensé le ciel, & je dois
» m'attendre à des feux éternels. Si vous le
» croyez, pourquoi m'accabler de châtimens en
» ce monde? Non, messieurs, le ciel n'est pas im-
» pitoyable, injuste comme vous. Si je croyois
» que ce que vous appellez un péché fut réelle-
» ment un crime, je n'aurois pas l'audace, ni
» la méchanceté de le commettre. Mais com-
» ment oserois-je penser que Dieu soit irrité de
» me voir procréer des enfans, quand il leur
» donne un corps sain & robuste qu'il se plaît à
» douer d'une ame immortelle ? Dieu juste &
» bon, Dieu réparateur des maux & des injus-
» tices, c'est à toi que j'en appelle ici de la
» Sentence de mes juges. Ne me venge point,
» ne les punis pas ; mais daigne les éclairer &
» les attendrir ! Si tu as donné à l'homme la
» femme pour compagne sur cette terre hérissée

» de ronces, qu'il n'accable pas d'opprobre un
» sexe qu'il a lui-même corrompu ; qu'il ne
» seme pas la honte & la misere dans le plaisir
» où tu as attaché la consolation de ses peines ;
» qu'il ne soit pas ingrat & dénaturé jusqu'au
» sein du bonheur & en livrant aux supplices
» les victimes de ses voluptés. Fais qu'il respecte
» dans ses desirs la pudeur qu'il honore; ou qu'a-
» près l'avoir violée dans ses plaisirs, il la plai-
» gne du moins au lieu de l'outrager : ou plu-
» tôt fais qu'il ne change point en crimes, des
» actions que toi-même as permises ou com-
» mandée, quand tu dis à sa race de croître ou
» de se multiplier » !

» Voyez, messieurs, tous les célibataires qui
» dans la crainte des soins & des devoirs atta-
» chés au mariage, refusent de donner le jour
» à leur postérité. Combien leur crime est plus
» nuisible à la société que le mien ? Que la loi
» leur enjoigne donc de se marier, ou de payer
» une amende double de celle qu'on m'inflige.
» Que peuvent faire de jeunes filles que l'édu-
» cation empêche de solliciter les hommes au
» mariage; à qui l'état ne donne point de ma-
» ris, quand la nature & les hommes les pressent
» vivement de répondre aux premiers desirs que
» tout ne cesse de leur inspirer ? J'ai rempli mal-
» gré la fortune le devoir primitif de la création ;
» je n'ai pas craint, pour ne pas trahir la nature,
» de m'exposer au deshonneur injuste, aux châti-
» mens honteux. J'ai mieux aimé tout souffrir que
» d'être parjure au vœu de la propagation, que
» d'étouffer mes enfans avant de les concevoir,
» ou après les avoir conçus. Je n'ai pu, je l'a-
» voue, après avoir perdu ma virginité garder

» le célibat dans une proſtitution ſecrette &
» ſtérile ; & je demande encore la peine qui
» m'attend, plutôt que de cacher les fruits de
» la fécondité que le ciel a donnée à l'homme
» & à la femme comme ſa premiere bénédic-
» tion ».

Ce diſcours produiſit une révolution touchante dans tous les eſprits. Polly Baker, c'étoit le nom de l'accuſée, fut abſoute d'une voix unanime. Le tribunal la diſpenſa du châtiment, & pour comble de triomphe un de ſes juges l'épouſa : tant la voix de la raiſon eſt au deſſus des preſtiges de l'éloquence étudiée. Mais le préjugé public a repris ſon aſcendant ; ſoit que le bien politique & ſocial faſſe taire ſouvent les cris de la nature iſolée ; ſoit que dans le gouvernement Anglois où la religion ne porte point au célibat, le commerce illicite des deux ſexes trouve moins d'excuſes que dans les états, où le clergé, la nobleſſe, le luxe, la miſere, l'exemple ſcandaleux de la cour & de l'égliſe corrompent, ſurchargent, aviliſſent & déconſeillent le mariage.

La nouvelle Angleterre a des reſſources contre les mauvaiſes loix, dans la conſtitution même de ſa métropole, où le peuple légiſlateur peut corriger aiſément des abus qu'il reſſent. Elle en a dans ſa ſituation locale, qui laiſſe un vaſte champ ouvert à l'induſtrie, à la multiplication.

Si elle fût bornée à cinquante milles de profondeur, par des forêts immenſes, par les poſſeſſions des François, par les excurſions des ſauvages; elle n'a pas moins de trois cens milles de longueur ſur le bord de la mer. Le Canada la borne au nord ; la nouvelle York à l'oueſt ;

la nouvelle Ecoſſe & l'océan à l'eſt & au ſud. Quoique placée au milieu de la zone tempérée, entre les quarante-un & les quarante-cinq degrés de latitude ſeptentrionale, ſon climat n'eſt pas auſſi doux que celui des provinces de l'Europe qui ſont ſous les mêmes paralleles. Elle a des hivers plus longs & plus froids, des étés plus courts & plus chauds. On y jouit d'un ciel communément ſerein, & les pluies y ſont plus abondantes que durables. L'air y eſt devenu plus pur à meſure qu'on a facilité ſa circulation en abattant les bois. Perſonne ne ſe plaint plus de ces vapeurs malignes qui dans les premiers tems emporterent quelques habitans.

Le pays eſt partagé en quatre provinces qui dans l'origine n'avoient preſque rien de commun. La néceſſité d'une défenſe armée contre les ſauvages, les décida à former en 1643 une confédération où elles prirent le nom de *Colonies unies*. En vertu de cette union deux députés de chaque établiſſement devoient ſe trouver dans un lieu marqué pour y décider des affaires de la nouvelle Angleterre ſuivant les directions de l'aſſemblée particuliere qu'ils repréſentoient. Cette aſſociation ne bleſſoit en rien le droit qu'avoit chacun de ſes membres de ſe conduire en tout à ſa volonté, ſans avoir beſoin, ni de la permiſſion, ni de l'approbation de la métropole. Ces provinces bornoient toute leur ſoumiſſion à reconnoître vaguement les rois d'Angleterre pour leurs ſouverains.

Une dépendance ſi foible déplut à Charles II. La baie de Maſſachuſet, qui étoit la plus riche & la plus peuplée des quatre provinces quoique la moins étendue, ſe rendit coupable de quelque faute envers le gouvernement. Le roi faisit cette occasion en 1684, pour révoquer les privileges de cette province. Elle fut sans chartre jusqu'à la révolution. On lui en accorda une alors, mais qui ne répondit, ni à ses prétentions, ni à ses espérances. La cour s'y réservoit le droit de nommer le gouverneur, tous les emplois militaires, les principales places de finance & de judicature. En maintenant le peuple dans son pouvoir législatif, on attribua la voix négative & le commandement des armes au chef de la colonie, ce qui lui assuroit une influence suffisante pour conserver dans son entier la prérogative de la métropole. Les provinces de Connecticut & de Rhode-Island, ayant prévenu le châtiment par leur soumission, lorsqu'on dépouilloit Massachuset, resterent en possession de leur contrat primitif. Pour le nouvel Hampshire, il fut toujours conduit à peu près sur la forme d'administration qu'on a imposée à Massachuset. Un même gouverneur régit toute la colonie ; mais avec les maximes qui conviennent à la constitution de chaque province.

Les dénombremens les plus exacts portent la population actuelle de la nouvelle Angleterre à trois cens cinquante-quatre mille ames. Elle est plus considérable au midi qu'au nord de la colonie, où le sol est moins fertile. Parmi tant d'habitans, il se trouve quelques riches propriétaires qui livrent leurs terres à des fermiers ou qui les font régir par des économes. Cependant on peut dire en général que le pays est occupé par des planteurs aisés qui conduisent eux-mêmes leur charrue. Leur héritage, qui n'est jamais chargé d'aucune redevance, se partage par portions égales entre leurs enfans dont plusieurs vendent ce qui leur revient, pour aller s'établir dans des cantons qui sont encore en friche. Ces franc-aleux, une égalité qu'on voit rarement ailleurs, la nature du gouvernement : tout se réunit pour donner au peuple un génie tout-à-fait republicain.

Aucun des fruits qui font les délices de nos tables, n'a dégénéré dans la nouvelle Angleterre. On prétend même que la pomme s'y est perfectionnée. Du moins, elle s'y est extrêmement multipliée ; & le cidre y est devenu une boisson plus commune qu'en aucun lieu du monde. Toutes les racines, tous les légumes d'Europe y réussissent admirablement. Nos grains n'y ont point constamment le même succès. Le froment est sujet à se brouir, l'orge à se dessécher, & l'avoine à donner plus de paille que de grain. Mais à leur défaut, le mays qui se consomme ordinairement en biere devient la ressource du peuple. De vastes & abondantes prairies sont couvertes de nombreux troupeaux.

L'industrie, quoique beaucoup plus avancée dans cette colonie que dans les autres, n'y a pas fait à beaucoup près les mêmes progrès que la culture. On n'y voit que quatre ou cinq manufactures de quelque importance.

La premiere qui s'y forma fut la construction des vaisseaux. Elle eut long-tems de la réputation. Les bâtimens qui sortoient de ce chantier étoient recherchés. On en trouvoit les matériaux moins poreux, moins sujet à se fendre que ceux des provinces plus méridionales. Leur nombre diminue sensiblement depuis 1730, parce que les bois de construction ont été peu ménagés

& employés à d'autres usages. On a proposé d'en défendre la coupe des bords de la mer à dix milles dans les terres. Cette loi dont tout concouroit à démontrer la nécessité, n'a pas été reçue. On ne sait pourquoi.

La manufacture des eaux-de-vie de sucre, s'est mieux soutenue que celle des vaisseaux. Elle dût son origine à la facilité qu'avoient les nouveaux Anglois de tirer des Antilles une grande abondance de mélasse. On les employa d'abord en nature à divers usages. Bientôt on apprit à les distiller. Réduites en rum elles servirent à l'approvisionnement des sauvages voisins, des pêcheurs de Terre-neuve, des autres provinces septentrionales, des navigateurs même qui fréquentoient les côtes d'Afrique. L'imperfection où cet art est resté dans la colonie, n'en a pas fait tomber le produit ; parce qu'elle a toujours pu vendre ces eaux-de-vie à un prix extrêmement modique.

La même raison a soutenu, a étendu la fabrique de chapeaux. Bornée au commencement par les réglemens de la métropole à la consommation intérieure de la colonie, elle est parvenue à franchir ces barrieres. On en fait passer en fraude une assez grande quantité dans les établissemens voisins.

La colonie ne vend pas des draps, mais elle en achete peu. La toison de ses moutons, aussi longue quoique moins fine que celle d'Angleterre, donne des étoffes dont le tissu grossier & serré convient singuliérement à des hommes modestes qui pour la plupart habitent les campagnes.

Quelques presbytériens, chassés autrefois du nord de l'Irlande par l'oppression du gouvernement ou du clergé, allerent apprendre aux nouveaux Anglois à cultiver le chanvre & le lin, &

philosophique & politique. 267

à les mettre en œuvre. Ces toiles sont devenues avec le tems une des plus grandes ressources de la colonie.

La métropole, dont les calculs politiques n'ont pas toujours mérité l'opinion qu'on avoit de ses lumieres, n'a rien oublié pour traverser ces différentes manufactures. Elle ne voyoit pas que ceux de ses sujets qui défrichoient cette partie considérable du nouveau monde, étoient réduits à l'alternative d'abandonner un si bon pays, ou de se procurer eux-mêmes les choses d'un usage général, de nécessité premiere. Les colons n'auroient pas même réussi à se soutenir par ces seuls moyens, s'ils n'avoient eu l'adresse & le bonheur de s'ouvrir un grand nombre de canaux dans lesquels on va les suivre.

La premiere ressource qu'ils trouverent au dehors, ce fut la pêche. On l'a encouragée jusqu'à regler que toute famille qui déclareroit sous serment avoir vécu durant toute l'année deux jours par semaine de poisson salé, seroit déchargée d'une partie de son imposition. Le commerce invite les protestans à l'abstinence de la viande, comme la religion la prescrit aux catholiques. Le Maquereau se pêche uniquement au printems à l'embouchure du Pentagoet, riviere considérable qui se perd dans la baie Françoise, à l'extrêmité de la colonie. Au centre même de la Côte, & près de Boston, la Morue donne toujours en telle abondance que le cap Cod, malgré la stérilité de son terroir, est une des parties du pays les plus peuplées. Non contente de la pêche que la nouvelle Angleterre fait dans ses propres parages, elle envoye au grand banc, à Terre-neuve, à l'isle Royale environ deux cens bâtimens de trente-cinq à quarante tonneaux, qui font communément trois voyages durant la saison, & qui en rapportent au moins cent mille quintaux de Morue. D'autres navires plus considérables expédiés des mêmes ports vont échanger des vivres contre la pêche des Anglois qui sont fixés dans ces contrées stériles & glaciales. Tous ces produits en Morue sont distribués ensuite au midi de l'Europe & de l'Amérique.

Ce n'est pas le seul objet que les isles Britanniques du nouveau monde tirent de la nouvelle Angleterre. Elle leur fournit des chevaux, des bœufs, des porcs, des viandes salées, du beurre, du suif, du fromage, des farines, du biscuit, du bled d'inde, des pois, des fruits, du cidre, du lin, du chanvre, des bois de toutes les especes. Ces mêmes denrées passent la plupart dans les isles des autres nations, tantôt ouvertement, tantôt en contrebande, mais toujours en moindre quantité durant la paix que dans les tems de guerre. Honduras, Surinam, d'autres parties du continent Amériquain, ouvrent de semblables débouchés à la nouvelle Angleterre.

Elle va chercher à Madere & aux Açores, du vin & des eaux-de-vie qu'elle paye avec du grain & des Morues.

Les ports d'Italie, d'Espagne & de Portugal reçoivent annuellement soixante ou soixante-dix de ses bâtimens. Ils y arrivent chargés de Morue, de bois de construction, de munitions navales, de bled, d'huile de poisson ; & plusieurs s'en retournent avec des huiles d'olive, du sel, du vin, de l'argent à la nouvelle Angleterre ou ils déchargent clandestinement leurs cargaisons. C'est ainsi qu'ils éludent les droits qu'ils payeroient dans la Grande Bretagne en y faisant leur retour, comme ils sont tenus par une loi. Les vaisseaux qui ne reprennent pas la route de leur premier port, sont achetés dans ceux où ils ont fait leur vente. Souvent, ils sont frétés indifféremment à tous les négocians & pour tous les marchés jusqu'à ce qu'on en trouve un prix convenable.

La métropole reçoit de sa colonie des vergues & des mâtures pour la marine royale, des planches, de la potasse, de la poix, du goudron, de la térébenthine, quelques fourrures & même des grains dans ses années de disette. Ces cargaisons lui viennent sur des vaisseaux que ses propres négocians ont fait construire, ou qu'ils ont achetés des armateurs qui construisent par spéculation.

La nouvelle Angleterre, outre le commerce qu'elle fait de ses productions, s'est approprié une partie des denrées de l'Amérique, soit méridionale, soit septentrionale, en faisant passer par ses mains les matieres des échanges de ces deux contrées. Aussi les nouveaux Anglois sont-ils regardés comme les courtiers ou les Hollandois de l'Amérique.

Malgré cette avidité si vive & si soutenue, la colonie n'a jamais atteint le niveau de ses affaires. Jamais elle n'a pu payer exactement ce que la Grande Bretagne lui fournissoit, ou de son industrie, ou de l'industrie étrangere, ou des indes orientales : objets de commerce qui s'élevent chaque année à plus de quatre cens mille livres sterlings. Ses dettes doivent augmenter, ou ses consommations diminuer. Avec des liaisons presque illimitées dans les deux mondes, la nouvelle Angleterre décheoit sensiblement depuis vingt ans.

Cependant sa navigation est assez animée, pour occuper habituellement six mille matelots. Indépendamment des petits bâtimens qui font la pêche ou le cabotage & qui sortent indifféramment de toutes les rades répendues en grand nombre sur les côtes, sa marine consiste en cinq cens navires qui forment quarante mille tonneaux de port. Tous ou presque tous prennent leur chargement à Boston, tous ou presque tous y font leur décharge.

Cette ville, la capitale de la nouvelle Angleterre, est située dans une péninsule de quatre milles de long au fond de la belle baie de Massachuset, qui s'enfonce environ huit milles dans les terres. L'ouverture de cette baie est défendue contre l'impétuosité des vagues, par quantité de rochers qui s'élevent au dessus de l'eau, par une douzaine de petites isles la plupart fertiles & habitées. Ces digues, ces remparts naturels ne laissent une libre entrée qu'à trois vaisseaux de front. Sur ce canal unique & très-étroit, fut élevée à la fin du siecle dernier, dans l'isle du Château, une citadelle réguliere sous le nom de fort Guillaume. Elle a cent canons de quarante-deux livres de balle tellement disposés qu'ils peuvent battre un vaisseau par l'avant & par l'arriere, avant qu'il se soit mis en état de lâcher sa bordée. A une lieue en avant, est un fanal fort élevé dont les signaux peuvent être apperçus de la forteresse, qui les répete pour la côte, tandis que Boston a les siens qui répandent en même-tems l'allarme dans l'intérieur des terres voisines. Hors les momens d'une brune épaisse, dont quelques vaisseaux pourroient profiter pour se glisser dans les isles, la ville a toujours cinq ou six heures pour se préparer à recevoir l'ennemi, dans l'attente de dix mille hommes de milice qu'elle peut rassembler en vingt-quatre heures. Quand même une flotte passeroit impunément sous l'artillerie du Château, elle trouveroit au nord & au sud de la place deux batteries qui commandant toute la baie, l'arrêteroient à coup sûr, & donneroient le tems à tous les bâtimens, à tous les magasins du commerce de se mettre à couvert du canon dans la riviere de Charles.

La rade de Boston est assez vaste, pour que six cens voiles y puissent mouiller sûrement & commodément. On y a construit un magnifique môle assez avancé, pour que les vaisseaux, sans le secours du moindre allege, déchargent dans les magasins qu'on a bâtis au nord. A l'extrêmité du môle, on voit la ville disposée en forme de croissant autour du port. La liste des naissances & des morts, qui est devenue avec raison la regle unique des arithméticiens politiques, prouve que la place doit avoir plus de vingt-cinq mille habitans, Anabaptiste, Quaker, réfugiés François, Anglicans ou Presbytériens. Le logement, les meubles, les vêtemens, la nourriture, la conversation, les usages, les mœurs: tout y ressemble si fort à la vie qu'on mene à Londres, qu'il est difficile d'y trouver d'autre différence que celle qu'entraîne toujours l'excessive population des grandes capitales.

La nouvelle Angleterre, semblable à l'ancienne par tant de rapports, a dans son voisinage la nouvelle York. Celle-ci resserrée à l'est par cette principale colonie, & bornée à l'ouest par le nouveau Jersey, occupe un espace étroit de vingt milles sur le bord de la mer, s'élargit

insensiblement, & s'enfonce dans le nord à pl[us]
de cent cinquante milles dans les terres.

Cette contrée fut découverte en 1609 par Hen[ri]
Hudson. Ce fameux navigateur, après avoir fa[it]
d'inutiles efforts sous les auspices de la comp[a]-
gnie Hollandoise des indes orientales, pour trou[-]
ver dans le nord un passage à la mer de l'ouest[,]
revira au sud le long du continent, dans l'e[s]-
pérance de dédommager par quelque utile déco[u]-
verte, la société qui l'avoit honoré de sa con[-]
fiance. Il entra dans un fleuve considérable auqu[el]
il donna son nom; & content d'avoir reconn[u]
les terres & les habitans de ses bords, il rem[it]
à la voile pour Amsterdam d'où il étoit par[ti.]

Dans le système des Européens qui compte[nt]
pour rien les peuples du nouveau monde, c[e]
pays devoit appartenir aux Hollandois. U[n] homm[e]
qui étoit à leur service l'avoit découvert. Il e[n]
avoit pris possession en leur nom; & il le[ur]
cédoit tous les droits qu'il pouvoit y avoir p[er]-
sonnellement. Sa qualité d'Anglois n'ôtoit rie[n]
à ces titres incontestables. On ne pût don[c]
qu'être étonné d'apprendre que Jacques premie[r]
revendiquoit cette contrée, parce que Hudso[n]
étoit né son sujet; comme si la patrie n'étoi[t]
pas le pays qui fait vivre. Aussi ce prince insis[-]
ta-t-il légerement sur une prétention si peu fon[-]
dée. La république, après quelques discussions[,]
envoya dès 1610 jetter les fondemens de l[a]
culture & du commerce dans une région qu'ell[e]
s'appropria sous le nom de nouvelle Belge. Tou[t]
y prospéroit. D'heureux commencemens annon[-]
çoient de plus grands progrès, lorsque la colo[-]
nie vit fondre sur elle en 1664 un orage auquel
rien ne l'avoit préparée.

L'Angleterre

L'Angleterre qui n'avoit point alors avec la Hollande ces liaisons intimes que l'ambition & les succès de Louis XIV cimenterent dans la suite entre les deux puissances, voyoit d'un œil jaloux un petit état à peine formé dans son voisinage, étendre dans tout l'univers les branches de sa prospérité. Elle frémissoit en secret de ne pouvoir atteindre à l'égalité d'une puissance, qui ne devoit pas même lui disputer la supériorité. Ces rivaux de commerce & de navigation l'écrasoient par leur vigilance & leur économie dans les grands marchés du monde entier, & partout la réduisoient au rôle subalterne. Chaque effort qu'elle faisoit pour établir la concurrence, tournoit à son deshonneur ou à sa perte; & le commerce universel se concentroit à vue d'œil dans les marais de la république. La nation s'indigna des disgraces de ses négocians, & résolut de leur assurer par la force ce qu'ils ne pouvoient obtenir de leur industrie. Charles II, malgré sa nonchalance pour les affaires, malgré son goût effréné pour les plaisirs, adopta vivement un plan qui pouvoit faire tomber dans ses mains les richesses des contrées éloignées, avec l'empire maritime de l'Europe. Son frere plus actif, plus entreprenant que lui, l'affermit dans ces dispositions; & d'un commun accord, ils firent attaquer les établissemens, les vaisseaux Hollandois, sans déclaration de guerre.

Une flotte Angloise se montra au mois d'août devant la nouvelle Belge. Elle portoit trois mille hommes de débarquement. Ces forces ôterent toute idée, comme tout espoir de résistance; & la colonie entiere se soumit à la premiere sommation. Cette conquête fut assurée au vainqueur par la paix de Breda; mais il en fut

Tome VI. S

dépouillé par la république en 1673, quand
intrigues de la France eurent brouillé ces de
puissances, qui pour leur intérêt n'auroient jam
dû l'être. Un second traité rendit encore les A
glois maîtres de la nouvelle Belge, qui dep
resta sous leur empire avec le titre de nouve
York.

Elle avoit pris ce nom dès 1664, que
Duc d'York en avoit reçu la propriété du
son frere. Dès qu'il l'eut recouvrée, il fit pas
ce despotisme qui depuis le précipita du trôn
Ses lieutenans qui tenoient de ses mains to
les pouvoirs ensemble, non contens d'y exe
cer l'autorité publique, s'étoient constitués arb
tres de toutes les causes civiles. Le pays éto
alors habité par des Hollandois qui avoient pr
féré leurs plantations à leur patrie, par des colo
sortis de la nouvelle Angleterre. Accoutumés
la liberté, ces peuples ne devoient pas souffr
long-tems une administration absolue, arbitrair
On ne pouvoit que prévoir un soulevement o
une émigration, lorsque la colonie fut invit
en 1683 à choisir ses représentans pour régl
son administration. Le tems amena d'autres chan
gemens; mais ce ne fut qu'en 1691 que fu
arrêté un plan de gouvernement dont on ne s'e
pas écarté depuis.

A sa tête est un chef nommé par la couronne
Elle lui donne douze conseillers, sans le con
sentement desquels il ne peut signer aucun acte
Vingt-sept députés choisis par les habitans, repré
sentent la commune. Tous les pouvoirs sont con
centrés dans l'assemblée, composée de ces diffé
rens membres. Au commencement sa durée fut
illimitée. On la fixa depuis à trois ans. Elle
l'est aujourd'hui à sept, comme celle du Parle

ment d'Angleterre, dont elle a suivi les révolutions.

Appuyée sur une base de gouvernement si solide, si convenable à la liberté qui fait tout prospérer, la colonie se livra sans inquiétude à tous les travaux où elle étoit encouragée par sa situation. Un climat plus doux que celui de la nouvelle Angleterre, un sol beaucoup plus favorable à la culture du grain, aussi propre à toutes les autres denrées, lui donnerent une concurrence rapide & vive avec un établissement qui l'avoit devancée dans toutes les productions, dans tous les marchés. Si elle ne l'égaloit pas dans les manufactures, ce désavantage étoit compensé par la supériorité d'un commerce en pelleteries vingt fois plus considérable. Ces moyens de prospérité, soutenus d'une grande tolérence religieuse, ont élevé sa population à cent mille habitans, dont dix-huit mille en état de porter les armes forment une milice nationale.

Cette colonie auroit encore fleuri davantage, sans le fanatisme de deux gouverneurs, sans les vexations de quelques autres, sans les concessions immenses faites à des particuliers trop accrédités. Mais ces inconvéniens sont passagers dans le gouvernement Anglois. Les uns ont cessé, & les autres diminuent. Ainsi la province pourra voir un jour doubler ses productions; si les deux tiers de son territoire qui sont encore en friche, doivent rendre autant, que le tiers déja cultivé.

Il n'est pas donné de prévoir qu'elle influence auront ces richesses sur l'esprit & le sort des habitans. Mais on peut dire qu'ils n'ont pas abusé jusqu'ici de celles qu'ils ont acquises. Les Hollandois, premiers fondateurs de cette colonie, y établirent cette esprit d'ordre & d'économie qui caractérise leur nation. Comme ils formerent toujours le gros des habitans; même après le changement de domination, l'exemple de leurs bonnes mœurs fit l'esprit général des nouveaux colons que la conquête leur associa. Les Allemans poussés en Amérique par la persécution qui les chassoit du Palatinat ou des autres provinces de l'empire, se trouverent montés par la nature à ce ton simple & modeste; & les François ou les Anglois que l'habitude n'avoit pas accoutumés à tant de frugalité, se conformerent ou par sagesse ou par émulation à cette maniere de vivre moins coûteuse & plus aisée que les modes & les airs du luxe & du faste.

Qu'est-il arrivé delà? que les colons n'ont pas contracté de dettes envers la métropole; qu'ils ont conservé une entiere liberté dans leurs ventes & dans leurs achats, & qu'ils ont toujours donné à leurs affaires la direction qui leur étoit la plus avantageuse. Si leurs représentans avoient porté les mêmes principes dans l'administration, le revenu annuel de quarante-cinq mille livres sterlings qu'avoit la province avant 1755, & qui a dû augmenter depuis, auroit suffi à toutes les dépenses publiques. On ne l'auroit pas jetté dans des engagemens dont elle ressent déja le fardeau ou la surcharge.

Toutes les plantations de la colonie animent & décorent les bords de la riviere d'Hudson. Ce fleuve est navigable jour & nuit dans toutes les saisons. On peut le remonter, on peut le descendre par la marée qui va jusqu'à cent soixante milles dans les terres. C'est sur ce magnifique canal qu'on embarque dans des bâtimens de quarante à cinquante tonneaux, tout ce qu doit arriver au marché général. Cet entrepôt, voisin de l'océan, est propre par sa situation à recevoir, à déboucher toutes les denrées de la province, toutes celles de l'isle Longue qui n'est séparée du continent que par un canal étroit.

Cette isle, qui tire son nom de sa figure, a cent vingt milles de long sur douze de large. Elle étoit autrefois singulierement connue par le nombre de Baleines & de Veaux-marins qu'on y prenoit. Mais soit que la pêche ait épuisé ou chassé ces races qui cherchent les mers tranquilles & les côtes désertes, elles ont disparu. Une autre industrie a rempli ce vuide. L'excellence des pâturages a fait multiplier les bestiaux, sur-tout les chevaux, sans qu'on ait pour cela négligé aucune espece de culture. Le produit de ces richesses coule au grand entrepôt. Il s'y trouve grossi par des productions qui viennent de plus loin. Quelques plages de la nouvelle Angleterre, du nouveau Jersey, gagnent à verser leurs denrées dans ce magasin.

Ce marché général est une ville importante aujourd'hui désignée comme la colonie entiere sous le titre de nouvelle Yorck. Elle fut autrefois bâtie par les Hollandois sous le nom de nouvelle Amsterdam dans l'isle de Manahatan longue de quatorze lieues sur une largeur médiocre. Sa population étoit en 1756 de dix mille quatre cens soixante huit blancs, & de deux mille deux cens soixante-quinze noirs. Peut-être n'est-il point de ville où l'on respire un air plus sain, où l'on apperçoive une aisanse plus universelle & mieux repartie. Ses édifices publics, ses maisons particulieres ont de la solidité, de la commodité. Mais si cette cité se voyoit vigoureusement attaquée, à peine tiendroit-elle vingt-quatres heures, avec le mauvais fort & les retranchemens de pierre qui défendent la rade & la ville.

La nouvelle York placée à deux milles de l'embouchure de la riviere d'Hudſon, n'a proprement ni port, ni baſſin, mais elle n'en a pas beſoin. Sa rade lui ſuffit. C'eſt delà qu'on expédie tous les ans deux cens quatre-vingt ou trois cens navires pour les différens parages de l'Amérique ou de l'Europe. L'Angleterre n'en reçoit que le plus petit nombre; mais ce ſont les plus riches, parce qu'ils ſont chargés de Caſtor & de fourrures. Comment eſt-ce que la colonie ſe procure ces pelleteries? On va le voir.

Dès que les Hollandois eurent élevé la nouvelle Amſterdam dans une poſition favorable pour communiquer avec l'Europe, ils cherchèrent les moyens, d'y former un commerce. On ne demandoit alors que des fourrures à l'Amérique ſeptentrionale. Les ſauvages voiſins de la ville en fourniſſoient peu, n'en offroient que de médiocres. Il falloit pouſſer au nord, pour en avoir une plus grande quantité & de meilleures. On forma le projet d'un établiſſement ſur les bords du fleuve Hudſon à cent cinquante milles de la capitale; & les circonſtances ſe trouverent favorables pour obtenir le conſentement des Iroquois de qui dépendoit le territoire ſur lequel on avoit jetté les yeux. Cette brave nation ſe trouvoit alors engagée dans une guerre opiniâtre avec les François arrivés depuis peu dans le Canada. On lui offroit des armes ſemblables à celles de l'ennemi qu'elle avoit à combattre. Elle permit à ce prix de bâtir le fort d'Orange, qui fut appellé depuis Albani. Jamais il n'y eut d'hoſtilité, jamais de démêlé entre les Iroquois & les Hollandois. Avec de la poudre, du plomb, des fusils que ceux-ci donnerent en échange des pelleteries, ils parvinrent à attirer sans concurrence la chasse entiere des cinq cantons, le butin même que les guerriers Iroquois faisoient dans leurs expéditions.

Les Anglois, en s'emparant de la colonie, conserverent l'union avec les sauvages ; mais ils ne songerent sérieusement à étendre la traite des pelleteries qu'ils avoient trouvé établie, que lorsque la révocation de l'édit de Nantes eut fait passer chez eux en 1685, l'art de fabriquer les chapeaux de Castor. Leurs efforts même furent long-tems impuissans. Deux obstacles s'opposoient principalement à leurs progrès. Les François tiroient d'Albani même des couvertures, de grosses étoffes de laine, des ouvrages de fer & de cuivre, des armes même & des munitions qu'ils vendoient aux sauvages, avec d'autant plus d'avantage qu'ils avoient acheté ces marchandises à un tiers de moins par cette voie que par toute autre. D'ailleurs les nations Amériquaine, qui étoient séparées de la nouvelle York par le pays des Iroquois où l'on craignoit de s'engager, ne pouvoient guere traiter qu'avec les François.

Burnet qui gouvernoit la colonie Angloise en 1720 fut le premier qui connut le mal ou qui osât l'attaquer dans sa source. Il fit défendre par l'assemblée génerale toute communication entre Albani & le Canada ; il amena les Iroquois à consentir qu'il élevât & qu'il fortifiât à ses frais le comptoir d'Oswego sur le lac Ontario, dans un endroit ou passoient la plupart des nations en allant à Montreal. Après ces deux opérations, le Caſtor & les autres fourrures furent à peu près partagés entre les Anglois & les François. La perte du Canada ne peut que groſſir la part de la nouvelle York, mieux ſituée pour le commerce que le pays qui le lui diſputoit.

Si la colonie Angloiſe a gagné par l'acquiſition du Canada, elle ne paroît pas avoir perdu par la ſéparation du nouveau Jerſey qui fût autrefois attaché à la nouvelle Belge, ſous le nom de nouvelle Suede.

Les Suédois furent en effet les premiers Européens qui s'établirent dans cette contrée vers l'an 1639. Mais l'abandon où les laiſſoit leur patrie, trop foible pour étendre ſes bras ſi loin, les réduiſit au bout de ſeize ans à ſe donner eux-mêmes aux Hollandois qui réunirent cette acquiſition à la nouvelle Belge. Le duc d'York l'en détacha, quand il reçut l'inveſtiture de ces deux provinces; & partagea la moins conſidérable entre deux de ſes favoris, ſous le nom du nouveau Jerſey.

Carteret & Berkeley qui poſſédoient, le premier la partie de l'eſt, & le ſecond la partie de l'oueſt, n'avoient ſollicité ce vaſte territoire que pour le vendre. Des hommes à ſpéculation leur en acheterent à vil prix de grandes portions qu'ils revendirent en détail. Au milieu de toutes ces ſous-diviſions, la colonie reſta partagée en deux provinces ſéparément gouvernées par les héritiers des premiers propriétaires. Les difficultés qu'éprouvoit leur adminiſtration, les dégoûterent de cette eſpece de ſouveraineté qui ne convenoit guere à des ſujets. Ils remirent en 1702 leur chartre à la couronne. Depuis cette époque les deux provinces n'en ont fait qu'une, qui comme la plupart des autres colonies Angloises est dirigée par un gouverneur, un conseil, une assemblée générale.

Le nouveau Jersey, situé entre les trente-neuf & quarante degrés de latitude septentrionale, a pour limites, la nouvelle York à l'est, & la Pensilvanie à l'ouest ; au nord des terres inconnues ; au sud-est l'océan qui baigne ses côtes dans une étendue de cent vingt milles.

Avant la derniere révolution on ne voyoit dans un pays si vaste que seize mille habitans. C'étoient les descendans des Suédois, des Hollandois ses premiers cultivateurs. Quelques Quakers, quelques Anglicans, un plus grand nombre de presbytériens Ecossois s'étoient joints à ces colons de deux nations. Les vices du gouvernement arrêtoient les progrès, causoient l'indigence de cette foible population. L'époque de la liberté, sembloit devoir être pour cette colonie, l'époque de la prospérité ; mais presque tous les Européens qui cherchoient un asyle ou la fortune dans le nouveau monde, préférant la Pensilvanie & la Caroline, où la douceur du climat & la fertilité du sol les attiroit puissamment, le nouveau Jersey ne put se rétablir de sa langueur primitive. Encore aujourd'hui, l'on n'y compte pas plus de quarante mille blancs réunis dans quelques bourgades ou dispersés dans des habitations, avec vingt mille noirs.

La pauvreté de cette province, ne lui permettant pas dans les commencemens d'ouvrir un commerce direct avec les marchés étrangers ou éloignés, elle prit l'habitude de vendre ses denrées à Philadelphie, & plus encore à la nouvelle York, où elles arrivoient par des rivieres d'une navigation facile. C'est la route que prennent encore la plupart de ſes productions. Les deux villes lui donnent en échange quelques marchandiſes de la métropole. Loin de pouvoir ſe procurer des objets de luxe, elle ne peut même acheter tous ceux de premier beſoin; & ſe voit obligée à fabriquer elle-même, la plus grande partie de ſes vêtemens.

Auſſi n'entre-t-il que peu de métaux dans la colonie. Elle eſt réduite au papier monnoie qui n'en eſt que le ſigne précaire. La maſſe de ſes billets ne monte qu'à ſoixante mille livres ſterlings. Comme ils ont un cours égal dans la Penſilvanie & dans la nouvelle York qui ne reçoivent pas du papier l'une de l'autre, ils ont une prime de faveur ſur les billets de ces deux colonies, en ſervant à tous les paiemens que celles-ci font entr'elles.

Mais un ſi leger avantage ne donnera jamais de l'importance au nouveau Jerſey. C'eſt de ſon ſein, c'eſt du défrichement de ſes déſerts immenſes qu'il doit tirer ſa vigueur & ſa proſpérité. Il ne ſe relevera point de ſa langueur, tant qu'il aura beſoin d'agens intermédiaires. La colonie en eſt perſuadée; & toute ſon ambition ſe borne maintenant à agir par elle-même. Elle a déja fait quelques efforts heureux. Dès l'an 1751 elle expédia de ſes propres fonds trente-huit bâtimens pour l'Europe, ou pour les iſles méridionales de l'Amérique. Ces vaiſſeaux portoient cent ſoixante-huit mille quintaux de biſcuit, ſix mille quatre cens vingt-quatre barils de farine, dix-ſept mille neuf cens quarante-un boiſſeaux de bled, trois cens quatorze barils de bœuf & de porcs ſalés, quatorze cens quintaux de chanvre; une aſſez grande quantité de jambons, de beurre, de biere, de graine de lin, de fer en barre & de bois de charpente. On présume que ces expéditions directes peuvent avoir augmenté d'un tiers.

Ce commencement de richesse doit inspirer de l'émulation, de l'industrie, des espérances, des projets, des entreprises à une colonie qui jusqu'à-présent n'a pu soutenir dans le commerce le rang & le rôle où l'appelloit sa situation. S'il est des états pauvres & foibles qui tirent leur subsistance & leur soutien du voisinage des états riches & brillans ; il en est bien plus encore qui sont écrasés, affoiblis par ce même voisinage. Tel a peut-être été le sort du nouveau Jersey. C'est ce qu'on va voir dans l'histoire de la Pensilvanie qui serrant de trop près cette colonie, l'a jusqu'ici, tantôt étouffée de son ombre, tantôt offusquée de son éclat.

Fin du dix-septieme Livre.

HISTOIRE
PHILOSOPHIQUE
ET
POLITIQUE,

Des établissemens & du commerce des Européens dans les deux Indes.

LIVRE DIX-HUITIEME.

L E luthéranisme qui devoit changer la face de l'Europe, ou par lui-même, ou par l'exemple qu'il donnoit de la réforme, avoit mis les esprits dans une fermentation extraordinaire, lorsqu'on vit sortir de son sein orageux une religion nouvelle qui paroissoit bien plus une révolte conduite par le fanatisme qu'une secte reglée qui se gouverne par des principes. La plupart des novateurs suivent un système lié, des dogmes établis, & ne combattent d'abord que pour les défendre, lorsque la persécution les irrite

& les révolte jusqu'à leur mettre les armes à la main. Les anabaptistes, comme s'ils n'avoient cherché dans la bible qu'un cri de guerre, leverent l'étendart de la rébellion, avant d'être convenus d'un corps de doctrine. Les principaux chefs de cette secte avoient bien enseigné qu'il étoit inutile & ridicule d'administrer le baptême aux enfans, ainsi qu'on le pensoit dans la primitive église; mais ils n'avoient pas encore une seule fois mis en pratique, ce seul article de croyance qui servoit de prétexte à leur séparation. L'esprit de sédition suspendoit chez eux les soins qu'ils devoient aux dogmes schismatiques sur lesquels ils fondoient leur révolte. Secouer le joug tyrannique de l'église & de l'état, c'étoit leur loi, c'étoit leur foi. S'enrôler dans les armées du seigneur, s'inscrire parmi les fideles qui devoient employer le glaive de Gedeon, ils n'avoient pas d'autre devise, d'autre distinction, dans leur origine.

Ce ne fut qu'après avoir porté le fer & le feu dans une grande partie de l'Allemagne, que les anabaptistes songerent à donner quelque fondement, & quelque suite à leur créance, à marquer leur confédération par un signe visible qui l'unit & la cimentât. Ligués d'abord par inspiration pour former un corps d'armée, ils se liguerent en 1525 pour composer un corps de religion.

Dans ce symbole mêlé d'intolérance & de douceur, comme l'Église Anabaptiste est la seule où l'on enseigne la pure parole de Dieu, elle ne doit & ne peut communiquer avec aucune autre Eglise.

L'esprit du Seigneur soufflant où il lui plaît, le pouvoir de la prédication n'est pas borné à un seul ordre de fideles; mais il s'étend à tous, & tous peuvent prophétiser.

Toute secte où l'on n'a pas gardé la communauté des biens qui faisoit l'ame & l'union des premiers chrétiens, est une assemblée impure, une race dégénérée.

Les magistrats sont inutiles dans une société de véritables fideles : un chrétien n'en a pas besoin, un chrétien ne doit pas l'être.

Il n'est pas permis à des chrétiens de prendre les armes pour se défendre; à plus forte raison ne peuvent-ils pas s'enrôler au hasard pour la guerre.

Ainsi que les procès, les sermens en justice sont défendus à des disciples du Christ qui leur a dicté pour toute réponse devant les juges, *oui, oui ; non, non.*

Le baptême des enfans est une invention du diable & des papes. La validité du baptême dépend du consentement volontaire des adultes qui peuvent seuls le recevoir avec la connoissance de l'engagement qu'ils prennent.

Tel fut dans son origine le système religieux & charitable des Anabaptistes fougueux & rebelles. Tel il est encore aujourd'hui parmi ses rigides observateurs. Une doctrine qui avoit pour base la communauté des biens & l'égalité des conditions, ne pouvoit guere trouver des partisans que dans le peuple. Les paysans l'adopterent avec d'autant plus d'enthousiasme & de fureur, que le joug dont il les délivroit étoit plus insuportable. Condamnés la plupart à l'esclavage de la glebe, ils prirent de tous côtés les armes pour accréditer une doctrine qui de serfs les rendoit égaux aux seigneurs. La crainte de voir rompre un des premiers liens de la société, qui est l'obéissance au magistrat, réunit contr'eux toutes les autres sectes qui ne pouvoient subsister sans subordination. Ils succomberent sous tant d'ennemis, après avoir fait une résistance plus opiniâtre qu'on ne devoit le croire. Leur communion, quoique répandue dans tout l'empire & dans une partie du nord, ne fut nulle part dominante, parce qu'elle avoit été par-tout combattue & dispersée. À peine étoit-elle tolérée dans les contrées, où l'on permettroit la plus grande liberté de créance. Dans aucun état, elle ne put former une Eglise autorisée par la législation civile. Ce fut ce qui l'affoiblit, & de l'obscurité la fit tomber dans le mépris. Son unique gloire fut d'avoir contribué peut-être à la naissance des Quakers.

Cette secte humaine & pacifique s'éleva en Angleterre, parmi les troubles de la guerre sanglante qui vit un roi traîné sur l'échaffaud par ses propres sujets. Elle eut pour fondateur George Fox, né dans une condition obscure. Un tour d'esprit singulier qui le portoit à la contemplation religieuse, le dégoûta d'une profession mécanique, & lui fit quitter son attelier. Pour se détacher entiérement des affections de la terre, il rompit toute liaison avec sa famille ; & de peur de contracter de nouveaux liens, il ne voulut plus avoir de demeure fixe. Souvent il s'égaroit dans les bois, sans autre compagnie, sans autre amusement que sa bible. Avec le tems même, il parvint à se passer de ce livre, quand il crut y avoir assez puisé l'inspiration des prophétes & des apôtres.

C'est alors qu'il chercha des prosélytes. Il ne lui fut pas difficile d'en trouver dans un tems & dans un pays, où les délires de la religion tournoient toutes les têtes, embrasoient tous les cœurs. Bientôt il se vit suivi d'une foule de disciples qui par la bisarrerie de leurs idées sur des objets incompréhensibles ne pouvoient qu'étonner & fasciner les esprits sensibles au merveilleux.

La simplicité de leur vêtement, fut ce qui frappa d'abord tous les yeux. Sans galons, sans broderies, ni dentelles, ni manchettes, ils bannirent tout ce qu'ils appelloient ornement ou superfluité. Point de plis dans leurs habits; pas même un bouton au chapeau, parce qu'il n'est pas toujours nécessaire. Ce mépris singulier pour les modes, les avertissoit d'être plus vertueux que les autres hommes, dont ils se distinguoient par des dehors modestes.

Toutes les déférences extérieures que l'orgueil & la tyrannie imposerent à la foiblesse, devinrent odieuses aux Quakers, qui ne vouloient avoir ni maîtres, ni serviteurs. Ils évitoient jusqu'à ces usages de civilité, qui tirent leur origine de la crainte. Ils n'accordoient à personne aucun titre de distinction & d'honneur. L'*excellence* & l'*éminence*, ne convenoient pas, disoient-ils, à des vers de terre. Le nom d'*ami* ne devoit se refuser à personne entre des citoyens & des chrétiens. La révérence étoit une gêne ridicule & cérémonieuse. Se decouvrir la tête en saluant, étoit manquer à soi pour honorer les autres. Le magistrat même ne pouvoit leur extorquer aucun signe extérieur de considération. Revenus à l'ancienne majesté des langues, ils tutoyoient les hommes, même les rois.

L'austérité de leur morale, ennoblissoit la singularité de leurs manieres. Porter les armes, leur paroissoit un crime; si c'étoit pour attaquer, on péchoit contre l'humanité; si c'étoit

pour

pour se défendre, on péchoit contre le christianisme. Leur évangile étoit la paix universelle. Donnoit-on un soufflet à un Quaker, il présentoit l'autre joue : lui demandoit-on son justaucorps, il offroit de plus sa veste. Jamais ces hommes justes n'exigeoient pour leur salaire, que le prix légitime dont ils ne vouloient point se relâcher. Jurer devant un tribunal, même la vérité, leur sembloit une prostitution du nom de l'être saint, pour de misérables débats entre des êtres vils & mortels.

Le mépris qu'ils avoient pour les vains dehors de la politesse dans la vie civile, se changeoit en aversion pour les cérémonies du culte dans le rit ecclésiastique. Les temples n'étoient à leurs yeux que des boutiques de charlatanerie ; le repos du dimanche qu'une oisiveté nuisible ; la cêne & le baptême que des imitations ridicules. Aussi ne vouloient-ils point de clergé. Chaque fidele recevoit immédiatement de l'esprit saint une illumination, un caractere bien supérieurs au sacerdoce. Quand ils étoient réunis, le premier qui se sentoit éclairé du ciel, se levoit, & révéloit ses inspirations. Les femmes même étoient souvent douées de ce don de la parole, qu'elles appelloient don de prophétie. Quelquefois plusieurs de ces freres en Dieu, parloient en même tems ; mais plus souvent regnoit un profond silence dans toute l'assemblée.

L'enthousiasme qui naissoit également & de ces méditations & de ces discours, irrita dans ces sectaires la sensibilité du genre nerveux, au point de leur occasionner des convulsions. C'est pour cela qu'on les appella *Quakers*, qui signifie en Anglois *Trembleurs*. C'étoit assez de ridiculiser leur manie, pour les en guérir à la longue.

Mais on la rendit contagieuse par la persécution. Tandis que toutes les autres sectes nouvelles étoient encouragées, on poursuivoit, on tourmenta celle-ci par des peines de toute espece. L'hôpital des foux, la prison, le fouet, le pilori, furent décernés à des dévots, dont le crime & la folie étoient de vouloir être raisonnables & vertueux à l'excès. Leur magnanimité dans les souffrances, excita d'abord la pitié, puis l'admiration. Cromwel même, après avoir été l'un de leurs plus ardens persécuteurs, parce qu'ils se glissoient dans les camps pour dégoûter les soldats d'une profession sanguinaire & destructive, Cromwel leur donna des marques publiques de son estime. Il eut la politique de vouloir les attirer dans son parti, pour lui concilier plus de respect & de considération ; mais on éluda, ou l'on rejetta ses invitations ; & depuis il avoua que c'étoit l'unique religion où il n'avoit pu rien gagner avec des guinées.

De tous ceux qui donnerent de l'éclat à cette secte, le seul qui mérita d'occuper la postérité, fut Guillaume Penn. Il étoit fils d'un amiral de ce nom assez heureux pour avoir obtenu la confiance du protecteur & des deux Stuarts qui tinrent après lui, mais d'une main moins assurée, les rênes du gouvernement. Cet habile marin, plus souple & plus insinuant qu'on ne l'est dans sa profession, avoit fait des avances considérables dans différentes expéditions dont il avoit été chargé. Le malheur des tems n'avoit guere permis qu'on le remboursât durant sa vie. Après sa mort, l'état des affaires n'étant pas devenu meilleur, on fit à son fils la proposition de lui donner, au lieu d'argent, un territoire immense dans le continent de l'Amérique. C'étoit un pays, qui quoiqu'entouré de colonies Angloises, & même anciennement découvert, avoit toujours été négligé. La passion de l'humanité lui fit accepter avec joie cette sorte de patrimoine qu'on lui cédoit presque en souveraineté héréditaire. Il résolut d'en faire l'asyle des malheureux, & le séjour de la vertu. Avec ce généreux dessein, il partit vers la fin de l'an 1681 pour son domaine, qui fut appellé dès-lors Pensilvanie. Tous les Quakers que le clergé persécutoit, parce qu'ils refusoient de payer la dîme & les autres taxes imposées par l'avarice & l'imposture ecclésiastiques, demandoient à le suivre. Mais par une prévoyance éclairée, il ne voulut en amener d'abord que deux mille.

Son arrivée au nouveau monde, fut signalée par un acte d'équité qui fit aimer sa personne & chérir ses principes. Peu satisfait du droit que lui donnoit sur son établissement la cession du ministere Britannique, il résolut d'acheter des naturels du pays, le vaste territoire qu'il se proposoit de peupler. On ne sait point le prix qu'y mirent les sauvages; mais quoiqu'on les accuse de stupidité pour avoir vendu ce qu'ils ne devoient jamais aliéner, Penn n'en eut pas moins la gloire d'avoir donné en Amérique un exemple de justice & de modération que les Européens n'avoient pas même imaginé jusqu'alors. Il légitima sa possession autant qu'il dépendoit de ses moyens. Enfin il ajouta par l'usage qu'il en fit, ce qui pouvoit manquer à la sanction du droit qu'il y acquéroit. Les Amériquains prirent pour la nouvelle colonie autant d'affection, qu'ils avoient conçu d'éloignement pour toutes celles qu'on avoit fondées à leur voisinage, sans consulter leurs droits ni leur volonté. Dès-lors s'établit entre les deux peuples une confiance ré[ci]proque dont rien n'altera jamais la douceu[r &] dont une bonne foi mutuelle refferra de plus [en] plus les liens.

L'humanité de Penn ne pouvoit pas fe borr[er] aux fauvages. Elle s'étendit fur tous ceux q[ui] viendroient habiter fon empire. Comme le bo[n]heur des hommes y devoit dépendre de la lég[if]lation, il fonda la fienne fur les deux pivots [de] la fplendeur des états & de la félicité des citoyen[s,] la propriété, la liberté. C'eft ici qu'il faut fe d[é]dommager du dégoût, de l'horreur ou de la tri[f]teffe qu'infpire l'hiftoire moderne, & fur-to[ut] l'hiftoire de l'établiffement des Européens au no[u]veau monde. Jufqu'ici ces barbares n'ont fu qu[e] dépeupler avant que de poffeder, qu'y ravag[er] avant de cultiver. Il eft tems de voir les germ[es] de la raifon, du bonheur & de l'humanité fem[és] dans la ruine & la dévaftation d'un hémifphe[re] où fume encore le fang de tous fes peuples pol[i]cés ou fauvages.

Le vertueux légiflateur établit la tolérance pou[r] fondement de la fociété. Il voulut que tout homme qui reconnoîtroit un Dieu participât au droi[t] de cité; que tout homme qui l'adoreroit fous [le] nom de Chrétien, participât à l'autorité. Mai[s] laiffant à chacun la liberté d'invoquer cet être [à] fa maniere, il n'admit point d'Églife dominant[e] en Penfilvanie, point de contribution forcé[e] pour la conftruction d'un temple, point de préfence aux exercices religieux qui ne fut volontaire.

Penn, jaloux de l'immortalité de fon nom, tranfmit à fa famille le droit de nommer un gouverneur à fa colonie; mais ne donna point à ce chef d'autorité fans le concours des députés du peuple. Tous les propriétaires des terres qui avoient intérêt à la loi, comme à la chose que la loi régit, devoient être électeurs, & pouvoient être élus. Les loix seroient faites à la pluralité des suffrages; mais il falloit les deux tiers des voix pour établir un impôt. C'étoit dès-lors un don des citoyens plutôt qu'une taxe du gouvernement. Pouvoit-on accorder moins de douceurs à des hommes qui seroient allés chercher la paix au-delà des mers ?

C'est ainsi que pensoit l'incomparable Penn. Il céda pour vingt livres sterlings, mille acres de terre à ceux qui pouvoient les acheter à ce prix. Tout habitant qui n'en avoit pas la faculté, obtint pour lui, pour sa femme, pour chacun de ses enfans au-dessus de seize ans, pour chacun de ses serviteurs, cinquante acres de terre, à la charge d'une rente annuelle & perpétuelle d'un denier Anglois par acre. Le législateur assura pour l'avenir à tout homme qui deviendroit majeur cinquante acres, sous l'unique redevance de deux schelings.

Pour assurer à jamais ces propriétés, on établit des tribunaux qui gardent les loix conservatrices des biens. Mais ce n'est plus protéger les terres, que de faire acheter la justice à ceux qui les possédent; car alors on n'a que l'avantage de donner une partie de son bien pour être sûr du reste, & la justice à la longue épuise le suc de la terre qu'elle devoit conserver, ou le sang du propriétaire qu'elle devoit protéger. De peur qu'il n'y eût des gens intéressés à provoquer, à prolonger les procès, il fut sévèrement défendu à tous ceux qui devoient prêter leur ministère d'exiger & d'accepter aucun salaire pour leurs bons offices. De plus chaque canton fut obligé de nommer trois arbitres ou pacificateurs qui devoient tacher de concilier les différents à l'amiable, avant qu'on pût les porter devant une cour de justice.

L'attention à prévenir les procès, naissoit d'un penchant à prévenir les crimes. Les loix, dans la crainte d'avoir des vices à punir, allerent au devant de leur source, l'indigence & l'oisiveté. On statua que tout enfant au dessous de douze ans, quelle que fut sa condition, seroit obligé d'apprendre une profession. Ce réglement assuroit la subsistance au pauvre, & préparoit une ressource au riche contre les revers de fortune. En même-tems elle mettoit entre les hommes plus d'égalité, en les rappellant à leur commune destination qui est le travail, soit des mains ou de l'esprit.

Ces premieres institutions devoient par elles-mêmes amener une excellente législation. Celle-ci se montra singuliérement dans la prospérité rapide & soutenue de la Pensilvanie. Cette république, sans guerres, sans conquêtes, sans efforts, sans aucune de ces révolutions qui frappent les yeux du vulgaire inquiet & passionné, devint un spectacle pour l'univers entier. Ses voisins, malgré leur barbarie, furent enchaînés par la douceur de ses mœurs; & les peuples éloignés, malgré leur corruption, rendirent hommage à ses vertus. Toutes les nations aimerent à voir réaliser & renouvellerent les tems héroïques de l'antiquité que les mœurs & les loix de l'Europe leur avoient fait prendre pour une fable. Elles crûrent enfin qu'un peuple pouvoit être heureux, sans maîtres & sans prêtres. La Pensilvanie dément l'imposture & la flatterie qui disent impudemment dans les cours & dans des temples que l'homme a besoin de dieux & de rois. Ce sont des dieux cruels qui ont besoin de rois qui leur ressemblent, pour se faire adorer. Ce sont des rois méchans qui ont besoin de dieux tyrans, pour se faire respecter. Mais l'homme juste, l'homme libre ne demande que ses égaux pour être heureux. Voyez régner la paix & le bonheur avec la justice & la liberté chez ce peuple de freres que la mer nous dérobe.

La Pensilvanie est gardée à l'est par l'océan ; au nord par la nouvelle York & le nouveau Jersey ; au sud par la Virginie & le Maryland ; à l'ouest par des terres qu'occupent les sauvages ; de tous côtés par des amis, & dans son sein par la vertu de ses habitans. Ses côtes fort resserrées, s'élargissent insensiblement jusqu'à cent vingt milles. Sa profondeur qui n'a d'autres limites que celles de sa population & de sa culture, embrasse déja cent quarante-cinq milles d'étendue.

Le ciel de la colonie est pur & serein. Le climat très-sein par lui-même, s'est encore amélioré par les défrichemens. Les eaux limpides & salubres y coulent toujours sur un fond de roc ou de sable. Les saisons y tempérent l'année par une variété marquée. L'hiver qui commence avec le mois de janvier, n'expire qu'à la fin de mars. Rarement accompagné de brouillards & de nuages, le froid y est constamment modéré ; mais quelquefois assez vif pour glacer en une nuit les plus grandes rivieres. Cette révolution aussi courte que subite, est l'ouvrage du vent de nord-ouest qui souffle des montagnes & des lacs du Canada. Le printems s'annonce par de douces pluies, par une chaleur légere qui s'accroît par degrés jusqu'à la fin de juin. Les ardeurs de la canicule seroient violentes, sans le vent de sud-ouest qui les rafraîchit ; mais ce secours assez constant est acheté par des ouragans qui vont jusqu'à déraciner les plus gros arbres, jusqu'à renverser des forêts entieres ; sur-tout dans le voisinage des côtes de la mer, où ce vent tient son empire, exerce ses ravages. Les trois mois ordinaires de l'automne n'ont d'autre désagrément que d'être trop pluvieux.

Quoique le pays soit inégal, il n'en est pas moins fertile. Le sol est tantôt un sable jaune & noir, tantôt du gravier, tantôt une cendre grisâtre sur un fond pierreux ; le plus souvent une terre grasse, sur-tout entre les ruisseaux qui la coupant dans tous les sens, y versent encore plus de fécondité que ne feroient des rivieres navigables.

Quand les Européens aborderent dans cette contrée, ils n'y virent d'abord que des bois de construction & des mines de fer à exploiter. En abattant, en défrichant, ils couvrirent peu à peu les terres qu'ils avoient remuées, de troupeaux innombrables, de fruits très-variés, de plantations de lin & de chanvre, de plusieurs sortes de légumes, de toute espece de grains, mais singulierement de seigle & de mays qu'une heureuse expérience découvrit propres au climat. On a poussé les défrichemens avec tant de vigueur & de succès, que l'acre de terre qui dans l'origine avoit si peu de valeur, se vend aujourd'hui, même à une très-grande distance de la mer, douze livres sterlings avec quatre schelings de cens, & qu'on l'afferme au moins vingt schelings dans le voisinage de la capitale.

D'où naît cette étonnante prospérité ? De la

liberté, de la tolérance qui ont attiré dans ce pays des Suedois, des Hollandois, des François industrieux, & sur-tout de laborieux Allemands. Elle est l'ouvrage des Quakers, des Anabaptistes, des Anglicans, des Méthodistes, des Presbytériens, des Moraves, des Luthériens & des Catholiques.

Entre de si nombreuses sectes, on distingue celles des *Dumplers*. Son fondateur fut un Allemand qui dégoûté du tumulte du monde, se retira dans une solitude agréable à cinquante milles de Philadelphie pour se livrer à la contemplation. La curiosité attira dans sa retraite plusieurs de ses compatriotes. Le spectacle de ses mœurs simples, pieuses & tranquilles, les fixa près de lui. Tous ensemble, ils formerent une peuplade qu'ils appellerent l'Euphrate, par allusion aux Hébreux qui psalmodioient sur les bords de ce fleuve.

Cette petite ville formée en triangle, est entourée de pommiers & de mûriers, arbres utiles & agréables, plantés en allées de promenade. Au centre est un verger très-étendu. Entre ce verger & ces allées sont des maisons de bois à trois étages, où chaque Dumpler isolé peut, sans être distrait, vaquer à ses méditations. Ces contemplatifs ne sont au plus que cinq cens. Leur territoire n'a pas plus de deux cens cinquante acres d'étendue. Une riviere, un étang, une montagne couverte de forêts, marquent ses limites.

Les hommes & les femmes habitent des quartiers séparés. Ils ne se voient que dans les temples ; ils ne s'assemblent ailleurs que pour les affaires publiques. Le travail, la priere & le sommeil partagent leur vie. Deux fois le jour &

deux fois la nuit, le culte religieux les tire de leurs cellules. Comme les Quakers & les Méthodistes, ils ont tous le droit de prêcher, quand ils se croient inspirés. L'humilité, la tempérance, la chasteté, les autres vertus chrétiennes, sont les sujets dont ils aiment le plus à parler dans leurs assemblées. Jamais ils ne violent le repos du sabat, si cher à tous les hommes oisifs ou laborieux. Ils admettent l'enfer & le paradis, mais rejettent avec raison l'éternité des peines. La doctrine du péché originel, est pour eux un blasphême impie qu'ils abhorrent. Tout dogme cruel à l'homme, leur paroît injurieux à la divinité. Comme ils n'attachent de mérite qu'aux œuvres volontaires, ils n'administrent jamais le baptême qu'aux adultes. Ils le croient cependant si nécessaire au salut, qu'ils s'imaginent que dans l'autre monde, les ames des chrétiens sont occupées à convertir celles des hommes qui ne sont pas morts sous la loi de l'évangile. Ces pieux enthousiastes veulent absoudre Dieu de toutes les cruautés & les injustices dont tant d'autres dévots ont chargé son image.

Encore plus désintéressés que les Quakers, ils ne se permettent jamais de procès. On peut les tromper, les dépouiller, les maltraiter, sans craindre ni représailles, ni plaintes de leur part : tant ils sont par religion ce que les stoïciens étoient par sagesse ou philosophie, insensibles aux outrages.

Rien n'est plus simple que leur vêtement. En hiver une longue robe blanche, où pend un capuchon pour tenir lieu de chapeau, couvre une chemise grossiere, de larges culottes, & des souliers épais. En été, c'est le même habillement, si ce n'est que la toile remplace la laine. A la culotte près, les femmes sont vêtues comme les hommes.

On ne se nourrit là que de végétaux ; non que ce soit une loi, mais par une abstinence plus conforme à l'esprit du christianisme ennemi du sang. On couche sur des lits très-durs, avec un morceau de bois pour oreiller.

Chacun s'attache gaiement au genre d'occupation qui lui est assigné. Le produit de tous les travaux est mis en commun, pour subvenir aux besoins de tous. Cette communauté d'industrie a créé non-seulement une culture, des manufactures, tous les arts nécessaires à la petite société ; mais encore un superflu d'échanges proportionnés à sa population.

Quoique les deux sexes vivent séparément à Euphrate, les Dumplers ne renoncent pas follement au mariage. Ceux que la jeunesse & l'amour, si voisins de la dévotion, invitent à cette sainte union des ames & des sens, quittent la ville & vont former un établissement à la campagne, aux dépens du trésor public, qu'ils grossissent de leurs travaux, tandis que leurs enfans sont élevés dans la métropole. Sans cette liberté sage & chrétienne, les Dumplers ne seroient que des moines, qui deviendroient avec le tems féroces ou libertins. La vie cénobitique n'a qu'une saison de ferveur ; le véritable christianisme est de tous les âges. Si l'on connoissoit les douceurs de la piété, avec une ame tendre, on pourroit souhaiter d'être dévot jusqu'à vingt ans, comme on peut desirer d'être belle femme jusqu'à vingt-cinq ; mais après cet âge, il faut être homme.

Ce qu'il y a de plus édifiant & de plus singulier en même tems dans la conduite de toutes les sectes qui ont peuplé la Pensilvanie, c'est l'esprit de concorde qui regne entr'elles, malgré la différence de leurs opinions religieuses. Quoiqu'ils ne soient pas membres de la même église, ces sectaires s'aiment comme des enfans d'un seul & même pere. Ils ont vécu toujours en freres, parce qu'ils avoient la liberté de penser en hommes. C'est à cette précieuse harmonie qu'on peut sur-tout attribuer les accroissemens rapides de la colonie. Au commencement de 1755, elle comptoit déja deux cens quatre-vingt mille habitans. Mais dans ce nombre, qui depuis a fort augmenté, il se trouvoit trente mille noirs. La tyrannie de l'esclavage, cette horrible bréche faite au droit naturel, après avoir long-tems révolté ces pieux colons, fut adoptée d'abord par les Anglicains & les Presbytériens, plus durs ou moins humains que les Quakers. Cependant l'esclavage des negres n'a pas corrompu leurs maîtres. Les mœurs sont encore pures, austeres même en Pensilvanie. Cet avantage tient-il au climat, aux loix, à la religion, à l'émulation des sectes, à des usages particuliers? On le demande aux lecteurs.

Les Pensilvains sont en général bien faits, & leurs femmes d'une figure agréable. Plutôt meres qu'en Europe, elles cessent aussi plutôt d'être fécondes. Si la chaleur du climat hâte la nature chez elles, l'inconstance des saisons paroît l'affoiblir. Il n'y a point de ciel, ou la température soit plus capricieuse; elle change par intervalles jusqu'à cinq ou six fois dans la même journée.

Cette variation n'a pas une influence dangereufe fur les végétaux. Rarement détruit-elle les récoltes. Ainfi l'abondance eft conftante, l'aifance univerfelle. Les deux fexes font vêtus fans magnificence, mais avec propreté ; l'un & l'autre à l'Angloife, fi ce n'eft que les hommes aiment la perruque au point que pas un feul ne garde fes cheveux. La nourriture ne le céde pas au vêtement. Les familles les moins aifées, ont du pain, de la viande, du cidre, de la biere, de l'eau-de-vie de fucre. Un grand nombre peut ufer habituellement des vins de France & d'Efpagne, du punch, & même de liqueurs plus cheres. L'abus de ces boiffons eft plus rare qu'ailleurs, mais il n'eft pas fans exemple.

Le délicieux fpectacle de cette abondance, n'eft jamais troublé par l'image affligeante de la mendicité. La Penfilvanie n'a pas un feul pauvre. Ceux que la naiffance ou la fortune ont laiffés fans reffource, font commodément entretenus par le tréfor public. La bienfaifance va plus loin; elle s'étend jufqu'à l'hofpitalité la plus accueillante. Un voyageur peut s'arrêter partout, fans crainte de caufer d'autre peine que le regret de fon départ.

La multiplicité des impôts ne vient pas flétrir, empoifonner la félicité de la colonie. Huit mille livres fterlings font plus que fuffifans pour remplir toutes les dépenfes du gouvernement, dont la plus grande eft employée à faire des préfens aux fauvages. Ce font des amis qu'on cultive pour la paix ; non des alliés foudoyés pour la guerre.

Les Penfilvains tranquilles poffeffeurs, libres ufufruitiers d'une terre qui leur rend pour l'ordinaire vingt & trente fois la femence qu'ils lui ont confiée, ne craignent pas de reproduire leur espece. A peine trouveroit-on un célibataire dans la province. Le mariage en est plus doux & plus sacré. Sa liberté, comme sa sainteté dépend du choix des contractans : ils prennent le juge ou le prêtre plutôt pour témoin que pour ministre de leur engagement. Deux amans y trouvent-ils quelque opposition dans leurs familles, ils s'évadent ensemble à cheval : le garçon monte en croupe derriere sa maîtresse, & dans cette situation, ils vont se présenter devant le magistrat. La fille déclare qu'elle a enlevé son amant, pour l'épouser. On ne peut, ni se refuser à ce vœu si formel, ni la troubler ensuite dans la possession de ce qu'elle aime. A d'autres égards, l'autorité paternelle est excessive. Un chef de famille dont les affaires se trouvent dérangées, a le droit d'engager ses enfans à ses créanciers; punition bien capable, ce semble, d'attacher un pere tendre au soin de sa fortune. L'homme fait acquitte dans un an de service une dette de cinq livres sterlings. L'enfant au dessous de douze ans, est obligé de servir jusqu'à vingt-un an, pour six livres sterlings. C'est une image des anciennes mœurs patriarchales de l'Orient.

Quoiqu'il y ait des bourgs & même quelques villes dans la colonie, on peut dire que la plupart des habitans vivent isolés dans leur famille. Chaque propriétaire a sa maison au centre d'une vaste plantation, bien environnée de haies vives. Ainsi chaque Paroisse de campagne se trouve avoir douze ou quinze lieues de circonférence. A une si grande distance des Eglises, les cérémonies de religion, ont peu d'effet & d'influence. On ne présente les enfans au baptême que plusieurs mois, & quelquefois un ou deux ans après leur naissance. Sans dogmatiser, sans disputer sur le culte, dans un pays où chaque secte a le sien, on honore l'être suprême par des vertus plus qu'avec des prieres. L'innocence & *l'inscience* gardent les mœurs plus sûrement que des préceptes & des controverses.

La religion semble réserver toute sa pompe pour les derniers honneurs que l'homme reçoit de la terre, avant d'y être enfermé pour jamais. Aussi-tôt qu'il est mort quelqu'un à la campagne, les plus proches voisins sont avertis du jour de son enterrement. Ceux-ci l'annoncent aux habitations limitrophes, & la nouvelle en est ainsi répandue à cinquante milles d'alentour. Chaque maison envoie une personne au moins, pour honorer le convoi funebre. A mesure que les députés arrivent, on leur offre du punch & du gâteau. Lorsque l'assemblée est à peu près complette, si la personne morte est un homme marié, quatre hommes se chargent de sa biere; si c'est un garçon, quatre filles la prennent; & si c'est une fille quatre garçons portent son corps au tombeau dans le cimetiere de sa secte, ou si le cimetiere est trop éloigné, dans un champ de sa famille. Le cortege est formé de quatre ou cinq cens personnes à cheval, qui gardent un silence, un recueillement conformes à l'esprit de la cérémonie qui les a rassemblés. Une chose qui paroîtra singuliere, c'est que les Pensilvains, ennemis du luxe pendant leur vie, oublient à la mort ce caractere de modestie. Tous veulent que les tristes restes de leur existence passagere, soient accompagnés d'une pompe proportionnée à leur état, à leur fortune. Le cercueil des gens opulens ou considérables, est toujours construit de bois de noyer, enduit d'un beau vernis brun, & décoré de quatre ances de cuivre où l'art & le travail ne sont pas sans recherche. On remarque en général que les peuples simples, vertueux, sauvages même & pauvres, sont attachés au soin de la sépulture. C'est qu'ils regardent ces derniers honneurs comme des devoirs, & ces devoirs comme une portion du sentiment d'amour qui lie étroitement les familles dans l'état le plus voisin de la nature. Ce n'est pas le mourant qui exige ces honneurs ; ce sont les parens, une épouse, des enfans, qui rendent ces devoirs à la cendre chérie d'un pere ou d'un époux dignes d'être pleurés. Les convois funebres sont toujours plus nombreux dans les petites sociétés que dans les grandes ; parce que s'il y a moins de familles, elles sont beaucoup plus étendues. Il y regne plus d'union, plus de force ; tous les moyens, tous les ressorts y sont plus actifs. C'est la raison pourquoi de petits peuples ont vaincu de grandes nations ; pourquoi les Grecs vinrent à bout des Perses ; pourquoi les Corses chasseront tôt ou tard les François de leur isle.

Mais où la Pensilvanie puise-t-elle les sources de sa consommation ? Comment pourvoit-elle aux moyens d'y fournir abondamment ? Avec le lin & le chanvre qu'elle recueille de son sol, avec les cotons qu'elle attire de l'Amérique méridionale, elle fabrique une grande quantité de toiles communes ; avec les laines qui lui viennent d'Europe, elle manufacture beaucoup de draps grossiers. Ce que les diverses branches de son industrie ne lui donnent pas, elle se le procure avec les produits de son territoire. Ses navigateurs portent aux isles Angloises,

gloises, Françoises, Hollandoises, & Danoises, du biscuit, des farines, du beurre, du fromage, des suifs, des légumes, des fruits, des viandes sallées, du cidre, de la biere, toutes sortes de bois de construction. Ils reçoivent en échange, du coton, du sucre, du caffé, de l'eau-de-vie, de l'argent qui sont autant de matieres d'un nouveau commerce avec la métropole, ou d'autres colonies, ou d'autres nations de l'Europe. Les Acores, Madere, les Canaries, l'Espagne, le Portugal offrent un débouché avantageux aux grains & au bois de la Pensilvanie, qu'ils achetent avec des vins & des piastres. La métropole reçoit du fer, du chanvre, des cuirs, des pelleteries, de l'huile de lin, des vergues, des mâtures; & fournit du fil, des laines, des draps fins, du thé, des toiles d'Irlande ou des Indes, de la quincaillerie, d'autres objets d'agrément ou de nécessité. Mais comme elle vend plus de marchandises à sa colonie qu'elle ne lui en achete; l'Angleterre est un gouffre où vont se perdre les métaux que les Pensilvains ont tirés des autres marchés qu'ils fréquentent. Ce sacrifice qui ne vaut pas moins de cent mille livres sterlings par année, ne libere pas encore la colonie de toute dette envers la métropole. Aussi reste-t-il peu d'argent à la Pensilvanie, & sa monnoie la plus courante n'est-elle que du papier, timbré des armes du roi & du nom du gouverneur. Les billets sont depuis trois pennis jusqu'à six livres. En 1755, leur somme totale ne s'élevoit qu'à la valeur de quatre-vingt mille livres.

On peut évaluer les exportations annuelles de la Pensilvanie à quinze mille tonneaux, & sa marine a la moitié de ce port, parce que la plupart de ses bâtimens font plus d'un voyage dans l'année. Les regiſtres font foi qu'en 1749, il entra trois cens navires dans la colonie, & qu'il en ſortit deux cens quatre-vingt-onze. C'eſt Philadelphie ſa capitale qui les reçoit, qui les expédie tous ou preſque tous.

Cette ville célébre, dont le nom ſeul rappelle au ſentiment, eſt ſituée à cent vingt milles de la mer au confluent de la Delaware & du Schuylkill. Penn, qui la deſtinoit à devenir la métropole d'un grand empire, vouloit qu'elle occupât un mille de large ſur deux milles de long entre les deux rivieres. Mais ſa population n'a pu remplir encore un ſi grand eſpace. En renonçant aux rives du Schuylkill, on s'eſt contenté de bâtir ſur les bords de la Delaware.

Les rues de Philadelphie, toutes tirées au cordeau, ont la plupart cinquante piéds de largeur, & les deux principales en ont cent. Des deux côtés, ils regne des trotoirs défendus par des poteaux qu'on a placés de diſtance en diſtance, pour garantir les gens de pied contre les chevaux & les voitures.

Les maiſons, dont chacune a ſon jardin & ſon verger, ſont communément à deux étages, conſtruites de brique, ou d'une pierre facile à travailler, & prompte à ſe durcir au grand air. Les murs ont peu d'épaiſſeur, parce qu'ils ne portent qu'une couverture de cédre blanc, bois léger qui dure au moins cinquante ans, & ne ſe pourrit guere. Depuis qu'on a découvert des carrieres d'ardoiſe, les murailles ont pris une ſolidité proportionnée à la péſanteur de ces nouveaux toits. Les bâtimens aujourd'hui plus décorés que les anciens, doivent leur principal ornement à des marbres mous de différentes couleurs qui fe trouvent à un mille de la ville. On en fait des tables, des cheminées, des jambages de porte, des pavés pour les appartemens; & tous ces meubles font l'objet d'un commerce avec la plus grande partie de l'Amérique.

Ces précieux matériaux ne fauroient être communs dans les maifons, fans avoir été prodigués dans les temples. Chaque fecte a le fien, & quelques-unes en ont plufieurs. Cependant on voit un affez grand nombre de citoyens, qui ne connoiffent, ni temples, ni prêtres, ni culte public, & n'en font ni moins heureux, ni moins charitables, ni moins vertueux.

Un édifice auffi refpecté, quoique moins fréquenté que ceux de la religion, c'eft l'hôtel de ville. Il eft de la magnificence la plus fomptueufe. C'eft-là que les légiflateurs de la colonie s'affemblent tous les ans, & plufieurs fois s'il en eft befoin, pour regler ce qui peut intéreffer l'ordre public. Tout y eft foumis à l'autorité de la nation, à la difcuffion de fes repréfentans.

A côté de l'hôtel de ville eft une fuperbe bibliothéque, fondée en 1742 par les foins du fçavant & généreux Franklin. On y trouve les meilleurs ouvrages Anglois, Latins, François. Elle n'eft ouverte au public que le famedi. Ceux qui ont contribué à la dépenfe de fa formation, en jouiffent toute l'année avec une entiere liberté. Les autres payent le loyer des livres qu'ils y empruntent, & une amende, s'ils ne les rendent pas au tems convenu. C'eft avec ces fonds toujours renaiffans, que s'accroît & groffit journellement ce précieux dépôt. Pour en rendre l'ufage pratique & plus utile, on y a joint des instrumens de mathématique & de physique, avec un beau cabinet d'histoire naturelle.

Le collége qui doit préparer l'esprit à toutes ces sciences, ne l'a jusqu'à présent initié qu'aux belles-lettres. On se propose d'y établir des maîtres pour les langues & les sciences. Si le despotisme, la superstition, ou la guerre, viennent replonger l'Europe dans la barbarie d'où les arts & la philosophie l'ont tirée, ces flambeaux de l'esprit humain iront éclairer le nouveau monde, & la lumiere apparoîtra d'abord à Philadelphie.

Cette ville est ouverte à tous les secours de l'humanité, à toutes les ressources de l'industrie. Ses quais, dont le principal a deux cens pieds de large, offrent une suite de magasins commodes, & de formes ingénieusement pratiquées pour la construction. Les navires de cinq cens tonneaux y abordent sans difficulté hors les tems de glace. On y charge les marchandises qui sont arrivées par la Delaware, par le Schuylkill, par des chemins plus beaux que ceux de la plupart des contrées de l'Europe. La police a déja fait plus de progrès dans cette partie du nouveau monde, que chez de vieux peuples de l'ancien.

On ne sauroit fixer exactement la population de Philadelphie. Les regiftres mortuaires n'y sont pas tenus avec attention; & plusieurs sectes ne font pas baptiser leurs enfans. Ce qu'on a de plus certain, c'est qu'en 1731 il s'y trouvoit douze mille deux cens quarante habitans. Ce nombre doit avoir augmenté d'un cinquieme au moins, si l'on en juge par l'accroissement que la colonie a pris depuis cette époque. Comme l'occupation de la plupart, est de vendre les productions de la province entiere & de lui fournir ce qu'elle tire de l'étranger, il ne se peut pas que leur fortune ne soit très-considérable. Elle doit augmenter à proportion que la culture fera des progrès dans un pays dont on n'a défriché jusqu'à présent tout au plus que la sixieme partie.

Philadelphie, de même que Newcastle & les autres villes de Pensilvanie, est entiérement ouverte. Tout le pays est également sans défense. C'est une suite nécessaire des principes des Quakers, qui ont toujours conservé la principale influence dans les délibérations publiques, quoiqu'ils forment à peine le cinquieme de la population de la colonie. On ne sauroit assez chérir ces sectaires pour leur modestie, leur probité, leur amour du travail, leur bienfaisance. Mais ne peut-on pas accuser leur législation d'imprudence?

En établissant cette liberté civile qui garantit un citoyen d'un autre citoyen, les fondateurs de la colonie devoient, ce semble, établir la liberté politique qui défend un état contre les entreprises d'un état. L'autorité qui maintient l'ordre & la paix au dedans, n'a rien fait, si elle n'a prévenu les invasions au dehors. Prétendre que la colonie n'auroit jamais d'ennemis, c'étoit supposer que l'univers n'est peuplé que de Quakers. C'étoit exciter le fort contre le foible, abandonner des agneaux à la discrétion des loups, & livrer tous les citoyens à l'oppression du premier tyran qui voudroit les subjuguer.

Mais d'un autre côté comment associer la sévérité des maximes évangéliques qui gouvernent les Quakers à la lettre, avec cet appareil de force offensive ou défensive qui met tous les peuples chrétiens dans un état de guerre continuel ? Si quelque chose distingue honorablement les disciples de Jesus des enfans de Mahomet, ce sont les armes que les premiers sembloient avoir abandonnées aux derniers. N'est-ce pas la persécution & le martyre qui peuplerent le christianisme dans sa naissance ? Eh bien ! les Quakers se multiplieront sous les bourreaux, sous les conquérans. Avec la patience dans les fers & dans les tourmens, ils s'attacheront plus de prosélytes que les méchans n'en détruiront avec les supplices. Que feroient des François, des Espagnols, s'ils entroient dans la Pensilvanie, les armes à la main ? A moins qu'ils n'égorgeassent dans une nuit ou dans un jour tous les habitans de cet heureux pays, ils n'étoufferoient pas le germe & la postérité de ces hommes doux & charitables. La violence a ses bornes dans ses excès ; elle se consume & s'éteint, comme le feu dans la cendre de ses alimens. Mais la vertu, quand elle est dirigée par l'enthousiasme de l'humanité, par l'esprit de fraternité, se ranime comme l'arbre sous le tranchant du fer. Les méchans ont besoin de la multitude pour exécuter leurs projets sanguinaires. L'homme juste, le Quaker, ne demande qu'un frere pour en recevoir, ou lui donner du secours. Allez peuples guerriers, peuples esclaves & tyrans, allez en Pensilvanie ; vous y trouverez toutes les portes ouvertes, tous les biens à votre discrétion, pas un soldat, & beaucoup de marchands ou de laboureurs. Mais si vous les tourmentez, ou les vexez, ou les gênez, ils s'enfuiront & vous laisseront leurs terres en friche, leurs manufactures délabrées, leurs magasins déserts. Ils s'en iront cultiver & peupler une nouvelle terre ; ils feront le tour du monde, & mourront en chemin plutôt que de vous égorger ou de vous obéir. Qu'aurez-vous gagné que la haine du genre humain & l'exécration des siecles à venir ?

C'est sur cette perspective & cette prévoyance que les Pensilvains ont fondé leur sécurité future. Quant au présent, ils n'ont rien à craindre derriere eux, depuis que les François ont perdu le Canada. Les établissemens Anglois couvrent suffisamment les flancs de la colonie. Du reste, comme ils ne voient pas que les états les plus belliqueux durent le plus long-tems, ou que du moins ils conservent mieux les enfans de chaque génération ; ou que les agneaux y soient plus heureux, gardés par des bergers qui les défendent des loups pour les manger eux-mêmes ; ni que la méfiance qui est en sentinelle, en dorme plus tranquille ; ni qu'on jouisse avec un grand plaisir de ce qu'on possède avec tant de crainte : ils vivent au jour présent, sans songer au lendemain. Peut-être se croient-ils gardés par les précautions même qui veillent dans les colonies dont ils sont environnés. Une des barrieres, un des boulevards qui préservent la Pensilvanie d'une invasion maritime, où elle reste exposée, c'est la Virginie.

Ce nom qui désignoit originairement tout le vaste espace que les Anglois se proposoient d'occuper dans le continent de l'Amérique septentrionale, est aujourd'hui d'une signification beaucoup moins étendue. On n'y comprend plus que le pays circonscrit, au nord par le Maryland ; au sud par la Caroline ; à l'ouest par les Apalaches ; à l'est par l'océan. Cette enceinte lui donne deux cens quarante milles de longueur, fur deux cens de largeur.

Ce fut en 1606 que les Anglois aborderent à la Virginie. James Town fut leur premier établiſſement. Un malheureux haſard leur offrit au voiſinage un ruiſſeau d'eau douce qui ſortant d'un petit banc de ſable en entraînoit du talc qu'on voyoit briller au fond d'une eau courante & limpide. Dans un ſiecle qui ne ſoupiroit qu'après les mines riches, on prit pour de l'or, pour de l'argent cette pouſſiere mépriſable. Le premier, l'unique ſoin des nouveaux colons fut d'en ramaſſer. L'illuſion fut ſi complette que deux navires étant venus porter des ſecours, on les renvoya chargés de ces richeſſes imaginaires. A peine y reſtoit-il un peu de place pour quelques fourrures. Tant que dura ce rêve, les colons dédaignerent de défricher les terres. Une famine cruelle fut la punition de ce ſot orgueil. De cinq cens hommes envoyés d'Europe, il n'en échappa que ſoixante à ce fléau terrible. Ce reſte malheureux alloit s'embarquer pour Terre-neuve n'ayant des vivres que pour quinze jours au plus, lorſque Delaware ſe préſenta avec trois vaiſſeaux, une nouvelle peuplade, & des proviſions de toute eſpece.

L'hiſtoire peint ce lord comme un génie élevé qui malgré les préjugés de ſon tems, où l'éclat des métaux attiroit ſeul un nouveau monde, malgré les pertes & les dépenſes qu'avoient coûté les établiſſemens qu'on y avoit commencés, prévoyoit tout ce que deviendroit ce germe, quand l'avenir l'auroit développé. Son déſintéreſſement égaloit ſes lumieres. En acceptant le gouvernement d'une colonie encore au ber-

philosophique & politique.

veau, il ne s'étoit proposé que cette satisfaction intérieure que trouve un honnête-homme à suivre le penchant qu'il a pour la vertu ; que l'estime de la posférité, seconde récompense de la générosité qui se dévoue & s'immole au bien public. Dès qu'il parut, ce caractere lui donna l'empire des cœurs. Il retint des hommes déterminés à fuir un sol dévorant ; il les consola dans leurs peines ; il leur en fit espérer la fin prochaine ; & joignant à la tendresse d'un pere toute la fermeté du magistrat, il dirigea leurs travaux vers un but utile. Pour le malheur de la peuplade renaissante, le dépérissement de sa santé l'obligea de retourner dans sa patrie ; mais il n'y perdit jamais de vue ses colons chéris ; & tout ce qu'il avoit de crédit à la cour, il l'employa toujours à leur avantage.

Cependant la colonie ne faisoit que peu de progrès. On attribuoit cette langueur à la tyrannie inséparable des priviléges exclusifs. La compagnie qui les exerçoit, fut proscrite à l'avénement de Charles Ier. au trône. La Virginie entra dès-lors sous la direction immédiate du gouvernement qui ne se réserva qu'une rente fonciere de deux schelings pour chaque centaine d'acres qu'on cultiveroit.

Jusqu'à ce moment, les colons n'avoient pas connu de véritable propriété. Chacun y erroit au hasard, ou se fixoit dans l'endroit qui lui plaisoit, sans titres, ni convention. Enfin des bornes furent posées ; & des vagabonds devenus citoyens, reçurent des limites dans leurs plantations. Cette premiere loi de la société, fit tout changer de face. On éleva de tous côtés les bâtimens qui furent environnés de nouvelles cultures. Cette activité fit accourir à la Vir-

ginie, une foule de gens actifs & courage[ux]
qui vinrent y chercher avec la fortune, ce [que]
la donne ou la remplace, la liberté. Les tr[ou-]
bles mémorables qui changerent la conſtituti[on]
Angloiſe virent encore augmenter ce conco[urs]
d'une foule de monarchiſtes qui allerent atte[n-]
dre auprès de Berkeley Gouverneur de la co[lo-]
nie & dévoué comme eux au roi Charles, [la]
déciſion du deſtin ſur ce prince abandon[né]
Berkeley ne ceſſa pas de les protéger, mê[me]
quand la fortune eût écraſé ce monarque ſ[ous]
ſa roue; mais quelques habitans ſéduits ou [ga-]
gnés, ſe voyant ſecondés d'une puiſſante flot[te,]
livrerent la colonie au protecteur. Si le che[f ſe]
vit entraîné malgré lui par le torrent, il fut [du]
moins parmi ceux que Charles avoit honorés [des]
places de confiance & d'autorité, le dernier [qui]
plia ſous Cromwel, & le premier qui rom[pit]
ſes chaînes. Cet homme courageux gémiſſ[oit]
dans l'oppreſſion, lorſque les cris du peupl[e le]
rappellerent à la place que la mort de ſon [pré-]
ceſſeur laiſſoit vacante. Loin de céder à des [inſ-]
tances ſi flateuſes, il déclara qu'il ne ſervi[roit]
jamais que le légitime héritier du monarque [dé-]
trôné. Cet exemple de magnanimité dans [un]
tems où l'on ne voyoit point de jour au ré[ta-]
bliſſement de la maiſon royale, fit tant d'i[m-]
preſſion ſur les eſprits, que d'une voix unanim[e]
on proclama Charles II en Virginie, avant q[u'il]
le fût en Angleterre.

La colonie ne tira pas d'une démarche ſi [gé-]
néreuſe le fruit qu'elle en pouvoit attendre. [La]
cour ne tarda pas d'accorder à des homm[es]
avides & accrédités des prérogatives exorbita[ntes]
qui abſorberent les terres d'un grand nom[bre]
de colons obſcurs. A cette vexation ſe joig[nit]

celle du parlement qui mit des droits énormes sur tout ce que la Virginie fournissoit à la métropole, sur tout ce qu'elle en tiroit. Cette double oppression fit tarir les ressources & les espérances de la colonie. Pour comble de calamités, les sauvages qu'on n'avoit jamais eu la sagesse de ménager, renouvellerent leurs incursions avec une fureur & une intelligence, dont il n'y avoit pas encore eu d'exemple.

Tant d'infortunes mirent les Virginiens au désespoir. Berkeley, après avoir été long-tems leur idole, n'eût plus à leurs yeux, ni assez de fermeté contre les vexations de la patrie principale, ni assez d'activité contre les irruptions de l'ennemi. Tous les regards se tournerent vers Bacon, jeune officier vif, éloquent, hardi, insinuant, d'une phisionomie agréable. On le choisit tumultuairement, irrégulièrement pour général. Quoique ses succès militaires eussent justifié cette prévention de la multitude emportée, le gouverneur n'en déclara pas moins Bacon traître à la patrie. Un jugement si sévere, & qui pour le moment étoit une imprudence, détermina le proscrit à s'emparer violemment d'une autorité qu'il exerçoit paisiblement depuis six mois. La mort arrêta ses projets. Les mécontens désunis par la perte de leur chef, intimidés par les troupes qu'ils voyoient arriver d'Europe, ne songerent qu'à demander grace. On ne souhaitoit que de l'accorder. La rébellion n'eut aucune suite fâcheuse. La clémence assura la soumission ; & depuis cette singuliere crise, l'histoire de la Virginie s'est réduite à la culture de ses plantations.

Ce grand établissement fut régi dans son origine par les préposés de la compagnie, qui s'en étoit comme emparée dès le berceau. La plupart des métropoles ont confié les colonies naissantes à des compagnies, comme les gens riches livrent leurs enfans à des nourrices. Mais au lieu de leur donner leur lait, ces meres d'emprunt suçoient le sang de leurs nourrissons. On voyoit ces infortunés dessécher & dépérir dans des mains avides & mercénaires qui les auroient entiérement étouffés, si on ne se fût hâté de les leur arracher. La Virginie eut le bonheur d'être sevrée à tems pour sa mere patrie : c'est ainsi que les colons Anglois appellent leur métropole. Celle-ci commença par établir pour l'éducation de sa nouvelle fille un gouvernement régulier. Dès 1620, il fut composé d'un chef, d'un conseil, & des députés de chaque canton. Les intérêts publics étoient réglés par ces trois pouvoirs réunis. Le conseil & les représentans du peuple, s'assembloient comme en Ecosse dans la même chambre. En 1689, ils se séparerent en deux chambres, à l'imitation du parlement d'Angleterre ; & cet usage s'est perpétué.

Le gouverneur toujours nommé par la cour & pour un tems illimité, dispose seul des troupes régulieres, des milices, & de tous les postes militaires. Seul, il a le droit de rejetter ou de confirmer les loix de l'assemblée générale. De concert avec le conseil, auquel il laisse d'ailleurs peu d'influence, il proroge, il congédie cette espece de parlement ; il choisit tous les officiers de justice, tous les commissaires de finance ; il aliéne les terres libres d'une maniere conforme aux usages établis ; il administre le trésor public. Tant de prérogatives qui menent à tant d'usurpations, rendent l'autorité plus arbitraire qu'elle ne l'est dans les colonies plus septentrionales ;

elles ouvrent trop souvent la porte à l'oppression.

Le conseil est composé de douze membres créés par des lettres-patentes, ou nommés par un ordre particulier du roi. S'il s'en trouve moins de neuf dans le pays, le gouverneur choisit entre les principaux habitans de quoi remplir le nombre. Les conseillers doivent l'aider à gouverner, & l'empêcher d'usurper. Ils forment comme une chambre haute. A ce titre, ils ont le droit de rejetter tous les actes de la chambre basse. Les gages du corps entier se réduisent à trois cens cinquante livres sterlings.

On divise la Virginie en vingt-cinq cantons ou comtés, dont chacun a deux députés. La ville & le college de James, ont chacun le droit d'en nommer un, ce qui fait le nombre de cinquante-deux. Tout colon, à l'exception des femmes & des mineurs, dès qu'il posséde un franc-fief, a le droit d'élire & d'être élu. Quoique les loix n'ayent pas marqué d'époque fixe pour la convocation de l'assemblée générale, elle se tient assez régulierement tous les ans ou tous les deux ans. Rarement elle est différée jusqu'à trois. On s'assure l'avantage de s'assembler aussi fréquemment, en n'accordant des subsides que pour un tems fort court. Tous les actes passés dans les deux chambres sont envoyés au souverain, pour être revêtus de son autorité. Cependant jusqu'à ce qu'il les ait rejettés, ils ont force de loi lorsqu'ils ont été approuvés par le gouverneur.

Les revenus publics de la Virginie sortent de plusieurs sources, & vont aboutir à différentes destinations. La taxe de deux schelings qu'on exige du colon par quintal de tabac; de quinze sols par tonneau que chaque navire plein ou vuide paye au retour d'un voyage ; de dix sols par tête que tous les passagers libres ou esclaves doivent en arrivant dans la province ; les amendes & les confiscations établies par divers actes ; le droit d'aubaine sur les terres, sur les biens mobiliers de ceux qui ne laissent point de légitime héritier : tous ces droits dont le produit annuel est de plus de trois mille livres sterlings, doivent être employés aux dépenses ordinaires de la colonie, sur l'ordre du conseil & du gouverneur. L'assemblée générale n'a sur cet objet que le droit de vérifier les comptes.

Elle s'est réservé la disposition absolue des fonds destinés aux occasions extraordinaires. Ces fonds viennent d'un droit d'entrée sur les liqueurs fortes, d'un droit de vingt schelings pour chaque esclave & de quinze pour chaque domestique non Anglois qui arrivent dans la province. Un revenu de cette nature doit beaucoup varier; mais en général il est considérable, & l'emploi en a été ordinairement assez judicieux.

Indépendamment de ces impositions qui se perçoivent en argent, on en exige d'autres en nature. C'est une espece de triple capitation en tabac, dont les femmes blanches sont seules déchargées. La premiere de ces capitations est ordonnée par l'assemblée générale pour subvenir à ses dépenses, à la solde de la milice lorsqu'elle est sur pied, à d'autres besoins publics. La seconde qu'on nomme provinciale est imposée par les juges de paix dans chaque comté pour ses besoins particuliers. Enfin celle qu'on appelle paroissiale est reglée par les chefs des communautés pour tout ce qui a un rapport plus ou moins prochain avec le culte établi.

Dans l'origine de la colonie, la justice étoit administrée avec un désintéressement qui garantissoit l'équité des jugemens. Une seule cour prenoit connoissance de toutes les causes, & les jugeoit en peu de jours avec droit d'appel à l'assemblée générale qui n'apportoit pas moins de diligence à les terminer. Un si bon esprit ne se soutint pas. En 1692 on adopta tous les statuts, toutes les formalités de la métropole; & les ruses de la chicane se glisserent en même-tems dans la colonie. Chaque comté maintenant a son tribunal, composé d'un scheriff, de ses officiers subalternes & des jurés. De cette cour les affaires sont portées au conseil où préside le gouverneur, & qui juge en dernier ressort jusqu'à la concurrence de trois cens livres sterlings. Dès qu'il s'agit d'une plus forte somme, on peut recourir au prince. En matiere criminelle, le conseil prononce sans appel; non que la vie des citoyens ne soit plus précieuse que leur fortune, mais parce que l'application des loix est bien plus simple & plus facile dans les procès criminels que dans les affaires civiles. Le chef de la colonie peut d'ailleurs faire grace pour tous les crimes, à l'exception de l'homicide volontaire & de la trahison d'état. Même dans ces deux cas, il a le droit de suspendre l'exécution de la sentence, jusqu'à ce que le monarque ait prononcé.

Quant à la religion, les habitans de la Virginie professerent d'abord celle de l'église anglicane. L'assemblée générale porta même en 1642 un décret qui excluoit indistinctement de la province ceux qui ne seroient pas de cette communion. La nécessité de peupler le pays, fit abolir depuis cette loi plus hiérarchique encore que religieuse. Une tolérance si tardive, & qui étoit visiblement accordée avec répugnance, n'eut que de foibles suites. La colonie ne s'accrut que de cinq églises non conformistes, dont l'une fut de presbytériens, trois de Quakers, & une de réfugiés François. La religion dominante a trente-neuf paroisses. Chaque paroisse choisit son pasteur, qui ne peut cependant prendre possession de sa place qu'avec l'agrément du gouverneur. Quelques communautés donnent à leur ministre des terres convenablement pourvues de tout ce qui est nécessaire à leur exploitation. Dans d'autres, il reçoit pour salaire seize mille livres pesant de tabac. Par-tout on lui paye cinq schelings ou cinquante livres de tabac pour chaque mariage; quarante schelings ou quatre cens livres de tabac pour les oraisons funebres dont il doit honorer la sépulture de tout homme libre. Avec tous ces avantages, la plupart des pasteurs ou ministres ne sont point content de leur état, parce qu'ils peuvent être dépouillés de leurs bénéfices par ceux qui les leur ont conférés.

La colonie ne fut d'abord habitée que par un sexe. Bientôt les hommes voulurent jouir des douceurs de leur situation, avec des compagnes. Ils donnerent d'abord cent livres sterlings, par chaque jeune personne qu'on leur amenoit, sans autre dot qu'un certificat de sagesse & de vertu. Lorsqu'il ne resta plus de doute sur la salubrité du climat, sur la fertilité du terroir; des familles entieres, même d'une condition honorable, passerent dans la Virginie. Avec le tems, elles se multiplierent au point qu'en 1703 on comptoit soixante-six mille six cens six blancs. Si cette population n'est augmentée depuis que d'un sixieme, il faut en chercher la cause dans une

une émigration assez considérable, occasionnée par l'arrivée des noirs.

Les premiers de ces esclaves furent portés en Virginie par un bâtiment Hollandois en 1621. Leur nombre s'accrut lentement. Ce n'est que depuis le commencement du siecle, que le commerce inhumain a pris une malheureuse activité. On voit aujourd'hui dans la colonie, cent dix mille negres qui par une double perte pour l'espece humaine épuisent la population de l'Afrique, en empêchant celle des Européens en Amérique.

La Virginie n'a, ni places, ni troupes régulieres. Ces moyens de défense sont inutiles à une province qui, par son organisation, par le genre de ses cultures est suffisamment préservée de toute invasion étrangere; & depuis long-tems rassurée contre les incursions, par la foiblesse des sauvages errans dans ce vaste continent. Sa milice, composée de tous les hommes libres qui ont plus de seize ans & moins de soixante, suffit pour contenir les esclaves. Chaque comté rassemble ses troupes une fois l'an, pour les passer en revue, & doit exercer à trois ou quatre reprises les compagnies séparées. Dès qu'on donne l'allarme dans un district, il fait marcher ses forces. Si l'expédition dure plus de deux jours, la solde est payée; si ce n'est qu'une vaine terreur, ce sont des pas perdus. Telle est l'administration de la Virginie : telle est à peu près celle du Maryland, qui, après avoir été compris dans cette colonie, en fut détaché par des raisons qu'il faut expliquer.

Charles premier, loin d'avoir de l'éloignement pour les catholiques, avoit même trouvé des motifs de les chérir, dans le zele que l'espérance d'être tolérés par ce prince leur avoit inspiré pour ses intérêts. Mais quand l'accusation de favoriser le papisme, eût aliéné les esprits contre ce roi foible qui ne visoit guere qu'au despotisme, il fut obligé d'abandonner cette communion à toute la sévérité des loix où le schisme de Henri VIII l'avoit condamnée. Ces rigueurs déterminerent le Lord Baltimore à chercher dans la Virginie un asyle à la liberté de conscience. Comme il n'y trouvoit pas de tolérance pour une religion exclusive, intolérante elle-même, il forma le projet de s'établir dans la partie inhabitée de cette région, qui est située entre la riviere de Potowmak & la Pensilvanie. Il se disposoit à peupler cette terre en vertu des pouvoirs qu'il avoit obtenus de la cour, lorsque la mort termina ses jours.

Un fils digne de lui, poursuivit une entreprise si consolante pour la religion de sa famille. Il partit en 1633 d'Angleterre avec deux cens catholiques, tous d'une naissance honnête. L'éducation qu'ils avoient reçue, la religion pour laquelle ils s'expatrioient, la fortune que leur promettoit leur guide, prévinrent les désordres qui ne sont que trop ordinaires dans les établissemens naissans. La nouvelle colonie vit les sauvages voisins, gagnés par la douceur & par des bienfaits, s'empresser de concourir à sa formation. Avec ce secours inespéré, ses heureux membres unis par les mêmes principes de religion, & dirigés par les sages conseils de leur chef, se livrerent de concert à des travaux utiles. Le spectacle de la paix & du bonheur dont ils jouissoient, attira chez eux une foule d'hommes qu'on persécutoit, ou pour la même religion, ou pour d'autres opinions. Les catholiques du

Maryland désabusés enfin d'une intolérance dont ils avoient été la victime, après en avoir donné l'exemple, ouvrirent la porte de la liberté religieuse à toutes les sectes. Baltimore accorda la liberté civile à tout étranger qui voudroit acquérir des terres dans sa nouvelle colonie. Il en modela le gouvernement sur celui de la métropole.

Un esprit si conforme aux vues de la société, n'empêcha pas qu'après le renversement de la monarchie, on ne dépouillât ce lord des droits & des concessions dont il avoit fait le meilleur usage. Destitué par Cromwel, il fut rétabli dans ses possessions par Charles II; mais pour se les voir contester encore. Quoique au dessus de toute accusation de malversation; quoique extrêmement zélé pour les dogmes ultramontains; quoique fort attaché aux intérêts des Stuarts, il eut le chagrin de voir attaquer sa chartre sous le regne arbitraire de Jacques; & d'avoir un procès en regle pour la jurisdiction d'une province que la couronne lui avoit cédée, & qu'il avoit peuplée avec des frais énormes. Ce prince qui eût toujours le malheur de ne connoître, ni ses amis, ni ses ennemis, & le sot orgueil de croire que l'autorité royale suffisoit pour justifier tous les actes de violence, alloit ôter à Baltimore une seconde fois ce que les rois son pere & son frere lui avoient donné, lorsqu'il fut précipité lui-même du trône qu'il remplissoit si mal. Le successeur de ce lâche despota termina d'une maniere digne de son caractere politique une contestation élevé avant son élévation. Il voulut que les Baltimores fussent dépouillés de leur autorité, mais qu'ils continuaſſent à jouir de leurs revenus. Depuis que cette maiſon plus indifférente ſur les préjugés de religion, eſt entrée dans le ſein de l'Égliſe anglicane, elle a été réintégrée dans tous ſes droits ſur le Maryland.

Cette province eſt maintenant partagée en onze comtés. Elle a pour habitans quarante mille blancs & ſoixante mille noirs. Elle eſt adminiſtrée par un chef & un conſeil que nomme le ſeigneur propriétaire, & par deux députés élus dans chaque diſtrict. Le gouverneur a, comme le monarque en Angleterre, la négative ſur toutes les loix que propoſe l'aſſemblée, c'eſt-à-dire le droit de les rejetter.

Si cette colonie étoit rejointe à la Virginie, comme leur bien commun ſembleroit l'exiger, on ne remarqueroit aucune différence dans ces deux établiſſemens. Placés entre la Penſilvanie & la Caroline, ils occupent le grand eſpace qui s'étend depuis la mer juſqu'aux monts Appalaches. L'air qui eſt humide ſur les côtes, devient pur, leger & ſubtil, à meſure qu'on approche des montagnes. Le printems, l'automne ſont de la plus heureuſe température; l'hiver a des jours d'un froid très-vif, l'été des jours d'une chaleur aſſommante. Mais ces excès durent rarement une ſemaine entiere. Ce qu'il y a de moins ſupportable dans ce climat, c'eſt une exceſſive quantité d'inſectes dégoûtans.

Les animaux domeſtiques s'y multiplient prodigieuſement. Les fruits, les arbres, tous les végétaux y réuſſiſſent à ſouhait. On y récolte le meilleur bled de l'Amérique. Le ſol gras & fertile dans les lieux bas, eſt toujours bon, même loin des rivieres, quoiqu'il devienne ſablonneux : moins égal que ne l'ont dépeint quelques voyageurs, mais assez uni jusqu'au voisinage des montagnes.

C'est de ces réservoirs que tombe un nombre incroyable de rivieres, dont la plupart ne sont séparées que par un intervalle de cinq ou six milles. Outre la fécondité que ces eaux distribuent dans le pays qu'elles coupent, elles le rendent infiniment plus favorable au commerce qu'aucun autre contrée du nouveau monde, par la facilité des communications. La plupart de ces rivieres sont navigables à un très-grand éloignement de la mer pour tous les vaisseaux marchands, quelques-unes même pour tous les vaisseaux de guerre. On remonte le Potowmak près de deux cens milles ; la James, l'Yorck, la Rappahannock plus de quatre-vingt milles ; les autres à une distance qui varie selon que leurs cataractes, impossibles à remonter, se trouvent plus ou moins éloignées de leur embouchure. Tous ces grands canaux de navigation, formés par la nature seule, aboutissent à la baie de Chesapeak qui conserve environ sept ou neuf brasses d'eau, tant à son entrée que dans toute son étendue, prolongée jusqu'à deux cens milles dans les terres, sur une largeur moyenne de douze milles. Cette baie, quoique semée de petites isles la plupart couvertes de bois, n'offre aucun danger ; & toute la marine de l'univers y pourroit ancrer avec la plus profonde sûreté.

Un si rare avantage devoit empêcher qu'il ne se formât de grandes peuplades, ou des villes considérables dans les deux colonies. Aussi les habitans, certains de voir les navigateurs venir jusqu'à leur porte, & de pouvoir charger leurs denrées sans sortir de leurs plantations, se sont dispersés & fixés sur les bords de toutes les rivieres. Ils trouvoient dans cette situation toute la commodité de la vie champêtre, jointe à l'aisance que le trafic apporte dans les villes ; la facilité d'étendre leurs cultures dans un terrein sans limites, avec les secours que le commerce présente à la fructification des terres. Mais la métropole souffroit doublement de cette dispersion ; soit parce que ses mariniers obligés d'aller former leurs cargaisons dans des habitations éparses, restoient trop long-tems absens ; soit parce que ses vaisseaux étoient exposés à la piquure de vers dangereux qui dans les mois de juin & de juillet infestent toutes les rivieres de cette région éloignée. La cour de Londres a successivement employé tous les moyens d'engager les colons à former des entrepôts, pour le commerce de leurs productions. La contrainte des loix n'a pas été plus efficace que les voix d'insinuation. Enfin il y a quelques années qu'on ordonna de bâtir à l'entrée de toutes les rivieres des forts dont le canon protégeroit le chargement & le déchargement des vaisseaux. Si l'exécution de ce projet n'avoit pas manqué faute de fonds, il est vraisemblable que les habitans se seroient insensiblement rassemblés autour de ces citadelles ; mais on peut douter si c'eût été un avantage de réunir ainsi la population, & si l'on auroit augmenté le commerce ou diminué l'agriculture.

Quoiqu'il en soit, parmi les villes de ces deux colonies, il n'y en a pas deux qui méritent le nom de ville. Celles même qui sont le siege du gouvernement, n'offrent rien d'important. Villiamsbourg que la ruine de James-

Town a rendu la capitale de la Virginie ; Annapolis devenue la capitale du Maryland après Sainte Marie, ne surpassent pas nos bourgs médiocres.

Comme dans toutes les choses humaines un mal est à côté d'un bien, il est arrivé que la multiplication des habitations, en retardant la population des villes, a empêché qu'il ne se formât un ouvrier, un artiste dans les deux provinces. Avec tous les matériaux nécessaires pour fournir à plusieurs de leurs commodités, à la plupart de leurs besoins, elles ont été réduites à tirer d'Europe des draps, des toiles, des chapeaux, de la quincaillerie, jusques aux meubles de bois les plus communs. A l'épuisement où ces extractions nombreuses & générales réduisoient les habitans, s'est jointe une émulation de luxe que leur vanité se piquoit d'étaler aux yeux du négociant Anglois attiré dans leurs plantations par l'intérêt de son commerce. Aussi dès le premier revers, se sont-ils trouvés surchargés de dettes envers la métropole, & dès-lors obligés de vendre leurs terres pour se libérer ; ou pour garder leurs possessions, de les obérer par un intérêt usuraire de huit ou neuf pour cent.

Il est difficile que les deux provinces sortent de ce fâcheux état. Leur marine ne s'élève pas au dessus de mille tonneaux. Tout ce qu'elles envoient aux Antilles en blé, en bestiaux, en planches ; tout ce qu'elles expédient pour l'Europe en lin, en chanvre, en cuirs, en pelleteries, en bois de cédre ou de noyer, ne leur rend pas quarante mille livres sterlings. C'est dans le tabac qu'elles peuvent trouver l'unique ressource qui leur reste.

Le tabac est une plante, âcre, caustique, &

même venimeuse que la médecine a beaucoup employée, & met encore quelquefois en usage. Tout le monde sait qu'on la mâche ou qu'on la fume en feuilles, & sur-tout qu'on la respire en poudre par les narines.

Ce fut vers l'an 1520 que les espagnols trouverent le tabac dans l'Yucatan, grande péninsule qui forme le golfe du Mexique. On le transporta de la Terre-ferme dans les isles voisines. Bientôt l'usage de cette plante devint un sujet de dispute entre les savans. Les ignorans même prirent parti dans cette querelle, & le tabac acquit de la célébrité. La mode & l'habitude en ont avec le tems prodigieusement étendu la consommation dans toutes les parties du monde connu. On le cultive avec plus ou moins de succès en Asie, en Afrique, en Europe, & dans différentes contrées de l'Amérique.

Sa tige est droite, vélue, gluante; & ses feuilles sont épaisses, molasses, d'un verd pâle, plus grandes au pied que la cime de la plante. Elle demande une terre médiocrement forte, mais grasse, unie, profonde, & qui ne soit pas trop exposée aux innondations. Un sol vierge convient extrêmement à ce végétal avide de suc.

On seme les graines du tabac sur des couches. Lorsque les plantes ont deux pouces d'élévation & au moins six feuilles, on les arrache doucement dans un tems humide, & on les porte avec précaution sur un sol bien préparé où elles sont placées à trois pieds de distance les unes des autres. Mises en terre avec ce ménagement, leurs feuilles ne souffrent pas la moindre altération; & elles reprennent toute leur vie en vingt-quatre heures.

Cette plante exige des travaux continuels. Il faut arracher les mauvaises herbes qui croissent autour d'elle ; l'étêter à deux pieds & demi pour l'empêcher de s'élever trop haut ; la débarrasser des rejettons parasites ; lui ôter les feuilles les plus basses, celles qui ont quelque disposition à la pourriture, celles que les insectes ont attaquées, & réduire leur nombre à huit ou dix au plus. Deux mille cinq cens tiges peuvent recevoir tous ces soins d'un seul homme bien laborieux, & elles doivent rendre mille livres pesant de tabac.

On le laisse environ quatre mois en terre. A mesure qu'il approche de sa maturité, le verd riant & vif de ses feuilles prend une teinte obscure ; elles courbent la tête ; mais l'odeur qu'elles exhaloient augmente & s'étend au loin. C'est alors que la plante est mûre, & qu'il faut la couper.

Les pieds recueillis sont mis en tas sur la même terre qui les a produits. On les y laisse suer une nuit seulement. Le lendemain ils sont déposés dans des magasins construits de telle maniere que l'air puisse y entrer librement de toutes parts. Ils y restent séparement suspendus tout le tems nécessaire pour les bien sécher. Etendus ensuite sur des clayes & bien couverts, ils fermentent une ou deux semaines. On les dépouille enfin de leurs feuilles qui sont mises dans des barils ou bien réduites en carottes. Les autres façons qu'on donne à cette production, & qui changent avec le goût des nations, sont étrangeres à sa culture.

De toutes les contrées où l'on plante du tabac, il n'en est point où il ait autant prospéré que dans la Virginie & le Maryland. Leurs premiers colons en firent leur occupation. Plus d'une fois, ils en pousserent les récoltes au dessus des débouchés. Alors on arrêta les plantations dans la Virginie ; on brûle une certaine quantité de feuilles par habitation dans le Maryland. Mais avec le tems la passion pour le tabac devint si générale, qu'il fallut en multiplier les cultivateurs blancs & noirs. Actuellement on recueille à peu de chose près la même quantité de tabac dans les deux provinces. Celui de la Virginie plus doux, plus parfumé, plus cher trouve sa consommation en Angleterre & au midi de l'Europe. Celui du Maryland convient davantage au nord, par le bon marché, par sa grossiéreté même plus analogue à des organes moins déliés.

Comme la navigation n'a pas fait les mêmes progrès dans cette partie de l'Amérique septentrionale que dans les autres, ce sont les vaisseaux de la métropole qui vont y chercher les tabacs. Un navire est communément trois, quatre & jusqu'à six mois à former sa cargaison. Cette lenteur vient de plusieurs causes toutes très-sensibles. Premierement les tabacs ne sont pas enmagasinés dans les ports, & il faut les aller chercher dans les plantations même. En second lieu, il y a très-peu de colons en état de fournir un chargement entier ; & ceux qui le pourroient préferent de diviser leurs risques en plusieurs bâtimens. Enfin le prix du fret étant fixe, soit que les productions se trouvent prêtes ou non à être embarquées, les cultivateurs attendent que les navigateurs eux-mêmes viennent les solliciter de tout arranger pour l'exportation. Ces différentes raisons font qu'on n'emploie à cette navigation que des bâtimens d'un port médiocre. Plus ils seroient grands, plus ils prolongeroient leur séjour en Amérique.

La Virginie paie toujours quarante schelings de fret par barrique de tabac. Le Maryland n'en paie que trente-cinq, à raison d'une moindre valeur dans sa marchandise, & de moins de lenteur dans ses chargemens. L'armateur Anglois y perd également comme navigateur ; mais il y gagne en qualité de commissionnaire. Constamment chargé de toutes les ventes & de tous les achats qui se font pour les colons, un prix de cinq pour cent de commission le dédommage avec usure de ses pertes & de ses peines.

Cette navigation occupe deux cens cinquante navires qui forment ensemble trente mille tonneaux. Ils tirent des deux colonies cent mille barriques de tabac qui, à raison de huit cens livres l'une dans l'autre, donnent quatre-vingt millions de livres pesant. La partie de cette production qui croît entre les rivieres Yorck & James & dans quelques autres heureux cantons se vend fort cher ; mais prise dans sa totalité, elle ne coûte rendue en Angleterre que deux deniers & un quart la livre. Quatre-vingt millions pesant à deux deniers & un quart donnent la somme de 750000 livres sterlings.

Indépendamment des avantages que trouve l'Angleterre dans le débouché des produits de son industrie pour cette somme, elle en obtient encore d'autres par la réexportation des trois cinquiemes du tabac qu'elle a reçu. Cette seule branche de commerce doit former une augmentation de 450000 livres sterlings dans son numéraire, sans y comprendre ce qui lui revient pour le fret & la commission.

Le fisc tire un plus grand parti encore de cette culture que les citoyens. Chaque livre de tabac paie à son entrée dans le royaume six deniers un tiers. Quatre-vingt millions pesant de tabac à six deniers un tiers devroient donner à l'état 2,111,111 livres sterlings. Mais comme il restitue les droits pour tout ce qui est réexporté, & qu'on réexporte les trois cinquiemes, le revenu public ne doit être grossi que de 844,444 livres sterlings neuf schelings. L'expérience même prouve qu'il faut réduire cette somme d'un tiers, à cause des remises qu'on accorde au négociant qui paie comptant ce qu'il est autorisé à ne payer qu'au bout de dix-huit mois, & parce qu'il se fait habituellement une fraude immense dans les petits ports, quelquefois même dans les grands. Cette déduction monte à 281481 livres neuf schelings, huit sols sterlings ; par conséquent il ne reste pour le gouvernement que 562962 livres 19 schelings 4 sols sterlings. Malgré ces derniers abus, la Virginie & le Maryland sont beaucoup plus utiles à la Grande Bretagne que ses autres colonies septentrionales, plus même que la Caroline.

Cette contrée qui s'étend trois cens milles sur les côtes & qui a deux cens milles de profondeur jusqu'aux Appalaches, fut découverte par les Espagnols peu après leurs premieres expéditions dans le nouveau monde. Elle n'offroit point d'or à leur avarice ; ils la mépriserent. L'amiral de Coligny plus sage & plus habile, y ouvrit une source d'industrie aux protestans François qui ne demandoient au ciel qu'une terre où l'on pût adresser à Dieu des prieres qu'on entendit soi-même ; mais le fanatisme qui les poursuivoit, ruina leurs espérances par l'assassinat de cet homme juste, humain, éclairé. Quelques Anglois les remplacerent vers la fin du seizieme siecle : un caprice inexplicable voulut qu'ils abandonnassent ce sol fertile, pour aller cultiver une terre plus dure sous un climat moins agréable.

On ne voyoit pas un seul Européen dans la Caroline, lorsque les lords Berkley, Clarendon, Albemarle, Craven, Ashlez, & les chevaliers Carteret, Berkley & Colliton, obtinrent en 1663 de Charles II la propriété de ce beau pays. Le système législatif de ce nouvel établissement, fut tracé par le fameux Locke. Un philosophe ami des hommes, de la modération & de la justice qui doivent les gouverner, ne pouvoit mieux s'opposer au fanatisme qui les divise, que par une tolérance indéfinie de religion ; mais n'osant sapper ouvertement les préjugés de son tems, également cimentés par les crimes & les vertus, il voulut du moins les concilier, s'il étoit possible, avec un principe dicté par la raison & l'humanité. Comme les habitans sauvages de l'Amérique, n'ont, disoit-il, aucune idée de la révélation, ce seroit le comble de l'extravagance, que de les tourmenter pour leur ignorance. Les chrétiens qui viendroient peupler la colonie, y chercheroient sans doute une liberté de conscience que les prêtres & les princes leur refusent en Europe ; ce seroit donc manquer à la bonne foi que de les persécuter, après les avoir reçus. Les Juifs & les payens ne méritoient pas plus d'être rejettés, pour un aveuglement que la douceur & la persuasion pouvoient faire cesser. C'est ainsi que raisonnoit Locke, avec des esprits imbus & prévenus de dogmes qu'il n'étoit pas encore permis de discuter. On peut douter que les philosophes qui, à son exemple, ont cherché la tolérance dans l'évangile, aient cru l'y trouver. Elle est en général opposée à l'esprit de prosélytisme qui domine dans tous les codes religieux. Le christianisme n'est pas moins intolérant que les autres sectes; quoique son fondateur ait prêché la paix, de parole & d'exemple; quoiqu'on puisse déduire la tolérance de plusieurs textes de l'évangile, des réponses que fit Jesus à ses juges dans son interrogatoire, du silence même qu'il garda, quand on lui demanda publiquement, ce que c'étoit que la vérité; quoiqu'enfin sa conduite & sa vie semblent enseigner aux hommes à supporter à l'envi leurs défauts, & par conséquent leurs erreurs. Ses maximes générales qui panchent vers la bienveillance, vers la tolérance universelle, sont trop souvent démenties, lorsqu'il s'agit de sa doctrine particuliere, de la préférence exclusive qu'elle exige, de la division intestine qu'elle met entre ses sectateurs & les payens, entre les membres d'une même cité, d'une même famille. Celui qui s'appelle lui-même le Dieu de paix, vient porter le glaive; rejette ceux qui ne veulent pas l'écouter; déclare son ennemi quiconque n'est pas pour lui; donne enfin à tous ceux qui embrasseront ou prêcheront son évangile, le droit ou le prétexte de persécuter ceux qui ne s'y soumettront pas. C'est donc une illusion de vouloir accorder la croyance de cet évangile, avec l'indifférence pour les autres codes. En matiere de religion, les hommes ne savent point aimer sans hair, & peut-être savent-ils plus ce qu'ils haissent que ce qu'ils aiment; témoin ce nombre infini de persécutions & de guerres que la religion a toujours suscitées; témoin le peu d'influence qu'elle paroît avoir sur l'harmonie, le bonheur & la stabilité des sociétés.

Cependant un peuple harassé des troubles & des malheurs qu'elle avoit enfantés dans l'Europe, voulut bien se prêter aux raisons de Locke. On admit la tolérance sans examen, comme on reçoit l'intolérance. L'unique restriction dont on enveloppa ce principe conservateur, fut que toute personne au dessus de dix-sept ans, qui prétendroit à la protection des loix, fit inscrire son nom dans le régistre de quelque communion.

La liberté civile ne fut pas aussi favorisée par le philosophe Anglois. Soit que ceux qui l'avoient choisi pour rédiger un plan de législation l'eussent gêné dans ses vues, comme le sera tout écrivain qui prêtera sa plume aux grands ou aux ministres ; soit que plus métaphysicien que politique, Locke n'eût suivi la philosophie que dans les sentiers ouverts par Descartes & Leibnitz, cet homme qui ferma la porte à tant d'erreurs dans sa théorie sur l'origine des idées, ne marcha que d'un pas foible & chancelant dans la carriere de la législation. Il étoit réservé à Montesquieu d'éclairer à jamais les hommes d'état, & de faire un ouvrage digne de servir de texte à une tête couronnée qui veut civiliser un peuple barbare, & fonder un grand empire sur la base éternelle des loix. Osons le publier à l'honneur de la philosophie & du trône. L'instruction que l'impératrice de Russie vient de donner aux sénateurs qu'elle a chargés de composer un code législatif, est prise mot à mot dans *l'esprit des loix*, dans ce livre dont la durée éternisera la gloire de la nation Françoise, quand le despotisme aura brisé tous les ressorts & tous les monumens du génie & de la valeur d'un peuple, cher au monde par tant de qualités aimables & brillantes.

Le code de la Caroline, par une bisarrerie inconcevable dans un Anglois & dans un philosophe, donnoit aux huit propriétaires qui l'avoient fondée & à leurs héritiers, non-seulement tous les droits d'un monarque ; mais toute la puissance législative.

On accordoit à la cour formée de ces membres souverains, à cette cour qu'on appelloit Palatine, le pouvoir de nommer à tous les emplois, à toutes les dignités, le droit même de conférer la noblesse ; mais sous des titres nouveaux & singuliers. On devoit donc créer dans chaque comté deux caciques, dont chacun posséderoit vingt-quatre mille acres de terre, & un Landgrave qui seul en auroit quatre-vingt mille. Les hommes revêtus de ces honneurs devoient composer la chambre haute. Leurs possessions devenoient inaliénable ; faute éternelle contre la saine politique. On ne leur laissoit que le droit d'en affermer ou louer le tiers tout au plus, pour la durée de trois vies.

La chambre basse fut composée des députés des comtés & des villes. Le nombre de ces représentans devoit augmenter, à mesure que la colonie se peupleroit. Chaque tenancier n'auroit à payer qu'un sol par acre, & pouvoit même racheter cette redevance territoriale. Mais tous les habitans, esclaves ou libres, seroient obligés de prendre les armes au premier ordre de la cour Palatine.

Le vice d'une constitution où les pouvoirs étoient si mal partagés ne tarda pas à se manifester. Les seigneurs propriétaires imbus de principes tyranniques, tendoient de toutes leurs forces au despotisme. Les colons éclairés sur les droits de l'homme, mettoient tout en œuvre pour éviter la servitude. Du choc de ces intérêts opposés, naissoit une agitation inévitable qui arrêtoit perpétuellement les travaux utiles. La province entiere étoit livrée aux querelles, aux diſſenſions, aux tumultes qui la déchiroient, ne faiſoit aucun des progrès qu'on s'étoit promis des avantages de ſa ſituation.

Ce n'étoit pas aſſez de maux; & leur remede devoit naître de leur excès. Granville, qui ſeul comme doyen des propriétaires tenoit en 1705 les rênes du pouvoir excluſif, voulut aſſervir au rit de l'égliſe anglicane tous les non-conformiſtes qui faiſoient les deux tiers de la population. Cet acte de violence, quoique déſavoué & reprouvé par la métropole aigrit heureuſement les eſprits. Durant le cours des ſuites & des progrès de cette animoſité, la province fut attaquée en 1720 par différentes hordes des ſauvages, qu'un enchaînement d'inſultes & d'injuſtices atroces avoit pouſſées au déſeſpoir. Ces malheureux Indiens battus par-tout furent par-tout exterminés. Mais le courage & la vigueur que cette guerre avoit comme ranimés dans les colons, devoient amener la chûte des oppreſſeurs de la colonie. Ces tyrans ayant refuſé de contribuer aux frais d'une expédition dont ils prétendoient receuillir les premiers fruits, furent tous, à l'exception de Carteret qui conſerva le huitieme de leur territoire, dépouillés en 1728, des prérogatives dont ils n'avoient encore ſçu qu'abuſer. On leur accorda cependant vingt-quatre mille livres ſterlings de dédommagement. La couronne reprit le timon du gouvernement, pour en faire goûter les douceurs au peuple. La colonie fut aſſociée à la même conſtitution que les autres. Pour rendre même l'adminiſtration plus aiſée, on partagea le pays en deux gouvernemens indépendans, ſous le nom de Caroline méridionale &

de Caroline septentrionale. C'est de cette heureuse époque qu'il faut dater la prospérité de cette grande province. L'œil se plaît à la contempler; le cœur aime à s'y reposer.

Le nouveau monde n'a peut-être pas un climat comparable à celui de la Caroline. Les deux saisons de l'année qui pour l'ordinaire ne font que tempérer les excès des deux autres, y sont délicieuses. On y souffre très-peu des chaleurs de l'été; on n'y sent les froids de l'hiver que le matin & le soir. Les brouillards, assez communs sur une longue côte, se dissipent avant le milieu du jour. Mais aussi l'on y est exposé, comme dans presque toute l'Amérique, à des changemens de tems, vifs & subits, qui obligent à garder dans le vêtement & la nourriture un régime dont l'Europe n'a pas besoin. Un autre inconvénient particulier à cette région du continent septentrional, c'est d'être tourmentée par les ouragans, plus rares cependant & moins forts qu'aux Antilles.

Une vaste plaine, triste, uniforme & monotone, s'étend des bords de la mer à quatre-vingt ou cent milles dans les terres, où le pays commençant à s'élever présente un aspect plus riant, un air plus pur & moins humide. Cet espace, avant l'arrivée des Anglois, étoit couvert d'une immense forêt, qui s'avançoit jusqu'aux monts Appalaches. C'étoient de grands arbres jettés au gré de la nature, sans symmétrie & sans dessein, à des intervalles inégaux qui n'étoient point fourrés de bois taillis. Aussi pouvoit-on y défricher plus de terrein en une semaine, qu'on n'en défriche en plusieurs mois dans nos contrées. Avec cet avantage pour la culture, on avoit encore celui de voir mourir en très-peu de tems les racines des arbres qu'on avoit abattus : preuve que le pays étoit sablonneux & maigre, ou que les bois y tiroient leur seve & leur vie plutôt de l'air & du ciel que de la terre.

Le sol de la Caroline est fort peu ressemblant à lui-même. Sur les bords de la mer, à l'embouchure des rivieres qui s'y jettent, il est couvert de marais inutiles & mal-sains, ou composé d'une terre pâle, legere, sabloneuse qui ne produit rien. On le trouve, ici d'une extrême stérilité ; là d'une fécondité excessive entre les innombrables sources qui traversent le pays. A mesure qu'on s'éloigne de ces rives, on rencontre quelquefois de grands vuides d'un sable blanc qui n'offre que des pins ; quelquefois des terres où le chêne & le noyer annoncent la fécondité. Ces alternatives & ces variations disparoissent, lorsqu'on s'enfoncent dans le pays ; & la terre se montre par-tout agréable & productive.

A ces fonds excellens pour la culture, la province joint des terreins très-favorables à la multiplication des troupeaux. On y éleve des milliers de bêtes à corne qui le matin vont paître sans garde dans les forêts, & reviennent d'elles-mêmes le soir aux habitations. Les porcs s'engraissent avec la même liberté, plus nombreux encore, & beaucoup meilleurs dans leur espece. Mais le mouton y dégénere pour la chair & pour la toison. Aussi n'est-il pas si commun.

La colonie entiere n'avoit en 1723 que quatre mille blancs & trente-deux mille noirs. Ses exportations pour l'Europe & pour l'Amérique ne s'élevoient pas au dessus de deux cens vingt mille livres sterlings. Elle a depuis ce tems acquis une prospérité où il n'est pas permis de méconnoître le droit sacré de la liberté.

Quoique la Caroline méridionale ait réussi à établir des échanges assez considérables avec les sauvages ; qu'elle ait reçu des réfugiés François une fabrique de toiles ; qu'elle même ait imaginé de faire quelques étoffes en mêlant ses soies à la toison de ses moutons, on peut assurer qu'elle a dû spécialement ses progrès au riz & à l'indigo.

C'est le hasard qui lui donna la premiere de ces productions. Un vaisseau qui revenoit des Indes orientales, échoua sur ses côtes. Le riz dont il étoit chargé fut jetté par les flots sur la côte, & s'y reproduisit. Ce bonheur inattendu fit naître l'idée d'une culture, où le sol sembloit inviter de lui-même. Elle languit longtems, parce que les colons obligés d'envoyer leurs récoltes dans les ports de la métropole qui les transportoit en Espagne & en Portugal, où s'en faisoit la consommation, vendoient leur riz à si vil prix, qu'à peine rendoit-il les avances de la culture. Depuis qu'il leur fut permis par une administration plus éclairée, d'exporter & de vendre eux-mêmes ce grain à l'étranger, une augmentation de bénéfice a produit une augmentation de cette denrée. Elle y est excessivement multipliée, & peut aller plus loin encore: mais il est douteux que ce soit toujours à l'avantage de la colonie. C'est la production la plus nuisible à la salubrité du climat. La terre qui donne du riz a constamment dévoré ses habitans ; du moins dans le Milanez où les rizieres n'offrent que des paysans livides & hydropiques ; du moins en France, où elles ont été sagement prohibées. L'Égypte avoit sans doute ses précautions contre ce mauvais effet d'une culture d'ailleurs si nourrissante. La Chine doit avoir des préservatifs que l'art oppose à la nature dont les bienfaits sont quelquefois empoisonnés de maux. Peut-être aussi que sous la zone torride où le riz abonde, la chaleur qui le fait croître au milieu des eaux, dissipe promptement les vapeurs humides & malignes qui s'exalent des rizieres. Mais si la Caroline doit un jour se rallentir sur cette culture, elle pourra s'en dédommager avec celle de l'indigo.

Cette plante originaire de l'Indostan, a réussi d'abord au Mexique, aux Antilles, mais plus tard dans la Caroline méridionale, & sur-tout moins heureusement. Ce germe des teintures, y est d'une qualité si inférieure, qu'à peine se vend-t-il la moitié de ce qu'il vaut ailleurs. Cependant ses cultivateurs ne désesperent pas de supplanter avec le tems les Espagnols & les François dans tous les marchés. La bonté de leur climat, l'étendue de leur sol, l'abondance & le bas prix des denrées comestibles, la facilité de se pourvoir d'ustensiles, & de multiplier les esclaves; tout flatte leur présomption. Cet espoir encourageant s'est déja répandu chez les habitans de la Caroline septentrionale.

On sait que cette contrée reçut les premiers Anglois que la fortune fit aborder au continent du nouveau monde; puisque c'est sur ses côtes qu'est la baie de Roenoque que fit occuper Raleigh en 1585. Une émigration totale, la laissa bientôt sans colons. La population ne s'y rétablit pas, même quand les pays voisins se couvroient de grands établissemens. D'où venoit cet abandon? Peut-être des obstacles que cette belle région opposoit à la navigation marchande. Aucune des rivieres qui l'arrosent ne peut recevoir de navire au dessus de soixant-dix ou quatre-vingt tonneaux. Ceux d'un plus grand port sont forcés de mouiller entre ce continent & quelques isles voisines. Les alleges qui servent à les charger & à les décharger, augmentent les frais & les embarras, soit des exportations, soit des importations.

Aussi ne vit-on d'abord dans la Caroline septentrionale que quelques misérables sans aveu, sans loix & sans projets. A mesure que les terres sont devenues plus rares dans les colonies voisines, les hommes qui n'avoient pas assez de fortune pour en acheter, ont reflué dans une région qui leur en offroit gratuitement. D'autres refugiés ont profité de ce nouvel asyle. L'ordre s'est établi avec la propriété; & ce pays avec moins de richesses que la Caroline méridionale, s'est trouvé peuplé d'un plus grand nombre d'Européens.

Les premiers qu'un sort errant dispersa sur ces rives sauvages, se bornoient à élever des troupeaux, à couper des bois qu'ils livroient aux navigateurs de la nouvelle Angleterre. Bientôt ils demanderent au pin qui couvroit le pays, de la térébenthine, du goudron, de la poix. Pour avoir de la térébenthine, il leur suffisoit d'ouvrir dans le tronc de l'arbre, des sillons qui prolongés jusqu'au pied, aboutissoient à des vases disposés pour les recevoir. Vouloient-ils du goudron? ils élevoient une plate-forme circulaire de terre glaise, où ils entassoient des piles de bois de pin. On mettoit le feu à ce bois, & la résine en découloit dans des barils placés au dessous. Le goudron se réduisoit en poix, soit dans de grandes chaudieres de fer où on le faisoit bouillir, soit dans des fosses de terre glaise où on le jettât en fusion. C'étoit peu que cette industrie pour la subsistance des habitans; ils y joignirent la culture du bled. Long-tems ils s'étoient contenté du mays, à l'exemple de la Caroline méridionale, où le froment sujet à la nielle, à monter en paille, n'a jamais prospéré. Quelques expériences prouverent qu'on n'avoit pas à craindre ces inconvéniens; & on réussit à cultiver assez de bled, même pour une exportation considérable. Le riz & l'indigo sont venus depuis peu dans cette contrée de l'Amérique joindre aux moissons d'Europe, celles de l'Afrique & de l'Asie. Ces nouvelles cultures sont encore médiocres; mais elles peuvent s'accroître.

Les deux Carolines ont à peine défriché la vingtieme partie de leur territoire. On n'y voit de cultivé jusqu'à présent que les cantons les plus sabloneux & les plus voisins de la mer. Si les colons ne se sont pas enfoncés plus avant dans les terres, c'est que sur dix rivieres navigables, il n'y en a pas une que l'on puisse remonter à plus de soixante milles. On ne pourroit remédier à cet inconvénient que par des chemins ou des canaux; mais ils demandent tant de bras, de dépenses & de lumieres, que l'espérance d'une semblable amélioration est encore bien loin.

Cependant le sort des deux colonies n'est pas à plaindre. Les impôts qui sont tous levés sur l'entrée & la sortie des marchandises, ne passent pas six mille livres sterlings. La province du nord n'a de papier monnoie que pour cinquante mille livres, & celle du sud infiniment plus riche, n'en a que pour deux cens cinquante mille livres.

Ni l'une, ni l'autre ne font endettées envers la métropole. Cet avantage rare, même dans les colonies Angloises, provient de l'étendue des exportations que font les deux Carolines, soit dans les provinces voisines, soit aux Antilles ou en Europe.

En 1754 il sortit de la Caroline méridionale sept cens cinquante neuf barrils de térébenthine, deux mille neuf cens quarante-trois de goudron, cinq mille huit cens soixante-neuf de poix ou résine, quatre cens seize de Bœuf, quinze cens soixante de Porc; seize mille quatre cens boisseaux de bled d'Inde, & neuf mille cent soixante-deux de pois, quatre mille cent quatre-vingt-seize cuirs tannés, & douze cens cuirs verds; un million cent quatorze mille planches; deux cens six mille lambourdes, & trois cens quatre-vingt-quinze mille pieds de bois de charpente; huit cens quatre-vingt-deux muids de peaux de bête fauve; cent quatre mille six cens quatre-vingt-deux barils de riz; deux cens seize mille neuf cens vingt-quatre livres d'indigo.

La Caroline septentrionale expédia la même année soixante-un mille cinq cens vingt-huit barils de goudron, douze mille cinquante-cinq de poix, & dix mille quatre cens vingt-neuf de térébenthine; sept cens soixante-deux mille trois cens trente planches, & deux millions six cens quarante-sept pieds de bois; soixante-un mille cinq cens quatre-vingt boisseaux de bled, & dix mille de pois; trois mille trois cens barils de bœuf ou de cochon, & cent muids de tabac; dix mille quintaux de cuirs tannés, & trente mille peaux de toute espece.

Il n'y a pas un seul article dans l'énuméra-tion qu'on vient de voir qui n'ait reçu un accroissement sensible depuis cette époque. Plusieurs ont doublé; & le plus riche de tous, l'article de l'indigo, s'est élevé même au dessus du triple.

On exporte directement pour l'Europe & pour les Antilles quelques productions de la Caroline septentrionale, quoiqu'il n'y ait aucun entrepôt pour les réunir; & qu'Edenton, son ancienne capitale, & celle qu'on lui a substitué sur la riviere de Neus soient à peine de foibles bourgades. La plus grande & la plus précieuse partie de ses exportations va grossir à Charles-town les richesses de la Caroline méridionale.

Cette ville située au confluent de l'Ashley & de la Cooper, deux rivieres navigables, a vu s'élever au tour d'elle les plus belles plantations de la colonie dont elle est le centre & la capitale. On la dit bien bâtie, agréablement percée, & fortifiée avec assez de régularité. Les fortunes considérables que la réunion & le débouché du commerce y ont fait éclorre, devoient influer sur les mœurs. C'est de toutes les cités de l'Amérique septentrionale celle où l'on trouve le plus des commodités du luxe. Mais le désagrément de ne pouvoir admettre dans sa rade que des vaisseaux de deux cens tonneaux au plus, la fera décheoir de cette prospérité. On l'abandonnera pour aller à Port-Royal qui s'ouvre aux plus nombreuses flottes. Déja s'y est formé un établissement qui s'augmente chaque jour, qui peut se promettre la plus grande faveur. Outre les productions des deux Carolines qu'il doit naturellement attirer, il recevra celles d'une colonie qui s'éleve à son voisinage : c'est la Géorgie.

La Caroline & la Floride Espagnole sont séparées par un vaste espace qui s'étend cent vingt milles sur la mer, qui a trois cens milles jusqu'aux Appalaches, & qui est borné au nord par la riviere de Savannach, au midi par celle d'Alatamaha. Depuis long-tems le ministere Britannique panchoit à occuper ce terrein qui étoit regardé comme une dépendance de la Caroline. Un de ces actes de bienfaisance que la liberté, mere des vertus patriotiques, rend plus communs en Angleterre que par tout ailleurs, acheva de décider les vues du gouvernement. Un citoyen compatissant & riche, voulut en mourant, que ses biens fussent employés à soulager les débiteurs insolvables que leurs créanciers détenoient en prison. La sagesse politique secondant ce vœu de l'humanité, ordonna que les infortunés dont on romproit les chaînes, seroient transportés dans la terre déserte qu'on se proposoit de peupler. Ce pays fut appellé Georgie, en l'honneur du souverain qui gouvernoit alors les trois royaumes.

Cet hommage, d'autant plus flatteur qu'il ne venoit pas de l'adulation ; l'exécution d'une entreprise vraiement utile à l'état : tout fut l'ouvrage de la nation. Le parlement ajouta dix mille livres sterlings au legs sacré d'un citoyen. Une souscription volontaire produisit des sommes encore plus considérables. Un homme qui s'étoit fait remarquer dans la chambre des communes par son goût pour les choses brillantes, par son amour pour la patrie, par sa passion pour la gloire, fut chargé de conduire un si digne projet, avec ces moyens publics. Jaloux de se montrer égal à sa réputation, Oglethorpe, fut le chef qui voulut mener lui-même en Georgie les premiers colons qu'on y faisoit passer. Il y arriva au mois de Janvier 1733, & plaça ses compagnons à dix milles de la mer, dans une plaine agréable & fertile sur les bords de la Savannach. Cette riviere donna son nom au foible établissement qui devoit devenir un jour la capitale d'une colonie florissante. La peuplade bornée à cent personnes, fut grossie avant la fin de l'année jusqu'au nombre de six cens dix-huit, dont cent vingt-sept avoient fait les frais de leur émigration. Trois cens vingt hommes & cent treize femmes, cent deux garçons & quatre-vingt-trois filles étoient le fonds de la nouvelle population, & l'espérance d'une nombreuse postérité.

Ces fondemens s'accrurent en 1735, de quelques montagnards Écossois. Leur bravoure nationale leur fit accepter l'établissement qu'on leur offrit sur les rives de l'Alatamaha, pour les défendre, s'il le falloit, contre les entreprises de l'Espagnol voisin. Ils y fonderent les bourgades de Darien & de Frederica où plusieurs de leurs compatriotes vinrent s'établir avec eux.

La même année un grand nombre de laboureurs protestans, chassés de Saltzbourg par un prêtre fanatique, allerent chercher la paix & la tolérence dans la Georgie. Placés d'abord au dessus du berceau de la colonie, ils aimerent mieux être plus isolés & descendre à l'embouchure de la Savannach, où ils bâtirent Ebenezer.

Des Suisses imiterent les sages Salzburgeois, sans avoir été persécutés comme eux. Ils s'établirent aussi sur la Savannach; mais à trentequatre milles des Allemands. Leur peuplade formée de cent maisons, s'appella Purysbourg, du nom de Pury qui ayant fait la dépense de leur transplantation, mérita que par reconnoissance, ils le prissent pour chef.

Dans ces quatre ou cinq peuplades, il se

trouva des hommes plus portés au commerce qu'à l'agriculture. On les en vit sortir pour aller fonder à deux cens trente six milles de l'océan, la ville d'Augusta. Ce n'étoit pas la bonté du sol qu'ils y cherchoient, quoiqu'il fût excellent, mais la facilité de former avec les sauvages voisins la traite des pelleteries. Leur projet réussit, & dès l'an 1739 ce commerce occupoit six cens personnes. Le débouché de ces fourrures leur devint d'autant plus facile, que la Savannach conduit les plus grands bateaux jusqu'aux murs d'Augusta.

La métropole devoit, ce semble, beaucoup espérer d'une colonie où depuis moins de six ans, elle avoit fait passer près de cinq mille hommes, & dépensé soixante-six mille livres sterlings, sans compter les contributions volontaires des zélés patriotes. Mais quel fut son étonnement d'apprendre en 1741, qu'il restoit à peine dans la Georgie le sixieme de la population qu'on y avoit transportée; & que le reste languissant de ces nombreux colons ne soupiroit qu'après un séjour plus heureux. On chercha la cause de ces disgraces; on la trouva.

Dans sa naissance même, cette colonie avoit porté le germe de son dépérissement. On avoit abandonné la jurisdiction avec la propriété de la Georgie, à des particuliers. L'exemple de la Caroline auroit dû prévenir contre cette imprudence; mais chez les nations comme chez les individus, les fautes du passé sont perdues pour l'avenir. Un gouvernement éclairé, surveillé par la nation, n'est pas même à l'abri des surprises qu'on fait à sa confiance. Malgré son zéle pour le bien commun, le ministere Anglois livra l'intérêt public à l'avidité des intérêts privés.

Le premier usage que les propriétaires de la Georgie firent de l'autorité sans bornes qu'on leur avoit accordée, fut d'établir une législation qui mettoit dans leurs mains non-seulement la police, la justice & les finances du pays, mais la vie & les biens de ses habitans. On ne laissoit aucun droit au peuple, qui dans l'origine a tous les droits. Contre ses intérêts & ses lumieres, on vouloit qu'il obéît. C'étoit là, comme ailleurs, son devoir & son sort.

Comme les grandes possessions avoient entraîné des inconvéniens dans d'autres colonies, on arrêta que dans la Georgie chaque famille ne pourroit avoir que cinquante acres de terre, qu'elle ne pourroit pas les aliéner, qu'ils ne pourroient pas même passer en héritage aux filles. Il est vrai que cette substitution aux seuls mâles fut bientôt abrogée; mais on laissoit subsister encore trop d'obstacles à l'émulation. Rarement un homme se détermine-t-il à quitter sa patrie sans la vue de quelque avantage extraordinaire, qui frappe son imagination. Mettre des bornes à son industrie, c'est l'empêcher d'entrer dans la carriere. Les limites marquées à chaque plantation, devoient avoir nécessairement cette influence. Il restoit d'autres vices à la racine de l'arbre, qui l'empêchoient de fleurir.

Les colonies Angloises, même les plus fertiles, ne payent qu'un foible cens; encore n'est-ce qu'après avoir pris de la vie & des forces. La Georgie fut dès le berceau soumise aux redevances du gouvernement féodal, dont on l'avoit comme entravée. Ces rentes s'accrurent outre mesure, à proportion qu'elle s'aggrandit. Ses fondateurs furent aveuglés par la cupidité, jusqu'à ne pas voir que le plus petit droit sur le commerce d'une province peuplée & florissante, les enrichiroit bien plus que les redevances les plus multipliées sur une terre inculte & déserte.

A ce genre d'oppression, il s'en joignit un nouveau, qui pouvoit venir, (le croira-t-on?) d'un principe d'humanité. On défendit aux colons de la Georgie d'avoir des esclaves. La Caroline & d'autres colonies, avoient été fondées sans la main des negres. On crut qu'une contrée qu'on destinoit à être le boulevard de ces possessions, ne devoit pas être peuplée d'une race de victimes qui n'auroient aucun intérêt à défendre des tyrans. Mais on ne prévit pas que des colons moins favorisés de la métropole que leurs voisins; placés sur une terre plus difficile à défricher; dans un climat plus chaud; auroient moins de force & d'ardeur pour entreprendre une culture qui demandoit plus d'encouragement.

L'inaction où les plongeoit tant d'obstacles, s'autorisoit d'une autre prohibition. Les désordres qu'entraînoit dans tout le continent de l'Amérique septentrionale l'usage des liqueurs spiritueuses; avoit fait défendre l'importation des eaux-de-vie de sucre dans la Georgie. Cette interdiction, quelqu'honnête qu'en fût le motif, ôtoit aux colons la seule boisson qui pouvoit corriger le vice des eaux du pays qu'ils trouvoient par-tout mal-saines, & l'unique moyen de réparer la déperdition qu'ils faisoient par des sueurs continuelles : elle leur fermoit encore la navigation aux Antilles où ils ne pouvoient aller échanger contre ces liqueurs, les bois, les grains, & les bestiaux qui devoient être leurs premieres richesses.

La métropole sentit enfin combien les institutions & les réglemens vicieux, arrêtoient les progrès de la colonie. Elle rompit les fers qu'elle lui avoit forgés. La Georgie reçut le gouvernement qui faisoit fleurir la Caroline, & devint au lieu d'un fief de quelques particuliers, une possession vraiment nationale.

Quoiqu'elle n'ait pas un territoire aussi étendu, un climat aussi temperé, un sol aussi bon que la province voisine ; & qu'avec le riz, l'indigo, & presque toutes les denrées de la Caroline, elle n'en puisse jamais égaler la prospérité ; cependant elle deviendra utile à la métropole, à mesure qu'on verra diminuer la crainte de s'y établir, trop justement fondée sur la tyrannie dont elle étoit opprimée. On cessera de dire un jour que de toutes les colonies Angloises du continent, la Georgie est la moins peuplée, eu égard aux secours que le gouvernement y a prodigués. Ce ne sera pas sans fruit qu'il y aura versé, même en 1769 trois mille quatre-vingt livres sterlings. Toutes ces avances seront heureusement secondées par l'acquisition de la Floride ; province qui par son voisinage doit influer sur la prospérité de la Georgie ; qui, à des titres plus précieux encore, mérite d'être connue.

Sous le nom de la Floride, l'ambition Espagnole comprenoit toutes les terres de l'Amérique qui s'étendent depuis le Mexique jusqu'aux régions les plus septentrionales. Mais la fortune qui se joue de l'orgueil national, a resserré depuis long-tems cette dénomination illimitée, à la presqu'isle que la mer a formée sur le canal de Bahama, entre la Georgie & la Louisiane. Les Espagnols qui s'étoient souvent contentés d'empêcher la population des pays qu'ils ne pouvoient habiter, voulurent occuper cette contrée en 1565, après en avoir chassés les François qui l'année précédente y avoient commencé un petit établissement.

La peuplade la plus orientale de la colonie s'appelloit San Mattheo. Quoiqu'établie à deux lieues de l'océan, sur une riviere navigable, dans un sol agréable & fertile, le conquérant l'auroit abandonnée, s'il n'y avoit pas trouvé le sassafras.

Cet arbre, particulier à l'Amérique, & meilleur à la Floride que dans tout cet hémisphere, croît également sur les bords de la mer & sur les montagnes, mais toujours dans un terrein qui n'est ni trop sec ni trop humide. Droit, élevé comme le sapin, sans branches, sa tête forme une espece de coupe. Ses feuilles toujours vertes ressemblent à celles du laurier. Sa fleur jaune se prend en infusion, comme le bouillon blanc & le thé. Sa racine, très-connue dans le commerce, parce qu'elle est utile à la médecine, doit être spongieuse, légere, de couleur cendrée ; d'un goût âcre, douceâtre, aromatique; d'une odeur qui approche de celle du fenouil & de l'anis. Ces qualités lui donnent la vertu d'exciter la transpiration, de résoudre les humeurs épaisses & visqueuses, de soulager la paralysie & les fluxions froides. On l'employoit beaucoup autrefois dans les maladies vénériennes.

Les premiers Espagnols auroient peut-être péri de ce mal, sans un remede si puissant; ils auroient succombés du moins aux fiévres dangereuses dont ils furent presque tous attaqués à San Mattheo ; soit que ce fut un effet de la nourriture

ture du pays, ou de la mauvaise qualité des eaux. Mais les sauvages leur apprirent qu'en buvant à jeun & dans leurs repas, de l'eau où l'on auroit fait bouillir de la racine de sassafras, ils pouvoient être assurés d'une prompte guérison. Cette expérience fut tentée & réussit. Cependant la bourgade ne sortit jamais ni de l'obscurité, ni de la misere qui, sans doute, étoit une maladie incurable & naturelle aux vainqueurs du nouveau monde.

A quinze lieues de San Mattheo, sur la même côte, s'éleva un autre établissement sous le nom de Saint Augustin. Les Anglois qui l'attaquerent en 1747, furent obligés de renoncer à le prendre. Les montagnards Ecossois voulurent couvrir la retraite des assiégeans; ils furent battus & massacrés. Un sergent fut seul épargné par les sauvages Indiens, qui combattant avec les Espagnols le réserverent pour les supplices qu'ils destinoient à leurs prisonniers. Cet homme, à la vue des instrumens de la torture cruelle qu'on lui préparoit, harangua, dit-on, la troupe sanguinaire en ces termes.

» Héros & patriarches du monde occidental, » vous n'étiez pas les ennemis que je cherchois; » mais enfin vous avez vaincu. Le sort de la » guerre m'a mis dans vos mains. Usez à votre » gré du droit de la victoire. Je ne vous le dispute pas. Mais puisque c'est un usage de mon » pays d'offrir une rançon pour sa vie, écoutez » une proposition qui n'est pas à rejetter ».

» Sachez donc, braves Amériquains, que dans » le pays où je suis né, certains hommes ont » des connoissances surnaturelles. Un de ces sages qui m'étoit allié par le sang, me donna, » quand je me fis soldat, un charme qui devoit

» me rendre invulnérable. Vous avez vû comme
» j'ai échappé à tous vos traits : sans cet enchan-
» tement aurois je pu survivre à tous les coups
» mortels dont vous m'avez assailli ? Car j'en
» appelle à votre valeur ; la mienne n'a, ni
» cherché le repos, ni fui le danger. C'est moins
» la vie que je vous demande aujourd'hui, que
» la gloire de vous reveler un secret important à
» votre conservation, & de rendre invincible la
» plus vaillante nation du monde. Laissez-moi
» seulement une main libre, pour les cérémonies
» de l'enchantement dont je veux faire l'épreuve
» sur moi-même en votre présence ».

Les Indiens saisirent avec avidité ce discours qui flattoit en même-tems, & leur caractere belliqueux, & leur penchant pour les merveilles. Après une courte délibération, ils délierent un bras au prisonnier. L'Ecossois pria qu'on remit son sabre au plus adroit, au plus vigoureux de l'assemblée ; & dépouillant son cou, après l'avoir frotté en marmottant quelques paroles avec des signes magiques, il cria d'une voix haute & d'un air gai : « regardez maintenant, sages In-
» diens, une preuve incontestable de ma bonne
» foi. Vous guerrier qui tenez mon arme tran-
» chante, frappez de toute votre force. Loin
» de separer ma tête de mon corps, vous n'en-
» tamerez pas seulement la peau de mon cou ».

A peine il eut prononcé ces mots, que l'Indien déchargeant le coup le plus terrible, fit sauter à vingt pas la tête du sergent. Les sauvages étonnés resterent immobiles ; regardant le corps sanglant de l'étranger, puis tournant leurs regards sur eux-mêmes, comme pour se reprocher les uns aux autres leur stupide crédulité. Cependant admirant la ruse qu'avoit employée le prisonnier, pour se dérober aux tourmens en abrégeant sa mort, ils accordèrent à son cadavre les honneurs funébres de leur pays. Si cette histoire n'a pas toute la vérité que semble lui assurer sa date, trop récente pour donner du poids à une fiction; ce ne sera qu'un mensonge de plus dans les relations des voyageurs. D'ailleurs il nous faut des contes, pour nous soulager de l'histoire.

Les Espagnols qui dans toute l'Amérique s'exercèrent plus à détruire qu'à bâtir, ne formerent au débouquement du Canal de Bahama que les deux établissemens dont on vient de parler. A quatre-vingt lieues de Saint Augustin, sur l'entrée du golfe du Méxique, ils avoient élevé Saint Marc à l'embouchure de la riviere des Appalaches. Mais ce poste qui pouvoit établir la communication des deux continens du nouveau monde avoit déja perdu le peu d'importance qu'il avoit prise d'abord, lorsque les Anglois de la Caroline le renverserent en 1704 & le réduisirent à rien.

A trente lieues plus loin, étoit la peuplade de Saint Joseph, moins considérable encore que celle de Saint Marc. Jettée sur une côte plate, exposée à tous les vents, dans un sable stérile, un pays perdu; c'étoit le lieu du monde, où l'on devoit le moins s'attendre à trouver des hommes. Mais l'avarice est souvent trompée par l'ignorance. Des Espagnols y habitoient.

Ceux de leur nation qui s'établirent en 1696 à la baie de Pensacola, sur les confins de la Louisiane, furent du moins plus heureux dans leur choix. Le sol y étoit susceptible de culture; ils y avoient même une rade, qui avec plus de profondeur à l'entrée, eût pu passer pour bonne;

si les vers n'y avoient en très-peu de tems percé les meilleurs vaisseaux.

Ces cinq établissemens dispersés sur une étendue où l'on auroit pu fonder un grand royaume, ne contenoient qu'environ trois mille colons, plus paresseux & plus pauvres les uns que les autres. Tous vivoient du produit de leurs troupeaux. Les cuirs qu'ils en vendoient à la Havane & cent cinquante mille piastres qu'ils tiroient de cet entrepôt, pour payer leur garnison, étoient tout le fonds & le prix de leur foible industrie. Malgré cette misere où les laissoit la métropole, ils ont tous voulu passer à Cuba, quand la Floride a été cédée à l'Angleterre par le traité de 1763. Cette conquête n'a donc été qu'un désert dans toute la rigueur du terme; mais n'est-ce pas un gain que d'avoir perdu des habitans rébelles au travail & mal-intentionnés?

La Grande Bretagne se félicite d'avoir à peupler une province immense, dont les limites ont encore été reculées jusqu'au Mississipi, par la cession que les François ont faite d'une partie de la Louisiane : sacrifice foible, si l'on n'y considere qu'un pays qu'ils ne pouvoient plus garder; mais irréparable quand on voit que c'est peut-être la derniere possession qu'ils auroient dû céder. Tout est perdu pour la France & l'Espagne depuis leur réunion. Voyons comment l'Angleterre va mettre à profit leurs dépouilles.

Elle a partagé sa nouvelle acquisition sur le golfe du Mexique en deux gouvernemens, dont l'un se nomme Floride orientale, & l'autre Floride occidentale. Depuis long-tems elle brûloit de s'établir sur cette partie du continent, pour s'ouvrir une communication libre & facile avec les plus riches colonies de l'Espagne. Elle n'y cherchoit autrefois que les avantages d'un commerce interlope. Mais cette utilité précaire & momentanée ne suffisoit pas, ne convenoit pas même à l'ambition d'une grande puissance. Il n'appartient qu'à la culture de faire fleurir les conquêtes d'un peuple industrieux. Aussi les Anglois prodiguent tous les encouragemens à l'exploitation d'un de leurs plus beaux domaines. Le parlement dans la seule année 1769 a accordé neuf mille cinq cens cinquante livres sterlings pour les deux Florides. Dans cette isle du moins, la mere s'épuise pour ses nouveaux nés; tandis qu'ailleurs le gouvernement suce & tarit à la fois, le lait de la métropole & le sang des colonies.

Les deux Florides, une partie de la Louisiane, & tout le Canada, conquis ou acquis à la même époque & par le même traité, ont achevé, de mettre sous la domination de l'Angleterre l'espace immense qui s'étend depuis le fleuve Saint Laurent jusqu'au fleuve Mississipi. Ainsi quand cette puissance n'auroit pas encore la baie d'Hudson, Terre-neuve, & les autres isles de l'Amérique septentrionale, elle ne laisseroit pas de posséder l'empire le plus étendu qui jamais ait été formé sur la surface du globe. Ce vaste empire est coupé du nord au sud par une chaîne de hautes montagnes qui s'éloignant alternativement & se rapprochant des côtes, laissent entr'elles & l'océan un riche territoire de cent cinquante, de deux cens, quelquefois de trois cens milles. Au-delà de ces monts Appalaches, est un désert immense dont quelques voyageurs ont parcouru jusqu'à huit cens lieues sans en trouver la fin. On imagine que des fleuves qui coulent à l'extrémité de ces lieux sauvages, vont se perdre dans la mer du sud. Si cette conjecture, qui n'est pas sans probabilité, venoit à se réaliser, l'Angleterre embrasseroit dans ses colonies toutes les branches de la communication & du commerce du nouveau monde. En passant d'une mer de l'Amérique à l'autre par ses propres terres, elle toucheroit pour ainsi dire, à la fois aux quatre parties du globe. De tous ses ports de l'Europe, de ses comptoirs de l'Afrique, elle charge, elle expédie des vaisseaux pour le nouveau monde. Des possessions qu'elle a dans les mers orientales, elle pourroit se transporter aux Indes occidentales par la mer pacifique. C'est-elle qui découvriroit les langues de terre ou les bras de mer, l'Isthme ou le détroit qui tient l'Asie à l'Amérique par l'extrêmité du septentrion. Elle auroit alors toutes les portes du commerce dans ses mains par de vastes colonies ; elle en auroit toutes les clefs par ses nombreuses flottes. Elle aspireroit peut-être à prédominer sur les deux mondes, par l'empire de toutes les mers. Mais tant de grandeur n'entre pas dans la destinée d'un seul peuple. Interrogez les Romains : est-il donc si flatteur d'exercer une immense domination, puisqu'il faut tout perdre, quand on a tout acquis ? Interrogez les Espagnols : est-on donc si puissant d'embrasser dans ses états une étendue de terres que le soleil ne cesse d'éclairer, s'il faut languir obscurément dans un monde, quand on regne dans un autre ?

Les Anglois seront assez heureux de conserver par la culture & la navigation, un empire toujours trop grand, dès qu'il leur coûte du sang. Mais puisque l'ambition ne s'é en! qu'à ce prix ; c'est au commerce de séconder les conquêtes d'une puissance maritime. Jamais la guerre ne vallut au vainqueur, des champs plus dociles à l'induſtrie humaine, que ceux du continent ſeptentrional de l'Amérique. Quoiqu'il ſoit en général ſi bas proche de la mer, que le plus ſouvent on a peine à diſtinguer la terre du haut du grand mât, même après avoir mouillé à quatorze braſſes ; cependant la côte eſt très-abordable, parce que ce bas-fond ou cette profondeur diminue inſenſiblement, à meſure qu'on avance. Ainſi l'on peut avec le ſecours de la ſonde connoître exactement à quelle diſtance on eſt du continent. Le navigateur en eſt même averti par les arbres qui paroiſſant ſortir de l'océan, forment un ſpectacle enchanteur à ſes yeux, ſur des plages où s'offrent de toutes parts des rades, des criques, & des ports ſans nombre pour recevoir & protéger des vaiſſeaux.

Les productions viennent en abondance ſur un ſol nouvellement défriché ; mais arrivent lentement à la ſaiſon de leur maturité. On y voit même beaucoup de plantes fleurir ſi tard, que l'hiver en prévient la récolte ; tandis que ſous une latitude plus ſeptentrionale on en recueille ſur notre continent, & le fruit & la graine ? Quelle eſt la raiſon de ce phénomene ? Avant l'arrivée des Européens, l'Amériquain du nord, vivant du produit de ſa chaſſe & de ſa pêche, ne cultivoit point la terre. Tout ſon pays étoit hériſſé de forêts & de ronces. A l'ombre de ces bois, croiſſoit une multitude de plantes. Les feuilles dont chaque hiver dépouilloit les arbres, formoient une couche de l'épaiſſeur de trois ou quatre pouces. L'été venoit, avant que les eaux euſſent entiérement pourri cette eſpece d'engrais ; & la nature abandonnée à elle-même, entaſſoit ſans ceſſe les uns ſur les autres, les fruits de ſa fécondité. Les plantes enfevélies fous des feuillages humides qu'elles ne perçoient qu'à peine avec beaucoup de tems, fe font accoutumées à une végétation tardive. La culture n'a pu vaincre encore une habitude enracinée par des fiecles, ni l'art corriger le pli de la nature. Mais ce climat fi long tems ignoré ou négligé par les hommes, offre auffi des dédommagemens qui réparent les vices & les effets de cet abandon.

Il a prefque tous les arbres qui font naturels au nôtre. Il en a de propres à lui feul ; entr'autres l'érable & le tamarisk.

Le tamarisk eft un arbriffeau qui fe plaît fur un fol humide. Auffi ne s'éloigne-t-il guere de la mer. Ses graines font couvertes d'une poudre blanche qu'on diroit de la farine. Ramaffées à la fin de l'automne & jettées dans de l'eau bouillante, elles donnent un corps vifqueux, qui furnage & qu'on écume. Lorfque cette fubftance eft figée, elle eft communément d'un verd fale. On la fait fondre une feconde fois, pour la purifier ; elle devient alors tranfparente & d'un verd agréable.

Cette matiere mitoyenne entre le fuif & la cire, pour la confiftance & la qualité, tenoit lieu de l'une & de l'autre, aux premiers Européens qui aborderent dans ces contrées. Le prix en a fait diminuer l'ufage, à mefure que les animaux domeftiques fe font multipliés. Cependant comme elle brûle plus lentement que le fuif, qu'elle eft moins fujette à fondre, & qu'elle n'en a pas l'odeur défagréable, elle obtient toujours la préférence, par-tout où l'on peut s'en procurer, fans la payer trop cher. La propriété d'éclairer eft la moins précieufe de fes qualités. On en compofe d'excellent favon, de bons emplâtres pour les blessures: on s'en sert même pour cacheter. L'érable ne mérite pas moins d'attention que le Tamarisk; puisqu'on l'appelle l'arbre à sucre.

Elevé par la nature près des ruisseaux & dans des lieux humides, cet arbre croît à la hauteur du chêne. On fait dans le mois de mars, au bas de son tronc, une incision de la profondeur de deux ou trois pouces. Un tuyau qu'on insere dans la plaie, reçoit le suc qui coule, & le conduit dans un vase placé pour le recueillir. La liqueur des jeunes arbres est si abondante, qu'en une demi-heure, elle remplit une bouteille de deux livres. Les vieux en donnent moins, mais de beaucoup meilleure. Les uns & les autres n'en fournissent que très-peu dans le mois de mai, où elle distille naturellement. La qualité ne vaut pas mieux alors que la quantité. L'arbre ne veut qu'une incision, ou deux, au plus. Une plus grande perte l'épuise & l'énerve. S'il s'évacue par trois ou quatre tuyaux, il dépérit fort vîte.

Sa liqueur est un suc naturellement mielleux. Pour l'amener à l'état du sucre, on la fait évaporer par l'action du feu, jusqu'à ce qu'elle ait acquis la consistance d'un sirop épais. On la verse ensuite dans des moules de terre, ou d'écorce de bouleau. Le sirop se durcit en se refroidissant, & se change en un sucre roux, presque transparent, assez agréable. Pour lui communiquer de la blancheur, on y mêle quelquefois en le fabriquant un peu de farine de froment; mais cette préparation altère toujours son goût. Ce sucre sert au même usage que celui des cannes; mais pour en avoir une livre, il ne faut pas moins de dix-huit ou vingt livres de liqueur.

Ainsi le commerce n'en tirera jamais un grand profit. Le miel est le sucre des sauvages de nos landes ; l'érable est le sucre des sauvages de l'Amérique. La nature a par-tout ses douceurs ; elle a par-tout ses merveilles.

Parmi la multitude d'oiseaux qui peuplent les forêts de l'Amérique septentrionale, il en est un extrêmement singulier ; c'est l'oiseau mouche qui tire ce nom de sa petitesse. Son bec est long, pointu comme une aiguille ; ses pattes n'ont que la grosseur d'une épingle ordinaire. On voit sur sa tête une huppe noire, d'une beauté incomparable. Sa poitrine est couleur de rose, & son ventre est blanc comme du lait. Du gris bordé d'argent & nuancé d'un jaune d'or très-brillant, éclate sur son dos, ses aîles & sa queue. Le duvet qui regne sur-tout le plumage de cet oiseau, lui donne un air si délicat, qu'il ressemble à une fleur veloutée, dont la fraîcheur se fane au moindre attouchement.

Le printems est l'unique saison de ce charmant oiseau. Son nid perché au milieu d'une branche d'arbre, est revêtu en dehors d'une mousse grise & verdâtre, garni en dedans d'un duvet très-mou, ramassé sur des fleurs jaunes. Ce nid n'a qu'un demi pouce de profondeur, sur un pouce environ de diamétre. On n'y trouve jamais que deux œufs, pas plus gros que les plus petits pois. On a souvent tenté d'élever les petits de ce léger volatile ; mais ils n'ont pu vivre que trois ou quatre semaines au plus.

L'oiseau mouche ne se nourrit que du suc des fleurs. Il voltige de l'une à l'autre, comme les Abeilles. Quelquefois il se plonge dans le calice des plus grandes. Son vol produit un bourdonnement semblable à celui d'un rouet à filer. Lorsqu'il est las, il se repose sur un arbre, ou sur un pieu voisin : il y reste quelques minutes & revole aux fleurs. Malgré sa foiblesse, il ne paroît pas méchant. Les hommes peuvent s'approcher de lui, jusqu'à huit ou dix pieds.

Croiroit-on qu'un être si petit fût si méchant, colere & querelleur ? On voit souvent ces oiseaux se livrer une guerre acharnée & des combats opiniâtres. Leurs coups de bec sont si vifs & si redoublés, que l'œil ne peut les suivre. Leurs aîles battent & s'agitent avec tant de vîtesse, qu'on les croiroit perchés en l'air, comme s'ils voloient, sans sortir de leur place. Lorsqu'ils se poursuivent, on diroit une flêche qui part d'un bras nerveux. On les entend plus qu'on ne les voit : ils poussent un cri semblable à celui du moineau.

L'impatience est l'ame de ces petits oiseaux. Quand ils approchent d'une fleur, s'ils la trouvent fanée & sans suc, ils lui arrachent toutes ses feuilles. La précipitation de leurs coups de bec, décele, dit-on, le dépit qui les anime. On voit sur la fin de l'été, des milliers de fleurs que la rage des oiseaux mouche, a tout-à-fait dépouillées. Cependant on peut douter que cette marque de ressentiment ne soit pas une sorte de faim, plutôt qu'un instinct destructeur sans besoin. Tant de beauté se joindroit-elle à tant de cruauté ?

L'Amérique septentrionale étoit autrefois dévorée d'insectes, comme tous les pays couverts de bois & d'eau. Aucune de ces especes n'étoit utile à l'homme. Une seule aujourd'hui sert à ses besoins. C'est l'Abeille. Mais on croit qu'elle a été transportée de l'ancien monde au nouveau. Les sauvages l'appellent mouche Angloise; on ne la trouve qu'au voisinage des côtes. Ces indices annoncent une origine étrangere. On voit les Abeilles errer dans les forêts en nombreux essaims sous le nouvel hémisphere. Elles s'y multiplient tous les jours. Leur miel s'emploie à différens usages. Beaucoup de gens en font leur nourriture. La cire devient de jour en jour, une branche considérable de commerce.

L'Abeille n'est pas le seul présent que l'Europe ait pu faire à l'Amérique. Elle l'a encore enrichie d'animaux domestiques. Les sauvages n'en avoient point. Des hommes libres n'avoient soumis aucune espece vivante à leur domination: ils ne savoient que les détruire. La domesticité des animaux n'a jamais dû précéder la société des humains. La premiere conquête de l'homme, est celle qu'il a faite sur ses semblables. Jusqu'à cette fatale époque de servitude universelle, chaque individu avoit été trop occupé de son existance, & sa vie entiere avoit été toute employée aux moyens de la conserver. Mais aussi-tôt qu'une partie des hommes eut subjugué l'autre, & que celle-ci se vit assujettie à travailler pour des maîtres, le loisir fut connu pour la premiere fois sur la terre. Ce loisir fut le pere des arts qui consolerent peut-être le genre humain de la perte de sa liberté. La domesticité des animaux, comme tous les autres arts utiles, fut sans doute une invention des sociétés.

Peut-être n'est-elle pas le moindre ouvrage de l'industrie humaine? Peut-être a-t-elle demandé le plus de talent, le plus de tems, le plus de hasards. Car enfin on a bien trouvé dans certaines contrées de l'Amérique, des sociétés & des empires avancés, même jusqu'aux arts de luxe ; mais les animaux y étoient encore libres, quoique plus disposés, par leur foiblesse ou leur instinct, à recevoir le joug de l'homme, qu'ils ne le sont parmi nous. On a vu même des pays du nouveau monde, où les animaux avoient fait plus de progrès que l'homme, vers l'état de perfection & de société auquel ils étoient appellés par la nature ; c'est qu'ils vivoient sans maître. L'homme ne les avoit pas assujettis à sa voix menaçante, à son coup d'œil terrible, à sa main toujours prête à frapper. Il étoit esclave lui-même, & les animaux ne l'étoient point encore. Car l'homme a été guerrier avant l'usage de la cavalerie ; & la guerre a peut-être fait la société, qui ne se ressent que trop de son origine.

Mais l'Arabe, dira-t-on, ne marche jamais sans chameaux ; le Tartare boit le sang du cheval qui le porte ; les Lapons vivent de la chair & du lait des rennes ; les Kamschadales se font traîner par des chiens. Tous ces animaux ont donc été soumis avant leurs maîtres.

Eh! ne voit-on pas que ces peuplades, quoique errantes, sont dans un état de société plus avancé, mais moins indépendant que celui des sauvages de l'Amérique ? Quand on parle ici de sociétés policées, il ne s'agit point des peuples pasteurs, dont les troupeaux ne peuvent pas même être comptés au rang des animaux domestiques. La culture a pu commencer sans le secours du cheval & du bœuf, sur-tout dans les pays féconds où la terre ne demandoit pour nourrir ses habitans que le plus leger sarclage, & non de profonds sillons. Mais l'homme au contraire qui fut long-tems chargé tout seul des peines du labourage, n'assujettit guere sa tête

& fon bras à des travaux réguliers, qu'après que le feu de la guerre eût incendié les bois qui lui donnoient des fruits ; qu'après que le fer eût fait des esclaves pour servir des tyrans. Le Roi de la nature connut donc la servitude, avant de dompter les animaux.

Quoiqu'il en soit de l'origine & de la filiation des arts, dont la génération est trop compliquée pour qu'il soit aisé de découvrir dans quel ordre & comment ils sont nés les uns des autres ; l'Amérique n'avoit point encore associé les animaux aux hommes. Pour les travaux de la culture, lorsque les Européens y transportèrent sur des vaisseaux plusieurs de nos especes domestiques. Elles s'y sont prodigieusement multipliées ; mais à l'exception du porc, dont toute la perfection consiste à s'engraisser, elles ont beaucoup perdu de la force & de la grosseur qu'elles avoient dans le séjour naturel de leur origine. Les bœufs, les chevaux & les brebis, ont dégénéré dans les colonies septentrionales de l'Angleterre ; quoique les especes en eussent été choisies avec soin & précaution. A la quatrieme génération la plupart n'ont presque rien conservé de la vertu, ni des qualités originelles de leur race.

C'est sans doute le climat ; c'est la nature de l'air & du sol qui s'oppose au succès de leur transplantation. Ces animaux furent d'abord, ainsi que les hommes, sujets à des maladies épidémiques qui les ravagerent à leur arrivée. Si la contagion ne les entames pas comme l'espece humaine, à la racine même de la génération; plusieurs especes du moins eurent beaucoup de peine à se reproduire. A chaque génération, elles s'abâtardirent ; & tel que les plantes d'Amérique transportées en Europe, le bétail de l'Europe, s'est dégradé continuellement en Amérique. C'est la loi des climats qui veut que chaque peuple, chaque espece vivante ou végétante, croisse & meure dans son pays natal. L'amour de la patrie est commandé par la nature à tous les hommes, sous peine de la vie. L'histoire des émigrations n'est que l'histoire des guerres, du bouleversement & de la destruction.

Cependant il y a des analogies de climat qui modifient la loi généralement portée contre l'expatriation des animaux & des plantes. Lorsque les Anglois aborderent dans l'Amérique septentrionale, les naturels épars de ces contrées solitaires, ne cultivoient qu'à regret un peu de mays. Les Européens ajouterent à cette culture qui fut prodigieusement augmentée, tous les grains, tous les légumes de leur propre continent. Du superflu de ces récoltes, du produit de leurs troupeaux, & de l'exploitation des forêts du pays, ces colons formerent avec les isles méridionales de l'Amérique un commerce qui suffisoit à leurs besoins, alors extrêmement bornés. La métropole voyant qu'il ne résultoit rien pour sa prospérité, de cette communication ; qu'au lieu de rendre ses colonies tributaires de son luxe & de son industrie, elle les auroit bientôt pour rivales dans tous les marchés des salaisons & des bleds, voulut tourner leur activité vers des objets qui lui fussent plus utiles. Elle ne manquoit pas de motifs & de moyens; l'occasion vint de les mettre en œuvre.

La Suéde étoit en possession de vendre aux Anglois la plus grande partie du bray & du goudron, dont ils avoient besoin pour leurs armemens. En 1703 cette puissance méconnut ses vrais intérêts, au point de plier & de réduire sous un privilége exclusif cette importante branche de son commerce. Une augmentation de prix, subite & forte, fut le premier effet de ce monopole. L'Angleterre profitant de cette faute des Suédois, encouragea par des primes considérables, l'importation de toutes les munitions navales que l'Amérique pourroit fournir.

Ces gratifications ne produisirent pas d'abord l'avantage qu'on s'en étoit promis. Une guerre sanglante qui désoloit les quatre parties du monde, détourna tout-à-la-fois la métropole & les colonies de l'attention que méritoit cette révolution naissante dans le commerce. Les nations du nord, qui toutes avoient le même intérêt, prenant l'inaction occasionnée par le trouble des guerres, pour une preuve complette d'impuissance, crurent pouvoir impunément assujettir les munitions de la marine, à toutes les clauses & les restrictions qui devoient en hausser le prix. Ce fut un système de convention entr'elles qui devint public en 1718; tems où toutes les puissances maritimes soupiroient encore des blessures d'une guerre de quatorze ans.

Une ligue si odieuse reveilla l'Angleterre. Elle fit partir pour le nouveau monde des hommes assez éloquens, pour persuader aux habitans qu'ils avoient le plus grand intérêt à seconder les vues de la mere patrie; assez éclairés pour diriger les premiers travaux à de grands résultats, sans les faire passer par ces minces essais qui éteignent subitement une ardeur allumée avec beaucoup de peine. En un clin d'œil, la poix, le goudron, la térébenthine, les vergues, les mâtures abordèrent dans les ports de la la grande Bretagne avec tant de profusion, qu'on fût en état d'en vendre aux pays voisins.

Le gouvernement fut aveuglé par ce premier essor de prospérité. L'avantage que la modicité du prix donnoit aux munitions navales de ses colonies sur celles qui venoient de la mer Baltique, sembloit lui promettre une préférence constante. Il crut pouvoir supprimer les encouragemens. Mais il n'avoit pas fait entrer dans ses calculs la différence du fret qui étoit toute en faveur de ses rivaux. L'interruption totale qui survint dans cette vaine de commerce, l'avertit de son erreur. Il reprit en 1729 le système des gratifications. Quoique moins fortes qu'elles ne l'avoient été d'abord, elles suffirent pour assurer en Angleterre au débit des munitions d'Amérique, la plus grande supériorité sur celles du nord.

Les bois, qui faisoient pourtant une des principales richesses des colonies, fixèrent plus tard la vigilance du gouvernement de la métropole. Depuis long-tems les Anglois en exportoient en Espagne, en Portugal, dans la méditerranée, où ces matériaux étoient employés aux édifices & à d'autres usages. Comme ces navigateurs ne prenoient pas en retour, assez de marchandises pour complétter leur cargaison, les Hamburgeois &. même les Hollandois avoient contracté l'habitude de freter les vaisseaux de ces étrangers, pour importer chez eux les productions des plus riches climats de l'Europe. Ce double commerce d'exportation & de cabotage avoit considérablement augmenté la marine Britanique. Le parlement instruit de ce succès, se hâta de décharger en 1722 les bois que le nouveau monde pouvoit fournir au royaume, de tous les droits que payoient à leur entrée les bois de Ruſſie, de Suede & de Danemarck. Cette premiere faveur fut ſuivie d'une gratification, qui comprenant en général tous les bois, portoit ſpécialement ſur les bois deſtinés à la conſtruction des vaiſſeaux. Un avantage ſi conſidérable en lui-même eût encore augmenté, ſi les colonies avoient conſtruit chez elles des bâtimens propres à voiturer des matieres d'un ſi grand encombrement; s'il s'étoit formé des chantiers qui euſſent fourni des cargaiſons entieres; ſurtout ſi l'on avoit aboli l'uſage de brûler au printems les feuilles tombées durant l'automne. Cette pratique vicieuſe détruira toujours les jeunes arbres qui commençoient à ſe développer. Il n'en reſtera que de vieux, trop mûrs pour la conſtruction. Perſonne n'ignore que les navires faits en Amérique, ou des matériaux tirés de ce pays, n'ont qu'une très-courte durée. Cet inconvénient peut avoir pluſieurs cauſes; mais celle qu'on indique ici, mérite d'autant plus d'attention, qu'il eſt facile d'y remédier. Avec les bois & les mâtures de la marine, l'Amérique peut encore fournir les voiles & les agrêts, par la culture du chanvre & du lin.

Les proteſtans François, qui chaſſés de leur patrie par un roi conquérant tombé dans le bigotiſme, avoient apporté par-tout l'induſtrie & l'activité de leur nation à ſes ennemis, firent connoître en Angleterre le prix de deux matieres ſouverainement importantes pour une puiſſance maritime. L'Ecoſſe & l'Irlande cultiverent avec quelques ſuccès, & le lin, & le chanvre. Cependant les manufactures nationales tiroient principalement l'un & l'autre de la Ruſſie. On imagina, pour mettre fin à cette importation étrangere, d'accorder six livres sterlings de gratification par tonneau de ces matieres, à l'Amérique septentrionale. Mais l'habitude, ennemie des nouveautés utiles, éteignit cette amorce aux yeux des colons. Enfin elle a pris; & le produit des lins & des chanvres qu'ils cultivent, retient dans la grande Bretagne une partie considérable des deux millions sterlings que l'achat des toiles étrangeres, en faisoit sortir chaque année. Peut-être ira-t-il jusqu'à suffire à la consommation nationale; jusqu'à supplanter même les autres nations dans tous les marchés. Un sol tout neuf qui ne coûte rien, qui n'a pas besoin d'engrais, qui est traversé par des rivieres navigables, & qui peut être travaillé par des esclaves: quel fondement pour les plus vastes espérances! Aux bois, aux toiles qu'exige la marine; faut-il ajouter le fer? Le nord du nouveau monde en offre, pour la conquête de l'or & de l'argent qui coulent au midi.

Ce premier métal si nécessaire à l'homme, étoit ignoré des Amériquains, lorsque les Européens leur en apprirent le plus funeste usage; celui des armes homicides. Les Anglois eux-mêmes négligerent long-tems les mines de fer que la nature avoit prodiguées dans le continent où ils s'étoient établis. On avoit détourné de la métropole ce rameau de richesses, en le chargeant de droits énormes. Cette imposition équivalente à une prohibition, étoit l'ouvrage des propriétaires des mines nationales, soutenus des propriétaires des bois taillis qui devoient servir à l'exploitation du fer. Par la corruption, l'intrigue & les sophismes, ces ennemis du bien public avoient écarté une concurrence qu'ils ne pouvoient soutenir. Enfin le gouvernement honteux de payer à l'Espagne, à la Norwege & à la Baltique, un tribut annuel de quatre cens mille livres sterlings, décida en 1750 que le fer des colonies septentrionales entreroit exempt de toute imposition, dans les trois royaumes. Le mineray de l'Amérique est si abondant, si utile à tant d'usages, si facile à tirer de la superficie de la terre, que les Anglois ne désespérent pas de pouvoir en fournir au Portugal, à la Turquie, à l'Afrique, aux Indes orientales, à tous les pays de l'univers où l'intérêt de leur commerce étend leurs relations.

Peut-être cette nation exagere-t elle aux autres, ou à elle-même, les avantages qu'elle se promet de tant d'objets utiles à sa navigation. Mais il lui suffira qu'à l'aide de ses colonies, elle puisse se tirer de la dépendance où les nations Européennes du nord l'avoient jusqu'à présent tenue pour la construction de ses armemens. On pouvoit autrefois arrêter ou gêner ses opérations par le refus de ces matériaux. Rien ne suspendra désormais son essor naturel vers l'empire des mers, qui seul peut lui assurer l'empire du nouveau monde.

Après s'en être applani le chemin, par la création d'une marine, libre, indépendante, & supérieure à toutes les marines, l'Angleterre a pris encore tous les moyens de jouir de cette espece de conquête qu'elle a faite en Amérique, moins par ses armes que par son industrie. Elle a favorisé la culture du riz, de l'indigo, du tabac, par des encouragemens que le plus grand succès a promptement récompensés. A mesure que ces établissemens par leur pente naturelle se sont avancés du nord au sud, les projets & les entreprises se sont multipliés, convenablement à la nature du sol. On a demandé aux climats chauds ou tempérés, les productions qu'ils devoient rendre aux soins de la culture. Le vin seul sembloit manquer au nouvel hémisphere ; les Anglois qui n'ont point de vin en Europe, ont voulu s'en procurer en Amérique.

On trouve sur le continent immense que ce peuple seul occupe, une quantité prodigieuse de seps sauvages qui produisent des raisins dont la couleur, la grosseur & la quantité varient, mais qui sont tous d'un goût fort âcre & désagréable. On pensa qu'une bonne culture donneroit à cette plante la perfection que la nature brute lui avoit refusée ; & l'on appella des vignerons François dans un pays où les impôts & les corvées ne leur ôtoient pas le fruit & le goût du travail. Les expériences réitérées qu'ils tenterent alternativement avec du plan d'Europe & d'Amérique, furent toutes également malheureuses. Le suc de la vigne y étoit trop aqueux, trop foible, trop difficile à conserver dans un climat chaud. Le pays étoit trop couvert de bois qui attirent & font séjourner les brouillards humides & brûlans ; les saisons étoient trop inconstantes ; les insectes trop multipliés autour des forêts, pour laisser éclorre & prospérer une culture si chere à la nation Angloise, à tous les peuples qui ne la possedent point. Un jour viendra peut-être, mais après des siecles, où ses colonies lui fourniront une boisson qu'elle envie & qu'elle achete à la France, avec le secret dépit d'enrichir une rivale qu'elle brûle de dépouiller. Ce desir est cruel. L'Angleterre a des moyens plus doux, plus glorieux d'atteindre à la prospérité qu'elle ambitionne. Une production, une culture répandue aujourd'hui dans les quatre parties du monde, vient s'offrir à son émulation : c'est la soie, ouvrage de ce ver rampant qui vêtit l'homme de feuilles d'arbres élaborées dans son sein ; c'est la soie double prodige de la nature & de l'art.

Cette riche matiere coûte à la grande Bretagne une exportation annuelle d'argent très-considérable. Il y a trente ans que cette perte lui fit naître l'envie de tirer ses soies de la Caroline, qui par la douceur de son climat & l'abondance de ses mûriers, sembloit favorable à cette production. Des essais que hasarda le gouvernement en attirant des Vaudois à cette colonie, furent plus heureux & plus productifs qu'on n'avoit osé l'espérer. Cependant les progrès de cette branche d'industrie sont restés au dessous d'une si riante promesse. On en a rejetté la faute sur les habitans de la colonie, qui n'achetant que des negres, dont ils tiroient une utilité prompte & sûre, ont négligé d'avoir des negresses qu'on auroit pu destiner avec leurs enfans à élever des vers à soie ; occupation convenable à la foiblesse du sexe & de l'âge les plus robustes. Mais on devoit prévoir que des hommes arrivés d'un autre hémisphere dans un pays inculte & sauvage, donneroient leurs premiers soins à la culture des grains nourriciers, à l'éducation des bestiaux, aux travaux de premier besoin. C'est la marche naturelle & constante des états bien gouvernés. De l'agriculture, base de la population, ils s'élevent aux arts de luxe qui nourrissent le commerce enfant de l'industrie, pere de la richesse. Le moment est venu peut-être où les Anglois peuvent occuper des colonies entieres à la culture de la soie. C'est du moins l'opinion nationale. Le parlement arrêta le 18 avril 1769, que pour toutes les soies crues qui seroient portées des colonies dans la métropole, il seroit donné pendant sept ans une gratification de vingt-cinq pour cent ; pendant les sept années suivantes une gratification de vingt pour cent, & pendant sept années encore une gratification de quinze pour cent. Si cet encouragement produit l'amélioration qu'on en doit attendre, on ne tardera pas sans doute à l'appliquer à la culture des cotonniers & des oliviers, que le ciel & le sol des colonies Angloises semblent solliciter. L'Europe & l'Asie n'ont peut-être pas de riches productions qui ne puissent être heureusement transplantées & cultivées dans le vaste continent de l'Amérique septentrionale, lorsque la population y aura fourni des bras à proportion de l'étendue & de la fertilité d'un si riche domaine. C'est aujourd'hui le grand objet de la métropole que de peupler ses colonies.

Ce furent les Anglois, qui persécutés dans leur isle pour leurs opinions civiles & religieuses, aborderent les premiers dans cette région déserte & sauvage. Bientôt l'intolérence & le despotisme qui pesoient sur les autres contrées de l'Europe, pousserent de nouvelles victimes sur cette plage inculte, qui dans son abandon, sembloit offrir & demander du secours aux malheureux. Ces hommes échappés à la verge des tyrans, en passant les mers, perdoient tout espoir de retour, & s'attachoient pour toujours à une terre qui leur servant d'asyle, leur fournissoit à peu de frais une subsistance paisible. Ce bonheur ne put être toujours ignoré. De toutes parts on accourut pour le partager. Un empressement si vif s'est soutenu, sur-tout en Allemagne, où la nature produit des hommes pour conquérir ou cultiver la terre.

Tandis que la tyrannie & la persécution, désoloient & desséchoient la population en Europe, l'Amérique Angloise se peuploit de trois sortes d'habitans. Les hommes libres forment la premiere classe. C'est la plus nombreuse ; mais jusqu'à présent, elle a dégénéré d'une maniere visible. Tous les créoles, quoiqu'habitués au climat dès le berceau, n'y sont pas aussi robustes au travail, aussi forts à la guerre que les Européens ; soit que l'éducation ne les y ait pas préparés, ou que la nature les ait amollis. Sous ce ciel étranger, l'esprit s'est énervé comme le corps. Vif & pénétrant de bonne heure, il conçoit promptement ; mais ne résiste pas, ne s'accoutume pas aux longues méditations. On doit être étonné que l'Amérique n'ait pas encore produit un bon poëte, un habile mathématicien, un homme de génie dans un seul art, ou une seule science. Ils ont presque tous de la facilité pour tout ; aucun ne marque un talent décidé pour rien. Précoces & mûrs avant nous, ils sont bien en arriere, quand nous touchons au terme.

Peut-être dira-t-on que leur population y est peu nombreuse, auprès de celle de l'Europe entiere ; qu'on y manque de secours, de maîtres, de modeles, d'instrumens, d'émulation, dans les arts & dans les sciences ; que l'éducation y est trop négligée ou trop mal secondée. Mais observez qu'à proportion, on y voit plus de gens bien nés, d'une condition honnête, aisée & libre ; plus de loisir & de moyens pour suivre son talent qu'on n'en trouve en Europe, où l'institution même de la jeunesse, est souvent contraire au progrès & au développement de la raison & des talens. Est-il possible que parmi les créoles élevés parmi nous, & qui tous ou presque tous ont de l'esprit, aucun n'ait pris un grand vol dans la moindre carriere ; que parmi ceux qui sont restés dans leur pays, aucun ne se soit distingué par une certaine supériorité dans les talens qui menent à la renommée ? La nature les a-t-elle punis d'avoir passé l'océan ? Est-ce une race qui s'est abâtardie à jamais en se transplantant, se croissant, se mêlant ? Le tems ne pourra-t-il pas la naturaliser avec le climat ? Gardons-nous de prononcer sur l'avenir avant une expérience de plusieurs siecles. Attendons qu'un concours, une masse, un foyer de lumieres, ait éclairé, civilisé ce nouvel hémisphere. Attendons que l'éducation y ait corrigé l'insurmontable pente du climat vers les plaisirs énervans de la mollesse & de la volupté. Peut-être alors verra-t-on que l'Amérique est favorable au génie, aux arts créateurs de la paix & de la société. Un nouvel Olympe, une Arcadie, une Athenes, une Grece nouvelle, enfantera peut-être dans le continent, ou dans l'archipel qui l'environne des Homeres, des Théocrites, & sur-tout des Anacréons. Peut-être s'élevera-t-il un autre Newton dans la nouvelle Bretagne ? C'est de l'Amérique Angloise, n'en doutons pas, que partira le premier rayon des sciences, si elles doivent éclorre enfin sous un ciel si long-tems nébuleux. Par un contraste singulier avec l'ancien monde, où les arts sont allés du midi vers le nord, on verra dans le nouveau, le nord éclairer le midi. Laissez les Anglois défricher le terrein, purifier l'air, changer le climat, améliorer la nature ; un nouvel univers sortira de leurs mains pour la gloire & le bonheur de l'humanité. Mais qu'ils prennent donc des mesures conformes à ce noble dessein ; & qu'ils cherchent par des voies justes & louables une population digne de créer un monde nouveau. C'est ce qu'ils n'ont pas fait encore.

La seconde classe de leurs colons est composée de malheureux expatriés qui n'avoient pas même de quoi payer leur passage d'Europe en Amérique. On les séduit, on les embarque. A leur arrivée, les habitans viennent à bord du vaisseau qui les a transportés. On livre les enfans au dessous de cinq ans, à ceux qui s'offrent de les élever ; mais à condition qu'ils en seront servis par reconnoissance jusqu'à l'âge de vingt & un an. C'est à la même condition qu'on paye un demi passage pour les enfans qui sont entre cinq & dix ans. Le passage, dont le prix varie en raison de la longueur & des frais de la traversée, se paye entier pour les enfans de dix à quinze ans, qu'on prend toujours à la même condition. Les hommes au dessus de vingt & un ans, s'engagent eux-mêmes pour un tems dont ils conviennent avec ceux qui veulent les libérer de leur passage. Cet engagement est de trois, quatre, ou cinq ans de service, suivant leur âge, leur force & leur industrie. Avant l'embarquement, le pere, la mere, & leurs enfans au dessus de dix ans, sont réciproquement caution du prix de leur passage envers celui qui en avance les frais. Si l'un des engagés vient à périr dans la traversée, ou qu'en arrivant en Amérique il n'y trouve pas de libérateur, les autres sont tenus de payer sa dette.

Aucun des engagés n'a le droit de se marier sans l'aveu de son maître, qui met le prix qu'il veut à son consentement. Si quelqu'un d'eux s'enfuit & qu'on le rattrape, il doit servir une semaine pour chaque jour de son absence, un mois pour chaque semaine, & six mois pour un seul. Le propriétaire qui ne veut pas reprendre son déserteur, peut le vendre à qui bon lui semble, mais ce n'est que pour le tems de son premier engagement. Du reste ce service, cette vente n'ont rien d'ignominieux. A l'expiration de sa servitude, l'engagé jouit de tous les droits du citoyen libre. On donne aux affranchis un habit neuf avec un cheval, si ce sont des hommes; ou un présent équivalent, si ce sont des femmes.

Mais de quelque apparence de justice que l'on colore cette espece de trafic, la plupart des étrangers qui passent en Amérique à ce prix, ne s'embarqueroient pas, s'ils n'étoient trompés. Des brigands sortis des marais de la Hollande se répandent dans le Palatinat, dans la Suabe, dans les cantons d'Allemagne les plus peuplés, ou les moins heureux. Ils y vantent avec enthousiasme les délices du nouveau monde, & les fortunes qu'il est aisé d'y faire. Les indigens séduits par des promesses si magnifiques, suivent aveuglement ces vils courtiers d'un indigne commerce, qui les livrent à des négocians d'Amsterdam ou de Roterdam. Ceux-ci soudoyés eux-mêmes par le gouvernement Anglois ou par des compagnies chargées de recruter les colonies, payent une gratification à ces embaucheurs. Des familles entieres sont vendues, sans le savoir, à des maîtres éloignés qui leur préparent des conditions d'autant plus dures, que la faim & la nécessité ne permettent pas à ceux qui les acceptent, de s'y refuser. Les Anglois forment des recrues pour la culture, comme les princes pour la guerre, avec un but plus utile & plus humain, mais par les mêmes artifices. L'illusion se perpétue en Allemagne par l'attention qu'on a de supprimer les lettres de l'Amérique, qui pourroient dévoiler un mystere d'imposture & d'iniquité, trop bien couvert par l'intérêt qui l'a forgé.

Mais enfin on ne trouveroit point tant de dupes, s'il y avoit moins de victimes. C'est l'oppression des gouvernemens qui fait adopter ces chimeres de fortune, à la crédulité du peuple. Des hommes malheureux dans leur patrie, errans ou foulés chez eux, n'ayant rien de pire à craindre sous un ciel étranger, se livrent aisément à l'espérance d'un meilleur sort. Les moyens qu'on emploie pour les retenir dans le pays où la fatalité les a fait naître, ne sont propres qu'à irriter en eux le desir d'en sortir. C'est par des prohibitions, par des menaces & des peines qu'on croit les enchaîner ; on ne fait que les aigrir, les pousser à la désertion par la défense même. Il faudroit les attacher par des soulagemens & des espérances : on les emprisonne, on les garotte ; on empêche l'homme né libre d'aller respirer où le ciel & la terre lui donneront un asyle. On aime mieux l'étouffer dans son berceaux, que de le laisser vivre loin d'une cabane sans toit & sans pain. On ne veut pas même lui donner le choix de son tombeau. Tyrans politiques ; voilà l'ouvrage de vos loix ; peuples où sont vos droits ?

Faut-il revéler aux nations les trames qui se machinent contre leur liberté ? Faut-il leur dire que par le complot le plus odieux, quelques puissances ont manœuvré récemment une convention qui doit ôter toute ressource au désespoir ? Depuis deux siecles tous les princes de l'Europe fabriquoient entr'eux dans les ténebres du cabinet, cette longue & pesante chaîne dont les peuples se sentent enveloppés de toutes parts. Chaque négociation ajoutoit des anneaux d'airain à ce filet artificieusement imaginé. Les guerres ne tendoient pas à rendre les états plus grands, mais les sujets plus soumis, en substituant pas à pas le gouvernement militaire à l'influence douce & lente des loix & des mœurs. Tous les potentats se fortifioient également dans leur tyrannie par leurs conquêtes ou par leurs pertes. Victorieux, ils régnoient avec des armées: humiliés & défaits, ils commandoient par la misere à des sujets pusillanimes. Ennemis ou jaloux entr'eux par ambition, ils ne se liguoient ou ne s'allioient que pour appésantir la servitude. Soit qu'ils voulussent souffler la guerre ou conserver la paix, ils étoient assurés de tourner au profit de leur autorité, l'agrandissement ou l'affoiblissement de leurs peuples. S'ils cédoient une province, ils épuisoient toutes les autres pour la recouvrer ou s'en dédommager. S'ils en acquéroient une nouvelle, la fierté qu'ils en prenoient au dehors, étoit au dedans dureté, vexation. Ils empruntoient les uns des autres réciproquement tous les arts, toutes les inventions, soit de la guerre, soit de la paix, qui pouvoient concourir, tantôt à fomenter les rivalités, & les antipathies naturelles, tantôt à oblitérer le caractere des nations; comme si l'accord tacite de leurs maîtres eût été de les assujettir les unes par les autres au despotisme qu'ils avoient su leur façonner de longue main. N'en doutez pas, peuples qui gémissez tous, plus ou moins sourdement, de votre condition; ceux qui ne vous ont jamais aimés, en sont venus à ne vous plus craindre. Une seule porte vous reſtoit dans l'extrêmité de l'oppreſſion ; on vous l'a fermée : c'eſt celle de l'évaſion & de l'émigration.

Des princes font convenus entr'eux de ſe rendre, non-ſeulement les déſerteurs, qui la plupart enrôlés par force ou par fraude, ont bien le droit de s'échapper ; non-ſeulement les brigands qui ne devroient en effet trouver de réfuge nulle part ; mais indiſtinctement tous leurs ſujets, quelque ſoit le motif qui les ait forcés à quitter leur patrie. Ainſi vous tous, malheureux payſans, qui ne trouvez ni ſubſiſtance ni travail dans les pays ravagés & deſſechés par les tribulations de la finance, mourez où vous avez eu le malheur de naître ; il n'eſt plus d'aſyle pour vous que ſous la terre. Vous tous artiſans, ouvriers de toute eſpece, que l'on vexe par les monopoles, à qui l'on refuſe le droit de travailler librement, ſans avoir acheté des maîtriſes ; vous que l'on tient courbés toute la vie dans un attelier pour enrichir un entrepreneur privilégié ; vous qu'un deuil de cour laiſſe des mois entiers ſans ſalaire & ſans pain ; n'eſperez pas de vivre hors d'une patrie où des ſoldats & des gardes vous tiennent empriſonnés ; errez dans l'abandon & mourez de chagrin. Vous-même, qui ſervez d'inſtrument au deſpotiſme, ſoyez-en auſſi la victime : officiers ſans fortune & ſans récompenſe, ruinés par une guerre malheureuſe, déſeſpérés par une réforme qui vous prive de votre unique reſſource, vous avez vous-même élevé ces barrieres de fer qui vous ôtent la liberté de vendre votre ſang, à qui voudroit le payer. Oſez gémir ; vos cris ſeront repouſſés & perdus au fond d'un cachot ; fuyez, on vous pourſuivra, même au-delà des monts & des fleuves ; vous ferez renvoyés ou livrés pieds & poings liés, à la torture, à la gêne éternelle où vous avez été condamnés en naiſſant. Peut-être juſqu'ici ne plaignez-vous, ni la condition de vos ſoldats, ni celle des négres ; c'eſt preſque la vôtre aujourd'hui ; vous êtes nés, comme eux, eſclaves pour la vie. Vous encore à qui la nature a donné un eſprit libre, indépendant des préjugés & des erreurs ; qui oſez penſer d'après la vérité, parler d'après votre penſée, hâtez vous d'étouffer la vérité, la nature, l'humanité dans votre ame ; applaudiſſez à tous les attentats contre votre patrie & vos concitoyens, ou gardez un ſilence profond dans l'obſcurité de la fortune & de la retraite. Vous tous enfin qui naiſſez dans ces états barbares où la condition réciproque entre les princes de ſe rendre les transfuges, vient d'être ſcellée par un traité, ſouvenez-vous de l'inſcription que le Dante a gravée ſur la porte de ſon enfer : *Voi ch'entrate, laſciate omai ogni ſperanza, vous qui paſſez ici, perdez toute eſpérance.*

Quoi ! ne reſte-t-il pas un aſyle même au-delà des mers ? L'Angleterre n'ouvrira-t-elle pas ſes colonies aux malheureux qui préféreront volontairement ſa domination, au joug inſupportable de leur patrie ? Qu'a-t-elle beſoin de ce vil ramas d'engagés qu'elle ſurprend & débauche par les honteux moyens dont toutes les couronnes ſe ſervent pour groſſir leurs armées ? Qu'a-t-elle beſoin de ces êtres encore plus miſérables, dont elle forme la troiſieme claſſe de ſa population en Amérique ? Oui, par une iniquité d'autant plus criante qu'elle ſembloit moins néceſſaire, ſes colonies ſeptentrionales ont eu recours au trafic, à l'eſclavage des noirs. On ne diſconviendra pas qu'ils ne soient mieux nourris & mieux vêtus, moins maltraités & moins accablés de travail qu'aux isles. Mais ils ont aussi beaucoup plus à souffrir d'un climat où ils risquent même de perdre les membres, lorsqu'on n'a pas la précaution de les y accoutumer insensiblement, en les déposant dans les provinces méridionales, avant de les fixer dans les pays septentrionaux : heureux encore quand une prompte mort les délivre du fardeau d'une vie condamnée à languir dans une servitude éternelle. Des sectaires humains ; des chrétiens qui cherchoient dans l'évangile plutôt des vertus que des dogmes, ont souvent voulu rendre à leurs esclaves la liberté que rien ne peut acheter ; mais ils ont été long-tems retenus par une loi d'état qui ordonnoit d'assigner aux affranchis un revenu suffisant pour leur subsistance.

Disons plutôt : l'habitude commode d'être servi par des esclaves ; ce penchant à la domination, justifié par les douceurs dont on prétend alléger leur servitude ; l'opinion où l'on se plaît à rester qu'ils ne se plaignent pas d'une condition que le tems a changée pour eux en nature : ce sont là les sophismes de l'amour propre, pour appaiser les cris de la conscience. La plupart des hommes ne sont pas nés méchans ; ne veulent pas faire le mal : mais parmi ceux même que la nature semble avoir formés justes & bons, il en est peu qui aient assez de désintéressement, de courage, de grandeur d'ame, pour faire le bien aux dépens de quelque sacrifice.

Cependant les Quakers viennent de donner un exemple qui doit faire époque dans l'histoire de la religion & de l'humanité. Au milieu d'une

d'une de ces assemblées où tout fidele qui se croît mû par l'impulsion de l'esprit saint, a droit de parler, un de ces freres (celui-là sans doute étoit inspiré), s'est levé & a dit : « Il
» est tems de nous accorder avec nous-mêmes.
» Jusques à quand aurons-nous deux conscien-
» ces, deux mesures, deux balances ; l'une en
» notre faveur, l'autre à la ruine du prochain ;
» toutes deux également fausses ? Est-ce à nous,
» mes freres, de nous plaindre en ce moment
» que le parlement d'Angleterre veut nous asser-
» vir, nous imposer le joug du sujet, sans nous
» laisser le droit du citoyen ; tandis que depuis
» un siecle nous faisons tranquillement l'œuvre
» de la tyrannie, en tenant dans les fers du plus
» dur esclavage, des hommes qui sont nos
» égaux & nos freres ? Que nous ont fait ces
» malheureux que la nature avoit séparés de
» nous par des barrieres si redoutables, & que
» notre avarice est allé chercher au travers des
» naufrages, jusques dans leur sables brûlans,
» ou leurs sombres forêts, au milieu des tigres ?
» Quel étoit leur crime pour être arrachés d'une
» terre qui les nourrissoit sans travail, & trans-
» plantés par nous sur une terre où ils meurent
» dans les labeurs de la servitude. Quelle fa-
» mille as tu donc créée, Pere céleste, où les
» aînés, après avoir ravi les biens de leurs fre-
» res, veulent encore les forcer, la verge à la
» main, d'engraisser du sang de leurs veines,
» de la sueur de leur front, ce même héritage
» dont-on les a dépouillés ? Race déplorable,
» que nous abrutissons, pour la tyranniser ; en
» qui nous étouffons toutes les facultés de l'ame,
» pour accabler ses bras & son corps de far-
» deaux ; en qui nous effaçons, l'image de

» la divinité, & l'empreinte de l'humanité ?
» race mutilée & deshonorée, dans sa raison
» comme dans ses membres. Et nous sommes
» chrétiens, & nous sommes Anglois ? Peuple
» favorisé du ciel, & respecté sur les mers ;
» quoi, tu veux être libre & tyran tout à la
» foi ? Non, mes freres, affranchissons ces mi-
» sérables victimes de notre orgueil ; rendons
» aux negres la liberté que l'homme ne doit ja-
» mais ôter à l'homme. Puissent à notre exem-
» ple, toutes les sociétés chrétiennes, réparer
» une injustice cimentée par deux siecles de cri-
» mes & de brigandages ! Puissent enfin des
» hommes trop long-tems avilis, élever au ciel
» des bras libres de chaînes, & des yeux baignés
» des pleurs de la reconnoissance ! Hélas ! ces
» malheureux n'ont connu jusqu'ici que les lar-
» mes du désespoir ! »

Ce discours reveilla les remords ; & les escla‑
ves furent libres dans la Pensilvanie. Une révo‑
lution si frappante devoit être l'ouvrage d'un peu‑
ple tolérant. Mais n'attendez pas un semblable
héroïsme de ces nations, qui sont aussi barbares
par les vices du luxe, qu'elles l'ont été par ceux
de l'ignorance. Quand un gouvernement sacer‑
doral & militaire a mis tous sous le joug, même
les opinions ; quand l'homme imposteur a per‑
suadé à l'homme armé qu'il tenoit du ciel le
droit d'opprimer la terre, il n'est plus aucun
ombre de liberté pour les peuples policés. Com‑
ment ne s'en vengeroient-ils pas sur les peuples
sauvages de la zone torride ?

Sans parler de la population des noirs, dont
le nombre n'est guere au dessous de trois cens
mille, on comptoit en 1751 un million d'ha‑
bitans dans les possessions Angloises de l'Amé‑

rique septentrionale. Les calculs les moins exagérés, les plus exacts font monter en 1768 cette population à deux millions. Une multiplication si rapide doit avoir deux sources. La premiere est cette foule d'Irlandois, de Juifs, de François, de Vaudois, de Palatins, de Moraves, de Saltzburgeois qui fatigués des vexations politiques & religieuses qu'ils éprouvoient en Europe, ont été chercher la tranquillité dans ces climats lointains. La seconde source de cette étonnante multiplication, est dans le climat même des colonies, où l'expérience a démontré que la population doubloit naturellement tous les vingt-cinq ans. Cette vérité demande un développement, pour être sentie.

Le peuple s'accroît par-tout en raison du nombre des mariages, & ce nombre augmente à proportion des facilités qu'on trouve à soutenir une famille. Dans un pays où les moyens de subsistance abondent, plus de personnes se hâtent de se marier de bonne heure. Dans une société vieillie par ses progrès même, les gens riches éffrayés des dépenses qu'entraîne le luxe des femmes, forment le plus tard qu'ils peuvent, un établissement difficile à cimenter, coûteux à maintenir; & les gens sans fortune passent leur vie dans un célibat qui trouble les mariages. Les maîtres ont peu d'enfans; les domestiques n'en ont point; & les artisans craignent d'en avoir. Ce désordre est si sensible, sur tout dans les plus grandes villes, que les générations ne s'y reproduisent même pas assez pour entretenir la population à son niveau, & qu'on y voit constamment plus de morts que de naissances. Heureusement cette décadence n'a pas encore gagné les campagnes, où l'habitude de fournir au vuide des cités, laisse un peu plus de place à la population. Mais comme toutes les terres sont occupées & mises à peu près dans la plus grande valeur, ceux qui ne peuvent pas acquérir des propriétés, sont aux gages de celui qui possède. La concurrence qui naît de la multitude des ouvriers, tient leur travail à bas prix; & la modicité du gain leur ôte le desir, l'espérance & les facultés de se reproduire par les mariages. Tel est l'état actuel de l'Europe.

Celui de l'Amérique offre un aspect tout opposé. Le terrein vaste & inculte s'y donne, ou pour rien ou à si bon marché, que l'homme le moins laborieux trouve en peu de tems un espace qui pouvant suffire à l'entretien d'une nombreuse famille, y nourrira long-tems sa postérité. Ainsi les habitans du nouveau monde, sollicités d'ailleurs par le climat, se marient en plus grand nombre, & beaucoup plus jeunes que les habitans de l'Europe. S'il se fait parmi nous un mariage par centaine d'individus, il s'en fait deux en Amérique; & si l'on compte quatre enfans par mariage dans nos climats, il faut en compter huit au moins dans le nouvel hémisphere. Qu'on multiplie ces générations par celles qui doivent en naître, on trouvera qu'avant deux siecles, les colonies septentrionales de l'Angleterre auront une population immense, à moins que la métropole n'y mette des entraves qui en rallentiront les progrès naturels.

Elles sont peuplées aujourd'hui d'hommes sains, robustes, dont la taille est avantageuse. Ces Créoles sont plus vifs & plutôt formés que les Européens; mais ils vivent aussi moins long-tems. Le bas prix des viandes, du poisson, des grains, du gibier, des fruits, de la biere, du cidre, des végétaux, entretiens tous les habitans dans une grande abondance des choses relatives à la nourriture. On est obligé de s'observer davantage sur le vêtement qui est toujours fort cher, soit qu'il arrive de l'ancien monde, soit qu'il soit fabriqué dans le pays même. Les mœurs sont ce qu'elles doivent être chez un peuple nouveau, chez un peuple cultivateur, chez un peuple qui n'est ni poli, ni corrompu par le séjour des grandes cités; il regne généralement de l'économie, de la propreté, du bon ordre dans les familles. La galanterie & le jeu, ces passions de l'opulence oisive, alterent rarement cette heureuse tranquillité. Les femmes sont encore ce qu'elles doivent être, douces, modestes, compatissantes & secourables; elles ont ces vertus qui perpétuent l'empire de leurs charmes. Les hommes sont occupés de leurs premiers devoirs, du soin & du progrès de leurs plantations, qui feront le soutien de leur postérité. Un sentiment de bienveillance unit toutes les familles. Rien ne contribue à cette union, comme une certaine égalité d'aisance; comme la sécurité qui naît de la propriété; comme l'espérance & la facilité communes d'augmenter ses possessions; comme l'indépendance réciproque où tous les hommes sont pour leurs besoins, jointe au besoin mutuel de société pour leurs plaisirs. A la place du luxe qui traîne la misere à sa suite; au lieu de ce contraste affligeant & hideux, un bien-être universel réparti sagement par la premiere distribution des terres, par le cours de l'industrie, a mis dans tous les cœurs le desir de se plaire, moins actifs, mais plus satisfaisant que le desir de nuire qui est inséparable d'une extrême inégalité dans les fortunes &

les conditions. On ne se voit jamais sans plaisir, quand on n'est ni assez isolé pour l'indifférence, ni assez voisin pour la haine. On se rapproche, on se rassemble; on mene enfin dans les colonies cette vie champêtre qui fût la premiere destination de l'homme, la plus convenable à la santé, à la fécondité. On y jouit peut-être de tout le bonheur compatible avec la fragilité de la condition humaine. On n'y voit pas ces graces, ces talens, ces jouissances recherchées dont l'apprêt & les frais usent & fatiguent tous les ressorts de l'ame, amenent les vapeurs de la mélancolie, après les soupirs de la volupté: mais les plaisirs domestiques, l'attachement réciproque des parens & des enfans, l'amour conjugal, cet amour si pur, si délicieux pour qui sait le goûter & mépriser les autres; c'est-là le spectacle enchanteur qu'offre par-tout l'Amérique septentrionale: c'est dans les bois de la Floride & de la Virginie, c'est dans les forêts même du Canada, qu'on peut aimer toute sa vie, ce qu'on aima pour la premiere fois; l'innocence & la vertu qui ne laisse jamais périr la beauté toute entiere.

Si quelque chose manque à l'Amérique Angloise, c'est qu'elle ne forme pas précisément une nation. On y voit tantôt réunies, tantôt éparses, des familles de diverses contrées de l'Europe. Ces colons en quelque endroit que le hasard ou leur choix les ait fixés, conservent avec une prédilection indestructible, la langue, les préjugés & les habitudes de leur patrie. Des écoles & des églises séparées, les empêchent de se confondre avec le peuple hospitalier qui leur ouvrit un refuge. Toujours étrangers à cette nation, par le culte, par les mœurs, & peut-être par les sentimens, il couvent des germes de dissention qui peuvent un jour causer la ruine & le boulversement des colonies. Le seul préservatif qui doive prévenir ce désastre dépend tout entier du régime des gouvernemens.

La politique ressemble pour le but & l'objet, à l'éducation de la jeunesse. L'une & l'autre tendent à former des hommes. Elles doivent, à bien des égards, se ressembler par les moyens. Les peuples sauvages, comme les enfans du bas âge, quand ils se sont réunis en société, veulent être menés par la douceur, & reprimés par la force. Faute de l'expérience qui seule forme la raison, incapables de se gouverner eux-mêmes dans la vicissitude des événemens & des rapports qu'amene l'état d'une société naissante, le gouvernement doit être éclairé pour eux, & les conduire par l'autorité jusqu'à l'âge des lumieres. Aussi les peuples barbares se trouvent-ils naturellement sous les lisieres & la verge du despotisme, jusqu'à ce que les progrès de la société leurs ayent appris à se conduire par leurs intérêts.

Les peuples policés semblables aux adolescents, plus ou moins avancés, non en raison de leurs facultés, mais du régime de leur premiere institution, dès qu'ils sentent leur force & leurs droits, veulent être ménagés & même respectés par ceux qui les gouvernent. Un fils bien élevé, ne doit rien entreprendre, sans consulter son pere : un prince au contraire, ne doit rien établir, sans consulter son peuple. Il y a plus : le fils dans les résolutions où il prend conseil de son pere, souvent ne hasarde que son propre bonheur : un prince compromet toujours l'intérêt du peuple, dans tout ce qu'il statue. L'opinion publique, chez une nation qui pense & qui parle, est la regle du gouvernement : jamais il ne la doit heurter sans des raisons publiques, ni la contrarier sans l'avoir désabusée. C'est d'après cette opinion que le gouvernement doit modifier toutes ses formes. L'opinion, comme on le sait, varie avec les mœurs, les habitudes & les lumieres. Ainsi tel prince pourra faire, sans trouver la moindre résistance, un acte d'autorité, que son successeur ne renouvelleroit pas, sans exciter l'indignation. D'où vient cette différence ? Le premier n'aura pas choqué l'opinion qui n'étoit pas encore née ; le second l'aura blessée ouvertement un siecle plus tard. L'un aura fait, pour ainsi dire, à l'insçu du peuple, une démarche dont il aura corrigé ou reparé la violence par les succès heureux de son gouvernement : l'autre aura peut-être empiré des malheurs publics par des volontés injustes, qui devoient perpétuer les premiers abus de son autorité. La reclamation publique est constamment le cri de l'opinion ; & l'opinion générale est la regle du gouvernement ; c'est parce qu'elle est la reine du monde, que les rois sont les maîtres des hommes. Les gouvernemens doivent donc s'améliorer & se perfectionner comme les opinions. Mais quelle est la regle des opinions, chez les peuples éclairés ; l'intérêt permanent de la société, le salut & l'utilité de la nation. Cet intérêt se modifie au gré des événemens & des situations ; l'opinion publique & la force du gouvernement suivent ces différentes modifications. Delà toutes les formes de gouvernement que les Anglois, libres & penseurs, ont établis dans l'Amérique septentrionale.

Le gouvernement de la nouvelle Écosse, d'une

province de la nouvelle Angleterre, de la nouvelle Yorck, du nouveau Jerfey, de la Virginie, des deux Carolines & de la Georgie, eft nommé royal, parce que le roi d'Angleterre y exerce la fuprême influence. Les députés du peuple y forment la chambre baffe, comme dans la métropole; un confeil choifi, approuvé par la cour, établi pour foutenir les prérogatives de la couronne, y repréfente la chambre des pairs, & foutient cette repréfentation par la fortune & l'état des perfonnes les plus diftinguées du pays qui font fes membres; un gouverneur y convoque, y proroge, y termine les affemblées, donne ou refufe le confentement à leurs délibérations, qui reçoivent de fon approbation force de loi, jufqu'à ce que le monarque auquel on les envoie, les ait rejettées.

La feconde efpece de gouvernement établi dans les colonies, eft connu fous le nom de gouvernement propriétaire. Lorfque la nation Angloife s'établit dans ces régions éloignées, un courtifan avide, actif, accrédité n'avoit pas de peine à obtenir dans des déferts auffi grands que des royaumes, une propriété, une autorité fans bornes. Un arc & des pelleteries, feul hommage qu'exigeât la couronne, valoit à un feigneur le droit de régner ou de gouverner à fon gré, dans un pays inconnu. Telle fut la premiere origine du gouvernement de la plupart des colonies. Aujourd'hui le Maryland & la Penfilvanie font les feules afservies à cette forme finguliere, ou plutôt à cet informe principe de gouvernement. Encore le Maryland ne differe-t-il des autres provinces voifines, qu'en ce qu'il reçoit fon gouverneur de la maifon de Baltimore, dont le choix doit être approuvé par la cour. Dans la Pensilvanie même, le gouverneur nommé par la maison propriétaire & confirmé par la couronne, n'est point appuyé d'un conseil qui lui donne de l'ascendant, & il doit s'accorder avec les communes qui prennent naturellement toute l'autorité.

Un troisieme régime que les Anglois appellent *charter government*, paroît mettre plus d'harmonie dans la constitution. Après avoir été celui de toutes les provinces de la nouvelle Angleterre, il ne subsiste plus que dans Connecticut, & dans l'isle de Rhodes. On peut le regarder comme une pure démocratie. Les citoyens élisent, déposent eux-mêmes tous leurs officiers, & font toutes les loix qu'ils jugent à propos, sans qu'elles ayent besoin de l'approbation du monarque, sans qu'il ait le droit de les annuller.

Enfin la conquête du Canada, jointe à l'acquisition de la Floride, a fait naître une législation qui étoit inconnue dans toute la domination de la Grande Bretagne. On a mis ou laissé ces provinces sous le joug d'une autorité militaire, & dès-lors absolue. Sans avoir le droit de s'assembler en corps de nation, elles reçoivent immédiatement toute leur impulsion de la cour de Londres.

Cette diversité de gouvernemens n'est pas l'ouvrage de la métropole. On n'y voit pas la marche d'une législation raisonnée, uniforme & réguliere. C'est le hasard, le climat, ce sont les préjugés du tems & des fondateurs qui ont enfanté cette diversité bizarre de constitutions. Ce n'est pas à des hommes jettés par la fortune sur des plages désertes qu'il appartient de former une législation.

Toute législation doit aspirer par sa nature

au bonheur d'une société. Ses moyens d'atteindre à ce but unique & sublime dépendent tous de ses facultés physiques. Le climat, c'est-à-dire le ciel & le sol, est la premiere regle du législateur. Ses ressources lui dictent ses devoirs. C'est d'abord sa position locale qu'il doit consulter, avant de rien statuer. Une peuplade jettée sur une côte maritime, aura des loix plus ou moins relatives à la culture, ou à la navigation, selon l'influence que la terre ou la mer peuvent avoir sur la subsistance des habitans qui peupleront cette côte déserte. Si la nouvelle colonie est portée par le cours d'un grand fleuve, bien avant dans les terres ; un législateur doit prévoir, & leur genre & leur degré de fécondité ; les relations que la colonie aura, soit au dedans du pays, soit au dehors, par le commerce des denrées les plus utiles à sa prospérité.

Mais c'est sur-tout dans la distribution de la propriété qu'éclatera la sagesse de la législation. En général, & dans tous les pays du monde, quand on fonde une colonie, il faut donner des terres à tous les hommes, c'est-à-dire à chacun une étendue suffisante pour l'entretien d'une famille ; en distribuer du surplus à ceux qui auront la faculté de faire les avances nécessaires pour le mettre en valeur ; en réserver de vacantes pour les générations ou les recrues dont la colonie peut avec le tems grossir & s'augmenter.

Le premier objet d'une peuplade naissante est la subsistance & la population ; le second est la prospérité qui doit naître de ces deux sources. Éviter les sujets de guerre, soit offensive, ou défensive ; tourner d'abord son industrie vers les objets les plus productifs & les moins disputés ; ne former autour de soi que les relations indispensables & proportionnées avec la consistance que donne à la colonie, & le nombre de ses habitans, & la nature de ses ressources ; introduire sur-tout un esprit particulier & local chez une nation qui s'établit, esprit d'union au dedans, & de paix au dehors ; ramener toutes les institutions à un but éloigné, mais durable ; & subordonner toutes les loix du moment à la loi constante qui seule doit opérer la multiplication & la stabilité : ce n'est encore que l'ébauche d'une législation.

Elle formera la morale sur le physique du climat, ouvrira d'abord une large porte à la population par la facilité des mariages qui dépendent de l'aisance à subsister. La sainteté des mœurs doit s'établir par l'opinion. Dans une isle sauvage qu'on peupleroit d'enfans, on n'auroit qu'à laisser éclorre les germes de la vérité dans les développemens de la raison. Avec des précautions contre les vaines terreurs qui naissent de l'ignorance, on écarteroit les erreurs de la superstition jusqu'à l'âge où la fougue des passions naturelles heureusement combinée avec les forces de la raison, chasse tous les phantômes. Mais quand on établit un peuple déja vieux, dans un pays nouveau, l'habileté de la législation consiste à ne lui laisser que les opinions & les habitudes nuisibles dont on ne peut le guérir & le corriger. Veut-on empêcher qu'elles ne pullulent & ne se transmettent ? Que l'on veille à la seconde génération, par une éducation commune & publique des enfans. Un prince, un législateur ne devroit jamais fonder une colonie, sans y envoyer d'avance des hommes sages pour l'institution de la jeunesse ; c'est-à-dire des gardiens plutôt que des précepteurs: car il s'agit moins d'enseigner le bien que de garantir du mal. La bonne éducation vient trop tard chez des peuples corrompus. Les germes de morale & de vertu que l'on seme dans l'enfance des générations déja viciées, sont étouffés dans l'adolescence & la jeunesse par le débordement & la contagion des vices, qui sont passés en mœurs dans la société. Les jeunes gens les mieux élevés ne peuvent entrer dans le monde, sans y contracter tous les engagemens & les liens d'où dépend le reste de leur vie. S'ils y prennent une femme, une profession, une carriere; ils y trouvent par-tout les semences du mal & de la corruption enracinées dans toutes les conditions ; une conduite entiérement opposée à leurs principes; des exemples & des discours qui déconcertent & combattent leurs résolutions.

Mais dans une colonie naissante, l'influence de la premiere génération peut-être corrigée par les mœurs de la seconde. Tous les esprits sont préparés à la vertu par le travail. Les besoins de la vie écartent tous les vices qui naissent du loisir. Les écumes de cette population ont un écoulement vers la métropole, où le luxe attire, appelle sans cesse les colons riches & voluptueux. Toutes les facilités sont ouvertes aux précautions du législateur qui veut épurer le sang & les mœurs d'une peuplade. Qu'il ait du génie & de la vertu, les terres & les hommes qu'il aura dans ses mains inspireront à son ame un plan de société qu'un écrivain ne peut jamais tracer que d'une maniere vague & sujette à l'instabilité des hypotheses qui se varient & compliquent avec une infinité de circonstances trop difficiles à prévoir & à combiner.

Mais le premier fondement d'une société cultivatrice ou commerçante, est la propriété. C'est-là le germe du bien & du mal, soit physique ou moral, qui suivent l'état social. Toutes les nations semblent divisées en deux partis irréconciliables. Les riches & les pauvres, les propriétaires & les mercenaires, c'est-à-dire les maîtres & les esclaves, forment deux classes de citoyens, malheureusement opposés. En vain quelques écrivains modernes ont voulu par des sophismes établir un traité de paix entre ces deux conditions. Par-tout les riches voudront obtenir beaucoup du pauvre à peu de frais; par-tout le pauvre voudra mettre son travail à haut prix; & le riche fera toujours la loi dans ce marché trop inégal. Delà vient le système des contre-forces, établi chez tant de nations. Le peuple n'a point voulu attaquer la propriété qu'il regardoit comme sacrée; mais il a prétendu lui donner des entraves, & reprimer sa pente naturelle à tout engloutir. Ces contre-forces ont été presque toujours mal assises, parce qu'elles n'étoient qu'un foible remede du mal originel de la société. C'est donc à la répartition des terres qu'un législateur donnera la plus grande attention. Plus cette distribution sera sagement économisée, plus les loix civiles qui tendent la plupart à conserver la propriété, seront simples, uniformes & précises.

Les colonies Angloises se ressentent à cet égard du vice radical, inherent à l'ancienne constitution de leur métropole. Comme le gouvernement actuel n'est qu'une réforme de ce gouvernement féodale qui avoit opprimé toute l'Europe, il en a conservé beaucoup d'usages, qui n'étant dans l'origine que des abus de l'esclavage, sont plus sensibles encore par leur contraste avec la liberté que le peuple a recouvrée. On a donc été forcé de joindre les loix qui laissoient beaucoup de droits à la noblesse, avec les loix qui modifient, diminuent, abrogent ou mitigent ces droits féodaux. Delà tant de loix d'exception pour une loi de principe ; tant de loix interprétatives pour une loi fondamentale ; tant de loix nouvelles qui combattent avec les loix anciennes. Aussi convient-on qu'il n'y a peut-être dans le monde entier, un code aussi diffus, aussi embrouillé que celui des loix civiles de la Grande Bretagne. Les hommes les plus sages de cette nation éclairée ont souvent élevé la voix contre ce désordre. Ou leurs cris n'ont pas été écoutés, ou les changemens qui sont survenus de cette reclamation n'ont fait qu'augmenter la confusion.

Par leur dépendance & leur ignorance, les colonies ont aveuglement adopté cette masse informe & mal digérée, dont le poids accabloit leur ancienne patrie ; elles ont grossi le fatras obscur, de toutes les nouvelles loix que le changement de lieux, de tems & de mœurs y devoit ajouter. De ce mélange a résulté le cahos le plus difficile à débrouiller, un amas de contradictions pénibles à concilier. Aussi-tôt est née une multitude de jurisconsultes qui sont allés dévorer les terres & les hommes de ces nouveaux climats. La fortune & l'influence qu'ils ont acquises en très-peu de tems, ont mis sous le joug de leur rapacité, la classe précieuse des citoyens occupés de l'agriculture, du commerce, des arts & des travaux qui sont les plus indispensables dans toute société ; mais presque uniquement essentiels à une société naissante. Après le fléau de la chicane qui s'est attaché aux branches pour s'emparer des fruits, est venu le fléau de la finance qui ronge l'arbre au cœur & à la racine.

A la naissance des colonies, les especes y avoient la même valeur que dans la métropole. Leur rareté les fit bientôt hauser de prix. Cet inconvénient ne fut pas réparé par l'abondance des especes qui venoient des colonies Espagnoles, parce qu'on étoit obligé de les faire passer en Angleterre, pour y payer les marchandises dont on avoit besoin. C'étoit un gouffre qui tarissoit la circulation dans les colonies. On prétexta l'embatras que causoit cette exportation continuelle, pour imaginer la création d'un papier monnoie. Cette innovation fut d'autant plus dangereuse, que loin de tendre à faciliter les opérations du commerce, elle n'étoit inspirée que par les besoins du gouvernement. Les différentes provinces d'Amérique avoient formé des projets, & des engagemens au dessus de leurs facultés. Elles crurent suppléer à l'argent par le crédit. On mit des impôts pour liquider les obligations les plus urgentes. Mais avant que les impôts eussent produit cet effet, il survint de nouveaux besoins qui exigerent de nouveaux emprunts. Les dettes s'accumulerent, & les taxes n'y suffirent plus. Enfin la somme des billets d'état grossit au point, qu'ils perdoient dix, vingt, cinquante, & même quatre-vingt pour cent, à proportion que les engagemens l'emportoient sur les ressources de chaque colonie. On obligeoit cependant tous les créanciers à prendre ces billets pour leur entiere valeur. Cette injustice frappoit par contre-coup sur les négocians de la métropole qui avoient fait des avances considérables à leurs correspondans du nouveau monde. On s'adressa au parlement qui défendit en 1751 aux sujets Amériquains

Américains de répandre de nouveaux papiers dans le commerce, & leur enjoignit de retirer peu-à-peu ce qu'ils en avoient mis de trop. Cet acte n'a pas eu tout le succès qu'on s'en étoit promis.

Un papier qui a la forme ordinaire de la monnoie, continue à être l'agent général de toutes les affaires. Chaque pièce est composée de deux feuilles rondes, collées l'une contre l'autre, & portant de chaque côté l'empreinte qui les distingue. Il y en a de toutes les valeurs. Chaque province a un hôtel qui les fabrique, & des maisons particulieres qui les distribuent. On y porte les pieces usées ou trop sales, & l'on en reçoit autant de neuves. Il est sans exemple que les officiers chargés de ces échanges, ayent commis la moindre prévarication.

Mais cette fidélité ne suffit pas pour la prospérité des colonies. Elles languiront dans la médiocrité, ne s'éléveront du moins jamais à l'état auquel la nature les appelle, si l'on ne brise les fers qui enchaînent leur industrie intérieure, leur commerce extérieur.

Les premiers colons qui peuplerent l'Amérique septentrionale, se livrerent d'abord uniquement à la culture. Ils ne tarderent pas à s'appercevoir que leurs exportations ne les mettoient pas en état d'acheter ce qui leur manquoit, & ils se virent comme forcés à élever quelques manufactures grossieres. Les intérêts de la métropole parurent choqués par cette innovation. Elle fut déférée au parlement, où on la discuta avec toute l'attention qu'elle méritoit. Il y eut des hommes assez courageux pour défendre la cause des colons. Ils dirent que le travail des champs n'occupant pas les habitans toute l'année, ce seroit une tyrannie de les obliger à perdre dans l'inaction le tems que la terre ne leur demandoit pas; que les produits de l'agriculture & de la chasse, ne fournissant pas à toute l'étendue de leurs besoins, c'étoit les réduire à la misere que de les empêcher d'y pourvoir par un nouveau genre d'industrie; enfin que la prohibition des manufactures ne tendoit qu'à faire renchérir toutes les denrées dans un état naissant, qu'à en diminuer ou à en arrêter peut-être la vente, qu'à en écarter tous ceux qui pouvoient songer à s'y aller fixer.

L'évidence de ces principes étoit sans replique. On s'y rendit avec les plus grands débats. On permit aux Amériquains de manufacturer eux-mêmes leur habillement, mais avec des restrictions qui laissoient percer les regrets de l'avidité à travers les dehors de la justice. Toute communication à cet égard, fut sévèrement interdite entre les provinces. On leur défendit sous les peines les plus graves de verser de l'une dans l'autre aucune espece de laine, soit en nature, soit fabriquée. Cependant quelques manufactures de chapeaux oserent franchir ces barrieres. Pour arrêter ce qu'on appelloit un désordre affreux, le parlement eut recours à l'expédient si petit & si cruel des réglemens. Un ouvrier ne put travailler qu'après sept ans d'apprentissage; un maître ne put avoir plus de deux apprentifs à la fois, ni employer aucun esclave dans son attelier.

Les mines de fer, qui semblent devoir absoudre les hommes de toute dépendance, furent soumises à des restrictions plus séveres encore. Il ne fut permis que de le porter en barres ou en gueuses dans la métropole; sans creusets pour le fondre, sans machines pour le tourner, sans marteaux & sans enclumes pour le façonner. On eut encore moins la liberté de le convertir en acier.

Les importations reçurent bien d'autres entraves. Tout bâtiment étranger, à moins qu'il ne soit dans un péril évident de naufrage, ou qu'il ne soit chargé d'or & d'argent, ne peut entrer dans les ports de l'Amérique septentrionale. Les vaisseaux Anglois eux-mêmes, n'y sont pas reçus, s'ils viennent directement d'un havre de la nation. Les navires des colonies qui vont en Europe, ne peuvent rapporter chez elles que des marchandises tirées de la métropole; à l'exception des vins de Madere & des Acores; des sels nécessaires pour les pêcheries.

Les exportations devoient autrefois aboutir toutes en Angleterre. Des considérations puissantes ont engagé le gouvernement à se relâcher de cette extrême sévérité. Il est actuellement permis aux colons de porter directement au sud du cap Finistere des grains, des farines, du riz, des légumes, des fruits, du poisson salé, des planches & du bois de charpente. Toutes leurs autres productions appartiennent exclusivement à la métropole. L'Irlande même qui offroit un débouché avantageux aux bleds, aux lins, aux douves des colonies, leur a été fermé par un acte parlementaire de 1766.

Le senat qui représente la nation, veut avoir le droit d'en diriger le commerce dans toute l'étendue de la domination Britannique. C'est par cette autorité qu'il prétend régler les liaisons de la métropole avec les colonies, entretenir une communication, une réaction utile & réciproque, entre les parties éparses d'un empire immense. Une puissance, en effet, doit statuer en dernier ressort sur les relations qui peuvent nuire ou servir au bien général de la société toute entiere. Le parlement est le seul corps qui puisse s'arroger ce pouvoir important. Mais il doit l'exercer à l'avantage de tous les membres de la confédération sociale. Cette maxime est inviolable, sur-tout dans un état où tous les pouvoirs sont institués & dirigés pour la liberté nationale.

On s'est écarté de ce principe d'impartialité, qui seul peut conserver l'égalité d'indépendance entre les membres d'un gouvernement libre ; lorsqu'on a obligé les colonies à verser dans la métropole toutes les productions, même celles qui n'y devoient pas être consommées ; lorsqu'on les a forcés à tirer de la métropole toutes les marchandises, même celles qui lui venoient des nations étrangeres. Cette impérieuse & stérile contrainte chargeant les ventes & les achats des Américains de frais inutiles & perdus, a nécessairement arrêté leur activité, & par conséquent diminué leur aisance ; & c'est pour enrichir quelques marchands ou quelques commissionnaires de la métropole qu'on a sacrifié les droits & les intérêts des colonies. Elles ne devoient à l'Angleterre, pour la protection qu'elles en retiroient, qu'une préférence de vente & d'importation pour toutes leurs denrées qu'elle pouvoit consommer ; qu'une préférence d'achat & d'exportation pour toutes les marchandises qui sortoient de ses fabriques. Jusques-là toute soumission étoit reconnoissance ; au-delà toute obligation étoit violence.

Aussi la tyrannie a-t-elle enfanté la contrebande. La transgression est le premier effet des loix injustes, par-tout où le despotisme n'a pas brisé les codes, les formes, les tribunaux ; seul rempart légitime & sacré de l'indépendance naturelle des hommes. En vain on a répété cent fois aux colonies que le commerce interlope étoit contraire au principe fondamental de leur établissement, à toute raison politique, aux vues expresses de la loi. En vain a-t-on établi dans les écrits publics que le citoyen qui payoit le droit étoit opprimé par le citoyen qui ne le payoit pas, & que le marchand frauduleux voloit le marchand honnête, en le frustrant de son gain légitime. En vain on a multiplié les précautions pour prévenir ces fraudes, & les châtimens pour les punir. La voix de l'intérêt de la raison & de l'équité, a prévalu sur les cent bouches & les cent mains de l'hydre fiscale. Les marchandises de l'étranger, clandestinement introduites dans le nord de l'Amérique Angloise, montent au tiers de celles qui payent les droits.

Une liberté indéfinie, ou seulement restreinte à de justes bornes, arrêtera les liaisons prohibées dont on se plaint si fortement. Alors les colonies parviendront à un état d'aisance, qui leur permettra, & de se libérer du poids des quatre millions sterlings qu'elles doivent à la métropole, & d'en tirer chaque année plus de deux millions de marchandises que demande leur consommation actuelle. Mais au lieu de cette perspective riante, qui devroit naître de la constitution du gouvernement Anglois, faut-il que par une prétention insoutenable dans un état libre, on ait porté dans les colonies avec la dureté des impôts, un germe de trouble & de dissention, peut-être un incendie qu'il n'est pas aussi facile d'éteindre que d'allumer ?

L'Angleterre fortoit d'une guerre, pour ainfi dire, univerfelle, où fes flottes avoient arboré le pavillon de la victoire fur toutes les mers, où fes conquêtes avoient groffi fa domination d'un territoire immenfe dans les deux Indes. Cet accroiffement fubit, inattendu, lui donnoit aux yeux des nations un éclat qui faifoit taire ou parler l'envie & l'admiration; mais au dedans d'elle-même, elle étoit continuellement réduite à gémir de fes propres triomphes. Ecrafée fous le fardeau d'une dette de cent quarante-huit millions fterlings qui lui coûtoit un intérêt de quatre millions neuf cens foixante trois mille quatre cens quarante-quatre livres, elle ne fuffifoit qu'à peine aux dépenfes courantes de l'état, avec un revenu de dix millions; & ce revenu, loin de pouvoir s'accroître, n'étoit pas même affuré de fa confiftance.

Les terres étoient chargées d'un impôt plus fort qu'il ne l'avoit jamais été, dans un tems de paix. De nouveaux droits fur les maifons & fur les fenêtres, fappoient ce genre de propriété; une augmentation du fifc fur le contrôle des actes, pefoit fur les biens fonds. On avoit épuifé les veines du luxe, par des taxes entaffées fur l'argenterie, fur les cartes, fur les dez à jouer, fur le vin, fur l'eau-de-vie. On n'avoit plus rien à efpérer du commerce qui payoit dans tous les ports, à toutes les portes, pour les marchandifes de l'Afie, pour les productions de l'Amérique, pour les épiceries, pour la mercerie, pour toutes les matieres d'exportation ou d'importation en nature ou en œuvre. Les entraves de la finance avoient heureufement arrêté l'abus des liqueurs fpiritueufes; mais il en avoit coûté une partie du revenu public. On avoit cru s'en dédommager par une de ces reſſources qu'il eſt toujours aiſé de trouver, mais dangereux de chercher dans les objets de conſommation générale & de premiere néceſſité : le fiſc s'étoit jetté ſur la plus ordinaire boiſſon du peuple, ſur la dréche, ſur le cidre & ſur la biere. Il n'y avoit point de reſſort qui ne fut forcé. Tous les muſcles du corps politique éprouvant à la fois une trop forte tenſion, étoient ſortis de leur place. Les matieres & la main-d'œuvre avoient ſi prodigieuſement renchéri, que les nations rivales ou vaincues, qui juſqu'alors n'avoient pu ſoutenir la concurrence de l'Anglois, étoient parvenues à le ſupplanter dans tous les marchés, juſques dans ſes ports. On ne pouvoit évaluer qu'à deux millions & demi les bénéfices que retiroit la Grande Bretagne de ſon commerce avec toutes les parties de l'univers ; & ſa ſituation l'obligeoit à tirer de cette balance un million cinq cens ſoixante mille livres, pour payer les arrérages de cinquante - deux millions que les étrangers avoient placés dans ſes fonds publics.

La criſe étoit violente. Il falloit laiſſer reſpirer les peuples. On ne pouvoit pas les ſoulager par la diminution des dépenſes. Celles qu'on faiſoit étoient inévitables, ſoit pour mettre en valeur des conquêtes achetées au prix de tant de ſang, au prix de tant d'argent ; ſoit pour contenir le reſſentiment de la maiſon de Bourbon extrêmement aigrie par les humiliations de la derniere guerre, par les ſacrifices de la derniere paix. Au défaut d'autres moyens, pour tenir d'une main ferme, & la ſécurité du préſent, & la proſpérité de l'avenir, on imagina d'appeller les colonies au ſecours de la métropole, en leur faiſant porter une partie de ſon fardeau.

Cette détermination paroissoit fondée sur des raisons incontestables.

Une maxime avouée de toutes les sociétés & de tous les âges, impose aux différens membres qui composent un empire, l'obligation de contribuer à ses dépenses proportionnellement à leurs facultés. La sûreté des provinces Amériquaines exige d'elles un secours qui mette la métropole en état de les protéger dans tous les tems. C'est pour les délivrer des inquiétudes qui les tourmentoient, qu'elle s'est engagée dans une guerre qui a multiplié ses dettes : elles doivent donc l'aider à supporter ou à diminuer le poids de cette surcharge. Maintenant hors d'atteintes contre les entreprises d'un voisin redoutable qu'on a heureusement éloigné, peuvent-elles refuser sans injustice aux besoins pressans d'un libérateur, l'argent que leur coûtoit le soin de leur conservation ? Les encouragemens que ce protecteur généreux accorda long-tems à la culture de leurs riches productions ; les avances gratuites qu'il prodigue encore aux contrées qu'on n'a point défrichées : tant de bienfaits ne méritent-ils pas un retour de soulagement & de services ?

Tels étoient les motifs qui persuaderent au gouvernement Britannique, qu'il avoit le droit d'établir des impôts dans ses colonies. On a saisi l'occasion de la derniere guerre, pour manifester une prétention dangereuse à la liberté. Car si l'on y prend garde, on verra que la guerre, soit heureuse, soit malheureuse, sert toujours de prétexte à toutes les usurpations des gouvernemens ; comme si les chefs des nations belligérantes s'y proposoient bien plus d'asservir leurs sujets que de vaincre leurs ennemis. On ordonna donc aux provinces Amériquaines de fournir aux troupes que la métropole envoyoit pour leur défense, une partie des approvisionnemens dont elles avoient besoin. La crainte de troubler une harmonie si nécessaire au dedans, quand on est environné d'ennemis au dehors, fit qu'on suivit les intentions du parlement ; mais avec la sagesse de ne pas parler d'un acte qu'on ne pouvoit, ni rejetter sans causer une dissension civile, ni reconnoître sans exposer des droits trop chers à conserver. La nouvelle Yorck osa seule s'écarter des ordres venus d'Europe. Quoique la transgression fut légere, on l'en punit comme d'une désobéissance, par la suspension de ses priviléges.

Cette atteinte portée à la liberté d'une colonie devoit, ce semble, exciter la réclamation de toutes les autres. Soit défaut d'attention ou de prévoyance, aucune n'éleva la voix. On prit ce silence pour de la crainte, ou pour une soumission volontaire. La paix qui devroit par-tout diminuer les impôts, fit éclorre en 1764 le fameux acte du timbre, qui établissant des droits sur le papier marqué, défendoit en même-tems d'en employer d'autres dans toutes les écritures publiques, soit judiciaires, soit extrajudiciaires.

Toutes les colonies Angloises du nouveau monde se sont révoltées contre cette innovation ; & leur mécontentement s'est manifesté par des éclats tout à fait marqués. Une espece de conspiration, la seule qui convient peut-être à des peuples policés, & modérés, fut une convention formée entre tous les colons de se priver de toutes les marchandises fabriquées dans la métropole, jusqu'à ce qu'elle eut retiré le bil dont on se plaignoit. Cette espece de résistance indirecte & paſſive, qui doit ſervir d'exemple à toutes les nations qui ſe ſentiront foulées par les abus de l'autorité, ne manqua pas ſon effet. Les manufacturiers de l'Angleterre qui n'avoient preſque plus d'autre débouché dans l'univers que les colonies nationales, tomberent dans le déſeſpoir où devoit les plonger le défaut de travail ; & leurs cris ne pouvant être étouffés ni diſſimulés par le gouvernement, firent une impreſſion ſalutaire pour les colonies. L'acte du timbre fut révoqué après deux ans d'un mouvement convulſif, qui dans un ſiecle de fanatiſme auroit occaſioné ſans doute une guerre civile.

Mais le triomphe des colonies n'a pas été long. Le parlement n'avoit reculé qu'avec une répugnance extrême. On a bien vu qu'il ne renonçoit pas à ſes prétentions, quand en 1767 il a reverſé les impôts que devoit lui produire le timbre, ſur le verre, le plomb, le thé, les couleurs, le carton, les papiers peints qui ſeroient portés d'Angleterre en Amérique. Les patriotes même qui ſembloient le plus étendre l'autorité de la métropole ſur les colonies, n'ont pu s'empêcher de blâmer une taxe dont le contrecoup devoit retomber ſur toute la nation, en détournant vers le travail des manufactures, des peuples qu'il convenoit de fixer uniquement à l'exploitation des terres. Les colons n'ont pas plus été le jouet de cette innovation que de la premiere. En vain a-t-on allégué que le gouvernement avoit bien le pouvoir d'établir ſur ſes exportations les droits qu'il lui plaiſoit, dès qu'il n'ôtoit pas à ſes colonies la liberté de fabriquer elles-mêmes les marchandiſes ſujettes à la nouvelle taxe. Ce ſubterfuge n'a paru qu'une dériſion à l'égard d'un peuple qui purement cultivateur & réduit à ne commercer qu'avec sa métropole, ne pouvoit se procurer, ni par ses mains, ni par des rélations au dehors, les objets de besoin qu'on lui vendoit si cher. Que ce fut dans l'ancien ou dans le nouveau monde, qu'il payât un impôt, il a senti que les mots ne changeoient rien à la chose, & que sa liberté n'étoient pas moins attaquée par un tribut sur des denrées dont il ne pouvoit pas se passer, que par un droit sur le papier timbré qu'on lui rendoit nécessaire. Ce peuple éclairé a vu que le gouvernement vouloit le tromper, & n'a pas cru qu'il lui convînt de s'en laisser imposer, ni par la force, ni par l'artifice. Il a jugé que le caractere le plus marqué de foiblesse & de lâcheté dans une nation, étoit la connivence des sujets à toutes les fraudes & les violences du gouvernement, pour la corrompre & la subjuguer.

L'éloignement qu'il a montré pour ces nouvelles impositions, ne venoit pas de leur poids excessif; puisqu'elles ne s'élevoient pas au dessus de seize deniers sterlings par tête. Ce n'étoit pas de quoi effrayer une population immense, dont les dépenses publiques n'ont jamais excédé chaque année cent soixante mille livres sterlings.

Ce n'étoit pas la crainte de voir diminuer son aisance. La sécurité qui naissoit des cessions arrachées à la France; l'augmentation du commerce avec les sauvages; l'extension des pêches de la Baleine, de la Morue, du Chien & du Loup-marin; le droit de couper du bois à Campêche, l'acquisition de plusieurs isles à sucre; de plus grandes facilités pour les liaisons interlopes avec les possessions Espagnoles dont on s'étoit rapprochés: tant de moyens de fortune étoient une compensation abondante du peu de revenu que le gouvernement sembloit vouloir prélever.

Ce n'étoit pas l'inquiétude de laisser écouler des colonies le peu d'especes qui y restoient dans la circulation. La solde des huit mille quatre cens hommes de troupes réglées que la métropole entretient dans l'Amérique septentrionale, y doit faire entrer beaucoup plus d'argent que l'impôt n'en pouvoit faire sortir.

Ce n'étoit pas indifférence pour la mere patrie. Les colonies, loin d'être ingrates, ont montré tant de zéle pour ses intérêts dans la derniere guerre, que le parlement a été assez équitable pour leur faire remettre des sommes considérables, à titre de restitution ou d'indemnité.

Ce n'étoit pas enfin ignorance des devoirs ou des obligations du citoyen envers le gouvernenement. Quand même les colonies n'auroient pas cru devoir contribuer à la liquidation de la dette nationale, quoiqu'elles en eussent occasioné peut-être la plus grande partie; elles savoient bien qu'elles étoient contribuables pour les dépenses de la marine, pour l'entretien des établissemens d'Afrique & d'Amérique, pour tous les frais communs & rélatifs à leur propre conservation, à leur prospérité, comme à celle de la métropole.

Si le nouveau monde a refusé du secours à l'ancien; c'est qu'on exigeoit de lui, ce qu'il suffisoit de lui demander; c'est qu'on vouloit tenir de son obéissance, ce qu'on ne devoit solliciter que de sa liberté. Ses refus n'étoient point caprice, mais jalousie de ses droits. On ne pouvoit les lui contester.

Depuis près de deux siecles que les Anglois se sont établis dans l'Amérique septentrionale, leur patrie a souffert des guerres dispendieuses & cruelles ; elle a été troublée par des parlemens entreprenans & tumultueux ; elle a été gouvernée par des ministres audacieux & corrompus, toujours prêts à élever l'éclat & l'autorité du trône, sur la ruine de tous les pouvoirs & de tous les droits du peuple. Cependant l'ambition, l'avarice, les factions, la tyrannie : tout a reconnu, tout a respecté la liberté que les colonies avoient de s'imposer elles-mêmes les taxes qui concourent au revenu public.

Un contract solemnel appuyoit cette prérogative si naturelle & si conforme au but fondamental de toute société raisonnable. Les colonies pouvoient invoquer les chartres de leur établissement qui les autorisoient à se taxer de la maniere qui leur conviendroit. Ces actes n'étoient, à la vérité, que des conventions faites avec la couronne ; mais quand même le prince eût excedé son autorité par des concessions qui ne tournoient certainement pas à son profit, une longue possession tacitement avouée & reconnue par le silence du parlement, ne formoit-elle pas une prescription légale ?

Les provinces du nouveau monde ont encore des titres plus authentiques en leur faveur. Elles prétendent qu'un citoyen Anglois, dans quelque hémisphere qu'il habite, ne doit contribuer aux charges de l'état que de son consentement, donné par lui-même ou par ses représentans. C'est pour défendre ce droit sacré que la nation a versé tant de fois son sang, qu'elle a détrôné ses rois, qu'elle a soulevé ou bravé des orages sans nombre. Voudroit-elle disputer à deux millions de ses enfans un avantage qui lui coûta si cher, qui peut-être est le seul fondement de son indépendance ?

On oppose aux colonies que les catholiques qui vivent en Angleterre, y sont exclus du droit de suffrage, & que leurs terres y sont assujetties à une double taxe. Pourquoi, répondent-elles, les papistes refusent-ils de prêter le serment de fidélité que l'état exige ? Dès-lors suspects au gouvernement, la défiance qu'ils inspirent justifie la rigueur qu'ils éprouvent. Que n'abjurent-ils une religion si contraire à la constitution libre de leur patrie ; si cruellement favorable aux prétentions du despotisme ; aux attentats de la royauté sur les droits des peuples ? Qu'elle est leur obstination aveugle pour une église ennemie de toutes les autres ? Ils méritent la peine qu'impose à des sujets intolérans, l'état qui consent à les tolérer. Mais les habitans du nouveau monde seroient punis sans avoir commis d'offense, dès qu'ils ne pourroient devenir citoyens qu'en cessant d'être Amériquains.

On ose dire à ces fidelles colonies, que l'Angleterre nourrit dans son sein une multitude de sujets qui n'ont point de représentans, parce qu'ils n'ont pas l'étendue de propriété requise pour concourir à l'élection des membres qui doivent composer le parlement. Sur quels fondemens prétendent-elles à des priviléges plus grands que ceux dont jouissent les citoyens de la métropole ? Non, répondent les colonies, nous ne réclamons pas une supériorité, mais une égalité de droits avec nos freres. Dans la Grande Bretagne, un homme qui jouit de quarante schelings de rente en fonds de terre, est appellé à la décision des taxes ; & celui qui posséde en

Amérique des terres immenses, n'aura pas la même prérogative? Non, ce qui est une exception à la loi, une dérogation à la régle générale dans la métropole, ne doit pas être une constitution fondamentale pour les colonies. Que les Anglois qui veulent ôter aux provinces du nouveau monde le droit de se taxer, supposent pour un moment que la chambre des communes, au lieu d'être l'ouvrage de leur choix, n'est qu'un tribunal héréditaire & permanent, ou même arbitrairement créé par le roi; si ce corps, peut imposer sur la nation entiere des levées d'argent, sans consulter l'opinion publique ni la volonté générale, ces Anglois ne se croiront-ils pas un peuple esclave comme tant d'autres? Cependant cinq cens hommes qui se trouveroient placés au milieu de sept millions de citoyens, pourroient être retenus dans les bornes de la modération, si non par un principe d'équité, du moins par une crainte bien fondée de l'indignation publique qui poursuit les oppresseurs d'une nation même au-delà du tombeau. Mais le sort des Amériquains taxés par le sénat de la métropole seroit sans ressource. Trop éloignés, pour être entendus, on les écraseroit d'impôts, sans aucun égard à leurs plaintes. La tyrannie même qu'on exerceroit contr'eux, seroit colorée du beau nom de patriotisme. Sous prétexte de soulager la métropole, on surchargeroit impunément les colonies.

Cette effrayante perspective ne leur permettra jamais d'abandonner le droit de se taxer elles-mêmes. Tant qu'elles régleront le revenu public, leurs intérêts seront respectés; ou si leurs droits sont quelquefois lésés, elles obtiendront bientôt le redressement de leurs griefs. Mais il ne restera plus aucune force à leurs remontrances auprès du gouvernement, lorsqu'elles ne seront pas appuyées du droit d'accorder ou de refuser de l'argent aux besoins de l'état. Le pouvoir qui aura usurpé le droit d'établir des impôts, en usurpera sans peine l'administration. Juge de leur levée, il sera l'arbitre de leur destination; & les fonds destinés en apparence au salut des peuples, seront employés à leur asservissement. Telle a été dans tous les tems la marche des empires. Aucune société n'a conservé une ombre de liberté, dès qu'une fois elle a perdu le privilége de voter dans la sanction & la promulgation des loix fiscales. Une nation est à jamais esclave, quand elle n'a plus d'assemblée ni de corps qui puisse défendre ses droits contre les progrès de l'autorité qui la gouverne.

Les provinces de l'Amérique Angloise ont tout à craindre pour leur indépendance. Leur confiance même pourroit les trahir, les livrer aux entreprises de leur métropole. Elles sont peuplées d'une infinité de gens simples & droits. Ils ne soupçonnent pas que des hommes qui tiennent les rênes d'un empire, puissent être emportés par des passions injustes & tyranniques. Ils ne supposent à leur patrie que des sentimens maternels, qui s'accordent si bien avec ses vrais intérêts, avec l'amour & le respect qu'ils ont conçu pour elle. A l'aveuglement de ces honnêtes citoyens qui chérissent une si douce illusion, se joint le silence de ceux qui ne croient pas devoir troubler leur tranquillité pour des impôts légers. Ces hommes indolens ne voient pas qu'on a voulu d'abord endormir leur vigilance par la modicité de l'imposition; que l'Angleterre ne cherche un exemple de soumission que pour

pour s'en faire à l'avenir un titre ; que si le parlement a pu lever un scheling, il en pourra lever cent mille ; & qu'on n'aura pas plus de raison pour limiter ce droit ; qu'il n'y auroit aujourd'hui de justice à le reconnoître. Mais une classe d'hommes la plus pernicieuse à la liberté, ce sont ces ambitieux qui séparant leur bonheur de celui du public & de leur postérité, brûlent d'augmenter leur crédit, leur rang & leurs richesses. Le ministere Britannique, de qui ils ont obtenu ou dont ils attendent leur avancement, les trouve toujours disposés à avancer ses odieux projets, par la contagion de leur luxe & de leurs vices, par l'artifice de leurs insinuations, par la souplesse de leurs manœuvres.

Que les vrais patriotes luttent donc avec constance contre les préjugés, l'indolence, la séduction ; & qu'ils ne désesperent pas de sortir victorieux d'un combat où leur vertu les aura engagés. On tentera peut-être de leurrer leur bonne foi par l'offre imposante d'admettre au parlement les députés de l'Amérique, pour régler avec ceux de la métropole les tributs de toute la nation. En effet, telles sont l'étendue, la population, les exportations, l'importance enfin des colonies, que la législation de l'empire ne sauroit les gouverner avec sagesse & sécurité, sans être éclairée par les avis & les rapports de leurs représentans. Mais qu'on prenne garde de jamais autoriser ces députés à décider de la fortune & des contributions de leurs constituans. Leurs voix foibles & peu nombreuses seroient aisément étouffé es par la multitude des représentans de la métropole ; & les provinces dont ils seroient l'organe, se trouveroient chargées par cette confusion d'intérêts & de voix d'une portion du fardeau commun, trop pesante & trop inégale. Le droit de fixer, de répartir & de lever les impôts, continuera donc de résider exclusivement dans les assemblées provinciales du nouveau monde. Elles doivent en être d'autant plus jalouses en ce moment, que la facilité de les en dépouiller, semble avoir augmenté par les conquêtes de la derniere guerre.

La métropole a tiré de ses nouvelles acquisitions, l'avantage d'étendre ses pêcheries, & d'augmenter ses liaisons avec les sauvages. Cependant, comme si ce succès n'étoit rien à ses yeux, elle ne cesse de répéter que cette augmentation de territoire n'a eu d'autre but & d'autre fruit que d'assurer la tranquillité des colonies. Les colonies soutiennent au contraire que leurs champs, d'où dépendoit toute leur fortune, ont perdu beaucoup de leur prix, depuis cette extension immense de terrain; que leur population diminuant ou n'augmentant pas, leur pays reste plus exposé à l'invasion; que leurs provinces ont trouvé un rival, les plus septentrionales dans le Canada, les plus méridionales dans la Floride. Les colons éclairés sur l'avenir par l'histoire du passé, disent même que le gouvernement militaire établi dans les nouvelles conquêtes, que les nombreuses troupes qu'on y a répandues, que les forteresses qui y sont élevées, pourroient servir un jour à mettre aux fers des contrées qui n'ont fleuri, prospéré que par la liberté.

La Grande Bretagne jouit dans ses colonies de toute l'autorité qu'elle doit y souhaiter. Elle a le droit d'annuller toutes les loix qu'elles font. Le pouvoir exécutif est tout entier dans les mains de ses délégués. On peut appeler à son tribunal de tous les jugemens civils. C'est sa volonté seule qui décide de toutes les liaisons de commerce qu'il est permis aux colons de former & d'entretenir. Appesantir le joug d'une domination si sagement combinée, ce seroit replonger un continent nouveau dans le cahos, dont il n'est sorti qu'avec peine par deux siecles de travaux continuels ; ce seroit réduire les hommes laborieux qui l'ont défriché, à s'armer, pour défendre les droits sacrés qu'ils tiennent également de la nature & des institutions sociales. Le peuple Anglois, ce peuple si passionné pour la liberté, qu'il l'a quelquefois protégée dans les régions étrangeres à son climat & à ses intérêts, oublieroit-il des sentimens dont sa gloire, sa vertu, son instinct, sont salut, lui font un devoir éternel? Trahiroit-il des droits qui lui sont si chers, jusqu'à vouloir réduire ses freres & ses enfans en esclavage ? Cependant s'il arrivoit que des esprits factieux ourdissent une trame si funeste, & que dans un moment de délire & d'ivresse, ils la fissent adopter à la métropole ; quelles devroient être alors les résolutions des colonies, pour ne pas tomber dans la plus odieuse dépendance ?

Avant de prévoir ce renversement de politique, elles se souviendront de tous les biens qu'elles tiennent de leur patrie. L'Angleterre a toujours été pour elles une fortification avancée contre les puissantes nations de l'Europe. Elle leur a servi de guide & de modérateur, pour les préserver & les guérir des dissensions civiles, que la jalousie & la rivalité n'excitent que trop souvent entre des peuplades voisines qui naissent & qui se forment. C'est à l'influence de son excellente constitution qu'elles doivent la paix & la prospérité dont elles jouissent. Tant que ces colonies vivront sous un régime si sain & si doux, elles continueront à faire des progrès proportionnés à l'immensité d'une carriere qui s'étendra sous leur industrie jusqu'aux déserts les plus reculés.

Que leur amour de la patrie soit cependant accompagné d'une certaine jalousie de leur liberté. Que leurs droits soient continuellement examinés, éclaircis, discutés ; qu'elles s'accoutument à chérir ceux qui les leur rappelleront sans cesse, comme les meilleurs citoyens. Cet esprit d'inquiétude convient à tous les états libres ; mais il est sur-tout nécessaire aux constitutions compliquées, où la liberté est mêlée d'une certaine dépendance, telle que l'exige une liaison entre des pays séparés par une mer immense. Cette vigilance sera le plus sûr gardien de l'union qui doit indivisiblement attacher la métropole & ses colonies.

Si le ministere, toujours composé d'hommes ambitieux, même dans un état libre, tentoit d'augmenter la puissance du prince, ou les richesses de la métropole, aux dépens des colonies ; celles-ci devroient opposer une résistance invincible à cette usurpation. Toute entreprise du gouvernement repoussée avec de vives réclamations, est presque toujours rectifiée ; tandis que les griefs qu'on n'a pas le courage de faire redresser, sont constamment suivis de nouvelles oppressions. Les nations en général sont plus faites pour sentir que pour penser ; elles n'ont d'autre idée de la légalité d'un pouvoir que l'exercice de ce pouvoir même. Accoutumées à obéir sans examen, elles se familiarisent presque toutes avec la dureté de leur gouvernement; & comme elles ignorent l'origine ou le but de la société, elles n'imaginent pas des bornes à l'autorité. Dans les états sur-tout où les principes de la législation se confondent avec ceux de la religion; de même qu'une seule extravagance dans le dogme, est capable d'en faire adopter mille à des esprits une fois déçus, une premiere usurpation du gouvernement ouvre la porte à toutes les autres. Qui croit le plus, croit le moins; qui peut le plus, peut le moins : c'est par ce double abus de la crédulité & de l'autorité, que toutes les absurdités & les iniquités en matiere de religion & de politique, sont entrées dans le monde, pour écraser les hommes; heureusement l'esprit de tolérance & de liberté qui jusqu'à présent a regné dans les colonies Angloises, les a préservées de cet excès de foiblesse & de malheur. Elles sentent assez la dignité de l'homme, pour résister à l'oppression, fut-ce au péril de leur vie.

Ce peuple éclairé n'ignore pas que les partis extrêmes & les moyens violens ne peuvent être justifiés, qu'après qu'on a vainement épuisé toutes les voies de la conciliation. Mais il sait aussi que réduit à opter entre l'esclavage & la guerre, s'il lui falloit prendre les armes pour la défense de sa liberté, il ne devroit pas souiller une si belle cause par toutes les horreurs & les cruautés qui accompagnent les séditions; & qu'avec la résolution de ne déposer l'épée qu'après le récouvrement de ses droits, il lui suffiroit de borner le fruit de sa victoire au rétablissement de son état primitif d'indépendance légale.

Gardons-nous en effet de confondre la résistance que les colonies Angloises devroient opposer à leur métropole, avec la fureur d'un peuple soulevé contre son souverain par l'excès d'une longue oppression. Dès qu'une fois l'esclave du despotisme auroit brisé sa chaîne, auroit commis son sort à la décision du glaive, il seroit forcé de massacrer son tyran, d'en exterminer la race & la postérité, de changer la forme du gouvernement dont il auroit été la victime depuis des siecles. S'il osoit moins, il seroit tôt ou tard puni de n'avoir eu qu'un demi courage. Le joug retomberoit sur sa tête avec plus de poids & de force ; & la modération simulée de ses tyrans ne seroit qu'un nouveau piege, où il se trouveroit pris & enchaîné sans retour. Tel est le malheur des factions dans un gouvernement absolu, que le prince ni le peuple ne voient point de bornes à leur ressentiment, parce qu'ils n'en connoissent pas dans l'autorité. Mais une constitution tempérée, comme celle des colonies Angloises, porte dans les principes & les limites de ses pouvoirs, le remede & le préservatif contre les maux de l'anarchie. Dès que la métropole auroit satisfait à leurs plaintes, en les rétablissant dans leur premiere situation, elles devroient s'y arrêter, parce qu'elle est la plus heureuse où un peuple sage ait droit d'aspirer.

Elles ne pourroient embrasser un système absolu d'indépendance, sans rompre les liens de la religion, du serment, des loix, du langage, du sang, de l'intérêt, du commerce, des habitudes enfin qui les tiennent unies entr'elles, sous la paisible influence de la métropole. Croit-on qu'un si grand déchirement n'iroit pas jusqu'au cœur, aux entrailles, à la vie même des colonies ? Quand elles n'en viendroient point à la funeste extrêmité des guerres civiles, leur seroit-il aisé de s'accorder sur une nouvelle forme de gouvernement ? Si chaque établissement composoit un état séparé ; que de divisions entr'eux ? Que l'on juge des haines qui naîtroient de leur séparation, par la destinée de toutes les sociétés que la nature fit limitrophes. Que si tant de peuplades, ou la diversité des loix, l'inégalité des richesses, la variété des possessions, jetteroient un germe secret d'opposition dans les intérêts, vouloient former une confédération, comment régler le rang que chacune y devra tenir, & l'influence qu'elle y devroit avoir à proportion de ses risques & de ses forces ? La jalousie & cent autres passions qui diviserent bientôt les sages états de la Grece, ne mettroient-elles pas la discorde dans une multitude de colonies plutôt associées par ressentiment & par dépit qui sont des liens passagers & corrosifs, que par les principes refléchis d'une combinaison naturelle & permanente ? Toutes ces considérations semblent démontrer qu'un divorce éternel avec la métropole, seroit un très-grand malheur pour les colonies Angloises.

On ira plus loin : on dira que, fût-il au pouvoir des nations Européennes qui régnent au nouveau monde, d'opérer cette grande révolution, elles n'ont aucun intérêt à la souhaiter. Ce sera peut-être un paradoxe aux yeux des puissances qui voient leurs colonies continuellement menacées d'une invasion prochaine. Elles croient sans doute, que si l'Angleterre avoit moins de force en Amérique, elles y pourroient jouir paisiblement des richesses qu'elle leur envie & leur enleve souvent. On ne peut désavouer qu'elle ne tire l'influence qu'elle a sur-tout au nouveau monde, de l'étendue & de la population de ses colonies septentrionales. Ce sont elles qui la mettent en état d'attaquer toujours avec avantage, les isles & le continent des autres peuples, d'en conquérir les terres, ou d'en ruiner le commerce. Mais enfin cette couronne a dans les autres parties du monde, des intérêts qui peuvent traverser ses progrès en Amérique, y gêner ou retarder ses entreprises, y anéantir ses conquêtes par des restitutions.

Rompez le nœud qui lie l'ancienne Bretagne à la nouvelle; bientôt les colonies septentrionales auront seules plus de force qu'elles n'en avoient dans leur union avec la métropole. Ce grand continent affranchi de toute convention en Europe, aura la liberté de tous ses mouvemens. Alors il lui deviendra aussi important que facile, d'envahir des terres dont les richesses suppléeront à la médiocrité de ses productions. Sa position indépendante lui permettra d'achever les préparatifs de son invasion, avant que le bruit en soit parvenu dans nos climats. Cette nation suivra ses opérations guerrieres avec l'énergie propre aux nouvelles sociétés. Elle pourra choisir ses ennemis, le champ & le moment de ses victoires. Sa foudre tombera toujours sur des côtes prises au dépourvu, sur des mers trop mal gardées par des puissances éloignées. Les pays qu'on envoyera défendre seront conquis avant d'être secourus. On ne pourra ni les ravoir par des traités sans de grands sacrifices, ni les empêcher de retomber sous le joug dont on les aura délivrés d'une main affoiblie. Les colonies de nos monarchies absolues voleront peut-être d'elles-mêmes au devant d'un maître qui ne sauroit leur offrir une condition plus fâcheuse que celle de leur gouvernement; ou bien à l'exemple des colonies Angloises, elles briseront la chaîne qui les attache honteusement à l'Europe.

Non rien n'engage les nations rivales de l'Angleterre, à précipiter par leurs insinuations ou par des secours clandestins, une révolution qui ne les délivreroit d'un ennemi voisin, que pour leur en donner au loin un bien plus redoutable. Pourquoi hâter un événement qui doit éclorre du concours inévitable de tant d'autres? car il seroit contre la nature des choses que les provinces subordonnées à la nation dominante, restassent sous son empire, lorsqu'elles seront parvenues à égaler sa population & ses richesses. Ainsi tout conspire au grand démembrement, dont il n'est pas donné de prévoir le moment. Tout y achemine, & les progrès du bien dans le nouvel hémisphere, & les progrès du mal dans l'ancien.

Hélas! la décadence prompte & rapide de nos mœurs & de nos forces, les crimes des rois & les malheurs des peuples, rendront même universelle cette fatale catastrophe qui doit détacher un monde de l'autre. La mine est préparée sous les fondemens de nos empires chancellans; les matériaux de leur ruine s'amassent & s'entassent du débris de nos loix, du choc & de la fermentation de nos opinions, du renversement de nos droits qui faisoient notre courage, du luxe de nos cours & de la misere de nos campagnes, de la haine à jamais irréconciliable entre des hommes lâches qui possédent toutes les richesses & des hommes robustes, vertueux même qui n'ont plus rien à perdre que leur vie. A mesure que nos peuples s'affoiblissent & succombent tous les uns sous les autres, la population & l'agriculture vont croître en Amérique; les arts y naîtront fort vîte, transportés par nos soins; ce pays sorti du néant brûle de figurer à son tour sur la face du globe & dans l'histoire du monde. O postérité, tu seras plus heureuse peut-être que tes tristes & méprisables ayeux. Puisse ce dernier vœu s'accomplir, & consoler la génération expirante par l'espoir d'une meilleure! Mais laissant l'avenir aux soins de l'avenir, jettons un coup d'œil sur un passé de trois siecles mémorables. Après avoir vu dans le début de cet ouvrage, en quel état de misere & de ténebres étoit l'Europe à la naissance de l'Amérique, voyons à quel état la conquête d'un monde, a conduit & poussé le monde conquérant. C'étoit l'objet d'un livre entrepris avec le desir d'être utile un moment: si le but est rempli, l'auteur aura payé sa dette à son siecle, à la société.

Fin du dix-septieme Livre.

AVERTISSEMENT

DES LIBRAIRES.

LES dernieres lignes de l'ouvrage qu'on vient de lire indiquent une suite. C'est évidemment l'état actuel de l'Europe que l'Auteur a annoncé dès la premiere page de son livre, & qui ne s'est pas trouvé dans le manuscrit qu'on nous a remis. Si nous parvenons à recouvrer cet important morceau, nous ne tarderons pas à le donner au public.

ERRATA
du sixieme volume.

PAGE 5, ligne 33, à les détruire, *lisez* à le détruire.
Page 10, 19, auroit senti, *lis.* auroient senti.
15, 9, nourritures, *lis.* nourriture.
15, 15, l'éducation partiale, *lis.* l'éducation spartiate.
30, 26, déjà creée, *lis.* déjà créé.
37, 9, font la récompense, *lis.* font sa récompense.
42, 20, letat actuelle, *lis.* l'état actuel.
51, 12, y furent amenés, *lis.* y furent amenées.
55, 28, captifs, *lis.* captif.
56, 3, intérêts, *lis.* intérêt.
59, 5, courroient, *lis.* couroient.
60, 36, renferme, *lis.* renferment.
61, 9, & du noir, *lis.* est du noir.
62, 29, ces mêmes pelleteries, *lis.* ces menues pelleteries.
62, 33, ne se trouve, *lis.* ne se trouvent.
67, 34, la mâche, *lis.* la mâchent.
69, 18, qu'on le fait, *lis.* qu'un.
70, 1, n'est tu pas, *lis.* n'es-tu pas.
74, 13, par leurs défauts, *lis.* pour leurs défauts.
81, 16, ou on l'a vu depuis, *lis.* on l'a vue depuis.
102, 33, son avidité, *lis.* son aridité.
118, 32, reçues, *lis.* reçus.
126, 26, augmentée, *lis.* augmenté.
127, 5, premieres nécessités, *lis.* premiere nécessité.
127, 16, à tous citoyens, *lis.* à tout citoyen.
135, 27, *avant ces mots*, au milieu, *placez un point.*
140, 20, assez gravement, *lis.* assis gravement.
143, 17, au fix, *lis.* au fisc.
158, 32, s'apperçu, *lis.* s'apperçut.
160, 1, partagés, *lis.* partagé.
163, 15, Drucart, *lis.* Drucourt.
169, 14, avoient toujours, *lis.* avoient toujours eu.
177, 8, Roensque, *lis.* Roenoque.
186, 28 prérogation, *lis.* prérogative.
191, 33, entretenoit, *lis.* entretenant.
216, 24, n'excite point, *lis.* n'existe point.
226, 13, tous neuf, *lis.* tout neufs.
226, 23, est de celle, *lis.* est de celles.
227, 4, troisieme classes, *lis.* troisieme classe.
230, 36, *après ces mots*, on se partage, *placez un point.*

Page 232, lig. 18, ne s'élevent, *lis.* ne s'éleve.
247, 27, auroit exigé, *lis.* auroit érigé.
252, 29, mieux aimés, *lis.* mieux aimé.
254, 28, question, *lis.* questions.
255, 22, & dès-lors, *lis.* est dès-lors.
271, 22, Anabaptiste, *lis.* Anabaptistes.
274, 8, il fit passer, *lis.* il y fit passer.
279, 22, Amériquaine, *lis.* Amériquaines.
294, 30, renouvelerent, *lis.* renouveller.
320, 20, content, *lis.* contens.
321, 6, le comerce, *lis.* ce commerce.
326, 21, voix d'insinuation, *lis.* voies d'insinuation.
330, 4, on brûle, *lis.* on brûla.
356, 16, inaliénable, *lis.* inaliénables.
339, 19, lorsqu'on s'enfoncent, *lis.* lorsqu'on s'enfonce.
340, 2, le droit sacré, *lis.* le doigt sacré.
352, 3, avoir chassés, *lis.* avoir chassé.
352, 34, auroient succombés, *lis.* auroient succombé.
358, 35, de féconder, *lis.* de féconder.
361, 6, fut si méchant, *lis.* fut méchant.
366, 12, aux hommes pour, *effacez le point.*
366, 32, entames pas, *lis.* antama pas.
374, 22, les plus robustes, *lis.* les moins robustes.
380, 25, son berceaux, *lis.* son berceau.
383, 4, ne plaignez-vous, *lis.* ne plaigniez-vous.
389, 1, entretiens, *lis.* entretient.
389, 34, moins actifs, *lis.* moins actif.
396, 14, la morale, *lis.* le moral.
398, 34, féodale, *lis.* féodal.
402, 13, avec les plus grands débats, *lis.* après les plus grands débats.
403, 8, s'ils viennent, *lis.* s'ils ne viennent.
403, 26, a été fermé, *lis.* a été fermée.
408, 14, hors d'atteintes, *lis.* hors d'atteinte.
411, 8, sa liberté n'étoient, *lis.* sa liberté n'étoit.
411, 36, s'étoit rapprochés, *lis.* s'étoit rapproché.

www.ingramcontent.com/pod-product-compliance
Lightning Source LLC
Chambersburg PA
CBHW052229230426
43666CB00034B/2252